宁波博物馆"海上丝绸之路"研究丛书之一

中国"海上丝绸之路"研究
百年回顾

Maritime Silk Road Studies in 20th Century China

主编：龚缨晏　　副主编：刘恒武

ZHEJIANG UNIVERSITY PRESS
浙江大学出版社

目　　录

上　　编

下　　编

上 编

　　海上丝绸之路是 1840 年之前中国通向世界其他地区的海上通道。它由两大干线组成：一是从中国通往朝鲜半岛及日本列岛的东海航线；二是从中国通往东南亚及印度洋地区的南海航线。海上丝绸之路把世界不同的文明连接起来，促进了中外文化的交流，增进了中外人民的友谊，丰富了中国文化的内涵，并对整个人类文明史产生了深远的影响。海上丝绸之路涉及港口、造船、航海术、航线、国家之间的外交关系、民间的商品贸易、外贸管理体制、货物流通、人员往来、文化传播、民俗信仰等众多方面，是一个跨学科的综合性研究领域。由于各国学者都在关注这个领域，所以，它又具有鲜明的国际性。在过去的一个多世纪中，通过研究海上丝绸之路，有力地推动了中国学术研究的发展。在快速全球化的今天，面对着正在到来的海洋世纪，回顾百年来中国学术界对海上丝绸之路的研究历程，对于中国更好地走向未来，对于中国学术界更好地走向世界，无疑有着重要的理论与现实意义。

第一章 海上丝绸之路研究的萌芽阶段
(1840—1900 年)

中国濒临太平洋,有着 1.8 万公里的大陆海岸线。早在远古时代,中国人就已滨海而居,耕海牧鱼,以海为生。20 世纪末浙江萧山跨湖桥遗址出土的独木舟,证明了接近 8000 年前中国人就可能已经"出入近海"了。[①] 21 世纪初在宁波余姚田螺山遗址中发现的金枪鱼、鲨鱼、石斑鱼、鲸鱼等海洋鱼类,表明河姆渡文化(公元前 5000—前 3300 年)文化时期"已开始一定规模的近海渔业"[②]。不仅如此,至少在 6000 年前,河姆渡文化的居民就已经漂越大海,航行到了邻近的岛屿。在舟山群岛、宁波象山县高塘岛、温州瑞安县北龙岛,甚至福建平潭岛,都发现过河姆渡文化的遗存及元素。[③] 由此之故,虽然"海上丝绸之路"的概念在中国出现于 20 世纪后期,但中国人对海洋的认识与探究却可以上溯到史前时代。"奇书"《山海经》不仅为我们保存了华夏先民们关于海洋的神话传说,而且还反映了他们对于东海的一些实际知识。[④] 在先秦时代的"蓬莱神话系统"中,我们可以看到人们对"海上三神山"的向往,以及对大海的无限遐想。[⑤] 而汉朝历史学家司马迁所叙述的徐福东渡故事,则显然是秦末海外移民的真实写照(尽管我们对徐福的起航地及登陆地还不清楚)。

西汉(公元前 206—公元 8 年)时,中国除了加强了与朝鲜半岛及日本的海上联系外,还开辟了由中国南方通向印度洋的航线。《汉书·地理志》首次记载了这条航线。此后,随着海上丝绸之路的发展,相关记载日益丰富。例如,唐朝的贾耽(730—805 年)详细描述了中国通向外部世界的 7 条主要道路,其中一条是通向朝

[①] 蒋乐平:《跨湖桥独木舟三题》,林华东、任关甫主编:《跨湖桥文化论集》,人民出版社 2009 年版。

[②] 李安军:《田螺山遗址:河姆渡文化的新视窗》,西泠印社出版社 2009 年版,第 162 页。

[③] 林士民:《宁波沿海地区原始文化初探》,载林士民:《再现昔日的文明》,上海三联书店 2005 年版。王海明:《河姆渡文化的扩散与传播》,《南方文物》2005 年第 3 期。

[④] 姚楠等:《七海扬帆》,中华书局(香港)1990 年版,第 18 页。

[⑤] 顾颉刚:《〈庄子〉和〈楚辞〉中昆仑和蓬莱两个神话系统的融合》,《中华文史论丛》1979 年第 2 辑。

鲜半岛的"登州海行入高丽、渤海道",另一条是"广州通海夷道"。① "通海夷道"这一概念,正是古代中国人对海上丝绸之路的概括。

除了贾耽外,古代中国还有许多人写过与海上丝绸之路有关的专著。遗憾的是,大量著述已经失传了,只留下书名或片言只语。例如,三国时,孙吴政权曾派遣朱应、康泰出使扶南等东南亚地区。② 回国后,朱应撰写了《扶南异物志》,康泰也撰写了一部著作(其原名很可能是《外国传》,后人称其为《吴时外国传》或《吴时外国志》),但这些书都没有流传下来。③ 吴时丹阳太守万震所写的《南州异物志》,也未能传世。④ 根据《隋书·经籍志》,两晋南北朝时"记载域外地理的著作有一百三十九种之多",但多数已经失传,包括《交州以南外国传》、《游行外国传》、《历国传》、《外国传》等书。⑤ 唐朝之后所佚失的著作就更多了,可以说是不胜枚举。例如唐朝高少逸的《四夷朝贡录》、达奚通的《海南诸蕃行记》、章僚的《海外使程广记》,五代李珣的《海药本草》,宋朝绘制的《海外诸蕃图》及其他航海图,元朝陈大震和吕桂孙的《南海志》全文,明代刘黄裳的《东征杂记》、王士琦的《封贡纪略》、熊尚文的《倭功始末》、吴朴的《渡海方程》和《东南海外诸夷》等书。清人所著关于海上丝绸之路的佚著虽然至今没有统计过,但数量一定不少,而且种类增多。例如,鸦片战争前,随着越来越多的英国人来到广东进行贸易,在广州出现了不少用广东方言注音的英语简易教材。但这类英语简易教材多数已失传,保存下来的很少。⑥

在现存的中国古代文献中,与海上丝绸之路相关的大体上可以分为以下几类:

第一类是官方组织编修的各类史书。这类著作包括正史"二十四史";历代王朝纂修的众多政书,如《唐六典》、《宋会要辑稿》、《元典章》、《明会典》,清朝诸帝所修的《会典》,历朝皇帝的《起居注》和《实录》,等等。

第二类是私人撰写的杂史笔记。此类著述非常庞杂,主要有东晋法显的《佛

---

① 《新唐书·地理志七下》,中华书局点校本,第1146—1155页。

② 许永璋:《朱应、康泰南海诸国之行考论》,《史学月刊》2004年第12期。

③ 陈佳荣认为,朱应、康泰并不是各自分别写了一部著作,而是"极有可能"共同署名写了一部书,其中"一人为实际作者,而另一人因是主使官却名列其前"。参见陈佳荣等:《历代中外行纪》,上海辞书出版社2008年版,第59页;又参见南溟网(http://www.world10k.comblog? p=623)。

④ 向达:《汉唐间西域及海南诸国古地理书叙录》,原载《北平图书馆馆刊》第四卷第六号(1930年11月),收入其所著《唐代长安与西域文明》,三联书店1957年初版,河北教育出版社2001年重版。

⑤ 朱杰勤:《我国历代关于东南亚史地重要著作述评》,原载《学术研究》1963年第1期,收入其所著《中外关系史论文集》,河南人民出版社1984年版。

⑥ 周振鹤:《大英图书馆所藏〈红毛通用番话〉诠释》,荣新江、李孝聪主编:《中外关系史:新史料与新问题》,科学出版社2004年版。

国记》;唐朝义净的《南海寄归内法传》、《大唐西域求法高僧传》,杜环的《经行记》;
宋朝周去非的《岭外代答》,赵汝适的《诸蕃志》,徐兢的《宣和奉使高丽图经》;元代
周达观的《真腊风土记》,汪大渊的《岛夷志略》;明代黄省曾的《西洋朝贡典录》,黄
衷的《海语》,马欢的《瀛涯胜览》,费信的《星槎胜览》,巩珍的《西洋番国志》,茅瑞
徵的《皇明象胥录》,严从简的《殊域周咨录》,罗曰褧的《咸宾录》,张燮的《东西洋
考》,李言恭、郝杰的《日本考》,郑舜功的《日本一鉴》,郑若曾的《筹海图编》,王士
性的《广志绎》,沈德符的《万历野获编》,王临亨的《粤剑编》,何乔远的《名山藏》,
顾炎武的《天下郡国利病书》;清代屈大均的《广东新语》,陈伦炯的《海国闻见录》,
印光任的《澳门记略》,樊守义的《身见录》,王大海的《海岛逸志》,谢清高的《海
录》,邵大纬的《薄海番域录》,等等。

　　第三类是档案文献,特别是明清两朝的档案文献。目前已经出版的档案文
献,主要有《明清史料》(1930年开始出版)、《文献丛编》(1930年开始出版)、《掌故
丛编》(1930年)、《史料旬刊》(1930年)、《筹办夷务始末》(1930年)、《康熙与罗马
使节关系文书》(1932年)、《清代外交史料(嘉庆、道光朝)》(1933年)、《明清内阁
大库史料》(1949年)、《清代档案史料丛编》(1978—1990年)、《康熙朝汉文朱批奏
折汇编》(1984—1985年)、《雍正朝汉文朱批奏折汇编》(1989—1991年)、《英使马
戛尔尼访华档案史料汇编》(1996年)、《清代中朝关系档案史料汇编》(1996年)、
《清代中朝关系档案史料续编》(1998年)、《清代中国与东南亚各国关系档案史料
汇编》(1998、2004年)、《明清时期澳门问题档案文献汇编》(1999年)、《中葡关系史
料汇编》(2000年)、《中国明朝档案总汇》(2001年)、《清宫粤港澳商贸档案全集》
(2002年)、《清中前期西洋天主教在华活动档案史料》(2003年)、《明清宫藏中西
商贸易档案》(2010年)等。

　　第四类是沿海各省的地方志,特别是广东、台湾、福建、浙江、山东等省的历代
方志。这些方志包括省志,府志和县志,其中比较著名的有宋代的《宝庆四明志》
和《开庆四明续志》,元朝的《延祐四明志》,明代的《八闽通志》、《嘉靖广东通志》、
《嘉靖宁波府志》、《万历广东通志》,清朝的《康熙台湾府志》、《康熙香山县志》、《雍
正浙江通志》、《雍正宁波府志》、《乾隆广州府志》、《乾隆泉州府志》、《乾隆海澄县
志》、《道光广东通志》、《道光厦门志》,等等。

　　虽然古代中国留下了关于海上丝绸之路的不少文献,但不足之处也是非常明
显的。

　　第一,从西汉到鸦片战争前,中国与世界其他地区的海上交往历史长达2000
年,而且内容十分丰富,包括航线的拓展、航海技术的进步、商品的增多、文化交流

的频繁,等等。与古代中国人如此漫长、丰富的历史活动相比,保存下来的中文古文献不仅在数量上太少,而且在内容上也比较单一,许多方面甚至是空白。清朝学者姚莹在19世纪末就曾指出:"本朝武功莫盛于西北,自内外蒙古、青海、回疆、西藏皆入图籍,学人皆得以披考之矣。惟东南岛夷,虽见《四裔考》及传记,苦不明了。《海国闻见录》、《海岛逸志》颇有图说,亦但据海舶所经图之,而海岸诸国及在陆诸国何者接壤,孰为东西,孰为远近,无从知之。"①试以航海图为例。与现代航海一样,古代航海也离不开航海图和航线指南之类的图书。否则,如果不熟悉"各地路程远近、方向、海上的风云气候、海流、潮汐涨退、各地方的沙线水道、礁石隐现、停泊处所水的深浅以及海底情况"②,就根本无法在海上航行。清朝的黄叔璥说过:"舟子各洋皆有秘本,名曰洋更。"③在中国沿海各地,这类航海"洋更"一定很多,不过,由于它们"大约多由航海者自编自用,或者父子相传,或者师徒相授",所以,"能够保存到现在的极为稀少"。④ 我们现在能够见到的明代航海图主要有保存在茅元仪所编《武备志》中的《郑和航海图》(原名为《自宝船厂开船从龙江关出水直抵外国诸番图》),鸦片战争前的清代航海图主要有章巽于1956年在古旧书籍中发现的《古航海图》。明朝的《顺风相送》和清朝的《指南正法》,"是目前尚存的最重要的民间航海指南"⑤。但这两本珍贵的抄本并不是在国内找到的,而是保存在英国牛津大学的鲍德林图书馆(Bodleian Library)。在欧洲,现存的14—15世纪的航海图则有180幅左右。⑥ 在古代中国文献中,类似于《哥伦布航海日记》之类的逐日记载航程的航海日志(Log Book),则更是没有见到过。⑦

第二,在古代中国关于海上丝绸之路的文献中,文学性的语言多于对事实的描述,特别是缺乏数量的记载。例如,海上丝绸之路上最为重大的盛事当推明代的郑和七下西洋(1405—1433年),它是中国航海史上空前绝后的壮举。但是,记载郑和所乘"宝舟"的文献不到十种,⑧而且寥寥数语,模糊不明。曾经跟随郑和下西洋的巩珍写道:"其所乘之宝舟,体势巍然,巨无与敌,篷帆锚舵,非二三百人莫

① 姚莹:《康輶纪行》,《四库未收书辑刊》第5辑,北京出版社1997—2000年影印本,第196页。
② 向达:《两种海道针经序言》,见向达校注的《两种海道针经》,中华书局1961年版。
③ 黄叔璥:《台海使槎录》,第一卷,第13页,《丛书集成初编》本。
④ 章巽:《古航海图考释》,海洋出版社1980年版,第4页。
⑤ 刘迎胜:《丝路文化·海上卷》,浙江人民出版社1995年版,第226页。
⑥ J. B. Harley and David Woodward. *The History of Cartography*. Vol. 1, Chicago: The University of Chicago Press, 1987, p. 373.
⑦ 2008年,在鲍德林图书馆发现了一幅明代中国航海图,西方人称其为《雪尔登地图》(The Selden Map),钱江称之为《明中叶航海图》。参见钱江:《一幅新近发现的明朝中叶彩绘航海图》,《海交史研究》2011年第1期。
⑧ 席龙飞:《中国造船史》,湖北教育出版社2000年版,第260—262页。

能举动。"①这样的文字,很难使人知道"宝舟"具体模样,直到今天为止,我们依然无法确定"宝舟"的实际大小、式样、结构。再如,地理大发现后,欧洲人在美洲找到了丰富的银矿。从 16—19 世纪,美洲所产白银的二分之一或三分之一最终流到了中国,②并且对中国的物价及社会其他方面产生了重大影响。可是在中国古文献中,却很难找到关于美洲白银流入的记载。地理大发现还使海上丝绸之路得以延伸,中国与欧洲建立起了直接的海上联系,大量欧洲人来到中国进行贸易,并且留下了十分丰富的文献资料,如英国东印度公司的对华贸易资料。相反,在中国方面,则找不到类似的详细记载。

　　第三,中国古代学者往往是由于个人的经历或个人的志趣而撰写关于海上丝绸之路的著述,他们搜集、整理、保存了许多珍贵的资料,但不可能全面地稽考源流、客观地探究原因,更不可能将中国方面的记载与外国方面的记载进行比对分析。所以,中国古代学者对海上丝绸之路的叙述,尚停留在"记录"的层面上,而没有进入到"研究"的阶段,许多说法甚至是错误的。试以明代张燮的《东西洋考》为例。虽然此书在资料来源、编写体例、纠谬辨误等方面都有许多创建,是古代中国关于海上丝绸之路的最重要著作之一,"较有研究性"③,但由于它"是在地方官主持下编修的",所以"对当时的一些官员,颇有溢美之词。而对明王朝的闭塞保守,夜郎自大,又盲目地加以美化歌颂;对海外一些国家、地区人民的习俗,加以歪曲和丑化";有些地方张冠李戴,"如把淳泥(在今加里曼丹岛北部)误与大泥(在今泰国马来半岛中部北大年一带)相混(卷三),把大食国资料置于哑齐条中(卷四),等等"④。再如,17 世纪初欧洲来华传教士在向中国人介绍欧洲各国时,根据英国的拉丁文名称 Anglia 将其译写成"谙厄利亚"。16 世纪英国人来到中国后,中国人又根据 English 的译音而将英国写成"英机黎"之类的中文。不过,中国人一直认为"谙厄利亚"和"英机黎"是两个不同的国家。大概到了 18、19 世纪相交之际,中国人才逐渐弄明白"谙厄利亚"、"英机黎"实际上就是"英吉利"。⑤ 此外,进入 17 世纪,荷兰人来到中国沿海,中国人根据其"毛发皆赤"的特征而称其为"红毛

---

① 巩珍著,向达校注:《西洋番国志》,中华书局 1961 年版,第 6 页。
② 全汉昇:《明清经济史研究》,台湾联经出版事业公司 1987 年版,第 21 页;全汉昇:《美洲白银与十八世纪中国物价革命的关系》,原载《"中研院"历史语言研究所集刊》第二十八本下(1957 年 5 月),收入《"中研院"历史语言研究所集刊论文类编》(历史编·明清卷第二册),中华书局 2009 年版。
③ 朱杰勤:《我国历代关于东南亚史地重要著作述评》,原载《学术研究》1963 年第 1 期,收入其所著《中外关系史论文集》。
④ 张燮著,谢方点校:《东西洋考》,中华书局 1981 年版,第 11—12 页。
⑤ 梁廷枏著,骆驿、刘骁点校:《海国四说》,中华书局 1993 年版,第 231 页。

番"。① 后来英国人来到中国沿海后，中国人长期把英国人与荷兰人混为一谈，把他们都称为"红毛番"。1637 年，英国人威德尔（John Weddell）来到广州，并且攻下了一个炮台。但中国人一直认为这是荷兰人干的，并将此事件记入《明史·和兰传》。直到鸦片战争之后，通过对照西文著述，才弄清楚 1637 年在广州挑衅闹事的"乃英吉利，非荷兰也"②。

导致古代中国学者未能深入研究海上丝绸之路的原因，主要有两个。一是历代王朝的对外政策。纵观中国历代王朝的海外政策，积极开放的很少，竭力压制的为多。郑和下西洋的壮举，为现代人所津津乐道，备受推崇，引以为豪。其实，正是那位组织下西洋活动的永乐皇帝，下令"禁民间海船，原有民间海船悉改为平头船，所在有司防其出入"③。这种釜底抽薪式的海禁措施，沉重打击了中国的造船业和海外贸易。所以，有学者认为，郑和实际上是明朝"厉行海禁和敌视海外移民"政策的"执行者"，这一政策的结果是"毁灭了中国走向海洋大国的机遇"④。就郑和本人而言，虽然他被现代中国人公认为古代最伟大的航海家，但是在《明史》中，郑和是被归在"宦官"传中的，寥寥数语、错误甚多。他不仅没有跻身于文武功臣之列，甚至排在"隐逸"、"方伎"、"外戚"和"列女"之后。二是古代中国的文化体制。古代中国的官方意识形态是儒家学说，孔子等"圣贤"所写的著作被尊为经典。中国古代的统治者们还精心设计出了一套周密的考试与官员选拔制度，用科举制度的魔棒驱使着社会精英们埋首苦读，以成功地登上仕途，获取高官厚禄。而科举考试的基本内容，则是儒家经典。这样，研读儒家经典就成了唯一的"正途"，其他知识则被视为旁门左道。在地理大发现时代的欧洲，西班牙、葡萄牙等国不仅制定了一系列的政策来支持发展海外贸易和海外探险，而且还建立航海学校，设立专门的机构来搜集与分析海外知识，组织专家绘制航海图，鼓励研究航海问题（例如经纬度的测定）。这些促进海外贸易和海外探险的政策措施，在古代中国是见不到的。在古代中国上层学者中，专题研究海外交往问题的很少，终生致力于研究这一问题的人则更少。一个很有意思的事实是，中国人是在 100 年前开始研究郑和下西洋的，而欧洲学者却在 500 年前就已经注意到郑和了。⑤

需要指出的是，现代人往往从经济的角度把海上丝绸之路看成是一条贸易航

---

① 张燮著，谢方点校：《东西洋考》，第 127 页。

② 夏燮著，高鸿志点校：《中西纪事》，岳麓书社 1988 年版，第 14 页。

③ 《明太宗实录》，第二十七卷，第 498 页。

④ 庄国土：《明朝前期的海外政策和中国背向海洋的原因——兼论郑和下西洋对中国海洋发展的危害》，载杨允中主编：《郑和与海上丝绸之路》，澳门大学澳门研究中心，2005 年。

⑤ 金国平、吴志良：《500 年前葡萄牙史书对郑和下西洋的记载》，《史学理论研究》2005 年第 3 期。

路,而在古代中国,海上丝绸之路则被视为海外各国向中国进行朝贡的外交通道。由于特定的地理条件、丰富的文化积累、强大的政治优势,古代中国一直是东亚的文明中心,而海外各国则被视为落后的蛮夷番邦。《清朝文献通考》在介绍周边各国时,从地理学的角度表达了这种观念:"大地东西七万二千里,南北如之,中土居大地之中,瀛海四环,其缘边滨海而居者是谓之裔,海外诸国亦谓之裔。裔之为言边也。"①元朝的张翥在为《岛夷志略》所写的序中则从哲学的角度论证了中国文明中心观:"大抵一元之气,充溢乎天地,其所能融结为人为物。惟中国文明,则得其正气。环海于外,气偏于物,而寒燠殊候,材质异赋,固其理也。"②既然中国是世界的文明中心,那么中国皇帝自然就成了天下共主了。明朝皇帝朱元璋就曾明言:"自古帝王临御天下,中国居以内制夷狄,夷狄居外以奉中国。"③这样,外国与中国的关系,就是"称臣纳贡"的朝贡关系,连接中国与海外各国的海上航路,则成了海外各国前来向中国朝贡的"贡道"。明朝政府对各国来华的海上朝贡路线有明确的规定,例如日本"贡道由浙江宁波府",暹罗"贡道由广东",吕宋"贡道由福建",等等。④梁廷枏在《粤道贡国说》的前言中说:"我朝威德覃敷,远无弗届。朝鲜一国率先效顺,厥后琉球、越南、日本相继叩关,咸称属国,同奉正朔,久列藩封,方物贡期,胥归定例。此外,则西海穷陬,从古未通之国,靡不向化输诚,梯阤航琛,来庭恐后。入贡道路,例按海洋远近,分隶沿边各省,宗伯掌之。"⑤

1840年的鸦片战争,打开了清朝紧闭的大门,动摇了传统的朝贡体系。1842年签订的《中英南京条约》明确规定,自此之后,"英国住中国之总管大员,与大清大臣无论京内、京外者,有文书来往,用'照会'字样;英国属员,用'申陈'字样;大臣批复,用'札行'字样;两国属员往来,必当平行照会"。条约还规定:"自今以后,大皇帝恩准大英国人民带同所属家眷,寄居大清沿海之广州、福州、厦门、宁波、上海等五处港口,贸易通商无碍。"⑥这样,中国由原先的闭关锁国一下子变成了海禁废弛,国门洞开。远涉重洋来到中国的英国人,不再被视作是虔诚的朝贡者,而是被看成是"贸易通商"者,连接中国与世界的海上交通线也从蛮夷"贡道"转变成了"通商"航路。

---

① 《清朝文献通考》,卷二九三,浙江古籍出版社2000年影印本,考7413页。
② 汪大渊、苏继庼校释:《岛夷志略校注》,中华书局1981年版,第2页。
③ 《明太祖实录》,卷二六,第401页。
④ 《明会典》,卷一〇六,中华书局1989年版,第572—573、577页。
⑤ 梁廷枏著,骆驿、刘骁点校:《海国四说》,第164页。
⑥ 海关总署《中外旧约章大全》编辑委员会:《中外旧约章大全》(上册),中国海关出版社2004年版,第70、73页。

虽然今天的中国人都把 1840—1842 年的中英鸦片战争看成是影响整个中国历史进程、改变中国社会性质的划时代事件,但在当时,清朝的统治者们并没有认识到这场战争所蕴含的历史意义。他们闭目塞听,自欺欺人地把这场战争轻描淡写地称为"夷衅",顽固地拒绝去认识世界、了解世界、学习世界。只有林则徐(1785—1850 年)、姚莹(1785—1853 年)、魏源(1794—1857 年)、徐继畬(1795—1873 年)、梁廷枏(1796—1861 年)、夏燮(1800—1875 年)等极少数先知先觉者睁开了眼睛,怀着救亡图强的强烈责任感,开始虚心而冷静地观察正在剧变的世界,其代表作有:

(1)魏源的《海国图志》。魏源,字默深,湖南邵阳人。1840 年 7 月 6 日,浙江定海被英军占领。9 月 16 日,英国陆军上尉安突德(P. Anstruther)在舟山测绘地图时被乡民捕获,送到宁波府。当时在宁波负责浙东防务的是钦差大臣伊利布。魏源"为友人邀至军中,亲询夷俘安突德"①,并结合其他材料,写成《英吉利小记》。有人评价说,这本书"像是在中国封闭的门窗上第一次捅开一个小洞眼,透进一丝外部世界的光亮,使人们最初窥见了英国究竟是一个什么样的国家"②。1841 年春,道光皇帝将伊利布撤职查办,任命裕谦为钦差大臣,到浙东指挥抗英。魏源加入到裕谦的幕府中,但数月后辞归。同年夏天,被免职发配到新疆伊犁"赎罪"的抗英主将林则徐路过江苏京口,与魏源"对榻倾谈",并嘱咐魏源撰写《海国图志》。③《海国图志》以林则徐所译的《四洲志》为基础,"再据历代史志及明以来岛志,及近日夷图、夷语",④于 1842 年编成,共 50 卷。1847 年,扩充成 60 卷,1852 年,增补为 100 卷。

(2)徐继畬的《瀛寰志略》。徐继畬,字健南,号松龛,山西五台人。1826 年考中进士,在陕西、福建等地做过官。1840 年鸦片战争爆发后,徐继畬调任署理汀漳龙道,积极筹划漳州、泉州一带的海防。徐继畬在鸦片战争中深得朝廷器重,不断升迁,1843 年任福建布政使。"是时正值中英《南京条约》签订,条约规定中国开放东南沿海五口通商,其中福建一省就独占了神州和厦门两口"⑤,徐继畬主持了紧张而复杂的对外通商事务,并因出色表现而升任为福建巡抚。1850 年,一名英国传教士及一名英籍医生租住神州城内神光寺的两间房屋,当地一些士绅要求立即

---

① 魏源著,陈华等点校注释:《海国图志》,岳麓书社 1998 年版,第 1466 页。
② 彭大成、韩秀珍:《魏源与西学东渐:中国走向近代化的艰难历程》,湖南师范大学出版社 2005 年版,第 82 页。
③ 黄丽镛:《魏源年谱》,湖南人民出版社 1985 年版,第 117 页。
④ 魏源著,陈华等点校注释:《海国图志》,第 1 页。
⑤ 韩永福:《徐继畬在福建》,《历史档案》1994 年第 4 期。

把英国人驱逐出城。而徐继畲则认为不宜操之过急,而是应当设法使英国人自觉自愿地搬离,以避免激化矛盾。最终,徐继畲被革职。① 太平天国起义被镇压后,徐继畲被重新起用,"受命管理京师同文馆,成为近代中国新式教育的第一个大学校长,而且是第一所外语学院的校长"②。徐继畲的名作《瀛寰志略》于1844年开始撰写,初名《舆图考略》,后经扩增,更名为《瀛寰考略》,最后定名为《瀛寰志略》,共10卷,1848年刊刻。

(3)梁廷枏的《粤海关志》、《海国四说》和《夷氛闻记》。梁廷枏,字章冉,广东顺德人。梁廷枏出生于名门望族,学识渊博,多才多艺,是当时著名的收藏家、戏曲家、书画鉴赏家、历史学家。③ 鸦片战争前,曾任广州学海堂学长,广州越华、粤秀书院院监等职。1836年,梁廷枏受两广总督之聘编成《广东海防汇览》。1839年,编成《粤海关志》30卷,比较全面地梳理了粤海关的发展演变过程,以及广东与海外各国的通商历史,被誉为是"我国第一部海关志,……是一部海关专志,同时也是一部海关通史"④。鸦片战争期间,梁廷枏成了林则徐的幕僚,为抗击英国侵略者积极献计献策,深得林则徐赏识。1846年,梁廷枏根据西方译著以及中文资料,写成了《海国四说》。此书由《耶稣教难入中国说》、《合省国说》、《兰仑偶说》和《粤道贡国说》组成,其中的"合省国"就是美国,"兰仑"即英国伦敦。他的另一部著作《夷氛闻记》大约完成于1849年,⑤主要记载第一次鸦片战争的过程,同时简要回顾了英国对华贸易的早期历史。

(4)姚莹的《康𫐄纪行》。姚莹,字石甫,安徽桐城人。姚莹自1808年考中进士后,曾游幕广东,后在福建、台湾、江苏等地做官,对海外形势比较了解。鸦片战争期间,姚莹任台湾兵备道,领导台湾军民在"抗英保台"中取得重大胜利。⑥ 1841年9月和1842年3月,两艘英国人的船只在台湾沿海搁浅,船上的英国人成了俘虏。1842年6月,姚莹与台湾镇总兵达洪阿奉道光皇帝之命将其中的139人"就地正法"。在英国人的强大压力下,清政府将姚莹、达洪阿革职问罪。⑦ 最后,姚莹被降级派往四川。从1844年到1846年,姚莹又被两次被派往西藏。在往返四川藏的途中,姚莹不顾冰天雪地、道路崎岖,刻意留心沿途山川风俗,多方搜集资料,1846

① 史革新:《浅谈徐继畲与神州神光寺事件》,《晋阳学刊》2009年第2期。
② 徐继畲著,宋大川校注:《瀛寰志略校注》,文物出版社2007年版,第4页。
③ 陈恩维:《"传家衣钵到先生"——近代岭南著名爱国学者梁廷枏和他的家族》,《岭南文史》2007年第1期。
④ 陈恩维:《梁廷枏〈粤海关志〉及其海关史研究》,《史学史研究》2009年第3期。
⑤ 梁廷枏著,邵循正点校:《夷氛闻记》,中华书局1959年版,第2页,脚注2。
⑥ 韩子佩:《姚莹在鸦片战争中对保卫台湾的贡献》,《江淮论坛》1983年第5期。
⑦ 李永玉:《鸦片战争期间搁浅台湾英船性质考》,《历史研究》2003年第2期。

年完成《康輶纪行》的初稿,1848 年定稿,共 16 卷。

(5)夏燮的《中西纪事》。夏燮,字谦甫,安徽当涂人。夏燮生长于一个学术之家,从小受到良好的教育,"长于史学,兼擅韵"①,著述丰富。鸦片战争期间,他正担任直隶临城训导,当时"恶声方戬于村鸡,讹言又传于市虎。于是蒿目增伤,裂眦怀愤,爰蒐集辑邸抄文报,旁及新闻纸之可据者,录而存之"②,为撰写一部关于鸦片战争的专史而积累资料。但迫于恶劣的政治环境,他一直将《中西纪事》书稿"藏之笥中"。1859 年以后,夏燮对他的书稿又进行了多次修改,最终增订成 24 卷,于 1865 年公开出版。此书比较系统地回顾了欧洲人在中国沿海的活动过程,着重研究了第一次鸦片战争,具有较高的史料价值。

鸦片战争前,虽然英国人在中国沿海已经活动了 200 多年,但中国人对于英国依然所知甚少,有许多认识是完全错误的。③ 鸦片战争中,中国人对英国的无知暴露得彻底无遗。鸦片战争的战火已经燃烧了近两年之后,1842 年 5 月道光皇帝还要求在浙江前线的扬威将军奕经向英军俘虏问明以下事实:英国女王"年甫二十二岁,何以推为一国之主? 有无匹配,其夫何名何处人,在该国现居何职?"④大清帝国的堂堂皇帝对英国的认识尚且如此,他的臣民们则可想而知了。

在上述几部著作的作者中,魏源、徐继畬、梁廷枏、姚莹,都直接参加了鸦片战争,并且发挥过重要作用。夏燮虽然不在沿海,但一直在深切地关心着战争的进程。鸦片战争失败的惨痛事实,使他们清醒地意识到中国人对外部世界是何等的愚昧无知。魏源写道:"苟有议翻夷书、刺夷事者,则必曰多事。则一旦有事,则或询英夷国都与俄罗斯国都相去远近,或询英夷何路可通回部,甚至廓夷效顺,请攻印度而拒之,佛兰西、弥利坚愿助战舰,愿代请款而疑之。以通市二百年之国,竟莫知其方向,莫悉其离合,尚未可谓留心边事者乎?"⑤在他们看来,这种无知状态的形成,知识分子显然负有不可推卸的责任。魏源指出:"儒者著书,惟知九州以内。至塞外诸藩,则若疑若昧;荒外诸服,则若有若无。……徒知侈张中华,未睹寰瀛之大。"⑥姚莹则以更加严厉的文笔地批评说:"儒者习于所见,皆以侈谈异域为戒……坐井观天,视四裔如魑魅,暗昧无知,怀柔缺术",结果"误天下国家也"。⑦

① 夏燮著,高鸿志点校:《中西纪事》,第 1 页。
② 夏燮著,高鸿志点校:《中西纪事》,第 1 页。
③ 龚缨晏:《鸦片战争前中国人对英国的认识》,黄时鉴主编:《东西交流论谭》,上海文艺出版社 1998 年版。
④ 宁波市社会科学界联合会、中国第一历史档案馆:《浙江鸦片战争史料》(下册),宁波出版社 1997 年版,第 137 页。
⑤ 魏源著,陈华等点校注释:《海国图志》,第 26 页。
⑥ 魏源:《圣武记》,卷十二,《续修四库全书》,上海古籍出版社 1996—2003 年版,第 422—433 页。
⑦ 姚莹:《康輶纪行》,卷十二,《四库未收书辑刊》第 5 辑,影印第 296 页。

所以,"时至今日,海外诸夷侵凌中国甚矣! 沿海数省既遭蹂躏,大将数出失地丧师,卒以千万取和",其原因"正由中国书生狃于不勤远略,海外事势夷情平日置之不讲,故一旦海舶猝来,惊若鬼神,畏如雷霆,夫是以偾败至此耳"。[1]

因此,这批先驱者异口同声地呼吁,为了民族的安危,必须了解世界、研究世界、学习世界。魏源写道:"制驭外夷者,必先洞夷情。今粤东番舶购求中国书籍,转译夷字,故能尽识中华之情势。若内地亦设夷馆于粤东,专译夷书夷史,则殊俗、敌情、虚实、强弱、恩怨、攻取,瞭悉曲折,于以中其所忌,投其所慕,于驾驭岂小补哉?"[2]姚莹的一个梦想是"欲吾中国童叟皆习见习闻"海外诸国,"然后徐筹制夷之策",以"喋血饮恨","雪中国之耻,重边海之防"。[3] 为此,年迈的他最后表达了这样的心愿:"余于外夷之事,不敢惮烦。今老矣,愿有志君子为中国一雪此言也!"[4]

要了解"外夷",认识世界,首先必须了解海外各国的地理位置、历史背景、社会制度、风俗习惯、宗教文化等基本情况。其次必须了解这些国家与中国的距离及海上航线,这些国家为什么要与中国发生联系,何时与中国发生联系,这种联系又是如何演变的。第三,由于不少海外国家在中国古籍中已经有所记载,但在不同时代的相关记载中又各不相同,因此,需要对中国古代文献进行整理、稽考。而所有这些问题,都与海上丝绸之路有关。有些研究甚至直接涉及古代丝绸贸易问题。例如徐继畬告诉人们,公元 6 世纪前期,东罗马帝国"有航海至中国者,携蚕桑之种以归,试植之,与土性宜,由是茧丝之利兴焉(泰西兴蚕桑之利已一千数百年,而中国之人不知,以为皆从粤东贩往)"[5]因此,魏源、姚莹、徐继畬等人实际上已经开始对海上丝绸之路进行研究了。或者说,这些学者就是中国海上丝绸之路研究的开创者与奠基者。他们的开拓性研究,主要体现在以下几个方面:

第一,突破了根深蒂固的传统"夷夏"观,承认海外也有文明国家。试看魏源对于弥利坚(美国)的这段热情洋溢的赞美之词:"呜呼! 弥利坚国非有雄才枭杰之王也,涣散二十七部落,涣散数十万黔首,愤于无道之虎狼英吉利,同仇一倡,不约成城,坚壁清野,绝其饷道,逐走强敌,尽复故疆,可不谓武乎! 创开北墨利加者佛兰西,而英夷横攘之;愤逐英夷者弥利坚,而佛兰西助之,故弥与佛世比而仇英夷,英夷遂不敢报复,远交近攻,可不谓智乎! 二十七部酋分东西二路,而公举一

① 姚莹:《东溟文后集》,卷八,《续修四库全书》,上海古籍出版社 1996—2003 年版,影印第 556 页。
② 魏源:《圣武记》,卷十二,《续修四库全书》,影印第 433 页。
③ 姚莹:《东溟文后集》,卷八,《续修四库全书》,影印第 557 页。
④ 姚莹:《康輶纪行》,卷十二,《四库未收书辑刊》第 5 辑,第 296 页。
⑤ 徐继畬著,宋大川校注:《瀛寰志略校注》,第 204 页。

大酋总摄之，匪惟不世及，且不四载即受代，一变古今官家之局，而人心翕然，可不谓公乎！议事听讼，选官举贤，皆自下始，众可可之，众否否之，众好好之，众恶恶之，三占从二，舍独徇同，即在下预议之人亦先由公举，可不谓周乎！中国以茶叶、大黄岁数百万济外夷之命，英夷乃以鸦片岁数千万竭中国之脂，惟弥利坚国邻南洲，金矿充溢，故以货易货外，尚岁运金银百数十万以裨中国之币，可不谓富乎！富且强，不横凌小国，不桀骜中国，且遇义愤，请效驰驱，可不谓谊乎！"①既然海外也存在着既"武"、"智"，"公"，又"周"、"富"、"谊"的大国，那么中国也就不再是世界上唯一的文明中心了；发展与这些国家的海上关系，对于中国来说无疑也是一件有益的事情。

第二，开始考察中国与海外各国的交往历史。魏源概括说："诸番通中国自汉始，岭南榷番税自唐始。其前求异珍，唐后则榷货税，益国用。然明中叶，闽、广犹不过南洋、小西洋诸国，无欧罗巴，亦无所谓鸦片也。南宋已忧钱币漏泄，明时亦有奸民假冒之币，势有必至，理有固然。"②徐继畬对欧洲人的来华经过有过如下叙述："葡萄牙人精于算数，习天文，用仪器测量日出入并星躔度数，知水陆之方向远近。明初，其国王遣善操舟者，驾巨舰南行，由亚非利加之西境，转而东，历亚非利加之东境，抵五印度之西境。复转而东，至麻剌甲，又从苏门答腊、噶罗巴之海峡，遍历东南洋诸岛国。所至辄留葡人，营立埠头。隆庆初，抵粤东香山县之濠镜（即澳门）。请隙地建屋，岁纳租银五百两。疆臣林富代请许之，葡萄牙人遂立埠头于澳门，是为欧罗巴诸国通市粤东之始。其后西班牙、荷兰接踵东来，佛郎西、英吉利继之。"③他还介绍了欧洲人来华的航线："欧罗巴诸国来粤东，皆从大西洋海开行，沿亚非利加之西岸，南行至尽头之岌阿稳曷朴（一作好望角，俗称大浪山。），乃转而东北。舟行至此，风涛最恶，彼土人惯于浮海，亦罔不栗栗危惧，过此乃额头称庆。浮印度海东北行，入苏门答腊、噶罗巴之巽他海峡，又东北而至粤东，计程约七万余里。俗称来三去五，盖由大西洋来中国约三月程，回国则须五月程。"④此外，徐继畬指出了欧洲人对中国的实际贸易情况："欧罗巴各国，皆以贩海为业，……每岁商船至中国，多者百余艘，少亦三四十艘。所贩鬻者，多棉花、洋布粗重之物。至如洋米、胡椒、苏木、海参之类，皆从东南洋转贩，并非西产。"⑤近年来，海外白银流入中国问题，引起了国内外许多学者的浓厚兴趣，但不少人将不同种类

① 魏源著，陈华等点校注释：《海国图志》，第1611页。
② 魏源著，陈华等点校注释：《海国图志》，第514—515页。
③ 徐继畬著，宋大川校注：《瀛寰志略校注》，第239页。
④ 徐继畬著，宋大川校注：《瀛寰志略校注》，第110页。
⑤ 徐继畬著，宋大川校注：《瀛寰志略校注》，第227页。

的银元混为一谈,甚至把明清时代的银元与现在的美元混为一谈(因为在外文中货币单位往往都被写作 dollars)。所以,徐继畬的如下文字依然具有参考意义:"西洋诸国行用番银,成色高者,欧罗巴、印度所铸。其常行者分四种,曰墨西哥,曰秘鲁,曰玻利非亚,曰智利,成色高下不同,粤东人能辨之,闽人不能辨也,但称为吕宋番,又称鹰仔番。"①

第三,指出了中国古籍中的一些错误记载。魏源认为,《明史》等中国史书关于"东南洋"国家的记载,存在着三大弊端。一是"西洋与南洋不分",例如"谓佛郎机近满剌加,何翅秦越同席?"二是"岛国与岸国不分",三是"同岛同岸数国不当分而分"。② 顾炎武在其名作《天下郡国利病书》中说,苏门答腊就是"古大食也"。徐继畬认为此说"大误",并注曰:"苏门答腊一土,古名婆利洲,为西南洋极大之岛。明人不知为何地,以隔海万里之大食(即波斯一带)当之,误之甚矣。"③徐继畬不仅指出了顾炎武的错误,而且还提出了苏门答腊即古婆利洲的观点,这也是现代一些学者的观点。④

第四,探索比对中外文献、审音勘同等研究方法。魏源在《海国图志》的序言中写道,此前中国人关于海外国家的著作都是"以中土人谭西洋",而《海国图志》则是"以西洋人谭西洋也"。⑤ 他们开始将外国人的记载与中国文献进行比对,以求索历史真相。例如,徐继畬把《汉书》关于大秦的记载与古罗马历史进行对比后,认为"意大利之为大秦无可疑矣"⑥。"大秦"问题,在 20 世纪一直是国内外学者研究的一个热点。⑦ 徐继畬曾阐述过研究海外国家的困难之处:"南洋诸国,苇杭闽粤,五印度近连两藏。汉以后明以前,皆弱小番部,朝贡时通。今则胥变为欧罗巴诸国埔头,比古今一大变局,……至诸岛国,自两汉时即通中国,历代史籍不无记载。然地名国号,辗转淆讹,方向远近,亦言人人殊,莫可究诘。"⑧特别是用汉语译写的外国地名,研究难度更大。徐继畬感叹说:"外国地名最难辨识,十人译之而十异,一个译之而前后或异。盖外国同音者无两字,而中国则同音者或十字;外国有两字合音、三字合音,而中国无此种字。故以汉字书番语,其不能吻合者,本居十之七八,而泰西人学汉文者,皆居粤东。粤东土语本非汉文正音,辗转淆

① 徐继畬著,宋大川校注:《瀛寰志略校注》,第 335 页。
② 魏源著,陈华等点校注释:《海国图志》,第 347 页。
③ 徐继畬著,宋大川校注:《瀛寰志略校注》,第 51—53 页。
④ 陈佳荣等:《古代南海地名汇释》,商务印书馆 1986 年版,第 730 页。
⑤ 魏源著,陈华等点校注释:《海国图志》,第 1 页。
⑥ 徐继畬著,宋大川校注:《瀛寰志略校注》,第 203 页。
⑦ 龚缨晏:《20 世纪黎轩、条支和大秦研究述评》,《中国史研究动态》2002 年第 8 期。
⑧ 徐继畬著,宋大川校注:《瀛寰志略校注》,第 10 页。

讹,遂至不可辨识。"于是,这些学者开始用审音勘同的方法对外国译名进行研究。徐继畬本人在其《瀛寰志略》中就"将译音各异名,注于各国之下,庶阅者易辨认"①。这样的研究方法,被后来的学者所继承发挥。

第五,提出了一些很有见地的观点。魏源、姚莹、徐继畬不仅探讨了与海上丝绸之路相关的许多问题,而且还提出了一些颇有见地的观点。例如,顾炎武在《天下郡国利病书》说过:"真腊民色甚黑,号为昆仑,唐时所谓昆仑奴也。"徐继畬认为:"今考南洋诸岛番,面色大半皆黑,不独真腊为然,且黑有甚于真腊者。至昆仑二山,乃南洋小岛,蛟龙之宅,寂阒无人。地虽近真腊,而非其属,何以黑民独称真腊,而又以昆仑为名耶?盖昆仑为南洋往来必由之路,海舶皆耳熟其名,遂相沿为诸番之通称,而因以为黑民之别号。唐代正当真腊强盛之时,当役属南洋诸番部,故又以昆仑专属之真腊也。"②南海"昆仑"问题,正是 20 世纪国内外学者所关注的一个重点。③

第六,开始反思中国的海外贸易管理体制。古代中国一直基于"朝贡"体制来管理外贸,但随着欧洲人的东来,这种僵化的贸易管理方法已经根本无法应对富于扩张性的西方贸易体制。有学者写道:"清王朝这种传统的以我为中心的天朝制度,与西方势力正在积极营建中的以他们为中心的国际经济秩序,必不可免地要发生全面的冲突、碰撞。"④鸦片战争,从根本上说就是由于东西方两种不同贸易体制的冲突而引起的。鸦片战争之后,尽管清朝依然以"天朝上国"的姿势出现在世界上,但一些学者也开始对中国既落后又腐败的海外贸易管理体制进行反思了,比较典型的是夏燮。他首先肯定了海上贸易在国际关系中的重要地点,指出追求贸易利润是正当的:"夫互市者,实中西交争之利",欧洲人"梯航万里,远涉风涛,得利则欣,失利则戚,人情之常,何足为怪!"因此,如果中国的贸易管理体制及贪官污吏不断损害外商的正当利益,那么就必然会导致外商的怨恨,并且使中国成为最终的受害者:"一自贪吏侵渔,奸商掊克,彼以求利而来,终于失利而返,能无怨谤之沸腾邪?明之倭祸始于中官,继以商侩,终于豪贵,于是外番之怨日深,而中国亦官民交困矣。"他在分析鸦片战争的原因时,有过这样的评论:中国官方强征豪夺,不断加税,"洋商不堪其悉索,则控于地方官;地方官不能平其讼,则越控于大府;大府不欲穷其狱,乃回诉于本国。于是带兵船讲论,而干戈之衅以起"。

---

① 徐继畬著,宋大川校注:《瀛寰志略校注》,第 11 页。
② 徐继畬著,宋大川校注:《瀛寰志略校注》,第 59 页。
③ 费琅著,冯承均译:《昆仑及南海古代航行考》,中华书局 2002 年版。
④ 郭小东:《打开"自由"通商之路》,广东人民出版社 1999 年版,第 63 页。

所以，"即使鸦片不入中国，亦未能保外洋之终于安靖而隐忍也。且鸦片之来，亦为货物之亏折起见耳。货物不得利，乃思取违禁之物以补偿之，若使税用不增，逋欠可得，彼又何乐乎以违禁之烟土，而予关吏以把持，啖水师之贿赂哉？窃谓当日欲与之申明烟禁，必先取中西互市之全局通盘打算，平其百货之税则行用，更择其胥侩之尤者而惩之，必使番人憬然于生计之赢绌，不在鸦片之有无。但使关税行用之积蠹渐除，则湖丝、茶、黄之转输自便，此为中外一体，威福并行，制夷抚夷之策，似无逾于此者"。在夏燮看来，甚至当年林则徐在广州禁烟时"请停英夷贸易，亦自失之"①。在一个充溢着极端自尊、排外盲目心态的社会中，居然发出如此冷静的"另类"言论，实在罕见，也实在令人钦佩。

当然，魏源等人的研究，也存在着不少缺陷。

首先，他们都是饱读"四书五经"的传统知识分子，所以他们不仅无法摆脱儒家观念的束缚，而且还会得出一些非常荒唐怪诞的结论。梁廷枏关于儒家学说统治将统治世界的观点，可谓典型。梁廷枏认为，儒家学说就是人间的唯一真理："唐虞三代以来，周公、孔子之道，灿然若日月丽天，江河行地。"鸦片战争的结果虽然使中国割地赔款，备受耻辱，但在梁廷枏看来，这对于儒家学说在全世界的传播则是件好事，因为儒家学说可以借助中西交通大开之利，迅速扩展到欧洲。他这样写道："夫周孔之道洋施，本速于传邮。特前此西海之外，舟车阻之，俟其从容向化，势已缓矣。今则招徕即广，望光而踵至者，未尝限以工贾之辈。迩者皇上扩天地之仁，恩施格外，听其购求典籍，延致中土儒生，大地同文，兆端于此。他日者，设能尽得圣君、贤臣、孝子、悌弟、义夫、节妇之见于记载者，有以次第讲习，牖其愚蒙，引其向往，将所谓思悔转弃者，直旦暮间事。是盖圣教普施之渐之，有以发其机而操之券，又安有人心风俗之足害也哉？""泰西人既知读中国书，他日必将有陪慧之人，翻然弃其所学，而思从尧、舜、禹、汤、文、武、周、孔、之道，如战国之陈良者。"所以，虽然目前基督教在西方盛行，但"倘他时圣教所被，识见日开，必将有辨江心之味思冀北之群者"②。不过，梁廷枏在撰写这段文字时，一定没有想到一个问题：既然孔孟"圣教"是如此的美妙，为什么以这个"圣教"为正统的中国会被信奉异教的英国人打得一败涂地呢？他当然做梦也不会想到，在他去世之后的 100 多年里，中国大地上多次燃起过"打倒孔家店"的烈火。他更不会想到的是，在 21 世纪，有人居然还在像他那样编织着儒家学说将一统天下的神话，宣称什么"唯有

---

① 夏燮著，高鸿志点校：《中西纪事》，第 53—55 页。
② 梁廷枏著，骆驿、刘骁点校：《海国四说》，第 3、4、46 页。

儒家学说才能救世界"，"21 世纪是儒学的世纪"。中国历史，就是这样的光怪陆离！

其次，这个时期与海上丝绸之路相关的研究总体上来说是比较少的，而且停留在较浅显的层次上，并没有形成完整的系统。鸦片战争后，"鄂罗斯兼并西北，英吉利蚕食东南"①，中国边疆烽烟四起，危机不断。在背景下，边疆史地研究成了一门"显学"。② 不过，学者们更加关心的是西北边疆，而不是东南海疆。陈高华对此有过论述："鸦片战争对中国学术界是巨大的震动，探究域外史地之学成为一时的风气，西北、蒙古的历史地理，中国与中亚及其以西地区陆上交通的研究，名家迭出，成绩斐然。而古代海外交通的研究，则相当冷落，没有引起足够的注意。"③其原因可能有两个。一是在俄罗斯对中国西北的不断蚕食，直接威胁到中国的领土完整。相反，耀武扬威的西方列强虽然不断冲击着中国的国门，但远在海外，尚不能直接吞并中国领土。因此，危在旦夕的西北边疆更加引人关注，而东南海疆问题则没有显得如此迫切。另一个原因是，在中国典籍中，关于西北的文献非常丰富。中国古代学术的一个重要特征，就是以诠经读史、文献考据为主要方法。因此，研究西北史地的文献基础非常雄厚。中国学者研究西北史地的热潮始于 18 世纪末，④到了鸦片战争前后，已经成为一种学术传统。而在中国典籍中，关于海上丝绸之路的文献比较少，学术基础比较差，更没有形成学术传统，这样，学术研究的难度也就更大了。如前所述，关于海上丝绸之路的学术研究，是在鸦片战争之后才真正开始的。特别是，由于这种研究最初"是从反侵略的军事和外交斗争需要出发的"，因此，林则徐、姚莹等人的著作"带有较浓厚的情报色彩"，例如，"《四洲志》纯是一部译作，《康輶纪行》系合日记杂录而成"。这样的著作，自然难以"在史学上建立起自己的学科阵地"⑤。魏源的《海国图志》、徐继畬的《瀛寰志略》在内容上比较充实，但"反侵略的军事和外交斗争"色彩大大超过了学术性。这些著作在体例规范上也不够完备，例如，徐继畬虽然千方百计地"将译音各异名，注于各国之下，庶阅者易辨认"，但最大的缺陷是，他无法注出这些外国地名的外文原文。

第三，由于学术基础非常薄弱，再加上研究者不懂外语，无法利用外文资料，也无法掌握外国学者的研究动态，因此，即使在一些简单的基本问题上，也存在着

---

① 魏源著，陈华等点校注释：《海国图志》，第 1815 页。
② 梁启超：《中国近三百年学术史》，东方出版社 1996 年版，第 388 页。
③ 陈高华：《中国海外交通史研究的回顾与展望》，《历史研究》1996 年第 1 期。
④ 章永俊：《鸦片战争前后中国边疆史地学思潮研究》，黄山书社 2009 年版，第 77 页。
⑤ 盛邦和：《现代化进程中的中国人文学科（史学卷）》，世纪出版集团、上海人民出版社 2005 年版，第 90 页。

许多错误的说法。我们在此可举两例。

第一个例子是马礼逊父子。英国伦敦会传教士马礼逊(Robert Morrison，1782—1834 年)于 1807 年来到澳门，"是基督教教新教在中国传教的开山祖"①。从 1809 年起，马礼逊被英国东印度公司聘为中文翻译。1816 年英国阿美士德使团来到北京时，马礼逊担任翻译。马礼逊有个儿子名叫 John Robert Morrison，中文名字为马儒翰(1814—1843 年)。马礼逊去世后，马儒翰继承其父的职位，担任英国东印度公司的中文翻译。鸦片战争期间，马儒翰为英国侵略军充当翻译，积极为英国侵略者出谋划策。鸦片战争结束后，马儒翰又被英国人任命为香港殖民政府的秘书。不过，中国人对马礼逊父子的关系并不清楚。由于这对父子担任过相同的职位，而且姓名中都有马礼逊(Morrison)，所以中国人就将"马礼逊"这个英国人的姓误认为是官名。1842 年，姚莹通过审讯英军俘虏颠林，兴冲冲地向道光皇帝报告说：英国人"其在广东之香港者，文官为'马厘士列'，即马礼逊"②。魏源后来据此也说，英国人"其在粤、在浙，皆有'马礼逊'，乃官名，非人名"。魏源甚至还错误地认为，英国人"初奉佛教，后奉天主教"③。

另一个例子就是长期困惑中国人的"佛郎机"问题。公元 5 世纪，在冲击西罗马帝国的日耳曼"蛮族"中，法兰克人(Franks)是最强大的一支。法兰克人还在西欧洲建立了版图辽阔的法兰克王国。现在的法国、德国和意大利，就是在 843 年之后由法兰克王国分裂而成的。中世纪的阿拉伯人把西欧人统称为"法兰克人"。从 1513 年开始，葡萄牙人来到中国广东沿海。当时充当翻译的阿拉伯人把葡萄牙人称为"法兰克人"，中文据此译写成"佛郎机"或"佛朗机"之类。④ 而法国人则是从 1698 年"昂菲特里特"号首航中国后开始参与对华贸易的。⑤ 但由于中国人把法国译成为"佛郎西"等，所以，长期把葡萄牙(佛郎机)与法国(佛郎西)混淆在一起。夏燮深为中国人昧于早期中西交往的事实而痛心，他写道："修《明史》者，尚堕云雾中，岂非卧榻旁，被人鼾睡而不知邪？"于是他"参核《明史》及中外记载之书"，对此进行了认真的考订。但考订结果是错误的。他认为，16 世纪初最先来到中国的是法国人(佛郎西)，他们不仅骚扰了广东、福建和浙江沿海，而且还占据了澳门，建造起了"高栋飞甍，栉比相望"；而葡萄牙人则是从嘉靖三十年(1551 年)

---

① 郑天挺：《马礼逊父子》，载其所著《探微集》，中华书局 1980 年版。

② 魏源著，陈华等点校注释：《海国图志》，第 1468,1473 页；姚莹：《康輶纪行》，《四库未收书辑刊》第 5 辑，影印第 376 页。

③ 魏源著，陈华等点校注释：《海国图志》，第 1467 页。

④ 于化民：《"佛郎机"名号源流考略》，《文史》第 27 辑。

⑤ 黄时鉴：《解说插图中西关系史年表》，浙江人民出版社 1994 年版，第 441—442 页。

"遂来澳门"的:"葡萄亚乃纳贿于澳中官吏,请岁以五百金赁其廛而居之。"①由于误把"佛郎西"当做法国人,所以,夏燮根本无法讲清楚葡萄牙人是如何取代法国人而占据澳门的。

第四,囿于中国传统的思维模式,他们无法正确地解释海外局势的变化。例如,魏源清楚地认识到地理大发现后东南亚局势的巨大变化,但无法解释导致这种变化的原因,最后,他只得求助于中国传统的"气"论。他说:"天地之气,其至明而一变乎?沧海之运,随地圜体,其自西而东乎?前代无论大一统之世,即东晋、南唐、南宋、齐、梁,偏隅割据,而航琛献赆之岛,服卉皮衣之贡,史不绝书,今无一登于王会。何为乎红夷东驶之舶?遇岸争岸,遇洲据洲,立城埠,设兵防,凡南洋之要津,已尽为西洋之都会。"②与魏源持同样观点的还有徐继畬,他也试图用"气"这个似是而非的概念来说明海外局势的巨大变化:"西北之耀武功,始于汉,故称中国为汉人;岭南之聚番舶始于唐,故称中国为唐人。然唐时之番舶,亦不过南洋、小西洋诸国。王涯之胡椒八百斛,故南洋产也。……欧罗巴诸国之东来,先由大西洋而小西洋,建置埔头,渐及于南洋诸岛。然后内向,而聚于粤东。萌芽于明中,滥觞于明季,至今日而往来七万里,遂如一苇之杭。天地之气,由西北而通于东南,倘亦运会使然耶?"③

在古代中国,海上丝绸之路被看成是蛮夷向中国朝贡的海上"贡道"。鸦片战争之后,海上丝绸之路又被看成是中国与西方的"通商"航路。同时,魏源、梁廷枏、徐继畬等少数几个先驱者也开始研究与海上丝绸之路相关的一些问题,从而开辟了一个全新的研究领域,并且提出了不少超越时代的真知灼见。但由于上述缺陷的存在,使他们难以在史学理论与方法上取得重大突破,他们的研究"仍然是传统史学在新条件下的延续"④。

从 15 世纪后期开始,西欧迅速兴起,并在全球范围内不断扩张。欧洲人在 16世纪初尚未踏上中国土地的时候,就已经多方搜集与海上丝绸之路有关的各种资料了。1517 年到达广州的葡萄牙人皮列士,是欧洲国王派往中国的第一个外交使节。他在来中国之前,曾写过一部《东方志》,书中介绍了中国的沿海岛屿、港口、船只、进出口商品、外贸管理制度等。⑤ 第一个进入中国内地的传教士利玛窦(1552—1610 年)在讲述基督教在中国传播历程时写道:中国盛产的丝绸"大量地

---

① 夏燮著,高鸿志点校:《中西纪事》,第 3—7 页。
② 魏源著,陈华等点校注释:《海国图志》,第 348 页。
③ 徐继畬著,宋大川校注:《瀛寰志略校注》,第 117 页。
④ 王记录:《中国史学思想通史》(清代卷),黄山书社 2002 年版,第 500 页。
⑤ 多默·皮列士著,何高济译:《东方志》,江苏教育出版社 2005 年版,第 96—101 页。

出口到世界最遥远的地方。葡萄牙人最乐于装船的大宗商品莫过于中国丝绸了；他们把丝绸运到日本和印度,发现那里是现成的市场。住在菲律宾群岛的西班牙人也把中国丝绸装上他们的商船,出口到新西班牙和世界的其他地方"[1]。也就是说,欧洲人是在他们的全球扩张过程中开始研究海上丝绸之路的;欧洲人对海上丝绸之路的研究是主动的,是西方全球扩张的一个组成部分。而中国人则是在应对欧洲人急剧扩张的过程中开始研究海上丝绸之路的,是被动的。魏源等人研究海外各国的根本目的,就是为了寻找有效的"制夷"之策。魏源在《海国图志》的序中说得非常明白:"是书何以作? 曰:为以夷攻夷而作,为以夷款夷而作,为师夷长技以制夷而作。"[2]因此,中国人对海上丝绸之路的研究,从一开始就与民族忧患意识紧紧结合在一起。即使在 20 世纪中国学术界的海上丝绸之路研究中,依然可以看到这样的民族忧患意识。

---

① 利玛窦著,何高济等译:《利玛窦中国札记》,中华书局 1983 年版,第 4 页。
② 魏源著,陈华等点校注释:《海国图志》,"海国图志原叙",第 1 页。

第二章　海上丝绸之路研究的形成阶段
(1901—1948 年)

　　鸦片战争后,面对着汹汹而来的西方列强,为了寻找"制夷"良策,魏源、姚莹、梁廷枏、徐继畬等几个先驱者开始研究与海上丝绸之路相关的问题。进入 20 世纪之后,这一研究不仅得到越来越多学者的重视,而且还逐渐发展成一个专门的学术领域。在这个"学术化"过程的早期阶段,有两个人不能不提。一个人是丁谦,另一个人是沈曾植。

　　丁谦(1843—1919 年),字益甫,浙江仁和人,同治举人。曾在浙江省象山县任教谕长达 20 余年,颇有政绩。丁谦自己说:"余自幼嗜书,尤喜观地舆之书。自乡举后,奔走南北,得书约 2 万卷,中多有关地学者。"①他长期潜心研究边疆地理及海外地理,其主要著作是《蓬莱轩地理学丛书》(又名《浙江图书馆丛书》)。此外,他还研究过中世纪欧洲来华旅行家马可·波罗,著有《元马可博罗游记补注》。

　　《蓬莱轩地理学丛书》共 69 卷,分上、下两集。上集考证了以下 17 种正史中的地理志及外国传:《汉书》、《后汉书》、《三国志》、《晋书》、《宋书》、《南齐书》、《梁书》、《魏书》、《周书》、《隋书》、《新唐书》、《新五代史》、《宋史》、《辽史》、《金史》、《元史》、《明史》。下集考证了 13 种与域外地理相关的著作,分别是:《穆天子传》、法显的《佛国记》、宋云的《西域求经记》、辨机的《大唐西域记》、杜环的《经行记》、耶律楚材的《西游录》、《元秘史》、《元圣武亲征录》、《元经世大典图》、耀卿的《纪行》、长春真人的《西游记》、刘郁的《西使记》、图理琛的《异域录》。

　　象山籍学者陈汉章在光绪壬寅(1902 年)二月为《蓬莱轩地理学丛书》所写的序文中说:"近代诸儒为舆地学,大氐无虑数十百家。说《禹贡》、《汉志》、《水经注》者,博古不通今。郡邑、志乘及游历所记,详于今者又不合于古。"虽然也有人"零星掇拾,递相发明,然未能融合贯通也"。因此,在陈汉章看来,丁谦这部著作的突

---

① 丁谦:《蓬莱轩地理学丛书》(第四册),北京图书馆出版社 2008 年版,影印第 147 页。

出成就在于对相关历史文献"一一疏通而证明之,并非诸儒所可几及"。丁谦所搜获的一些文献,又是"诸家所未详者也"。陈汉章最后写道:"百余年来,海禁大开,中外交通或懵然于古今之故。自先生之书出,山川能说常变,兼资我中国,其不穷于因应也。"①现代学者评论道:"丁谦的考证严谨、广泛、系统,他的著作被誉为中国地理学史上的'天下奇书',是清末传统地理学继续发展的又一典型。"②

如果说魏源、姚莹等人是通过直接参与反对英国侵略者的军事斗争而为中国人"坐井观天,视四裔如魑魅,暗昧无知,怀柔缺术"而疾首痛心的话,那么,丁谦则是通过对中国史书的研读而得出了相同的结论。他写道:"呜呼! 中国人庞然自大,鄙夷狄为不足措意。岂知不足措意者,即受侮所由来。"③在他看来,"历史记外国事,最可诧异者,莫如《宋书》之倭国传,《明史》之撒马儿罕传。此二国,皆狎侮我邦,若弄婴儿于股掌之上"④。这里的"《宋书》之倭国传"与中国的海外交通历史有关,因此略加详述。

《宋书》倭国传记载,南朝刘宋时,日本曾派人前来朝贡,"自称使持节,都督倭、百济、新罗、任那、秦韩、慕韩六国诸军事,安东大将军,倭国王"。后来,刘宋的统治者果然"加使持节,都督倭、新罗、任那、加罗、秦韩、慕韩六国诸军事"⑤。丁谦指出:在这段记载中,"最可异者,其王自称为使持节都督六国诸军事。夫倭王都督其本国诸军事,宜也。若百济、新罗、任那、秦韩、慕韩五国,其地均在今朝鲜南境,疆界不相接,民族不相同,远隔重洋,各君其土,既非彼之郡邑,亦非彼之属邦,何能都督其军事? 即使势力所及,足以统辖诸邦,则自行统辖可矣,又何为请命于中国? 然则倭王此举,盖深悉中国上下,素昧外情,特假贡献虚名,行其诡诈欺诬之术。其视中国一如无知小儿,可玩弄于股掌之上者"。为什么这么说呢? 因为"考倭国三岛,本分百余土部,前史所载,略见一斑。迨统一以来(日本史不载统一事迹,若自古即成为大国也者,亦虚妄不实之证),兵力强盛,每垂涎于朝鲜半岛,欲肆鲸吞,惟虑中国或相干涉,因先舞弄文墨,求予以都督之权,一旦加兵,即可称奉命于中国,又使中国无词以为救援之地,其计划诚狡矣哉!"⑥

在一个民族危机日益加深的岁月中,丁谦以时代的眼光对中国正史中关于域外史地的记述作了评述,他认为:"元代至强,奄有亚洲全境,并欧洲东北境,应立

① 丁谦:《蓬莱轩地理学丛书》(第一册),北京图书馆出版社 2008 年版,陈汉章序,影印第 5—7 页。
② 赵荣、杨正泰:《中国地理学史》(清代),商务印书馆 1998 年版,第 5 页。
③ 丁谦:《蓬莱轩地理学丛书》(第一册),影印第 466 页。
④ 丁谦:《蓬莱轩地理学丛书》(第一册),影印第 11 页。
⑤ 《宋书》,中华书局点校本 1974 年版,第 97 卷,第 395 页。
⑥ 丁谦:《蓬莱轩地理学丛书》(第一册),影印第 463—466 页。

外国之传甚多。今但寥寥数则，盖亦有故。一由明初史馆诸人不明异域舆地；二由成书太速，不暇详细搜求；三由蒙古人鲜通中文，记载本少，无可为外国传之原料故也。"《明史》外国列传，视宋元为详，但当时诸臣，俱不明绝域形势，如铁木耳托贡献之名，玩弄中朝；蒲萄牙东来，冒佛郎机称号。自来无识其欺诈者，殊可哂。"①应当说，这样的评价是非常中肯的。正是由于丁谦等人对中国传统史学不断进行反思，后来梁启超等人所倡导的"新史学"才能得以建立。

丁谦的一个重要贡献，是通过梳理中国古代史书，指出某个海外地名最先见于何书，后来又是如何演变的，有几种不同的写法。例如，他在考证《隋书》中的"婆利"时写道："婆利，始见《梁书》，《唐书》作婆罗，《宋史》作渤泥，《明史》作浡尼，皆译音无定字故也。《梁书》言在广州东南，洲上国境甚大，东西五十日行，南北二十日行，与本传虽未尽合，其为今婆罗岛地无可疑者。至谓自交趾浮海，南过赤土、丹丹，方至其国，盖古时航海，皆循岸行，不敢直截大洋，故须南经马来半岛，然后转而向东，始能达其国境也。"②这种追根溯源式的考证，为其他学者提供了方便。而且，丁谦的这一段考证很有说服力，现代学者也有类似的观点。③

丁谦在考订中国史书时，并不是仅仅局限于利用中国文献，而是尽量搜集并利用有关外国史地的各种资料。他因此而得出了许多正确的结论。例如，《史记》及《汉书》曾记载过一个名为"安息"的西方国家。19世纪末20世纪初，严复等人曾认为，"安息"就是"亚细亚"一词的异写。丁谦认为这个观点是错误的。他指出："安息本古波斯地。波斯为马基顿所灭，未几各地分裂。有阿赛西者，于西前元二百五十年（秦孝文王元年）起兵，据波斯中境巴提亚省，自立为巴提亚国（一作巴地耳，一作帕而特，一作巴尔的，一作帕德利亚），其王世世以阿赛西第几为号。汉人误王名为国名，称为安息。安息者，阿赛西转音也。"④文中的"马基顿"和"巴提亚"，现在一般写作"马其顿"和"帕提亚"。现代出版的《中国大百科全书》这样写道：安息"作为国名，指公元前247—公元224年的帕提亚（Parthia）帝国。帕提亚原为古波斯阿契门尼德王朝、马其顿马历山大帝国、塞琉古帝国治下的一个郡。……公元前250—前248或247年，郡中一部落酋长阿赛西（Arsaces）兄弟起义，宣告独立。波斯史家多称安息的创建者为Arsak，汉人遂因其王名称其国为安息。"⑤如果把丁谦的话与《中国大百科全书》的这段文字略加对比，我们就可以发

① 丁谦：《蓬莱轩地理学丛书》（第一册），影印第11页。
② 丁谦：《蓬莱轩地理学丛书》（第二册），影印第162页。
③ 陈佳荣等：《古代南海地名汇释》，第730页。
④ 丁谦：《蓬莱轩地理学丛书》（第一册），影印第188页。
⑤ 《中国大百科全书》（中国历史），中国大百科全书出版社1992年版，第8页。

现,两者基本相同。一百多年前,生活在象山这个滨海小县的丁谦能够拥有如此丰富的世界历史知识,能够作出如此正确的考证,不能不让人由衷地钦佩。

丁谦对安息的考证,运用的是对音勘同的方法,这也是其他学者常用的方法。但丁谦并没有固步自封,他清醒地认识到,"对音"之法也有诸多缺陷,仅仅依靠这个方法是远远不够的。所以,他提出了文献考证的八种主要方法,即:揆地望、度情形、审方向、察远近、核时日、考道途、辨同异、阙疑似。① 根据这些方法,丁谦得出了比前人正确的观点。例如他在考释《元史》所载马八儿、俱兰国时,这样写道:"此二国惟见《元史》,前人多不知所在,《瀛寰志略》以非洲北境之阿比西尼亚为马八儿,努比亚为俱兰,不但臆度无据,即以本传事实言之,已不可通。"②他认为,马八儿、俱兰都位于南印度,这个观点与现代学者的结论基本上是相同的。③

丁谦虽然精于中国古代文献的考证,但对许多学科的新知识则缺乏了解。例如,自 18 世纪开始,欧洲学者越来越普遍地接受了这样两种理论。第一种是人类学的理论,认为世界上的人种可以分为欧罗巴人种(俗称白种人),蒙古利亚人种(俗称黄种人)和尼格罗人种(俗称黑种人)。第二种是语言学的理论,认为欧洲古代与印度梵语同属一个语系,即印欧语系(又称"雅利安语系",丁谦写作"亚里安")。但在丁谦看来,欧洲人的这两种理论是极端荒唐的,他为此特地撰写了"欧罗巴洲人种从来考",认为欧洲人都是亚洲人的后代:"岂知欧洲列强,以余考之,无一不出黄种,所谓亚里安人者,特耶教中附会之谈,毫无实据者也。"④他写道:"欧罗巴者,亚细亚洲之西境也。因亚细亚幅员过大,勉强分画,称为二洲,其实并无天然之界限线。且其地开辟较后,故全洲人种无一不由亚洲分析而来,而其迁徙之后先,参证史籍,均显然有可指之迹象。近人不察,惑于黄种、白种之谬说,弗一推究所从来,殊足嗤已。"丁谦根据中文文献,提出亚洲人迁入欧洲,可以分为"两大派"。第一派由南路迁入欧洲,他们先到地中海东岸,后到埃及,接着渡过地中海,并且创造出了希腊文明以及随后的罗马文明。第二派由北路入欧洲,从先秦到公元 6 世纪,分五个时期先后不断迁入欧洲。所以,欧洲其实也可以说是"亚细亚洲之殖民地"。丁谦对第二派(即"由北路而入")的说法甚为得意,因为他觉得这个观点"不特中国人素未论及,即久居其地之欧人亦多为俗说所囿,不能搜求典籍,确考其先世之源流。余合中西史文博观互究,核其时代,详其踪迹,始获略

---

① 丁谦:《蓬莱轩地理学丛书》(第一册),影印第 12 页;丁谦:《蓬莱轩地理学丛书》(第四册),影印第148 页。
② 丁谦:《蓬莱轩地理学丛书》(第二册),影印第 631—636 页。
③ 刘迎胜:《宋元时代的马八儿、西洋、南毗与印度》,原载《文化杂志》(澳门)1997 年冬季号,收入其所著《海路与陆路——中古时代东西交流研究》,北京大学出版社 2011 年版。
④ 丁谦:《蓬莱轩地理学丛书》(第一册),影印第 512 页。

知其大概"。他的结论是:"所称亚里安族者,仅出于里老之传闻,并不见于记载。西人搜求根据而不可得,至籍一二语音相似,为同出一族之证,亦可笑矣。观余以上所考,知欧洲人种,无一不出自亚洲,不特无黄种、白种之分,亦并无所谓亚里安族也。"①实际上,丁谦的这种说法是完全错误的,而导致这种错误的原因则在于对西方人类学与语言学的全然无知。不过,他对当时某些日本人观点的批评则是正确的。他写道:"倭之人种,相传出于徐福,而彼土不以为然,兹自云为太伯后,盖欲托之古贤以荣其族类,亦人情乎。比因欧人骤强,有日人者《兴国史谭》,②竟窃附于亚里安遗裔,以表异于黄种。呜呼! 何无耻如此?"③

由于无法直接利用外文文献,丁谦还有一些说法也是错误的。还是以"佛朗机"为例。丁谦认为,《明史》关于佛郎机的记载,可以说是"中国人暗于外情之代表"。丁谦的这一看法无疑是正确的。但由于他误认为"佛郎机即法兰西",所以就得出了如下结论:"据广东香山县之澳门者,为蒲萄牙,均与佛郎机无涉,而牵混如此。中国人疏于外情,由来久矣!"④实际上,《明史》所说的佛郎机,正是指葡萄牙人,而不是指法兰西(法国)。

鸦片战争期间以及鸦片战争之后,在反对英国侵略者的现实斗争中,产生了对海上丝绸之路相关问题的研究。这个新的研究领域,游离于中国学术传统之外,因为中国传统学术的"正道"是以文献考证的方法研究经史典籍。丁谦的贡献在于,通过对正统典籍的考证,来探讨与海上丝绸之路相关的问题,从而将魏源等人所开辟的学术新领域纳入到了中国的学术传统中。或者说,与海上丝绸之路相

---

① 丁谦:《蓬莱轩地理学丛书》(第二册),影印第 58—71 页。

② 《兴国史谭》是日本人内村鉴三所撰的一部关于世界古代史的著作,光绪年间上海泰东时务译印局出版了该书的中文译本。此书作者虽然是个日本人,但全书充斥着极端的白人优越论。内村鉴三认为,国家兴亡的重要原因就是"人种";在世界人种中,白种人在各方面都最为优越,而黄种人则是劣等人种。他说:"古代史所谓智兰人种者,率指黄色人种而言"(第三卷,第 17 页),而"智兰人种,乃历史上最居下层之民。……智兰时代,实人类之幼稚时代也,肉体上发育之时代也。乃白色人种出,而种类始入于进步之年矣"(第三卷,第 18 页)。内村鉴三竭力攻击、贬低中国人(支那人),说道:"黄色人种之所谓美术者,实不过美艺而已。文学亦然。支那人、朝鲜人等所作之文,仅可言文艺,不可言文学。文学者,发思想者也","若夫支那人,则除能保存洪水前之文明以迄于今日而外,别无裨于人类之全体之事(第三卷,第 14 页)。内村鉴三还厚颜无耻地写道:波斯人"确是白色人种"(第三卷,第 18 页),"今试考察波斯人之特性,颇与日本人相似",所以,"波、日两国人,盖不害为同父兄弟也"(第四卷,第 18 页)。他明明知道"波斯语实阿利安语之正派,与日本纯为智兰语言者不同",但还是牵强附会地说:波斯人名"率以阿字冠之",而"日本之地名、人名亦首用阿字者为多。此可见日本、波斯之言语相似也"(第四卷,第 19 页)。内村鉴三还认为,在世界各国中,"其最自由之国民,即最进步之国民;爱自由最挚之国民,则列等最优之人种",而"历史上人种之中,其最缺自由观念者,为智兰人种,即黄色人种"(第四卷,第 6—7 页)。在上海图书馆所藏《兴国史谭》中,这段文字的页眉上,有中国人以毛笔批道:"此等邪说,实足坏人心术","满纸自由邪说,吾不知其何丧心病狂亦至于此","鄙俚之语,令人喷饭"。这些评论,与丁谦的观点甚为相似。

③ 丁谦:《蓬莱轩地理学丛书》(第一册),影印第 512 页。

④ 丁谦:《蓬莱轩地理学丛书》(第二册),影印第 648、671、672 页。

关的研究,开始被"学术化"了。1900 年前后,推动这种"学术化"的另一个重要人物就是沈曾植。不过,两个人的出发点并不相同。丁谦主要通过对正史的研究,沈曾植则主要通过对杂史的研究。

沈曾植(1850—1922 年),字子培,浙江嘉兴人,光绪六年(1880 年)进士,曾任刑部主事、安徽提学使,上海南洋公学(今上海交通大学)监督等职。他的生平事迹,可见许全胜所著的《沈曾植年谱长编》(中华书局 2007 年版)。

沈曾植精通中国传统学术,是"我国近代有国内外影响的著名学者",被誉为"同、光朝第一大师"。① 他研究过法显的《佛国记》、赵汝适的《诸蕃志》、汪大渊的《岛夷志略》等关于海外交通的重要典籍,并取得了不少成就,"为中外关系史研究做了许多筚路蓝缕的工作"②。沈曾植对"中理国"的独到见解,体现了他在文献考证上的深厚造诣。在中文古籍中,所谓的"中理国"仅见于赵汝适的《诸蕃志》,现代学者试图将其地理位置定在非洲东岸,但无法确证。③ 其实,沈曾植早就指出,这个"中理国"实际上是由于"抄胥误析一国为二条"而造成的,其内容属于上文的"勿拔国"。原文应当为:"勿拔国,边海,……遵大食教度,为事中理。国人露头跣足,缠布不敢着衫。"沈曾植的这个观点是正确的。④

沈曾植是最早对《岛夷志略》进行注释的学者。根据许全胜的研究,沈曾植对《岛夷志略》所作的贡献,主要体现在以下几个方面。一是版本的校勘。例如,沈曾植认为,"毒纲国"应为"丹纲国","加罗"应为"重加罗","八郎那间"应为"八節那间","八舟"应为"八丹","层摇罗"应为"层拔罗",等等。二是对外国物产的名称进行了考订。例如,沈曾植认为"茄蓝木"就是"伽偭",是"沈香木之佳者";"孩儿茶"即"乌爹土",又名"乌垒泥",等等。三是地名的考订。例如,沈曾植认为,《岛夷志略》中所说的"三岛",就是《诸蕃志》所说的"三屿";"宾瞳胧"就是《明史》等书所说的"邦都郎"或"宾陁陵国";"彭坑"和"丁家庐",分别是《诸蕃志》等书所说的"蓬丰"和"登牙侬";"八都马"就是《新唐书》所说的"磨地勃",等等。⑤

不过,正如姚楠所指出的,由于沈曾植"不通外文,只能采用对音、互证等方法

① 沈曾植著,钱仲联校注:《沈曾植集校注》,中华书局 2001 年版,前言,第 1 页。
② 汪大渊著,苏继顾校释:《岛夷志略校注》,前言,第 4 页。
③ 赵汝适著,冯承均校注:《诸蕃志校注》,中华书局 1956 年版,第 58 页;杨博文校释:《诸蕃志校释》,中华书局 1996 年版,第 105—106 页。
④ 许全胜:《与时俱进,掉臂独行——论中国南海学的开拓者沈曾植》,海南师范大学南海区域文化研究中心编印:《南海海上丝绸之路学术研讨会论文集》,2011 年 4 月 25—26 日。
⑤ 许全胜:《与时俱进,掉臂独行——论中国南海学的开拓者沈曾植》,海南师范大学南海区域文化研究中心编印:《南海海上丝绸之路学术研讨会论文集》,2011 年 4 月 25—26 日。

来作考证,以致错误很多"①。例如,沈曾植在"安息即小亚细亚"的考证中认为:"安息之地,即小亚细亚也。安息为亚细之代音,北接康居。盖康居之地,直越地中海而西矣。"②他的这个说法,显然不如丁谦正确。

1903年,上海蜚英书局出版了一部题为《五千年中外交涉史》的洋洋大作,作者署名为"屯庐主人"。作者在自序中说:中国"自黄帝已来数千年,拥疆自封,环列皆左带沸唇之伦,聚族无常,不足与大邦相抗";如今"我中华以积弱之余,测身于诸强之庭,皇皇大吏,拥旄节重望,然能折冲于樽俎之间,岸然以国体为大防者,近世以来盖罕闻之。此亦谈国际者之遗憾矣。有志之士病焉,相与提唱而疾呼之,治斯学者渐有其人。然纪戴缺如,于我国古今交际诸大端懵然无所知觉",所以,这部著作就是"集五千年交涉之大端,汇而存之,为治斯学者之一助"。③此书上起传说中的黄帝,迄止于1900年,比较全面地叙述了中国对外交往的历史。书中不少内容涉及海上丝绸之路。例如,"欧使始通中国"一节写道:"东汉桓帝延熹九年,大秦(即罗马)王安敦里乌士欧力利阿斯遣使自海道经印度洋由安南之东京献象牙、犀角、玳瑁。初,大秦王常欲通使于汉,安息以汉缯綵与之互市,恐失其利,故遮阂不令自达。及后,更破安息,取波斯湾地,始航海遣使焉。是为海道东来之始。"④文中所说的"安敦里乌士欧力利阿斯",即 Antonius Aurelius 之音译,即罗马帝国安敦尼王朝的第五个皇帝(161—180年在位)。⑤ 书中还明确提到,万历四年(1576年),明朝"官军"因"追海寇林道乾"而来到了小吕宋(菲律宾)。⑥ 这是较早论述"林道乾"问题的著述,可惜后来的学者在研究该问题时,没有注意到。

《五千年中外交涉史》第七十七卷中有"海陆互市纪略"一节,全文如下:⑦

> 中国缯彩凤为他国所好,自上古时已由西域运入波斯、印度。亚历山大东征以后,更输入欧洲罗马。而皆由陆路,从未有自海道转运者。蜀汉时,罗马贾人秦论始航海来交趾,市汉材物。中国商船亦常航锡仑附近,与之互市,而以日南、交趾为东西两洋交通中枢,西邦贾人咸集其地。是地在东汉初为马援征服后,于岭南特辟新路以通西来海道,交易因是颇盛。汉晋之际,中国内乱相继,交易中衰。斯时罗马实握印度洋之航海权,自内地经爪哇、苏门答

---

① 汪大渊著,苏继庼校释:《岛夷志略校注》,前言,第4页。
② 沈曾植著,钱钟联辑:《海日楼札丛》,第111页。
③ 屯庐主人:《五千年中外交涉史》,上海蜚英书局1903年版,自序。
④ 屯庐主人:《五千年中外交涉史》(卷十八),第1页。
⑤ 余太山:《早期丝绸之路文献研究》,上海人民出版社2009年版,第182页。
⑥ 屯庐主人:《五千年中外交涉史》(卷八十一),第1页。
⑦ 屯庐主人:《五千年中外交涉史》(卷七十七),第1—2页。

腊至锡仑之航路则专属于华人。历南北朝,至隋唐初叶,中国商船更推广其航船,或由锡仑沿西印度海岸入波斯湾,或沿阿拉比亚海岸至红海湾头阿丁。当时锡仑一岛,为海道交易之中权,中国、波斯、哀西比亚诸国之人咸集于斯,以从事交易。及大食勃兴,阿非利加与西方亚细亚沿岸及印度河口所有港湾,次第归其版图,以故阿拉比亚人与其属境之波斯、犹太人等益恢张海运,遂东向经南洋诸国,而通商于中国沿岸,代中国人而专有亚细亚之航路海权。至武后天授中,阿拉比亚人之商于广州、泉州、杭州诸港者以数万计,唐时置提举市舶司,征海关税,为岁入大宗。其后大食不振,唐亦内乱日多,是以东西海道之互市渐次衰微。至陆路之交易,至唐时为极盛。先是,隋炀帝武威、张掖、河西诸郡为东西交易之中权。西贾来是地,四十余国,贸易者日益众。中国人之商于中央亚细亚、波斯、印度地方者,亦益多。彼素谙商业之犹太,亦乘机而入。于是,西自欧洲、阿非利加,东至中国、印度,所有商权悉归掌握。海道则自红海、印度洋,至中国之南海;陆路则自地中海东岸之安地凹克,经呼罗珊、中央亚细亚、天山南路,而至中国之长安。及大食国兴,阿拉比亚人渐拓其通商之范围。当时世界商权,复为阿拉比亚人所握云。

全文字数不多,但非常全面地叙述了古代丝绸之路的发展概貌,包括丝绸之路兴衰的国际背景、陆路与海路的关系、海上丝绸之路的主要航线、东西方海上势力的相互消长,甚至"航海权"之类的现代词汇。这表明,在20世纪初,中国一些学者对海上丝绸之路的基本情况已经有了比较清楚的认识。海上丝绸之路基本知识的普及,为后来学术研究的深入开展奠定了扎实的基础。

需要指出的是,20世纪前半期,推动中国学术界开展海上丝绸之路相关问题研究的动力,主要来自国外。

16世纪,利玛窦等传教士进入中国后,欧洲人就开始了对中国的研究。到了19世纪前期,一个专门研究中国历史文化的学科"汉学"(Sinology)在欧洲完全确立。19世纪末,欧洲不少学者研究了与海上丝绸之路相关的问题,例如英国人梅辉立(W. F. Mayers)在1874—1875年的《中国评论》(*China Review*)上发表了《十五世纪中国人在印度洋的探险》(Chinese Explorations of the Indian Ocean during the 15th Century)一文;1876年,荷兰人格伦威尔德(W. P. Groenveldt)发表了《根据中文文献考论马来群岛及满剌加》(*Notes on the Malay Archipelago and Malacca Compiled from Chinese Sources*),等等;1885年,德国人夏德(F. Hirth)出版了《中国和东罗马》(*China and the Roman Orient*,汉译为《大秦国全录》);英国人菲力普思(G. Phillips)于1885年至1886年在《皇家亚洲文会北中国支会会报》(*Journal of the North China Branch of the Royal Asiatic Society*)上发表了《印度和锡兰的海港,由十五世纪中国航海家所描述,并附有中国航海记录》(The Seaports of the India and Ceylon, Described by Chinese Voyagers of the Fifteenth Century, together with an Account of Chinese Navigation);等等。①

这里,特别需要一提的是英国汉学家裕尔(Henry Yule,1820—1889 年)。他从 1840 年起,作为军人在印度生活了 20 多年。②裕尔于 1862 年退役后,致力于东西方历史关系的研究。他的代表著作有两部。第一部 1866 年在伦敦出版的《东域纪程录丛》(*Cathay and the Way Thither, being a Collection of Mediæval Notices of China*)。这部著作"几乎囊括了迄至当时所知道的有关东方历史的全部知识","长期以来它一直是所有从事古代和中世纪远东研究的人的便览手册"③。第二部是 1871 年在伦敦出版的《马可・波罗游记译注》(*The Book of Ser Marco Polo the Venetian, Concernig the Kingdoms and Marvels of the East*),此书于 1903 年和 1920 年经法国汉学家考迪埃(H. Cordier,1849—1925 年)两次修订增补,"被公认为 19 世纪的博学的不朽之作"④。在裕尔的这两部名著中,许多内容实际上都是探讨海上丝绸之路的。例如,作者认为"支那"(Chin)一词是由海上交通线传入西方的,而表示中国的另一个词汇"赛里斯")(Seres)是由陆上交通线传入西方的;作者根据法显的游记,认为中国与印度之间无疑已经存在着海上贸易联系。⑤直到今天为止,无论是中国人还是外国人,在研究海上丝绸之路时,依然离不开裕尔的这两部著作。此外,裕尔还发表过关于海上丝绸之路的一些论文,例如 1882 年的《关于从西亚到中国海上航线的最早的历史记载》(Notes on the Oldest Records of the Sea-route to China from Western Asia)。此文根据古代希腊人的文献、早期基督教徒的文献、阿拉伯文献以及中国文献,着重讨论了公元前后从中国到印度洋的海上航线及沿岸港口。文中的许多观点至今依然具有启发意义。例如,裕尔认

---

① 陈信雄:《欧美郑和研究的历史和特色》,江苏省纪念郑和下西洋 600 周年活动筹备领导小组:《传承文明,走向世界,和平发展——纪念郑和下西洋 600 周年国际学术论坛论文集》,社会科学文献出版社 2005 年版;黄慧珍、薛金度:《郑和研究八十年》,纪念伟大航海家郑和下西洋 580 周年筹备委员会、中国航海史研究会:《郑和研究资料选编》,以及本书附录中的"外文资料(西文)"。顺便说一下,黄慧珍和薛金度所撰的《郑和研究八十年》说,"法人麦耶儿思(Mayers)",可能有误。

② 裕尔的生平介绍,可参见 Memoir of Sir Henry Yule 收录于 *The Book of Ser Marco Polo the Venetian. Concernig the Kingdoms and Marvels of the East.* translated and edited, with notes, by Colonel Sir Henry Yule, revised by H. Cordier, London, 1926.

③ H. 裕尔著,H. 考迪埃修订,张绪山译:《东域纪程录丛》(第二版),云南人民出版社 2002 年版,序言,第 12 页。

④ H. 裕尔著,H. 考迪埃修订,张绪山译:《东域纪程录丛》(第一版),译者的话,第 4 页。

⑤ H. 裕尔著,H. 考迪埃修订,张绪山译:《东域纪程录丛》(第二版),第 3、52 页。

为,不能把汉代的中国与近代的中国等同起来,在研究汉代中国与印度洋的海上交通线时,必须认识到,现在的越南沿海也是属于中华帝国的;公元前后西方人所到达的东亚最远港口,根本不同于 9 世纪西方人所达到的东亚最远港口。[①]

可是在 19 世纪末,中国学者对于欧洲汉学界的动态,可以说是几乎一无所知。相反,日本自 19 世纪晚期开始,通过一系列的改革,成为率先走向现代文明的亚洲国家。在日本从传统走向现代的过程中,欧洲的"汉学"也传入了日本。有学者指出:"在近代日本中国学的形成过程中,有一个事实常常被人忽视,然而它却具有十分重要的意义。这就是作为日本中国学的第一代创始人,他们几乎无一例外地都在欧美国家学习过和从事过研究。"[②]19 世纪末 20 世纪初,日本学术界形成了自己的"中国学"。在日本早期汉学家中,研究海上丝绸之路相关问题的学者主要有三宅米吉(1860—1929 年)、白鸟库吉(1865—1943 年)、桑原骘藏(1870—1931 年)、藤田丰八(1869—1929 年)等人。

由于日本成功地从传统社会转型为现代社会,所以,在 19 世纪末 20 世纪初,日本就成了"中国仿效的典范",成了"中国人学习西方现代文明的'二传手'",[③]成了"西学的中介"。一股到日本去留学、向日本学习的热潮在中国悄然兴起。推动中国海上丝绸之路研究的第一股国外力量,正是来自邻国日本。

1903 年 9 月 30 日在上海出版的《大陆报》第 11 期发表了《支那航海家郑和传》,此文被认为"是中国人撰写的关于郑和的最早的论述,堪称近代研究郑和第一篇"。《大陆报》由位于上海四马路的作新社承担印刷和发行,而作新社又是由"留日学生戢元丞与日本著名女教育家下田歌子合作开办的";《大陆报》的"实际主持人和编辑者为归国留日学生"。[④] 因此,这篇《支那航海家郑和传》虽然没有署名,但无疑是受日本学术界影响的结果。

《支那航海家郑和传》首先点明了航海交通在人类文明发展史上的重要性:"今试问:世界各国,其最有功于世界之文明者,何国乎? 则鲜不曰:善航海辟新地之祖国是已。又试问:古今豪杰,其最有功于今世之文明者,何人乎? 则鲜不曰:善航海辟新地之冒险家是已。"因此,古代中国海禁政策的危害是十分严重的:"我支那民族,自古国于大陆,罕与海通。政府则设有海禁,异国则鄙为海国。海防

---

① H. Yule. Notes on the Oldest Records of the Sea-route to China from Western Asia. *Proceedings of the Royal Geographical Society and Monthly Record of Geography*, Vol. 4, No. 11, 1882.

② 严绍璗:《日本中国学史稿》,学苑出版社 2009 年版,第 135—137 页。

③ 沈殿成:《中国人留学日本百年史》(上册),辽宁教育出版社 1997 年版,第 4 页。

④ 邹振环:《晚清航海探险史研究中的郑和》,《学术研究》2005 年第 12 期;《〈支那航海家郑和传〉:近代国人研究郑和第一篇》,《社会科学》2011 年第 1 期。

者,不外闭门塞窦、缩首畏尾之伎俩。谈海者,不外天方夜谭、齐谐志怪之思想。故循至今日,彼能由海而来,我不能由海而往。彼能握我海权,而我有海而不能用。"文章紧接着指出,古代中国"由海道以远适异国者,实惟郑和"。然后,文章介绍了郑和下西洋的事迹,特别是"当时之航海术"。文章还把郑和下西洋置于整个世界历史的背景下进行考察,分析了"当时各国之形势",认为郑和航海比"伐司哥达羁磨"(今译写作"达·伽马")早了 73 年,比"大亚士"(今译写作"迪亚士")早了 61 年,是"支那民族之代表以达于亚非利加之南岸者也"!文章最后写道:"自大亚士、伐司哥达羁磨之发见新航海也,而天下之大势为之一变。自哥仑布之发见新世界也,而天下之大势又为之一变。浸假而马盖兰发现太平洋矣,浸假而汲顿曲发见澳大利亚矣,浸假而澳门,而香港,而割其缅甸、越南之属国,而踞其广、胶、旅大之良港。于是欧人之海权愈扩而愈大,支那之海权愈割而愈微。故今日之支那,不特无所谓航海术,且即有航海术,而亦无海之可航矣。试为之披地图。其在支那海东南,沿赤道而西者,若者为英人之领土,若者为法人之领土,若者为美人之新屯煤场,若者为和兰人之旧殖民地。而在当时,固皆我三保太监所镇抚、所鞭箠者也。乃何以荏苒数百年,而卧榻之侧,眈眈者已别有人也。呜呼!"①在这段充满海洋意识与民族危机意识的文字中,我们可以感受到作者强烈的爱国热情。

特别有价值的是,《支那航海家郑和传》列出了郑和所到达的 89 个海外古地名,并且分别注出其拉丁字母拼法,这也是中国人第一次列出这样的中外地名对照表。在这篇文章所复原的中文地名外文写法中,有许多正确的。例如"答那思里"的外文为 Tenasarim or Burma。此外,又将"答那思里"复原为 Islands off the coast of Tenasarim;"苏门答腊"的外文为 The Kindom of Samara of Marco Polo Sumatra;"麻里溪溜"的外文为 An island to the North of the Maldives called Isola di Malicut。从这些注文中可以看到,《支那航海家郑和传》最终的资料来源为英文论著。不过,具体来自何处,尚待今后深入研究。

1905 年 5 月,②由于戊戌变法失败而避居日本的梁启超以"中国之新民"为名,在《新民丛报》上发表了《祖国大航海家郑和传》。③ 这篇文章出自梁启超这位博学的史学家之手,因此,其学术性远远超过了《支那航海家郑和传》,主要体现在三个

---

① 《支那航海家郑和传》,《大陆报》第 11 期,光绪二十九年八月初十日(1903 年 9 月 30 日)。感谢邹振环教授提供原文。

② 王健:《近代中国人研究郑和应始于 1905 年——梁启超〈郑和传〉发表时间考》,《江海学刊》2005 年第 3 期。

③ 梁启超发表在《新民丛报》上的不少文章,实际上主要是依据日本人的论著。参见郑匡民:《西学的中介:清末民初的中日文化交流》,四川人民出版社 2008 年版,第三章第三节。

方面。第一,《支那航海家郑和传》说,郑和事迹除了见于《明史》外,还有"马欢所著《瀛涯胜览》、《武备秘书》"。梁启超进一步指出,研究郑和的中文史料主要有两部,即马欢所著《瀛涯胜览》和费信所著的《星槎胜览》,并且评论道:"马、费二氏,皆回教徒,以能解亚剌伯语言,被命为通译,故纪行文皆成于其手。马著出版先,故国名少而纪载较详;费著出版后,故国名多而纪载微简。"①这就为后人的研究提供了文献基础。第二,《支那航海家郑和传》虽然注出了89个海外中文地名的外文写法,但并没有说明其依据。《祖国大航海家郑和传》仅注出了39个海外中文地名的外文写法,但对每个地名进行了简略的考释。例如,文中写道:"假马里丁(Carimata Island),大学堂地图所称卡里马塔群岛是也,在婆罗之西南,与苏门答剌相对。(《元史》"史弼传"有假马里答,其位置正如《星槎》所记;《星槎》之马里决为里马之误。)"后来学者的研究证明,梁启超的观点是正确的。梁启超所见《星槎胜览》上的"假马里丁"确实应为"假里马丁",即 Carimata(又作 Karimata)之音译。② 此外,梁启超在"灵山"条中说:"格兰尼威氏谓为今之那的里加山(Nuitran)";在"麻逸冻"条中说:"格兰尼威氏以巽他群岛中之边丹当之,今从焉"。由此可见,梁启超的一个主要依据来自"格兰尼威氏"。此人很可能就是《根据中文文献考论马来群岛及满剌加》一文的作者 W. P. Groenveldt。第三,《支那航海家郑和传》列出了"郑和所至各地"的地名,但没有说明郑和先到何地再到何地,即没有说明具体的航线。梁启超根据《瀛涯胜览》和《星槎胜览》的记载,比较详细地"推定"了郑和下西洋的航线,认为郑和最远"循红海西岸南航出亚丁湾,复循亚非利加东部海岸南航,经摩森比克海峡(亦作莫三鼻给海峡),掠马达加斯加岛之南端回航"。不管这一"推定"的细节是否正确,但梁启超开启了对古代海上航线的探讨。

虽然梁启超的《祖国大航海家郑和传》并不是像人们长期认为的那样"首先揭开了近世研究郑和的序幕"③,虽然梁启超的这篇名作在"论述角度和叙述风格"上"都多少受到过《支那航海家郑和传》的影响",④但是,由于梁启超的社会地位、学术造诣、文字魅力,这篇《祖国大航海家郑和传》产生了巨大的影响,不仅使郑和引

---

① 梁启超:《祖国大航海家郑和传》,《新民丛报》,1905年,第3卷第21号,中华书局2008年影印。

② 汪大渊著,苏继庼校释:《岛夷志略校注》,前言,第203页;伯希和著、冯承钧译:《郑和下西洋考》,中华书局2003年版,第86页,注132;陈佳荣等:《古代南海地名汇释》,第714页;向达整理:《郑和航海图》,中华书局2000年版,第32页。

③ 纪念伟大航海家郑和下西洋580周年筹备委员会、中国航海史研究会:《郑和研究资料选编》,人民交通出版社1985年版,第4页。

④ 邹振环:《〈支那航海家郑和传〉:近代国人研究郑和第一篇》,《社会科学》2011年第1期。

起了国人的广泛关注,而且直接促进了中国海外交通史的研究。

《支那航海家郑和传》和梁启超的《祖国大航海家郑和传》是受日本学术界的影响而写成的。除此之外,进入 20 世纪后,大量的日本学术论著被直接翻译成中文,其中影响较大的汉译日文著作有斋藤阿具的《西力东侵史》(林长民译,1903年),木宫泰彦的《中日交通史》(陈捷译,1931 年),桑原骘藏的《蒲寿庚考》(陈裕菁译,1929 年)、①《中国阿剌伯海上交通史》(冯攸译,1934 年)、《唐宋贸易港研究》(杨炼译,1935 年),藤田丰八的《中国南海古代交通丛考》(何健民译,1935 年)、《宋代之市舶司与市舶条例》(魏重庆译,1936 年),内田直作的《明代的朝贡贸易制度》(王怀中译,《食货》1935 年第 1 期),百濑弘的《明代中国之外国贸易》(郭有义译,《食货》1936 年第 1 期),石田干之助的《中西文化之交流》(张宏英译,1941 年)。这样,来自日本学术界的研究成果,就成了推动中国学者开展海上丝绸之路研究的第一股国外力量。

推动海上丝绸之路研究的第二股国外力量则直接来自欧洲学术界,约始于 20世纪 20 年代。这里,我们必须介绍三位杰出的学者,他们是冯承钧(1887—1946年)、张星烺(1888—1951 年)、向达(1900—1966 年)。

冯承钧,字子衡,湖北夏口人,因天资聪颖过人,而被推荐出洋留学,于 1903 年来到比利时读中学,1905 年进入列日大学学习,1906—1910 年在法国巴黎大学学习,获法学学士学位后,在法兰西研究院从事研究工作。1911 年,受辛亥革命的激励,毅然回国,几经周折,在当时的教育部工作,与鲁迅有过一定的交往。冯承钧曾在北京大学、北京师范大学兼任过教职。1929 年,冯承钧因中风而停止教学工作。抗日战争期间,因病留在北京的冯承钧历经磨难。1946 年因病在北京去世。②冯承钧"熟谙法、比、英文,还学习了梵、蒙、越等文字"③,具有非凡的外语能力。回国后,不管生活如何困苦,冯承钧始终坚持翻译欧洲学术著述,向中国人介绍西方学术成果,特别是法国汉学家沙畹(Edouard Chavannes,1865—1918 年)、伯希和(Paul Pelliot,1878—1945 年)等人的研究成果。据邹振环统计,冯承钧毕生著译的单行本有 51 种,其中翻译的 40 种,编著的 11 种。在这些著述中,有许多是直接讨论海上丝绸之路相关问题的,例如沙畹的《中国之旅行家》(1926 年)、希勒格的《中国史乘中未详诸国考证》(1928 年)、费琅的《昆仑及南海古代航行考》(1930

---

① 《蒲寿庚考》是桑原骘藏的主要代表作,此书的中译本在中国多次重印。2009 年,中华书局又出版了此书的简体横排本。

② 邹振环:《冯承钧及其在中国翻译史上的贡献》,《学术月刊》1996 年第 4 期。

③ 冯承钧:《中国南洋交通史》,上海古籍出版社 2005 年版,谢方导读,导读第 2 页。

年)、费琅的《苏门答剌古国考》(1931年)、马司培罗的《占婆史》(1933年)、伯希和的《交广印度两道考》(1933年)、伯希和的《郑和下西洋考》(1935年)、《马可波罗行纪》(沙海昂注释,1936年)、费赖之的《入华耶稣会士列传》(1938年)。冯承钧所翻译的主要文章,汇集在1934年开始出版的《西域南海史地考证译丛》中,1949年之前,共出版了四编。1956年起又陆续出版了五编。1962年,中华书局将《西域南海史地考证译丛》九编全部校订重印。1995年,又进行了第二次影印。2004年,中华书局再次重印了冯承钧翻译的《马可波罗游记》,出版者这样写道:"在半个世纪里,国内外对于《马可波罗行纪》的作者、版本及其在中西文化交流史上的地位等诸方面的研究,已经取得了很大的成绩。但是,站在今天的角度来重新审视冯译本,我们觉得冯氏在底本选择、文字考订及版本注释上所下的功夫,仍旧是目前其他中译文本扎难以做到的。"①

综观冯承钧所翻译的著作,一个明显的特点是,全书充溢着冯承钧本人精辟独到的研究,主要体现在三个方面。第一是大量地补充中文史料。例如伯希和在讨论扶南国的船舶时,引用了《太平御览》所引的康泰《吴时外国传》。冯承钧在译文中注道:"伯希和所本的是鲍氏本,同积山书局石印本。现检金泽文库本,有几个字不同,将他注在旁边,以资对照。"②可见冯承钧在翻译过程中倾注了多少心血。第二是指出国外学者在文献史料上的错误。例如,费信的《星槎胜览》在讲述郑和下西洋的船队成员组成时,曾有"水手民稍人等"的文字。伯希和将其点作"水手民、稍人等"。冯承钧在译注中指出,其正确的点法应当是"水手,民稍,人等",并且指出,"民稍"即"民梢","盖官船雇用民间梢子篙师之类"。③伯希和所依据的《西洋朝贡曲录》中有"有曰根肖速鲁奈奈者优人也"的文字,伯希和将此理解成"有曰根肖速鲁奈,奈者,优人也"。冯承钧在译注中指出,"第二个奈字疑重出"④。后来的学者接受了冯承钧的观点。⑤ 第三是纠正了其他学者的不正确说法。最典型的例子当数"马可·波罗"与"孛罗"的关系问题。马可·波罗是欧洲著名旅行家,不仅在元朝统治下的中国生活过,而且还担任过官职。而在元朝史书中,也提到过一个名叫"孛罗"的枢密副使。所以,有些学者就认为这个"孛罗"就是马可·波罗。冯承钧在《马可波罗行纪》的译本中,对此专门进行了考辨,指

---

① 沙海昂注,冯承钧译:《马可波罗行纪》,中华书局2004年版,出版说明,第1页。
② 冯承钧译:《西域南海史地考证译丛》,商务印书馆1995年版,第一编,第158页。
③ 伯希和著,冯承钧译:《郑和下西洋考》,第76页注67、第172页注6。
④ 伯希和著,冯承钧译:《郑和下西洋考》,第157页注66。
⑤ 黄省曾著,谢方校注:《西洋朝贡典录》,中华书局2000年版,第87页。马欢著,万明校注:《明钞本〈瀛涯胜览〉校注》,海洋出版社2005年版,第90—91页。

出中国文献所说的"孛罗"与来华旅行家马可·波罗绝非同一人。① 所以,冯承钧的翻译过程,其实是东西方学者对话的研究过程。他的译作,不仅反映了西方学者的研究成果,更是东西方学者之间的交流与互动。

除了译介欧洲学术界的研究成果外,冯承钧还对关于海上丝绸之路的中国重要典籍进行了整理研究,如《瀛涯胜览校注》(1935年)、《海录注》(1937年)、《星搓胜览校注》(1938年)、《诸蕃志校注》(1940年)。冯承钧广泛搜集各种版本,认真地纠误勘讹,力求恢复全书原貌。在校注过程中,冯承钧充分吸收海外学者的研究成果,对众多海外地名及物产名称进行了考证,既指出中国文献之误,又指出国外学者研究之误。例如,冯承钧,指出赵汝适《诸蕃志》中关于"大秦"的内容"首采《岭外代答》文,复杂采诸史传语以益之,并以所闻贾胡语附焉",结果导致了张冠李戴,附会混淆。② 冯承钧在《星搓胜览》"大唄喃国"一条的校注中指出:"藤田丰八《岛夷志略校注》以小唄喃国当《元史·食货志》'市舶'条之'梵答剌亦纳'(Fandaraina),殊未知梵答剌亦纳亦作 Pandarani,《岛夷志略》另有专条,译名作班达里也。"③冯承钧的这个见解是正确的。④

这里特别值得一提的是冯承钧对《海录》一书的注释,因为目前在对冯承钧的研究中,此书并没有引起足够的重视。《海录》的作者是广东人谢清高(1765—1821年),年轻时曾随外国船只出海贸易,曾远航到过欧洲。《海录》记载了海上航线、各国地理、风俗物产等,是中国人根据亲自经历而写的一部重要著作。冯承钧第一次对这部著作进行了全面的考订注释,成为后人研究海上丝绸之路的重要依据。直到1999年之前,海内外学者对此书的研究,依然没有超过"冯承钧所述者"⑤。在这部著作中,反映了中国学者在海上丝绸之路研究中的进展。例如,对于长期困惑中国学者的"佛郎机"问题,冯承钧在注文中写道:"波斯大食人称欧罗巴人曰 Farang,旧译作佛郎机,顾首与中国通者为葡萄牙人,故《明史》即以佛郎机名之。"而谢清高所说的"佛郎机",则是指现在的法国了。冯承钧还写道:"今巴黎拿破崙墓后废军院陈列拿破崙遗物,中有厦门土产,殆为清高贩售之物欤?"⑥可惜后来没有学者回答过这一疑问。

① 沙海昂注,冯承钧译:《马可波罗行纪》,中华书局 2004 年版,序言,第 2—3 页。
② 冯承钧:《诸蕃志校注》,中华书局 1956 年版,冯承钧序,第 2 页。
③ 费信:《星搓胜览校注》(后集),中华书局 1954 年版,第 16 页。
④ 陈佳荣等:《古代南海地名汇释》,第 690 页;汪大渊著,苏继庼校释:《岛夷志略》,第 255—256、322—324 页。
⑤ 刘迎胜:《海路与陆路》,北京大学出版社 2011 年版,第 152 页;关于谢清高的其他新近论著,可见刘芳辑、章文钦校:《清代澳门中文档案汇编》,澳门基金会,1999 年;安京:《关于〈海录〉及其作者的新发现与新认识》,《海交史研究》2002 年第 1 期。
⑥ 谢清高口述,杨炳南受笔,冯承钧注释:《海录注》,中华书局 1955 年版,第 67、69 页。

　　冯承钧还撰写了《中国南洋交通史》(1937 年)、《西力东渐史》(1945 年)等论著。特别是《中国南洋交通史》,第一次全面梳理了从汉唐到明朝初年中国与南洋诸国的海上往来,可以说,这是第一部系统地阐述中国古代海上丝绸之路的研究著作。该书依据各种历史文献,广泛吸收国内外学者的研究成果,对古代的航海线路、海外地名、往来人员作了认真的研究,至今为止依然是研究海上丝绸之路的必读之作。2005 年,上海古籍出版社将此书作为具有"开创性"意义的名作而列入蓬莱阁丛书中再次出版,并且配上了由谢方所写的"导读"。陈高华曾这样说过:"冯氏博识多闻,治学严谨,以上这些著作,为海外交通史研究奠定了坚实的基础。可以说,冯氏是本世纪我国学术界在海外交通史研究方面贡献最大的一位学者。"①

　　另一位海上丝绸之路研究的开拓者张星烺也与冯承钧有着类似的经历。张星烺,字亮尘,江苏泗阳人。他的父亲张相文(1867—1933 年)是北方辛亥革命——滦州起义的组织者之一,也是中国现代地理学的先驱,创立了"中国地学会",主编过《地学杂志》。张星烺于 1906 年选派到美国留学,主修化学,1909 年毕业于哈佛大学化学系,同年转到柏林大学学习生理化学,成为中国第一个学习该专业的留学生,并撰写过在学术上领先的论文。辛亥革命爆发后,怀着满腔爱国热情的张星烺于 1912 年回到中国,期待着能够以自己的所学报效祖国。但残酷的现实,无情地击碎了他的理想。为了生计,他先后在汉阳兵工厂、南京省公署等机构工作过。在为生活而奔波的过程中,张星烺不幸患上了肺结核。1917 年,蔡元培任北京大学校长。当时,北洋政府在北京大学设有"国史编纂处"。蔡元培聘请张相文父子任"国史编纂处"的纂辑员,并且派遣张星烺赴日本搜集资料,同时治病。1919 年,"国史编纂处"被当时的国务院收回,张星烺回到浙江黄岩其岳父家养病。其岳父王舟瑶是清末著名经学学者,家中藏有大量古籍。张星烺不仅尽情阅读这些古籍,而且把中国史书上的记载与外国记载相比对。在此期间,他确立了研究中西交通史的研究方向。病愈之后,张星烺又出任过长沙工业学校化学系主任、青岛四方机车厂化试室主任。这样,他白天从事化学工作,晚上研究中西交通史。他的代表作《中西交通史料汇编》和《马可·波罗游记导言》都是在青岛从事化工工作时定稿完成的。② 张星烺自己曾写道:"编辑此书,自搜材料之日,迄今十余年矣。年当而立,为家庭盐米之故,南北奔波,挟稿以随。稍有余暇,捉笔

---

① 陈高华:《中国海外交通史研究的回顾与展望》,《历史研究》1996 年第 1 期。
② 张至善:《记张星烺先生》,《史学史研究》1992 年第 3 期。龚缨晏按:张至善是张星烺之子。

书之。盛暑挥汗,严冬呵冻,未尝辍笔。凄风苦雨,孤灯寒月,费尽心力,始得毕业。"①

1926年,厦门大学聘任了包括鲁迅、林语堂、顾颉刚、张星烺、陈万里在内的一批知名学者。这样,张星烺就从北方到了厦门工作。1926年,张星烺与陈万里、艾锷风(Gustave Ecke,1896—1971,德国人,后入美国籍,著名汉学家)一起到泉州考察文物古迹。② 他们考察了清净寺、灵山伊斯兰教徒墓地等地。张星烺根据中国文献、外国文献,结合自己的亲身经历,写了一篇非常优美的文章《泉州访古记》,比较详细地介绍了泉州这一中世纪时的"世界上第一大商埠"。文中叙述了清净寺中的阿拉伯文石碑,将灵山伊斯兰教徒墓地上的一块元代阿拉伯文墓碑上的文字译成中文,抄录了清朝同治年间的一块中文墓碑。更为重要的是,讲述了一块"明初太监郑和来此行香之纪念刻石",并录下了碑文。③ 20世纪80年代,在回顾"郑和研究80年"时,张星烺的这篇"颇有参考价值"的学术性游记依然受到高度重视。④ 实际上,此文也是中国学术界根据文物考古资料研究海上丝绸之路的先驱性文章。

1927年,张星烺应聘到辅仁大学工作,此后一直致力于中西关系史的研究。在张星烺的研究成果中,有许多涉及海上丝绸之路,其中最为重要的当数100多万字的《中西交通史料汇编》。此书作为"辅仁大学丛书"第一种于1930年正式出版。书中不仅系统地介绍了自秦汉到明代中国古籍关于海上丝绸之路的记载,而且还首次全面翻译介绍了这一时期西方主要文献关于海上丝绸之路的记载。在此后的半个多世纪中,中国学者在研究海上丝绸之路时,由于难以获得、利用西方的原始文献,所以经常依据这部《中西交通史料汇编》。这部著作,也引起了包括英国李约瑟在内的国外学者的重视。20世纪头30年,中国学者的研究重点是考证海外地名与交通航线。《中西交通史料汇编》中也有这方面的许多内容,例如"大秦与东吴之交通"、"贾耽记通大食海道"、"汉通印度之海路"等。更加可贵的是,这部著作扩大了研究领域,开始探讨古代中国的海外贸易问题,如"汪大渊记印度与欧洲通商"、"元代海外贸易及征税方法"、"唐宋之海外贸易及大食、波斯商人考"、"元代中印通商情形"等。对照一下此后几十年间问世的有些论著,甚至可以发现,它们在史料依据、论证方法等方面,其实都在重复《中西交通史料汇编》中

---

① 张星烺:《中西交通史料汇编》,中华书局2003年版,自序,第9页。
② 洪峻峰:《厦门大学国学院的泉州访古与研究》,《泉州师范学院学报》2006年第3期。
③ 张星烺:《泉州访古记》,《史学与地学》1928年第4期。
④ 纪念伟大航海家郑和下西洋580周年筹备委员会、中国航海史研究会:《郑和研究资料选编》,第6页。

的内容。

　　1949 年之前,张星烺的主要论著还有《唐时非洲黑奴输入中国考》(《辅仁学志》1928 年第 1 期),《中国史书上关于马黎诺里使节之记载》(《燕京学报》1928 年第 3 期),《斐律宾史上"李马奔"Limahong 之真人考》(《燕京学报》1930 年第 8 期),关于中国与菲律宾历史关系的系列论文(《近二白年菲律宾华侨状况》、《三百年前的菲律宾与中国》、《三百年前的菲律宾群岛》,连载于《南洋研究》1928 年第 2—4 期)、《欧化东渐史》(1934 年)、《葡萄牙人初抵中国》(《研究与进步》1939 年第 1 卷)等。张星烺还是中国研究马可·波罗的先辈。他翻译过两个本子的《马哥孛罗游记》(即现在所通称的《马可·波罗游记》,第一种译本的第一册出版于 1929 年,第二种译本出版于 1937 年)。他所撰写的《〈马哥孛罗游记〉导言》,被认为是"我国翻译出版的第一部介绍研究《游记》的书"[1]。

　　这里特别值得一提的是《斐律宾史上"李马奔"Limahong 之真人考》。根据欧洲人的记载,西班牙人刚刚入侵菲律宾后,曾于 1574—1575 年与一伙中国海盗发生战斗,中国海盗的头领名叫 Limahong。这个 Limahong 的中文名字到底是什么呢? 此人到底是个什么样的人呢? 日本学者田中萃一郎最先将 Limahong 译写成中文"李马奔",后来不少中国学者接受了这种说法。也有的学者将其名字译写成"李马芳"、"李马康"、"林阿旺"等。张星烺通过查考《明史》及《泉州府志》等史书,最后考定这个 Limahong 的中文名字是"林凤"或"林阿凤"。张星烺在文章中这样写道:"漳、泉、潮、梅人,读林凤如 Lim hong。中间 a 字音,似唇音重出,或为'阿'字之原音。中国南方人喜于人名上加一阿字,当时闽、广人或皆称林凤为林阿凤,由是而成为 Lim-A-Hong。更进一步,西班牙人讹成一字,即变为 Limahong。"[2]这样的考证是很有说服力的,后来人有评价说,张星烺的这一考证,"实为国人之初创"[3]。后来,陈慎在《明海寇林阿凤考》中,也得出了与张星烺相同的结论,认为"Limahong 当译林阿凤"[4]。

　　张星烺的这篇文章,还引发了其他学者的后续研究。李长傅在《"菲律宾史上 Limahong 之真人考"补遗》中指出,日本学者藤田丰八"于十年前"已将 Limahong 考定为"林凤",所以张星烺"所引用之书,虽与藤田氏不同,而考证之结果,则不谋而合"。李长傅还指出,西班牙人所说的率领中国船只追赶海盗林凤的明朝将领

①　张跃铭:《〈马可波罗游记〉在中国的翻译与研究》,《江淮论坛》1981 年第 3 期。
②　张星烺:《斐律宾史上"李马奔"Limahong 之真人考》,《燕京学报》1930 年第 8 期。
③　藤田丰八著,何健民译:《中国南海古代交通丛考》,商务印书馆 1935 年版,序者序,第 3 页。
④　陈慎在:《明海寇林阿凤考》,《东方杂志》1934 年第 7 期。

Omocon，应当是"福建把总王望高"，而不是张星烺所说的"吴慕康"。① 黎光明将《筹海图编》、《东西洋考》、《闽书》、《明实录》等中国古籍中关于林凤的记载汇集在一起，写成了《"斐律宾史上'李马奔'Limahong 之真人考"补正》（《燕京学报》1931年第 10 期），为研究者提供了更多的史料。张星烺《斐律宾史上"李马奔"Lima-hong 之真人考》一文附考了林凤同党林道乾的事迹，许云樵则对林道乾在南洋的活动情况作了深入的研究。他介绍了林道乾在南洋华侨中的传说，包括传说中的林道乾建在泰国北大泥的炮台遗址，以及"林道乾所铸大炮，有一尊尚在曼谷"的传说。接着，许云樵还进一步论述了中国文献对"淳泥"的混淆。② 张星烺等人关于林阿凤问题的探讨，是中国学者对海上丝绸之路相关问题的原创性研究，反映了中国学者在此领域的研究中已经成熟。

这里，还需要提到的是一位有欧洲留学背景的学者阎宗临（1904—1978 年）。阎宗临出生于山西五台县，因家境困难，以半工半读方式读完中学。后赴欧洲勤工俭学。1933 年获瑞士国家文学硕士学位，并留在瑞士伏利堡大学任教。1936年获瑞士国家文学博士学位。1937 年，抗日战争爆发，阎宗临回到国内，先后在广西大学、昭平中学、中山大学等学校任教。1950 年起回到山西，在山西师范学院（现为山西大学）任教，直至去世。阎宗临精通法文、拉丁文、英文、德文，在中西关系史的研究上有许多开创之功。他在法国早期汉学、中国文化在法国的传播、来华欧洲天主教传教士、清朝与欧洲历史关系等领域的研究，都取得了开创性的成果。特别是，他在罗马图书馆中发现了中国人所写的第一部欧洲游记——樊守义的《身见录》，为研究海上丝绸提供了珍贵的文献。③ 但是，阎宗临的研究成果一直很少受人注意。进入 21 世纪之后，阎宗临的研究论文才以《传教士与法国早期汉学》为题被汇编出版。饶宗颐在序中这样写道："阎宗临先生早岁留学瑞士，究心西方传教士与华交往之史事，国人治学循此途辙者殆凤毛麟角。……嗣先生回山西故里，终未能一展所学，忧悴而继以殂谢，论者深惜之。"④

冯承钧、张星烺、阎宗临年轻时即到西方国家留学，向达却无此经历。向达，字觉明，亦作觉民，笔名方回、佛陀耶舍，土家族，出生在湖南溆浦。向达幼年时，其父去世于广东梅县知事的任上。其母携向达回到湖南溆浦，省吃俭用，使向达以优异的成绩在长沙读完中学。随后，向达以第一名的成绩考入东南高师，主修

① 李长傅：《"菲律宾史上 Limahong 之真人考"补遗》，《燕京学报》1931 年第 9 期；藤田丰八所作的考证，见《葡萄牙人占据澳门考》，收入藤田丰八著，何健民译：《中国南海古代交通丛考》。
② 许云樵：《林道乾略居淳泥考》，《东方杂志》1932 年第 1 期。
③ 阎宗临：《传教士与法国早期汉学》，大象山出版社 2003 年版，编者的话。
④ 阎宗临：《传教士与法国早期汉学》，饶宗颐序。

化学。时值"五四"运动蓬勃开展,向达受"德"(民主)、"赛"(科学)的激励,放弃了"实业救国"的主意,改学文史。大学毕业后,向达以丰富的文史及英文知识而受聘于商务印书馆,翻译了大量的外文资料。在此过程中,向达逐渐对中西关系史产生了兴趣。1930年,北京图书馆新馆建立,向达担任北京图书馆编纂委员会会员。在这里,向达不仅有机会接触大量的图书资料,而且还结识了许多著名学者。有学者说:"如果说[向达]先生在商务印书馆的四年里,树立了一个严肃认真、兢兢业业之工作作风,而在北图时却积累了丰富的知识,为他日后成为闻名中外的学者,打下了雄厚的基础。"①在北京图书馆期间,向达致力于中西交通史的研究,其中包括对海上丝绸之路的研究。1929年,向达发表了《三宝太监下西洋的几种资料》,这篇文章深入考证了关于郑和下西洋的中文史料,是中国人早期研究郑和的"代表性"成果之一。②

1934年,北京图书馆与英国博物馆达成互换馆员的协议。从1935年起,向达在英国伦敦、德国柏林、法国巴黎等地寻访古籍,搜集文献。他除了抄录了大量敦煌文献外,还抄回了关于海上丝绸之路的一些重要史料,其中包括关于中国古代航海者所用的"秘本"《顺风相送》和《指南正法》。

1938年,向达带着从欧洲抄录的几百万字珍贵资料回国。当时,抗日战争的烽火正在中国大地上燃烧,西南成了文化教育与学术研究的基地。向达先到广西宜山,在浙江大学史地系任教,不久又应北京大学的聘请,来到云南昆明,并在西南联大历史系上课。后来,向达两次应约赴敦煌考察。1945年抗战胜利后,向达回到北京。

向达在敦煌学、中外关系史、南海及边疆史地等方面都有丰硕的成果,后人曾用"探索西域,逡巡南海"概括其学术生涯。③ 1949年之前,向达与海上丝绸之路相关的主要论著除了上面所介绍的《三宝太监下西洋的几种资料》外,还有《汉唐间西域及海南诸国地理书辑佚(第一辑)》(《史学杂志》1929年第1期)、《十三行行名考》(《史学杂志》1929年第3期)、《汉唐间西域及海南诸国古地图书叙录》(《北平图书馆馆刊》1930年第6期)、《中外交通小史》(1933年)、《中西交通史》(1934年)、《日本古代文化源流与其发展——侧重中日交通史的研究》(《教育学报》1938年第2期)等。

---

① 阎文儒、阎万钧:《向达先生小传》,载阎文儒、陈玉龙编:《向达先生纪念论文集》,新疆人民出版社1986年版。

② 黄慧珍、薛金度:《郑和研究八十年》,纪念伟大航海家郑和下西洋580周年筹备委员会、中国航海史研究会:《郑和研究资料选编》。

③ 阎文儒、陈玉龙编:《向达先生纪念论文集》,第830页。

19 世纪末,日本人用"东西交涉"、"东西交通"等词汇来表示东西方之间的交往及联系。受此影响,中国学者或采用"交涉"的概念,例如前面所说的《五千年中外交涉史》。也有人采用了"交通"的概念,例如 1915 年有人发表过《古代中西交通考》,第一句即为:"今日世界大通,中外一家,使节往返之盛,国际交涉之繁,在昔未之闻也。上溯中世,远及古初,中西关系,阙焉不说。夫东西交通之迹不明,则世界史研究,终于空论。"此文比较全面地概述了古代中西关系,认为西方人称呼中国的词汇"支那""当由海路西播",并且总结说:古代中西交通史可以分为三期,"汉桓以前,彼此仅名称,生丝贸易,安息垄断,是为商业上间接关系时代。桓帝以后,海途交通,贸易日盛,是为商业上直接关系时代。唐太宗时,景教流入,厥后颇见尊重,是为耶教传入时代"①。也就是说,在 20 世纪初期,虽然有不少人致力于研究中国与外国的历史关系,但并没有形成明确的学科体系,"交涉"、"交通"之类表述这个学术研究领域的概念也比较混乱。到了 1930 年左右,"交通史"逐渐被学者们普遍接受。正如方豪所说:"惟自日人创为东西交通史(或作交涉史,关系史)之名,国人亦从而称中西交通史。"②这样最终"确定了这一学科的正式名称,建立了中西交通史的体系,虽然这一体系并非是完全科学的",而张星烺的《中西交通史料汇编》和向达的《中西交通史》,则被认为是中西交通史学科体系建立的主要标志。③

向达在《中外交通小史》中写道:"所谓交通史有两个意义:一是就交通制度的本身而言,如中国历代交通器具的变迁以及交通时间的缩短,都是这一类交通史中讨论的资料;一是就这一个地理单位同又一个地理单位在各时代交往的情形及其影响而言,如中国同日本历代往来的梗概,和其在文化上所激起的变革,那是这一类交通史所要讨论的。所谓中外交通史当然是属于后一类的。"④也就是说,在向达看来,所谓的"中外交通史"指的是中国与其他国家之间的交往历史,包括这种交往所引发的后果。方豪后来指出,"交通"两字,实际上相当于英语中的 Relation 或 Intercourse,"采用'关系',实较妥切"⑤。

向达等人将中国与外国"在各时代交往的情形及其影响"称为"中外交通史",而联系中国与外国的交通路线又可以分为陆路和海路。向达在《中西交通史》中讨论了中国与西方的"海道"(或"水道")以及"陆道",书中有一个思考题即为"中

---

① 述曾:《古代中西交通考》,《东方杂志》1915 年第 12 卷第 7 号。
② 方豪:《中外文化交通史论丛》(第一辑),独立出版社 1944 年版,自序,第 1 页。
③ 张维华、于化民:《略论中西交通史的研究》,《文史哲》1983 年第 1 期。
④ 向达:《中外交通小史》,商务印书馆 1033 年版,绪论,第 1 页。
⑤ 方豪:《中西交通史》,岳麓书社 1987 年版,导言,第 2 页。

国在西汉同西方水陆交通要道,约当今何地?"向达的《中外交通小史》,不仅介绍了中国与印度洋地区的海上交往历史,而且还讨论了中国与日本、朝鲜半岛的海上交通历史。这样,整个中外关系史就可以分为中外陆上交通和中外海上交通两大部分。中外海上交通史,实际上就是海上丝绸之路的发展历史;研究中外海上交通史,实际上就是研究海上丝绸之路的历史。或者说,在 1949 年之前的中国学术界,海上丝绸之路的研究,主要包含在"中外海上交通史"的研究之中。此外,在中国外交史、国际贸易中的研究中,也涉及海上丝绸之路的问题。

　　1949 年之前,除了张星烺、冯承均、向达外,越来越多的学者投入与海上丝绸之路相关的研究中,其中包括岑仲勉、方豪、李长傅、温雄飞、张维华、张礼千、梁方仲、梁嘉彬、吴晗、白寿彝、戴裔煊、黎光明、杨志玖、姚宝猷、武堉干、张德昌、谭春霖等。这些学者所进行的研究,主要体现在以下几个方面:

　　第一,海外交通文献的整理与海外史地的考证。

　　20 世纪前半期,不少学者继续对中国古代文献进行研究,并且运用对音等传统的研究方法来考证海外史地。这方面的主要成果有王庸的《宋明间关于亚洲南方沿海诸国地理之要籍》(《史学与地学》1926 年第 1 期),朱延丰的《古狮子国释名》(《史学年报》1934 年第 1 期),许道龄的《南洋书目选录》(《禹贡》1937 年第 8—9 期),王新民、韩振华的《纪元前中国南洋交通考》(《海疆学报》1947 年第 1 期),韩振华的《第八世纪印度波斯航海考》(《福建文化》1947 年第 2 期),劳干的《论汉代之陆运与水运》(《历史语言研究所集刊》第十六本,1947 年),许云樵的《古代南海航程中之地峡与地极》(《南洋学报》1948 年第 2 期),苏继廎的《汉书地理志已程不国即锡兰说》(《南洋学报》1948 年第 2 期),韩槐准的《旧柔佛之研究》(《南洋学报》1948 年第 2 期),等等。

　　在从事海外史地考证的学者中,岑仲勉所做的许多研究很有特色。岑仲勉(1886—1961 年),别名汝懋,广东省顺德县人,童年时入私塾接受传统教育,国学基础深厚。年轻时,因受启蒙思想的影响,在广州、北京等地求学,最后毕业于北京高等专门税务学校。1913 年后在上海、广州等地的财税部门工作,业余时间曾致力于中国植物名实的考订以及植物分类研究,并且在当时上海科学社的机关刊物《科学》等杂志上发表过几篇文章。40 岁左右时,开始研究历史。1930—1934年在广州圣心中学任教,在该校校刊《圣心》上发表许多与海上丝绸之路相关的文章。1937 年,经历史学家陈垣推荐,岑仲勉进入中央研究院历史语言研究所工作。抗日战争期间,虽然四处播迁,颠沛流离,但依然勤奋治学。1948 年,他回到广州,在中山大学历史系任教,直到去世。岑仲勉在先秦史、民族史、隋唐史、中外关系史等方面都有独到的研究,并且取得了丰硕的成果。据初步统计,岑仲勉自 1912 年起共发表了 180 多篇论文,自 1934 年起共出版专著 17 种。全部的史学著作,共有 1000 多万字。其与海上丝绸之路相关的研究论文,主要收录于中华书局于 1962 年出版的《中外史地考证》一书中。

岑仲勉的《佛游天竺记考释》(1934 年)被后人认为是研究法显的一部"用力之作"[①],"对于早期推进法显传的研究功不可没"[②]。他在文献整理方面的成果,可见《晋宋间外国地理佚书辑略》(《圣心》1933 年第 2 期)和《唐以前之西域及南蕃地理书》(未刊稿,后收入《中外史地考证》)等论著。岑仲勉发表在《圣心》杂志上的一系列文章,虽然不长,但颇有新见。例如,他在《阇婆婆达》一文中写道:"按婆达,列传作嫯达,惟本纪乃作婆达,伯希和疑阇婆婆达为二国,实缘彼认阇婆达不能还原为 Yavadvipa 而起,但梵文之 Anavatapta,古翻作阿耨达,西域僧之 Jnanagupta,《续高僧传》二翻作若那竭多,安见 dvip(a) 必不能作达耶。《宋书》五称阇婆州诃罗单国,九七称呵罗单国治阇婆州,则阇婆在当日已知其并非国号,伯希和疑阇婆与婆达为两国,究不如疑阇婆为婆达冠称(即阇婆州婆达国),尚较近理矣。"[③]寥寥数百字,却把问题说得很透彻了。唐代的阿拉伯人曾讲到中国一外著名港口城市"广府"。岑仲勉根据唐代墓志、诏令、奏议和笔记等记载,有力地证明了这个"广府"就是广州,"使广州又称'广府'之说牢不可破,足以解除某些学者的困惑"[④]。

进入 20 世纪后,国外学者关于海上丝绸之路的研究成果不断被翻译介绍到国内,推动了中国学术的开展。不过,这也带来了另一个问题,那就是偏重国外的文献资料,忽视中国的史料。而失去了中文史料的印证,仅凭国外文献的记载,就无法完整地复原历史的真相,甚至严重歪曲历史事实。因此,中国学者所面临的一项重要学术使命就是在浩如烟海的中文文献中找到与国外史料相对应的记载,将两者进行比对,从而复原历史原貌。从 20 世纪二三十年代起,中国学者在这个方面取得了越来越多的成就,从而使海上丝绸之路的研究从过分偏重国外史料转变为中外文史料并重。最为突出的贡献,当数张维华对《明史》欧洲四国传的注释,以及杨志玖所发现的关于马可·波罗的中文史料。

1934 年,燕京大学出版了张维华的《明史佛郎机吕宋和兰意大利亚传注释》(此书于 1980 年以《明史欧洲四国传注释》为名,由上海古籍出版社再版)。张维华

① 贺昌群:《古代西域交通与法显印度巡礼》,湖北人民出版社 1956 年版,第 3 页。
② 姜伯勤:《岑仲勉》,陈清家等:《中国史学家评传》(下册),中州古籍出版社 1985 年版。
③ 岑仲勉:《阇婆婆达》,原载《圣心》1933 年第 2 期,收入其所著《中外史地考证》,中华书局 1962 年版。
④ 蔡鸿生:《中外交流史事考述》,大象出版社 2007 年版,第 424 页。

在序中指出:"吾国史迹,凡涉及西洋诸国者,当以中西记载,视为并重。世有仅据西人之说编译为文,亦有仅据中文记载类列成章者,均不能为无所偏蔽,兹稿之作,以中国史料为主,傍以西文载籍为比证。"①这部著作根据中外文史料以及国内外的研究成果,对《明史》中的"佛郎机传"、"吕宋传"、"和兰传"和"意大利亚传"进行了详细的注释,并深入考释了相关事实,澄清了许多疑点。此外,张维华还提出了三种主要研究方法:溯源、辑补、比证。此书被誉为"是中国与西方殖民者早期交往史的开创之作"②。

自从 19 世纪后期起,国内外学者都希望能够在中文史料中找到关于马可·波罗的记载,但没有成功。虽然有不少人认为元代文献所说的那个"孛罗"就是马可·波罗,但最后证明他们并非同一人。此外,西方还有人怀疑马可·波罗是否真的到过中国。后来,杨志玖在《永乐大典》中发现了一段元朝公文,从而取得了突破性的进展。马可·波罗记载说,波斯国王阿鲁浑因其妻去世,派出三个使臣来到元朝统治下的中国,请求元世祖忽必烈赐给他一个妻子。忽必烈最后决定将阔阔真公主嫁给阿鲁浑。这样,三个波斯使臣就陪护阔阔真公主从泉州出发,由海路返回波斯。马可·波罗本人就是随同这三个波斯使臣离开中国的。杨志玖发现,《永乐大典》中保存着一段元朝公文,上面清楚地记载了三个波斯使臣的姓名,从而确证马可·波罗确实到过中国。杨志玖进一步推断,波斯使臣及马可·波罗离开泉州的时间,应当是 1291 年,更正了裕尔等西方学者的说法。在《永乐大典》的这段公文中,没有提到马可·波罗,杨志玖对此提出了非常合理的解释:"这篇公文内未提及马可波罗的名字,自然是很可惜的一件事。但此文既系公文,自当仅列负责人的名字,其余从略。由此可想到,马可波罗在中国的官职,大概不太高贵,因亦不为其同时人所重视。"③杨志玖的这一发现,被国内外学者普遍认为是"极有价值的贡献"④。

第二,关于海外贸易史的研究。

自从 19 世纪中期起,中国学者在研究海上丝绸之路相关问题时,主要侧重于文献整理和史地考证。但进入 20 世纪 20 年代之后,海上丝绸之路的研究被大大拓宽。不少学者从经济史与国际贸易史的角度对海上丝绸进行了研究,例如陈翰

---

①　张维华:《明史欧洲四国传注释》,上海古籍出版社 1982 年版,原序,第 2 页。

②　陈高华:《中国海外交通史研究的回顾与展望》,《历史研究》1996 年第 1 期。

③　杨志玖:《关于马可波罗离华的一段汉文记载》,《文史杂志》1941 年第 12 期,此文后来重刊于《南开大学学报》1979 年第 3 期。

④　余士雄:《马可·波罗在中国》,原载《中国建设》(英、德、西班牙文版)1982 年第 4 期,收入余士雄主编:《马可·波罗介绍与研究》,书目文献出版社 1983 年版。

笙的《最初中英茶市组织》(《北大社会科学季刊》1924 年第 1 期),侯厚培的《五口通商以前我国国际贸易之概况》(《清华学报》1927 年第 1 期)、《中国国际贸易小史》(1929 年),武堉干的《中国国际贸易史》(1928 年),范师任的《中国丝业对外贸易之史的观察》(《社会杂志》1931 年第 2 期),张德昌的《胡夏米货船来华经过及其影响》(《中国近代经济史研究集刊》1932 年第 1 期)、《清代鸦片战争前之中西沿海通商》(《清华学报》1935 年第 1 期),黄炎的《中英贸易略史》(1932 年),时昭瀛的《近世泰西诸国直航来华之起原》(《武大社会科学季刊》1933 年第 1 期),何建民的《十七、八世纪中国和西班牙及荷兰的贸易》(《中国经济》1933 年第 7 期),黄菩生的《清代广东贸易及其在中国经济史上之意义》(《岭南学报》1934 年第 4 期),朱杰勤的《中国与阿拉伯人关系之研究》(《中山大学研究院史学专刊》1935 年第 1 期),张锡纶的《十五六七世纪间中国在印度支那及南洋群岛的贸易》(《食货》1935 年第 7 号),江应梁的《中世纪东西亚海道上的航船》(《新亚细亚》1936 年第 1 期)、《阿拉伯海舶东来贸易与两宋国家经济的关系》(《新亚细亚》1936 年第 3 期),张任侠的《中国丝业及其对外贸易之史的回顾》(《中国实业杂志》1936 年第 1 期),吴晗的《十六世纪前之中国与南洋》(《清华学报》1936 年第 5 期),陈竺同的《汉魏以来海外输入奇香考》(《南洋研究》1936 年第 2 期),白寿彝的《宋时伊斯兰教徒底香料贸易》(《禹贡》1937 年第 4 期),张维华的《明季西班牙在吕宋与中国之关系》(《禹贡》1937 年第 8—9 期),梁方仲的《明代国际贸易与银的输出入》(《中国社会经济史集刊》1939 年第 2 期),翦伯赞的《明代海外贸易的发展与中国人在南洋的黄金时代》(《时事类编特刊》1941 年第 63 期),姚宝猷的《中国丝绢西传史》(1944 年),苏乾英的《古代中国与南洋诸国通商考》(《南洋研究》1944 年第 2 期),陈竺同的《南海航运在中印经济文化史上的考察》(《南洋研究》1944 年第 3 期),韩振华的《唐代南洋贸易志》(《福建文化》1945 年第 3 期),刘铭恕的《宋代海上通商史杂考》(《中国文化研究汇刊》1945 年第 5 卷上),胡寄馨的《宋代之福建对外贸易》(《社会科学》1945 年第 2—3 期)、《明代国人航海贸易考》(《社会科学》1946 年第 3—4 期),项士元的《浙江历代之海外交通》(《胜流》1946 年第 8 期开始登载),傅衣凌的《福建对外贸易史研究》(1948 年)。

在上述论著中,有两部著作尤其值得一提。一本是武堉干的《中国国际贸易史》。武堉干被誉为"中国国际贸易学科创始人",这部书也可以说是中国国际贸易史研究的奠基之作。书中的大部分内容,实际上是关于海上丝绸之路的贸易问题的。全书将中国的国际贸易分为四大时期。第一个时期是"中国国际贸易之启蒙期"(自汉初至隋末),其特征是,"中国国际贸易,殆全由陆路方面以与西域诸国贸易,海路虽偶有交通,要不如陆路方面之盛"。第二个时期是"中国国际贸易之进展期"(自唐朝初年到明朝中叶),其特征是,"中国国际贸易,则全由海路方面,招徕各国商舶来华贸易,其主要目的,盖在谋税收之增加。同时中国商舶,在此期中,亦有远航南洋、日本等处贸易,以树立移民基础者,不过海上大权,此际尚握于阿拉伯人之手"。第三个时期是"闭关主义时期"(自明朝中叶至清朝鸦片战争之前),其特征是,欧洲各国纷纷沿着海上航线来到中国"要求通商",而"中国对于通商之态度却时抱深拒固闭之观念。虽在此期内与欧洲各国,相续发生通商关系,然非纯粹出于中国之本愿也"。就中国方面而言,造成这种局面的重要原因,是由于"当时我国人士,类抱闭关思想,以为对外通商一经许可,则门户洞开,屏障尽失,甚或足以引起蛮夷猾夏之危险,是以不许各处通商,而仅指定广州一二处为限"。在这个时期,生丝与茶叶是中国的主要出口货物。第四个时期就是鸦片战争之后,在西方列强的武力强迫之下,形成了"近代中国国际贸易"[①]。在今天的中国国际贸易史科教书中,我们依然可以看到类似的叙述。

另一本值得一提的著作就是姚宝猷的《中国丝绢西传史》。此书专门研究中国丝绸的西传问题,与海上丝绸之路有着直接的关系。书中讨论了中国丝绸通过"陆上交通路线"和"海上交通路线"向西方传播的过程,并且认为,中国丝绸最初是由陆路传到西方的,后来又通过海路外传。古代希腊人曾把盛产丝绸的民族称为"赛里斯"(Seres)。许多学者指出,这个词显然与汉语中的"丝"或"蚕"之类的词汇有关。不过,到底来自哪个词,学者们意见不一,众说纷纭。姚宝猷在这部著作的"赛里斯、赛里克、赛里亚诸字的语源及其蜕变"一节中,全面总结了国内外学者关于"赛里斯"来源问题的各种观点及其依据,并且认为"赛里斯"来自汉语中的"丝线"。进入21世纪后,"赛里斯"之类词汇的来源问题依然没有解决。读读姚宝猷的这部《中国丝绢西传史》,可以知道,现在有些学者所主张的所谓新观点,其实是早已被否定了的成见。而姚宝猷在书中所说的一句话,对于以后研究这个问题依然有着指导意义:"欲讨论中国语音及解决丝字等与Ser一类语词究竟有何关系,必须以中国上古音(周、汉音)之形式为论证之基础。"[②]

在前面所提到的论文中,这里重点介绍三篇文章,它们不仅代表了当时学术的最高水平,而且在今天仍然具有价值。这三篇文章是张德昌的《清代鸦片战争前之中西沿海通商》,吴晗的《十六世纪前之中国与南洋》,梁方仲的《明代国际贸

---

① 武堉干:《中国国际贸易史》,商务印书馆1928年版,第6、47页。
② 姚宝猷:《中国丝绢西传史》,商务印书馆1944年版,第12、44、47页。

易与银的输出入》。

张德昌在《清代鸦片战争前之中西沿海通商》中,全面研究了清代中国与欧洲诸国的贸易往来,最后得出了这样的结论:"在这时期,中国是居于出超的地位。这种出超的背景是第一,中国当时国家比当时欧洲各国为富裕兴盛,当时教士关于中国的记录可资证明。第二,中国官方厉行以物易物的制度(Barter System),不准金银币出口,不准商人以银币运到外域,只准外银进口。第三,欧洲货物在中国得不到销路,而中国丝茶则在国外畅利销,形成出超现象。第四,中国商人于欠外国商人货物时,常以中国货物抵价,有时外国商人不要,但行商亦必勉强推售。本于这四种原因,乃有中国的出超现象。银子进口是在当时出超情况下的一种自然结果。"①这段文字,非常精辟地告诉人们,大清王朝的所谓"盛世"是如何造就的。

吴晗在《十六世纪前之中国与南洋》中指出:"现代人所称的南洋,前人称为东西洋","此种名词之构成,至晚亦当在元代以前",东西洋的划分依据"系基于航海路线之东洋针路西洋针路而区分"。这篇长文讨论了自汉代以来中国与南洋的交通贸易,尤其是郑和下西洋问题。吴晗最后写道:"成宣间(1403—1435年)努力向南洋发展之结果,第一为经济上之收获,用瓷器丝茶诸货物到南洋博易,政府和人民两受其益。第二是政治上的成功,国威远播,南洋诸国王,稽首来庭,甘为臣属。第三是文化的传播,宝船送出,信使往来,使南洋诸国均染华风。第四是华侨移殖之增加及势力之发展。"但自从欧洲人于16世纪来到南洋后,"他们不但拥有武力,作有组织的经营并且有国家的力量作后盾,得步进步;不到几十年便使南洋改了一个样子,自然而然地替代了以前中国人的地位,瓜分豆剖,南洋成为欧洲人的殖民地。华侨寄居篱下,备受虐待和残杀,中国政府不能过问。这是中国史上一个大转变,也是世界史上一个大关键"②。吴晗实际上以中国与南洋的关系为例,说明了16世纪全球化浪潮兴起对世界历史与中国历史的深刻影响。

梁方仲则以白银为例,揭示了全球化对中国社会的巨大影响。他认为,"中国与南洋间的贸易,自宋元以来,金银两项的出入口已渐频繁",到了明朝则更加普遍。根据明朝史料,"可以推出金银在国际上定有输出或输入的流动,而以自中国输出的趋势似乎较强"。进入16世纪,随着欧洲人的东来,中国与南洋的贸易发生了重大变化。"一方面,中国在南洋的政治地位与经济势力渐为欧人所排挤而

① 张德昌:《清代鸦片战争前之中西沿海通商》,《清华学报》1935年第1期。
② 吴晗:《十六世纪前之中国与南洋》,《清华学报》1936年第5期。

相形见绌;另一方面,这些欧洲的国家,还要与中国直接通商。他们挟有强有力的组织与雄厚的资本,当然不像南洋诸国的驯和肯居臣属地位。往往用武力强迫中国互市或勾引奸人作内应叛乱,弄到中国没有办法,只好多开口岸以延纳这些与寇舶没有多大分别的商舶。自此之后,诸国人京进贡的事情渐少,会同馆互市的盛况亦渐冷落,原居附从地位的市舶司互市反日见繁盛了。"一个显著和变化是,"在正德弘治之前,对于贡舶市舶的入口货物,差不多没有执行过'抽分'的办法",而从正德十二年(1517 年)起,"贡舶附带货物的入口,从无税而至有税",接着又"从征收货物"转变为"征收货币";正德之后的市舶税收,"不但影响国计,而且是两广民生所攸关"。16 世纪之后欧洲人来到东亚沿海进行贸易的一个重要影响是,"银钱及银货大量地由欧洲人自南北美洲运至南洋又转运到中国"。此外,从日本流入中国的白银也不少。"由此可以断定只就葡、西和日本三国输入的数目而言,必已远超过一亿元以上"。梁方仲在文中还考证说,中国明代文献所说的外国货币"黄币峙",应当是西班牙语表示银币的词汇 Peso 的音译,其中的"黄字大约是附加的形容词,或者因为当时该种银币略带黄色亦未可知"。明代中国所说的外国货币"突唇",大约是葡人 testão(英文为 testoon)的音译,"这是一种由来已久的葡币"[1]。在过去的几年中,围绕着一个外国人所写的《白银资本》,[2]中国学术界出现了研究美洲白银流入中国问题的热潮,发表的论著不计其数,但注意到梁方仲这篇文章的人并不多。而且,多数论著的学术水平还远远不如梁方仲在半个多世纪前所做的研究。

第三,关于贸易港及贸易居留地的研究。

随着海外丝绸之路的发展,在中国漫长的海岸线上出现过不少港口城市,它们是中国连接世界的门户。16 世纪,葡萄牙人来到中国沿海,先后在浙江的双屿、广东的澳门建立了贸易居留地。19 世纪末 20 世纪初,日本学者最先对中国的贸易港及葡萄牙人在华贸易居留地问题进行了研究,例如石桥五郎的《唐宋时代的中国沿海贸易及贸易港》(《史学杂志》1901 年 12 月),中村久四郎的《唐代的广东》(《史学杂志》1927 年第 3—6 期),藤田丰八的《宋元时代海港之杭州》、《葡萄牙人占据澳门考》、《中国港湾小史》(均收录在《中国南海古代交通丛考》中)等。

进入 20 世纪 30 年代,中国学者也开始研究这个问题,主要论著有:岑仲勉的《Zaitûn 非"刺桐"》(《圣心》1932 年第 1 期),张德昌的《明代广州之海舶贸易》(《清

---

[1]　梁方仲:《明代国际贸易与银的输出入》,《中国社会经济史集刊》1939 年第 2 期。

[2]　贡德·弗兰克著,刘北成译:《白银资本——重视经济全球化中的东方》,中央编译局出版社 2000 年版。

华学报》1932 年第 2 期),张道渊的《宁波市在国际通商史上之地位》(《国风》半月刊 1933 年第 9 期),程维新的《宋代广州市对外贸易》(《食货》1935 年第 5 期),江应梁的《唐宋时中国境内之外侨》(《南诏季刊》1935 年第 1 期),武堉干的《唐宋时代上海在中国对外贸易上之地位观》(《中央大学社会科学丛刊》1935 年第 1 期)、《元代上海在中国对外贸易上之地位观》(《新中华》1936 年第 19 期),韩振华的《伊本柯达贝氏所记载唐代第三贸易港之 Dianfou》(《福建文化》1947 年第 1 期),胡寄馨的《明代福建对外贸易港研究》(《福建省研究院研究汇报》1947 年第 2 期),等等。这些文章,考察了泉州、广州、杭州、宁波、上海等港口城市,从而开辟了海上丝绸之路研究的一个新领域。也正因为是个新的研究领域,所以,研究水平并不是很高,试以张道渊的《宁波市在国际通商史上之地位》为例,这也是 1949 年之前研究宁波港的最重要论文。

张道渊在《宁波市在国际通商史上之地位》中,从洋流的角度论述了宁波港的重要性:"北赤道暖流自南方来,经宁波港口之外北趋日本。而北冰洋寒流自北方来,绕日本西岸,折向西南直经宁波港口之外,南趋。宁波港口之外,实寒暖二流背向对流经过之地也。按洋流之方向速度,实影响于交通,则是种洋流实乃昔日促进东洋及南洋通商利器之一也。其最重要影响于人生者,则为海产之关系,故宁波港口之外'富饶海产,甲称全国',亦秦时鄞县命名之由来也。"根据自然的洋流来探讨宁波港的重要性,这种研究方法是非常正确的,可惜后人沿此思路所做的研究并不多。

接着,张道渊讲述了宁波历史上的造船业:"宁波港之有海船,原始于夏禹,备成于成王时;突进于吴越相争之时;通行海上,见称于学术家,在战国时。"张道渊的这段话,是根据历史文献推测出来的。现在的考古发现证明,宁波一带造船业的起源,比"夏禹"时代要早多了。1990 年,在宁绍平原北部的萧山跨湖桥文化遗址中,发现了距今近 8000 年的独木舟。① 在河姆渡文化(公元前 5000—前 3300 年)时期,宁波的周边地区出土了许多木桨和陶舟。2004 年,在余姚田螺山遗址中又出土了 3 支木桨。② 张道渊还认为,秦始皇"身在鄞县时",派遣徐福率领童男童女数千人入海,到达了日本,从而"开辟之东洋航线"。现代那些为了发展旅游而坚称宁波慈溪达蓬山是徐福东渡起航地的人一定没读过张道渊的这篇文章,否则绝对会将此文作为依据的。但实际上,张道渊的观点以及现代达蓬山的导游词都

---

① 蒋乐平:《跨湖桥独木舟三题》,林华东、任关甫主编:《跨湖桥文化论集》,人民出版社 2009 年版。
② 浙江省文物考古研究所等:《浙江余姚田螺山新石器时代遗址 2004 年发掘简报》,《文物》2007 年第 11 期。

是错误的,徐福并不是从此地出发东渡的。[①]

张道渊关于近代以来宁波港衰落、上海港崛起的观点,更是错误的。他说:"据上所述,宁波实在历代国际通商惟一之要埠,然自五口通商以后,英人竟舍此而煞费经营于上海一埠;而上海港之地理,又较逊于宁波港,则英人之意果何为耶? 盖英国自西元十八世纪中叶以后,始有华特氏(Watt)发明蒸汽机,继而发明纺织机,至十九世纪中叶,其国已养成信仰科学公理之民族性。而五口通商后,其国中大儒达尔文(Dalwin)方又盛倡'优胜劣败'之说。当时彼英国人挟盟主之威,而曾见却于宁波人之偷头(详见徐时栋的《烟雨楼文集·偷头记》),于是彼以为宁波人优于我者也,不可胜者也,以宁波非用武之地,乃退而就近谋诸上海。英人之所以不重视宁波市者,实因彼国学说之鼓吹,重视宁波人之故也。"事实上,宁波在近代的衰落以及上海的兴起,绝对不是由于宁波人"优于"英国人,更不是因为英国人信奉达尔文的进化论,而是因为上海港有着更加广阔的腹地。

从张道渊的这篇论文中可以看出,20世纪30年代中国学者刚刚开始研究中国外贸港口时,已经开始运用现代自然科学的研究方法,并且吸收了国外的学术成果,但并不深入,甚至牵强附会,错误的见解不少。

1949年前对于澳门问题的研究,主要有陈祖源的《明代葡人入居濠镜澳考略》(《历史学报》1936年第1期)、志士的《葡人侵略澳门简史》(《侨声》1948年第4期)、朱杰勤的《葡人最初来华时地考》(《社会科学》1947年第1期)、姚楠的《葡人侵略澳门之经过》(《亚洲世纪》1947年第4期)。此外,方豪的《十六世纪我国通商港Liampo位置考》(《复旦学报》1944年第1期),根据中文文献,对西方人所说的Liampo进行了开拓性的研究。由于这个问题至今尚未解决,2011年舟山市还专门为此举行了国际学术讨论会,所以,这里略作展开叙述。

欧洲文献记载,16世纪前期,葡萄牙人在浙江沿海建立了一个名叫Liampo的贸易居留地。从17世纪起,欧洲人就开始考证这个居留地的地点,但无法确定其位置。从20世纪30年代开始,方豪对此问题进行了研究,《十六世纪我国通商港Liampo位置考》就是其比较成熟的一篇文章。此文后经修改,定名为《十六世纪浙江国际贸易港Liampo考》(收入《方豪六十自定稿》,台湾学生书局,1969年)。方豪以丰富的中文史料证明,葡萄牙人所说的Liampo,就是中文史料所说的"双屿",位于宁波的佛渡岛与六横岛之间。方豪的这一结论,已成定论。后来学者们所讨

[①]　方祖猷:《达蓬山并非徐福下海处》,《宁波高等专科学校学报》2000年第1期;王泰栋:《把历史、传说、戏说区分开来看》,《中共宁波市委党校学报》1998年第5期。

论的,只是明代双屿港的具体位置。① 方豪对 Liampo 问题所做的研究,表明 20 世纪前半期中国学者在海上丝绸之路某些问题的研究上,已经走在国际学术界的前沿。

第四,关于贸易管理体制的研究。

古代海上丝绸之路的兴衰,与各个王朝的贸易管理体制有着密切的关系。因此,研究海上丝绸之路,必然涉及古代贸易管理体制问题。1900 年前后,日本学者已经对此问题开展研究。进入 20 世纪 30 年代,中国学者在领域的成果不断涌现,主要有《宋代提举市舶司资料》(《北平图书馆馆刊》1931 年第 5 期),梁嘉彬的《广东十三洋行考》(《清华周刊》1932 年第 5 期)、《广东十三行考》(1937 年),王干的《由元代市舶抽分则例观察元代国际贸易》(《工商学志》1935 年第 2 期),谭春霖的《欧人东渐前明代海外关系》(1936 年),陈竺同的《唐宋元明的南海舶政》(《南洋研究》1936 年第 3 期),陆丹林的《广州十三行》(《逸经》1936 年第 6 期),钱卓升的《唐宋以来之市舶制度》(《遗族校刊》1937 年第 3 期),萨士武的《明成化嘉靖间福建市舶司移置福州考》(《禹贡》1937 年第 1—3 期),秦佩珩的《明代的朝贡贸易》(《经济研究季报》1941 年第 2 期),管照微的《明代朝贡贸易制度》(《贸易月刊》1943 年第 7 期),傅衣凌的《清代前期厦门洋行考》(《财政知识》1943 年第 4 期),胡寄馨的《福建市舶司及漳州舶税征收机关考》(《社会科学》1945 年第 4 期),等等。

在这些论著中,有不少是很有学术价值的,甚至对今天的学术研究仍然有着启发意义。例如,谭春霖在《欧人东渐前明代海外关系》中概括说:"明代海外贸易,均以贡舶为限。非朝贡之国,或非随贡而来之私舶,皆在拒还之列。虽地方有司有时因利而不禁,然中枢之政策固一贯不移也。是故葡萄牙人之来,首以贡称,而明朝拒绝之者,亦以其非朝贡国也。"②这样,就把中葡早期关系史置于明朝的朝贡体制之下进行考察,而不是像现在某些学者那样将其割裂开来。谭春霖还指出,明朝政府对于海外朝国贡虽然实行"厚往而薄来"的"宽怀仁政",对本国民众则实行严厉的海禁政策,结果"滨海居民,迫于生计,转而为寇者日多"。这部著作的最后,还提出了一个令人深思的问题:"然以当时之君主,不知有移民,不知有国际交通,而倭警频仍,为患不绝,亦难怪其出于此途。假无倭患,明代海外关系,其为另一故事,可断言也。"③综观近年来学术界对于明朝海禁问题的讨论,④可以看

---

① 龚缨晏、杨靖:《近年来 Liampo、双屿研究述评》,《中国史研究动态》2004 年第 4 期。
② 谭春霖:《欧人东渐前明代海外关系》,燕京大学 1936 年版,第 28 页。
③ 谭春霖:《欧人东渐前明代海外关系》,第 50、57 页。
④ 魏华仙:《近二十年来明朝海禁政策研究综述》,《中国史研究动态》2000 年第 4 期。

出,《欧人东渐前明代海外关系》一书中的主要观点,正是现在学者所热烈讨论的。

当然,1949年之前在此领域中最有影响的著作当数梁嘉彬的《广东十三行考》。蔡鸿生在1999年这样评述道:这本著作"堪称30年代学术上的'岭南佳果'。这部才气横溢的少作,经过数十年的风风雨雨,如今已成为蜚声学界的传世之作了。……全书所考,立足证实,纲举目张,至今仍保持着作为奠基性著作的学术价值"[①]。梁承邺、章文钦则写道:"本书所取得的成果,远远超过在此之前法国学者高第(Henri Cordier)和日本学者田中萃一郎、根岸佶、武籐长藏及松本忠雄等关于广东十三行的早期论著,成为这一学术领域的奠基性著作,其学术价值和影响,在同类著作中至今还罕有其匹。"[②]

第五,关于华侨史的研究。

在古代,中国沿海居中由于种种原因通过海上丝绸而移居海外,对海外(特别是东南亚地区)的开发作出了重要贡献。1934年,刘继宣、束世澂在《中华民族拓殖南洋史》曾这样写道:"对南洋覆被大地之参天古木,施最初之一斧者,中国人也;于猛虎怒号中,辟橡树园,开马来之锡矿者,中国人也;疟疾发源地之邦加、勿里洞两岛,开发之者,中国人也;爪哇之糖与茶,苏门答腊之烟叶、珈琲、煤炭,婆罗洲之椰子,名震寰宇,其所由产生之劳力,中国人也。"[③]不过,20世纪之前,中国人对华侨史研究是一片空白。20世纪初,曾经翻译出版了一些华侨史的著述,例如1928年出版的《华侨志》(美国宓亨利著,岑德彰译),1929年出版的《中华民族之海外发展》(日本华侨黄朝琴编译)。随着学术界对海外丝绸之路研究的开展,华侨史的研究也逐渐产生。温雄飞的《南洋华侨通史》(1929年),李长傅的《南洋华侨史》(1929年),刘继宣、束世澂的《中华民族拓殖南洋史》(1934年),刘伯周的《海外华侨发展史概论》(1935年)等著作,就是华侨史研究的开创之作。

温雄飞在讨论南洋华侨史时,首先是从海上航线入手的。他写道:古代东西方各国的航海,"大率与天象学有密切之关系。以其当时种种航海之器具未备,而最要者,其方向也。方其航于大海之中,四望无际,海天一色,所赖以辨别方向者,惟天空之星座与日月而已"[④]。这段非常平实的文字,点明了航海的技术关键。今天,高度发达的科学技术为航海提供了可靠的安全保证,每天都有不计其数的船只驰航在远洋航线上,于是,有些人(例如英国的孟席斯)把古代航海也视为"轻松

---

① 梁嘉彬:《广东十三行考》,广东人民出版社1999年版,蔡鸿生序。
② 梁嘉彬:《广东十三行考》,梁承邺、章文钦跋。
③ 刘继宣、束世澂:《中华民族拓殖南洋史》,国立编译馆1934年版,第6页。
④ 温雄飞:《南洋华侨通史》,东方印书馆1929年版,第12—13页。

的发现之旅"，根本没有意识到古代航海的艰巨性，并且得出了"郑和进行了环球航行"之类的结论。所以，温雄飞半个多世纪前所写的这段话，至今依然很有价值。温雄飞在这部著作中所讨论的"东来之旧航线"和"东来之新航线"，实际上是研究古代的海上丝绸之路。这部著作下编"杂传"，介绍了林道乾等南洋华侨史上的著名人物，也可视为海上丝绸之路人物传之雏形。

李长傅的《南洋华侨史》，对"殖民"与"移民"作了很好的区别，并且指出了古代中国在对南洋关系上和平交往的性质，直到现在仍然不失其意义："华侨在南洋之地位系殖民地（Colonization 乎？抑移民（Migration）乎？颇有研究之价值。按殖民意义，乃离去母国，至比较未开化之他国，永远居住，从事经济活动，而保持母国政治关系之谓也。移民者，乃离去母国，移住他国而从事经济活动之谓也。我国史家，多谓华侨殖民于南洋。然按之史实，实为移民。元明时代，中国虽有用兵于南岛之事，惟其目的，在宣威示德，求外番称臣入贡，为愿已足，实不足以言殖民政策。清代更严海禁，国家与侨民可谓断绝关系。故华侨之在南洋，只得曰移民，毫无殖民之意味。"[1]

这里顺便提一下，1949 年之前，中国学者也开始讨论中国人是否在哥伦布1492 年发现美洲大陆之前已经到达美洲的问题，主要文章有陈志良的《中国人最先移殖美洲说》（《说文月刊》1940 年第 1 期）和朱谦之的《哥伦布前一千年中国僧人发见美洲说》（《现代史学》1942—1943 年第 4 卷第 4 期—第 5 卷第 2 期）。虽然没有史料可以确证自秦汉到明代有中国人曾经航行到过美洲，但是，关于这个问题的严肃的学术讨论，促进了海上丝绸之路的研究。

第六，关于中国与日本海上关系史的研究。

中国与日本是隔海相望的近邻，两国在古代的往来都是通过海上丝绸而实现的。清朝末年，成功走上现代化道路的日本曾经是中国人学习的榜样，中国出现了研究日本的热潮。不过，研究中日关系史的论著却很少，最重要的著作是 19 世纪末期黄遵宪所著的《日本国志》。书中的"邻交志"（上篇）就是讲述中日关系史的。黄遵宪论述了中国古代文化对日本的重大影响，指出：日本"中古以还，瞻仰中华，出聘之车，冠盖络绎。上自天时、地理、官制、兵备，暨乎典章制度、语言文字，至于饮食居处之细，玩好游戏之微，无一不取法于大唐"。黄遵宪还以日本为例，阐述了对外开放对于一个国家来说的重要性："以余所闻，日本一岛国耳。自通使隋唐，礼仪文物居然大备，因有礼仪君子之名。近世贤豪志高意广，竞事外

---

[1] 李长傅：《南洋华侨史》，商务印书馆 1934 年版，第 2—3 页。

交,骎骎乎进开明之域,与诸大争衡。向使闭关谢绝,至今仍一洪荒草昧未开之国耳。则信乎交邻之果有大益也。"[①]

中华民国建立后,日本帝国主义不断加快对中国的侵略步伐,给中华民族带来了无穷的灾难,中国人对日本的看法也随之发生根本的改变。中国学者"从过去客观地介绍日本、宣传和赞扬明治维新及日本的近代改革,逐渐转向研究日本帝国主义,揭露和批判其本质"。对于中日关系史的研究,也随之增多。据统计,中国人关于"古代及中世纪中日关系"的著作,明代共有 24 部,清代共有 2 部,1912—1930 年前没有,1931—1945 年有 14 部。[②] 主要有史俊民的《中日国际史》(1919 年)、王朝佑的《中国与日本》(1928 年)、张鹏一的《唐代日人来往长安考》(1937 年)、王辑五的《中国日本交通史》(1937 年)、张健甫的《中日关系简史》(1937年)、祖澄的《中日关系小史》(1938 年)、郑学稼的《中国与日本》(1938 年)、李季的《二千年中日关系发展史》(1938、1940 年)、李毓田的《古代中日关系之回溯》(1939年)、洪启翔的《古代中日关系之研究》(1944 年)、冯瑶林的《中国文化输入日本考》(1947 年),等等。

1931 年后研究中日关系的论文,也大大超过此前,主要有:李墀身的《中国历代与日本之关系》(《新中国》1919 年第 8 期),周传儒的《中日历代交涉史》(《国学论丛》1927 年第 1—2 期),郑鹤声的《五百年前中日交涉之一幕》(《东方杂志》1928年第 13 期),王辑五的《中倭交通路线考》(《禹贡》1935 年第 10 期),许兴凯的《中日古代交通》(《文化与教育旬刊》1936 年第 87 期),黎光明的《明太祖遣使日本考》("中研院"历史语言研究所集刊,1936 年),吴先培的《明代与日本足利幕府关系之研究》(《东方杂志》1937 年第 14 期),盛志的《朱舜水与日本》(《教育学报》1939 年第 2 期),梁绳祎的《唐代日本客卿晁衡事述》(《中和》1940 年第 1 期),明之的《中国文化传播者——空海》(《学术》1940 年第 1 期),梁盛志的《理学东渡与李用》(《华北编译馆馆刊》1942 年第 1 期),汪向荣的《仕唐的日本人》(《古今》1942 年第14 期),唐云起的《中日交通史上禅僧的地位》(《佛学月刊》1942 年第 3—4 期),何练江的《日本海海流与中日古代交通》(《学术界》1943 年第 1 期),钱仲华的《中日文化交流史略》(《中日文化》1941 年第 3 期),王守素的《中日文化交流的桥梁——浙江》(《中日文化》1942 年第 10 期),梁绳祎的《日本空海入唐求法记》(《国学丛刊》1942 年第 8—9 期)、《唐赠潞州大都督晁衡传》(《国学丛刊》1943 年第 12 期),

---

① 黄遵宪:《日本国志》(卷四),上海古籍出版社 2001 年版,影印第 51 页。
② 李玉等:《中国的中日关系史研究》,世界知识出版社 2000 年版,第一、二章。

梁盛志的《宋末李竹隐海外讲学考》(《中和》1943 年第 3 期)、《五代日僧巡礼五台之遗物》(《华北编译馆馆刊》1943 年第 8 期),汪向荣的《宋代之中日关系》(《日本研究》1944 年第 2—4 期),志梁的《嘉靖年间的中日贸易》(《中华月报》1944 年第 1 期),姚鉴的《六朝时代中日文化的关系》(《日本研究》1944 年第 2 期),何达的《隋时日本遣华使僧及文化之东传》(《亚洲文化论丛》1944 年第 3 辑),方豪的《中国在日本与欧洲初期交通史上之地位》(《真理杂志》1944 年第 1 期),佳禾的《朱舜水与日本文化》(《东方学报》1944 年第 2 期),等等。

在上述著作与论文中,有不少学术价值颇高的佳作。在著作方面,王辑五根据中文史料以及日本学者的研究成果,比较全面地研究了自先秦到民国时期中国与日本之间的历史关系。此书几乎涵括了古代中日之间海上丝绸之路的所有方面,例如海上航线、朝贡贸易、倭寇之患、文化传播等。全书从讨论"中日最古之自然航线"开始,指出:"日本列岛横列于亚洲大陆之门前,与我国仅隔一衣带水,而朝鲜半岛又突出于其间,适为中日交通往来之渡桥,故中日交通往来之开始,当不始于航海术发达以后,而当求于上古时代","日本之左旋回流,为中日最古之自然航线,亦为我国文化东渡日本之最古途径"。从秦汉到隋朝,中国与日本之间的海上交通路线,都是经过朝鲜半岛的。进入唐朝,又出现了横渡东海直达长江口的新航路。在讨论中日之间的海上贸易时,王辑五写道:"明代之海外贸易与唐宋不同,唐宋恒奖励海外互市,以收市舶之利而实国用;一方更欲藉怀柔政策以安边夷。惟降至明代,此传统政策略有变更,仅注意于四夷之安抚,而忽市舶之赢利。故明代对日贸易,殆成为政治与军事上之手段,此实为明日通商互市之一特征也。"而明代对日贸易的港口,则"概以宁波为专通日本之港,故日船赴明,必先至宁波登岸"①。

在论文方面,可以列举黎光明的《明太祖遣使日本考》。文章根据中日两国文献,讨论了明太祖朱元璋派遣僧人出使日本的原因,仲猷祖阐、无逸克勤这两个人的生平事迹以及他们奉命到达日本后的活动情况。② 不过,这篇很有深度的文章似乎没有引起后人的重视。例如,黎光明在文章中已考定仲猷祖阐"主持宁波的天宁寺"。但后来的学者或采用日本学者的观点认为仲猷祖阐是嘉兴天宁寺的僧人,③或认为他是浙江兰溪人。④ 黎光明在文章中还认为:"我还疑心这遣僧为使的

---

① 王辑五:《中国日本交通史》,上海书店 1984 年据商务印书馆 1937 年版影印,第 2、70—72、149、158 页。
② 黎光明:《明太祖遣使日本考》,原载《中研院历史语言研究所集刊》第七本第二分册(1936 年 12 月),收入《"中研院"历史语言研究所集刊论文类编(历史编·明清卷)》(第一册),中华书局 2009 年版。
③ 木宫泰彦:《日中文化交流史》,商务印书馆 1980 年版,第 513 页。
④ 林正秋:《浙江历史文化研究》,中国文史出版社 2006 年版,第 549 页。

故事,在嘉靖时,曾经过一度扩大的宣传作用,这或者所谓瓦官寺的'黠僧'之所做的,盖欲籍无逸之名以售其欺骗的手段。"这样的提醒,其实是很重要的。[①]

王辑五的《中国日本交通史》讲到了朝鲜半岛在中日海上交通中的中转地位与作用。1949 年之前,也有若干篇专门研究中国与朝鲜半岛之间海上交往的文章,主要是段琼林的《宋綦宣和奉使高丽图经校记》(《女师大学术季刊》1930 年第 2 期)和张家驹的《两宋与高丽关系》(《民族》1936 年第 6 期)。这表明,民国时期,学术界也已经开始研究中国与朝鲜半岛之间的海上丝绸之路了,尽管没有使用"海上丝绸之路"这个概念。

第七,关于中外文化交流史的研究。

通过海上丝绸之路,中国文化与海外各国的文化交互传播,并且都与本土的传统文化发生了冲突、适应与融合。1949 年之前,有不少学者也已开始了对中外文化交流史的研究,并且取得了丰硕的成果。张星烺的《欧化东渐史》(1934 年)、蒋廷黻的《欧风东渐史》(1937 年)、朱谦之的《中国思想对于欧洲文化之影响》(1940 年)、方豪的《中外文化交通史》(1943 年)和《中外文化交通史论丛》第一辑(1944 年)、莫东寅的《汉学发达史》(1949 年)都是比较有影响的通论性著作。研究基督教教在中国传播方面的主要论著,有洪业的《考利玛窦世界地图》(《禹贡》1936 年第 3、4 期)、徐宗泽的《中国天主教传教史概论》(1938 年)和《明清间耶稣会士译著提要》(1949 年)、王治心的《中国基督教史纲》(1940 年)、方豪的《中国天主教史论丛》(1944 年)。在伊斯兰教史研究方面,有白寿彝的《宋时伊斯兰教徒》(《禹贡》1937 年第 4 期)和《中国伊斯兰史纲要》(1946 年)。此外,陈垣的一些论著也涉及外来宗教文化在中国沿海的传播问题,例如《元也里可温教考》(1917 年)讲到了元朝浙江温州等地的也里可温教,《摩尼教入中国考》(1922 年)讲到了南宋浙江宁波的摩尼教。由于中外文化交流史涉及更加广阔的学术领域,这里无法展开叙述,只能举其要者而述之。

第八,关于中国与海外各国外交史的研究。

外交史是指国家间进行官方交往的历史。在古代,中国各王朝与海外各国之间的外交往来主要是通过海上丝绸之路而进行的。但由于古代中国外交史同样涉及更加广阔的学术领域,所以,这里也不可能展开讨论 1949 年之前中国学者对此问题的研究成果,而只能列举以下这些比较重要的论著:《中国二千年外交通论》(《东方杂志》1906 年第 4 期)、国民外交丛书之一种《中英关系略史》(1928 年)、

---

① 　任宜敏:《明初遣日僧使考》,《江海学刊》2008 年第 4 期。

唐庆增的《中美外交史》(1929 年)、周景濂的《中葡外交史》(1936 年)、张维华的《葡萄牙第一次来华使臣事迹考》(《史学年报》1933 年第 5 期)、朱杰勤的《英国第一次使臣来华记》(《现代史学》1936 年第 1 期)、束世澂的《中英外交史》(1931 年)和《中法外交史》(1932 年)。

在上述八个方面的研究中,第一个方面"海外交通文献的整理与海外史地的考证"在 19 世纪后期就已经受到学者们的关注了,但在研究深度上,20 世纪前半期学者所做的研究显然已经大大超过了前人。其他七个方面的研究,则都是在 20 世纪前半期逐渐开辟出来的新领域。或者说,1949 年之前中国学者已经比较全面地开展了对海上丝绸之路的研究,而且在许多问题的研究上达到了很高的学术水平。

1949 年之前,围绕着郑和下西洋,还发现了不少文物资料。(1)1912 年,袁嘉谷在云南昆阳发现了郑和父亲"马哈只墓"和"马哈只墓志铭",证明郑和"之祖与父皆回教,曾朝天方者"。[1] 这一发现,为研究郑和的先祖、家世、信仰等问题提供了珍贵而可靠的依据。(2)1935 年,云南省长李鸿祥发现了郑和后裔郑绍明家藏的《郑和家谱》。李士宣对这份珍贵的家谱进行了研究,他的《郑和家谱考释》于 1937 年由昆明正中书局出版。(3)1935 年,郑鹤声在明朝钱谷所编的《吴都文粹续集》中,发现了收录于其中的《娄东刘家港天妃石刻通番事迹记》(简称《通番事迹记》)碑文,从而为研究郑和七次下西洋的过程提供了珍贵的资料。[2] 原碑立于江苏太仓刘家港的天妃宫里,是郑和第七次下西洋前篆刻的,但久已湮没,下落不明。(4)郑和船队第七次下西洋途经福建长乐太平港时,篆刻了《天妃灵应之记》。1931 年,长乐县知事吴鼎芬发现此碑后,特将其移置于县署中保存,但不久又湮没无闻。1936 年,长乐县县长王伯秋在官署中再次发现此碑,并建亭保护。1937 年抗日战争爆发后,此碑被移往福建南平进行保护,直到 1948 年才迁回长乐。[3] 1936 年,萨士武发表《考证郑和下西洋年岁之又一史料》(《大公报》1936 年 4 月 10 日"史地周刊"第 80 期),抄录了碑文原文,并对郑和下西洋的过程进行了研究。(5)1936 年,郑鹤声在南京寻访古迹时,在静海寺发现了嵌在厨房墙壁里的一块残碑,"语气、字迹、格式,都仿似《通番事迹》碑文及《天妃灵应之记》","很可能亦是

---

① 袁树五:《昆阳马哈只碑跋》,原载《卧雪堂文集》,收入纪念伟大航海家郑和下西洋 580 周年筹备委员会、中国航海史研究会:《郑和研究资料选编》。

② 郑鹤声:《从新史料考证郑和下西洋事之年岁》,《大公报》1935 年 10 月 25 日"史地周刊"第 57 期,收入郑和下西洋 600 周年纪念活动筹备领导小组编:《郑和下西洋研究文选(1905—2005)》,海洋出版社 2005 年版。

③ 纪念伟大航海家郑和下西洋 580 周年筹备委员会、中国航海史研究会:《郑和研究资料选编》,第 8 页。

郑和篆刻,可惜发现时已残毁过甚,又复于抗战时为日寇炸毁"。① 碑上虽然只残留着 148 个文字,但对于研究郑和船只的大小尤其重要,因为碑文中有"二千料海船并八橹船","一千五百料海船并八橹船"等内容。

20 世纪前半期,已有学者开始从科学技术史的角度研究海上丝绸之路。特别是由于上述与郑和下西洋相关的文物资料的发现,更加推动了相关的研究。最重要的成果有刘铭恕的《郑和航海事迹之再探》(《中国文化研究汇报》1943 年第 3 卷)、范文涛的《郑和航海图考》(1943 年)、张礼千的《东西洋考中之针路》(1947 年)、管劲丞的《郑和下西洋的船》(《东方杂志》1947 年第 1 号)、朱杰勤的《中国古代海舶杂考》(《南洋学报》1948 年第 2 辑)。但由于各方面的研究基础比较差(包括考古资料的缺乏),所以研究深度不够。例如,朱杰勤的《中国古代海舶杂考》探讨了中国古代造船技术、航海技术、指南针在航海上的应用、商舶工作人员的构成等问题,不过主要根据的是文献记载,缺乏实物的佐证。章鸿钊、韩槐准甚至探讨过通过海上丝绸之路传入中国的琥珀、珊瑚等海外异珍,并且提出:"珊瑚之入中国或在秦、汉之际,殆亦由海西南海舶而来,盖本为海产之物,故取道于海,固易易也。"②但同样由于考古资料及实物证据的缺乏而难以深究下去。

蔡鸿生曾这样说过:"本世纪的 30 年代,尽管国运危机四伏,文运却相当辉煌。可说是中国现代学术的一个花季。"③在这样一个动荡多乱的学术"花季"里,中国的学者们虽然没有叫喊着要创造世界一流,但实际上已经奔走在世界学术舞台的前沿,而且在不少领域中引领着国际学术的发展潮流,获得了外国学者的由衷钦佩,更获得了国人的诚挚敬意。正是由于这些学者打下了坚实的学术基础,所以,尽管后来历经暴风骤雨、严冬寒流,但学术的种子始终能够顽强地生存下来,并且不时地绽放出鲜艳的花朵。

---

① 纪念伟大航海家郑和下西洋 580 周年筹备委员会、中国航海史研究会:《郑和研究资料选编》,第 9 页。
② 章鸿钊:《从宝石所得古代东西之交通观》,《地学杂志》1930 年第 1 期;韩槐准的文章主要有《紫矿之研究》(《南洋学报》1940 年第 1 期、《琉璃珠及瓷珠之研究》《南洋学报》1941 年第 3 期。
③ 梁嘉彬:《广东十三行考》,蔡鸿生序。

第三章　海上丝绸之路研究的停滞阶段
(1949—1977 年)

1949 年,中华人民共和国成立。从 1949 年到 1978 年中共十一届三中全会之前,中国大陆史学界"最显著的特点就是马克思主义史学逐渐占据支配地位","不管是来自延安或是国统区的马克思主义史学家们,从边缘走向中心,成为各大学、学术机构和学术刊物的领导者,成为学术研究的正统与主流",而大批"非马克思主义史学家和史学工作者"则通过"学习运动、思想改造和批判运动"来接受马克思主义。这些运动包括知识分子思想改造运动,"反右"运动,"文化大革命"运动。[①] 整个史学界的研究重点,集中在五大专题上,即所谓的"五朵金花"(中国古代史分期问题、封建土地所有制形式问题、农民战争问题、中国资本主义萌芽问题、汉民族形成问题)。关于海上丝绸之路的研究处于非主流地位,但由于特殊的国际环境,还不至于完全中断,而是在艰难地延续着。

中华人民共和国建立后不久,由于朝鲜战争的爆发,使中国民众投入到"抗美援朝"运动之中。新中国的史学研究者也充分发挥自身的专业特长,通过研究中朝两国在历史上的友好关系来积极参与这场运动,其中最为重要的是由张政烺、余逊、宿白、商鸿逵、金毓黻、杨翼骧等 6 位历史学家共同编写的《五千年来的中朝友好关系》。他们在后记中这样写道:"万恶的美帝国主义者,失掉人性,逞其兽行,大肆侵略我们的邻人——朝鲜",而朝鲜又是"我们共谋生存,共同奋斗,共祸共福,同气连枝的患难好兄弟。因此,我们便想到,把中朝两国从古至今的友好关系史实,赶快写一小册子出来,这是极应该而且必要的"。要研究中国与朝鲜之间的友好关系,当然要讲到两国之间通过海上航线所进行的交往。该书一开头就指出:"中国和朝鲜是距离最近的邻邦。陆路和海路的交通,都很便利。两国的人民,在很早的时间,便自相往来。"书中还有许多部分讲到了古代中朝两国之间的

---

① 姜义华、武克全:《二十世纪中国社会科学(历史学卷)》,上海人民出版社 2005 年版,第 44—46 页。

海上贸易,例如书中说:"自一〇八五年宋朝取消了对高丽的通商禁令以后,山东、两浙、福建沿海的港口,特别是明州,每逢北风季节,港岸上便挤满了由高丽来的船只,他们给中国带来了高丽的特产。……等到南风季节,高丽由贞州到开京的礼成江上,也连续不断地驶行着从中国各地航来的商船,他们给高丽运去了中国的特产。"①这样,这本在特殊背景下产生的小册子实际上包含了许多关于海上丝绸之路的内容。

朝鲜战争结束后,在复杂而恶劣的国际环境下,新中国十分重视发展与亚非国家的外交关系,这就推动了学界对中国与亚非各国历史关系的研究。正如周一良在《中国与亚洲各国和平友好的历史》一书的引言中所说的:"中国人民是热爱和平的。新中国成立以来,一贯执行和平外交政策,努力发展同各国,尤其是亚洲国家之间的友好合作关系。而且,从历史上看来,中国从来就是和亚洲国家保持着和平友好关系的。……这本小书就是要帮助读者回顾一下过去中国与亚洲国家之间的和平友好关系,看一看几千年来中国和亚洲国家之间怎样在经济上互助合作,在文化上交流影响。这对于促进我国和亚洲国家的紧密团结是有其重大意义的。"②于是,在五六十年代,出现了许多讲述中国和亚洲国家友好关系的论著,而且都是出自著名学者之手,例如齐思和的《中国和拜占廷帝国的关系》(1956年)、朱偰的《中国和印度尼西亚人民的友谊关系和文化交流》(1956年)、戴清寿的《中国与马来亚和平友好的历史》(《新史学通讯》1956年第12期)、陈修和的《中越两国人民的友好关系和文化交流》(1957年)、金克木的《中印人民友谊史话》(1957年)、郑鹤声的《十五世纪初叶中国与亚非国家间的友谊关系》(《文史哲》1957年第1期)、吴世璜的《中国和印度尼西亚人民的友好历史》(《历史教学》1957年第12期)、吴紫金的《元代我国和印度尼西亚的友好关系》(《文史哲》1958年第8期)、林家劲的《两宋与三佛齐友好关系略述》(《中山大学学报》1962年第4期)、齐思和的《上古时期中国与世界各国的文化交流》(《历史教学》1964年第4期)。此外,还有一本由史学双周刊社编的论文集《中国和亚非各国友好关系史论丛》(1957年),收录了自1955年至1956年发表在《人民日报》、《光明日报》、《历史教学》上的系列文章,包括邵循正的《两千年来中日人民的友好关系》、董蔡时的《琉球与中国的历史关系》、朱偰的《中国人民和印度尼西亚人民的历史关系》、陈修和的《中越两国人民的传统友谊和文化交流》、陈炎的《中缅两国人民友好往来的历史》、冯家升的

①　张政烺等:《五千年来的中朝友好关系》,开明书店1951年版,第12、51、139页。
②　周一良:《中国与亚洲各国和平友好的历史》,上海人民出版社1955年版,引言。

《从历史上看阿拉伯和中国的友好关系》、马坚的《中埃两国人民的传统友谊关系》、陈玉龙《中国和柬埔寨的传统友谊》。

历史上中国与许多亚非国家之间的往来，是通过海上丝绸之路而进行的，所以，五六十年代关于中国与亚非国家友好往来的研究论著，必须涉及海上丝绸之路。许多学者都指出，古代中国通向世界其他地区的道路是由"陆路"和"海路"组成的，海路是中国联系世界的主要纽带。例如，朱偰在《中国和印度尼西亚人民的友谊关系和文化交流》中写道："唐朝时候，航海事业已逐渐形发达，南面可通印度尼西亚、印度、波斯、大食；北面可通朝鲜；东面可通日本。"①金克木在《中印人民友谊史话》中说："我国古代的人民要从长安（西安）、洛阳、或南京、广东等地出发，通常只有西经'西域'的陆道和往南经南洋的海道，才可以到印度。走这两条路来回所需要的时间不是几个月，而是往往要几年。"②冯家升在《从历史上看阿拉伯和中国的友好关系》中也有类似的论述："由七世纪到十三世纪，中阿两方的商业交通很发达。双方来往的路线主要有两条：一条是陆路，从波斯、中亚细亚通过新疆的'丝路'到长安；一条是海道，从巴格达经波斯湾、印度洋绕马来半岛到广州。"③陈修和在介绍"中越两国人民的友好关系和文化交流"时，也突出了越南在海上丝绸之路中的中转地位："公元前二世纪到公元二世纪的几个世纪中，越南中部的日南，是中国对于太平洋群岛、西南亚洲和欧非两洲的第一个交通港口。中国的黄金、杂缯，从日南输出，而各地的明珠、流离、奇石、异物，则从日南输入"；"西方和中国的海上交通，越南北部长期居于冲要的地位。以后广州逐渐发展，才有代替交州的趋势。但公元八世纪唐德宗李适时代，一向到广州的远国商船，忽然改道越南，广州的统治者想用行政命令来垄断海上的贸易，奏请李适派人将越南的对外市场收束起来，宰相陆贽认为不能允许这种不合理的要求，可见当时的越南在海上交通方面仍能吸引外国商船去，因而受到广州的妒视"。④ 齐思和在《中国和拜占廷帝国的关系》一书中特设一章，专门叙述"中国的伟大发明育蚕法传入拜占廷的经过"。书中写道："把蚕丝从中国运到欧洲，在罗马时期有海陆二路"；其中陆路"号称'丝路'"，从长安，出玉门关，经中亚，最终到达西亚；"海路则以泉州、广州为采集地，先将丝绸运到印度或锡兰，再由印度、锡兰船载至波斯湾上陆至八吉打，或经红海以达开罗，然后再由开罗、八吉打等城市运到叙利亚的泰尔、培卢特

---

① 朱偰：《中国和印度尼西亚人民的友谊关系和文化交流》，中国青年出版社 1956 年版，第 11 页。
② 金克木：《中印人民友谊史话》，中国青年出版社 1957 年版，第 12 页。
③ 史学双周刊社：《中国和亚非各国友好关系史论丛》，三联书店 1957 年版。
④ 陈修和：《中越两国人民的友好关系和文化交流》，中国青年出版社 1957 年版，第 12—14 页。

等城,便到了拜占廷的统治区域"①。所以,五六十年代大陆史学界研究海上丝绸之路的一个显著特点,就是在研究"中国与亚非各国友好关系史及文化交流史"的名义下进行的。

中华人民共和国成立前夕,一大批杰出的历史学家怀抱着纯洁的理想以及对新社会的无限憧憬,毅然留在大陆。他们成了1949年之后海上丝绸之路研究的骨干。虽然他们的人生道路曲折多难,但依然在许多领域取得了突出的成就,主要表现在以下几个方面:

第一,海外史地考证和海外航线研究。

根据历史文献的记载,通过对音等方法考证海外史地,是传统的学术研究方法。1949年之后,不少学者依然进行这方面的研究,其中最为突出的是韩振华。1950年,他发表了《康泰所记西南海上诸国地理考释》一文,对顿逊、拘利等20多个海外地名进行了考释,提出了许多新见。例如在"金邻考"中,他说:"窃以'金邻'之名,殆是译意,上引《异物志》谓金邻一名金陈,可见'金'字始终不变,曰'邻'曰'陈',乃形容'金'字也。金邻之名,传自扶南(见《梁书·扶南传》),以扶南人言之,谓其邻国多金之地,曰'金邻'殆无与理相背。"再如,中国史书记载,南方大海远处有"自燃火洲",藤田丰八曾认为这是一个不可考的传说之地,"欲考订其地,实属徒劳也"。韩振华则以藤田丰八的这种说法为"不然"。他说:"查上引《梁书》所谓扶南东、涨海东、诸薄东之'自燃火洲',殆是出自马来语之意译,马来人所谓'Gunon Berani,华言自燃山也,或Gunon Api,华言火山也。班达(B)anda海中,东经125度附近,有一著名火山,即以Gunon Api为名'。然则汉籍上所谓自燃火山者,殆指此也。"②此说对于确定火洲的地望很有启发意义。韩振华于1954年发表的《公元六、七世纪中印关系史料考释三则》,根据史籍、航程、物产、风俗等材料,认为婆利国在中印度,赤土国在锡兰岛,丹丹国在印度东南海岸一带。③这些观点,与普遍流行的说法很不相同。

五六十年代,韩振华还与岑仲勉等学者就《汉书》地理志所记载的海外地名及海外航线进行过学术讨论,并且产生了较大的影响。

《汉书》地理志粤地条记载了汉朝使节通过海上丝绸之路出访海外诸国的航线:"自日南障塞、徐闻、合浦船行可五月,有都元国;又船行可四月,有邑卢没国;

---

①　齐思和:《中国和拜占廷帝国的关系》,上海人民出版社1956年版,第19—20页。

②　韩振华:《康泰所记西南海上诸国地理考释》,《协大学报》1950年第2期,收入韩振华的论文集《中外关系历史研究》,香港大学亚洲研究中心,1999年。

③　韩振华:《公元六、七世纪中印关系史料考释三则》,《厦门大学学报》1954年第1期。

又船行可二十余日,有谌离国;步行可十余日,有夫甘都卢国。自夫甘都卢国船行可二月余,有黄支国,民俗与珠崖相类。……自黄支船行可八月,到皮宗;船行可二月,到日南、象森界云。黄支之南,有已程不国,汉之译使自此还矣。"这是明确记载汉代海上丝绸之路的珍贵文献,但非常简略,歧义甚多。同时代其他相关史料又非常缺乏,外国的文献则更少。所以,要确定这段文字中所记载的海外国家及航海路线,难度很大。尽管法国的伯希和、日本的藤田丰八等人都做过深入的研究,但依然疑窦重重,难以使人完全信服。

1957 年,韩振华发表了力作《公元前二世纪至公元一世纪间中国与印度东南亚的海上交通——汉书地理志粤地条未段考释》,对《汉书》地理志的这段记载进行了全面的研究。在逐一讨论国内外其他学者的观点之后,韩振华提出了自己的新见解。对于都元,他认为,"都元两字,不是译音,纯是汉名";它实际上是"元都"的意思,而"元"字又可以训为"黑",因此,"都玄(元)或玄(元都),意即黑都",指的是"印度支那南部东缘海滨的小黑人"。同样,邑卢没的"邑字在此,不是译音,仍作都邑之解";"卢没"则是 Lvo(Lava)的音译,"即暹罗的罗斛"。对于"谌离",韩振华认为是 Syam-rat 的音译,意为"黄金国",中文又意译为"金国"、"金邻"等,是"暹罗湾头"的一个国家。在韩振华看来,夫甘都卢"当即缅甸史上所谓公元前 443 年至公元 95 年直来人建都于卑谬的旧夫甘王国,夫甘为国名,都卢为族名,意即都卢人所建立的夫甘国"。韩振华接受了藤田丰八的观点,认为汉朝使臣所到达的最远地点黄支国"确是指东印度海岸的 Kanchi",也就是唐朝玄奘的《大唐西域记》中所说的"建志补罗",现在称为 Conjeeveram。韩振华考释说:"黄字可作 Kan 的对音,支字可作 chi 的对音。"他还写道:"已程不即锡兰岛,其名乃巴利语 Sihadipa(狮子洲)之对音";皮宗应是马来语 Pisang 的对音,意为"香蕉国"。但与其他学者不同的是,韩振华认为此地名"不是指马来海峡中之一小岛——披宋岛,而是指苏门答腊大岛。苏门答腊的梵名,曾称为 Kandari 国,意曰香蕉国"①。

与此同时,岑仲勉也在根据《汉书》地理志研究汉代的海外交通航线问题。韩振华的文章发表后,岑仲勉撰写了《西汉对南洋的海道交通》,重申了自己的观点,并且反驳了韩振华的不少说法。岑仲勉认为,韩振华对于都元的观点,"流弊有甚于改字释经";对于邑卢没国,岑仲勉反问说:"韩文认'邑'为都邑之邑,为什么不跟前条一样称作'都卢没'呢? 如果说免与夫甘都卢相混,又为什么不把都元改作

---

① 韩振华:《公元前二世纪至公元一世纪间中国与印度东南亚的海上交通——汉书地理志粤地条未段考释》,《厦门大学学报》1957 年第 2 期。

'邑元'呢?"岑仲勉在这篇文章中重申了以前提出的观点,认为都元、邑卢没、谌离、夫甘都卢分别为东南亚的 Htayan,Yava Lamuri,Syriam,pukam Tattadesa。岑仲勉总结说,《汉书》所记载的航海路线应当是:"汉使从合浦出发,先经马来半岛东岸之 Htayan,次泊苏门答腊之 Yava Lamuri,又次船抵缅甸南边的 Syriam,始弃舟循陆赴缅甸重镇或都城之 Pukam Tattadesa,行程之先后合,音译之对写合,经济之重要合,倘不顾这些条件而随便安置,怕很难使人接受的。"①对于汉使最终到达的黄支,岑仲勉与韩振华一样,都接受藤田丰八的观点,认为就是印度东海岸的 Kanchi。但对于不已程国,他们两人却有不同的看法。在岑仲勉看来,已程不就是黄支以南 Chingleput 之音译,皮宗就是马来半岛的 Pakchan。这两位学者分歧的关键在于,韩振华认为汉朝使节是从泰国湾的东岸下船登陆,然后步行穿越马来半岛,再从马来半岛西岸上船,最终到达印度东海岸。岑仲勉则认为,汉朝使节先经过苏门答腊,到达缅甸南部之后才下船登陆。

　　不久,周连宽发表了《汉使航程问题——评岑、韩二氏的论文》一文,提出了完全不同于韩振华和岑仲勉的观点。

　　藤田丰八、韩振华、岑仲勉等多数学者虽然在具体地点的考证上有不同看法,但基本前提是一样的,即都认为汉使到达的最远国家黄支位于印度东海岸的建志补罗。周连宽认为,这种观点与历史记载不符,因为史书明确说,黄支在"日南之南",所以"没有理由把黄支国置于日南之西的印度"。这样,在周连宽看来,这些学者在考证黄支的地点时,基本方向就是错误的。岑仲勉等人认为,史书所载的汉朝使节航行时间,"包括停留在口岸等待买卖的时间"。而周连宽认为,史书所记黄支与中国之间的航行时间,"不包括停留买卖或等待信风的时间在内"。此外,他还认为,汉使的船舶"是沿海岸线航行,而不是利用信风以横越大海湾"。因此,周连宽认为,研究汉使航程问题,"再不能步一般学者的老路,死守黄支国在印度的建志补罗的说法;再不能把对音置于一切之上,穿凿附会,徒劳无功"。他提出的研究思路是:"主张尽量利用现有文献,先根据史籍记载关于黄支国的总方向,并从其他文献中求了古代帆船沿着海岸航行的一般速率,然后按总方向,从航行速率和汉使由某国至某国所需的航行时间,找出其所可能到达的地区。"周连宽根据法显《佛国记》以及其他资料,得出如下结论:"我们估计汉使的全部航程中,顺、慢、逆三种情况[顺、慢、逆指是的风向——引者按]都有,平均起来,每日航行大约在一〇至一五浬之间。"基于这样的航速以及黄支在"日南之南"的总方向,周

---

　　①　岑仲勉:《西汉对南洋的海道交通》,《中山大学学报》1959年第4期。

连宽所复原的汉朝出访航线是：第一站都元国应为马来半岛东岸的北大年；邑卢没国应为 Khmer 的音译，是爪哇北岸雅加达港附近的一个岬名；谌离就是爪哇北岸的三宝陇；"汉使抵此国后，为了避免远绕峇厘海峡，缩短途程，乃弃舟步行，横越爪哇中部"；这样，夫甘都卢就是爪哇南岸的 Tulunhagang，其音"与都卢夫甘（夫甘都卢）相似"；汉使在这里再次上船，"沿爪哇南岸向西航行，过巽他海峡的西口，再沿苏门答腊的西岸向西北航行，最后乃抵达目的地黄支国。此国当位于苏门答腊岛的西北部，此西海岸有地名 Ayer Bangis"；Ayer 意为水，Bangis 意为"香"，合起来意为"香水"，这是因为此地"古代以出产龙脑香和沉香著名"；由于 B 与 W 可以相通，所以，Bangis 也可作 Wangis，译成中文即为"黄支"。[①]

韩振华、岑仲勉和周连宽等人关于汉代海上丝绸之路航线的讨论，具有很高的学术价值。后来的研究，其中上是在这个基础上进行的，主要文章有：苏继庼的《黄支国在南海何处？》（《南洋学报》1951 年第 2 期），李东华的《汉书地理志载中印航海行程之再检讨》（《史原》1978 年第 8 期），周连宽、张荣芳的《汉代我国与东南亚国家的海上交通和贸易关系》（《文史》1980 年第 9 辑），李成林的《公元前后的中西古航线试探》（《学术月刊》1980 年第 3 期），汶江的《〈公元前后的中西古航线试探〉质疑》（《学术月刊》1981 年 6 期），朱杰勤的《汉代中国与东南亚和南亚海上交通路线试探》（《海交史研究》1981 年 3 期），陈佳荣的《西汉南海远航之始发点》（《广东省博物馆集刊》1999 年）。只要读一读上面这些论文中，可以看出五六十年代那些文章的重大学术影响力。

除了上面这些论文外，还有三本篇幅不大的著作值得现代的研究者去读一读。第一本书是贺昌群的《古代西域交通与法显印度巡礼》，书中的最后一章"南海归航"实际上就是讲述海上丝绸之路的。书中写道："法显时代海上航行既无指南针，又无推进器，海上波涛险恶，全仗风帆作用，风帆须得依风向与海流之力，而风向与海流，又因太平洋季风与暖流而有异。"[②]文字虽然通俗，但道出了古代航海的关键。

第二本书是章巽的《我国古代的海上交通》。章巽曾写过关于中国古代航海的系列论文（《从远古到战国时代的海上交通》，《秦、汉、三国时代的海上交通》，《隋、唐时代的海上交通》和《宋、元时代的海上交通》），分别发表在《地理知识》1955 年第 11、12 期以及 1956 年第 1、2 期上。1956 年，上海新知识出版社将这四

---

① 周连宽：《汉使航程问题——评岑、韩二氏的论文》，《中山大学学报》1964 年第 3 期。
② 贺昌群：《古代西域交通与法显印度巡礼》，湖北人民出版社 1956 年版，第 69 页。

篇文章合编成书正式出版,题为《我国古代的海上交通》。此书不仅在国内影响较大,而且还被译成俄文在莫斯科出版。后来,作者又对本书进行了充实,于1986年由商务印书馆再次出版。书中全面地介绍了自远古开始至1840年为止的中国航海史,清晰而完整地叙述了海上丝绸之路起源、发展和没落的过程,其学术价值至今不减。

第三本是张铁生的论文集《中非交通史初探》。书中讨论了中国与非洲之间的海上丝绸之路,特别有价值的是,介绍了非洲沿海出土的一些中国瓷器和中国钱币,以及北非古代工匠所仿制的中国式金属器皿。例如,书中写道:"马休谓摩加迪沙所在的索马里曾经发现许多713到1201年间的中国钱币。这证明了'非洲之角'的香料和象牙贸易的发展,同时也证明了中国同索马里的海洋贸易的频繁和重要性。不过,罗戚认为东非各地所发现的中国钱币中有些钱币的年代却是从700年开始的。司徒尔曼研究过基尔瓦群岛、马菲亚岛和摩加迪沙所发现的中国钱币,说它们主要是宋代的(1017—1163年),但有些是唐代的(713—1017年)。最近一次最大的发现,是1945年在桑给巴尔的卡蒋瓦发现的一百七十六枚中国钱币。此外,1954年又在马菲亚岛的基西马尼发现了两枚中国钱币,而且在马菲亚岛和桑给巴尔还发现了十三世纪末及十四世纪初的伊儿汗钱,这多少反映出伊儿汗国同东非的海洋贸易的关系。"[①]现在看来,这里所介绍的非洲考古发现算不上新奇,但是,在该书问世的那个极端封闭的年代里,这里所提供的国外学术信息就显得非常珍贵了。同样是由于时代的限制,该书的最大缺陷在于,没有国外人名、地名、论著名及专用术语的外文原文,致使别人难以查核原始资料。同样的缺陷,还出现在张铁生的重要论文《从东非史上看中非关系》(《历史研究》1963年第2期)中。这样的缺陷,将作为一个时代的标志,在中国现代学术发展史上留下一个永恒的烙印。忘记这个时代,甚至美化这个时代,将会导致更大的民族灾难。

第二,海外贸易史研究。

1949年之前,由于受国外学者的影响,学术界对于海外贸易史的研究集中在唐宋元时期。但在中华人民共和国建立后,这方面的研究并不多,主要有乌廷玉的《隋唐时期的国际贸易》(《历史教学》1957年第2期),吴晗的《元代的民间海外贸易》(1960年),林家劲的《两宋与三佛齐友好关系略述》(《中山大学学报》1962年第4期)、《两宋时期中国与东南亚的贸易》(《中山大学学报》1964年第4期),郑履权的《宋代广州的香料贸易》(《文史》1963年第3辑)。在这些论文中,吴晗的

---

① 张铁生:《中非交通史初探》,三联书店1965年版,第49—50页。

《元代的民间海外贸易》是一篇随笔，虽然讨论元代的私人海外贸易，但其目的是要说明"正因为十四世纪已经有了频繁的民间对外贸易，沿海人民具备了航海的知识技能和通商的经验的积累，这样，就为十五世纪上半期的郑和七下西洋那样规模巨大的商船队打下了基础"①。相比之下，林家劲的《两宋时期中国与东南亚的贸易》是一篇较有深度的文章。文章高度评价了宋代的海外贸易，认为它"不光对宋代本身有很重要的意义，就是在中国与东南亚等地的商业贸易发展上，也占有很重要的地位，可以说上承汉唐，下启元明，为明代中国海外贸易的极度发展和繁荣开拓了道路"。文中还认为，宋代的"朝贡"贸易"实质上"并不是这两个字"所表达的含义"，"它虽然有政治和外交上的作用和意义，但最主要的是体现出商业贸易的关系"。文章最后还指出了宋代海外贸易的负面影响："市舶贸易的侧面结果是加紧了对广大人民的剥削和压榨，加深了社会的阶级矛盾"②。从这篇论文产生的时代背景来看，得出这样的结论是非常自然的。

与唐宋元相比，明代海外贸易史的研究受到了格外的重视，这主要是由于沾了"五朵金花"中"资本主义萌芽问题"的光。因为要研究"资本萌芽问题"，就必然要涉及海外贸易。其中问世较早、影响较大的一本著作是张维华的《明代海外贸易简论》。

张维华运用马克思主义观点对明代海外贸易进行了全面的探讨。他说，明代海外贸易可以分为两大类，一类是"专制政权所控制的海外贸易，它以'朝贡关系'的贸易形式出现"。这种海外贸易"显然为统治主及其所代表的那个政权服务"，"具有极大的消极性和束缚性，它的发展前途是有限的"。另一类是"私人进行的海外贸易"，它"包括封建地主经济所经营的海外贸易以及大小商业资本家所进行的海外贸易，它在明代整个的海外贸易活动中，可以说占着最重要的地位"。私人海外贸易虽然"基本上还是为封建制度服务"的，是"封建地主发展自身经济的一种手段"，是"供给封建地主阶级腐朽生活需求的一种贸易"，但它也具有"促使资本主义萌芽生长的性能"。而且，由于"社会经济的发展，私人的海外贸易必然跟着发展起来，因而要冲破专制政权对于海外贸易的控制"，这样，"从事海外贸易活动者与专制政权之间的矛盾"就成了主要矛盾。在张维华看来，"明一代私人的海外贸易，是在与专制政权所施行的'海禁'不断斗争中发展起来的"，是"劳动人民为了争取贸易自由，为了争取生存"的一种形式；"随着私人间对于海外贸易要求

① 吴晗：《元代的民间海外贸易》，收录在其论文集《灯下集》中，三联书店 1060 年版。
② 林家劲：《两宋时期中国与东南亚的贸易》，《中山大学学报》1964 年第 4 期。

的增高,这种矛盾更趋于尖锐化。明代海上的一切'走私'活动,就是向专制政权的'海禁禁令'进行斗争的一种活动。'海寇'的发生,本来就带有农民起义性质,但这时已发展为向专制政权的'海禁禁令'进行斗争的一种形式"。[①] 根据这样的逻辑,明代的"海寇"就是一种应当值得肯定的进步运动。有人还得出这样的结论:16世纪中国沿海从事走私贸易的"海寇","事实上就是新兴资产阶级先锋队"[②]。戴裔煊在后来出版的《明代嘉隆间的倭寇海盗与中国资本主义的萌芽》中也写道:"明嘉靖间的中国倭寇海盗运动实质上是在封建社会内部资本主义萌芽的时期,东南沿海地区的农民和城市平民,联合各阶层人民反对封建的运动,归结到一点就是禁海与反海禁的斗争。这是中国社会内部的阶级斗争。"[③]

　　傅衣凌则从经济史的角度对明代海外贸易进行了非常深入的研究。1956年,人民出版社出版了他的《明清时代商人及商业资本》,书中《明代福建海商》一文可以说是五六十年代出类拔萃的一篇代表作。该文以欧洲资本主义兴起为参照,对明代福建从事海外贸易的商人进行了深入的个案研究。傅衣凌根据明代福建海商的"构成分子及其出身阶级",将它们分为两大类。第一类是"被传统的封建关系所排斥出来的地方贫民,尤其在人多地少的沿海地区,他们迫于衣食,因而下海通番"。第二类是"和地方传统关系有亲密结托的人物",包括"有政治力量的势豪"、"族大之家"和"以儒治贾者"。他发现,"在欧洲的商人与封建领主在身份上是严格地对立着,对于土地是不得亲近的,这样可使商人专门从事商业的活动。而中国则似乎并没有这种界限,商人同时也就是官僚、地主。中国商人极富通融性,所以中国的自由商人并不能够充分地发展"。傅衣凌认为,福建海商"采取海寇的方式,率领半商半贼的舰队,从事海上贸易的活动",实际上是"反抗封建统治"的一种形式。但这种反抗基本上都失败了,原因就在于,"中国海商的构成,有很多封建地主阶级分子在内。这样,就俾使其内部团结力很不坚强,易于受到外界压力所动摇,而和统治阶级相勾结,甚至为了个人的利益,出卖民族的利益,像汪直、洪迪珍等的勾结倭寇。不用说,在海寇中,也曾有地方贫农的参加,可是这又由于当时生产上虽出现有新的生产方式的萌芽,然并没有取得支配的地位,结果也不能起进步和领导作用。这里,我们对照欧洲商人的兴起,他的构成中心,类系被认为'无赖恶少之徒'。为了这般人在封建社会里是受压迫的,自可不受传统的束缚,对于旧社会是显露着对立的态度,因而资本的进行和扩大,都比较不受羁

①　张维华:《明代海外贸易简论》,学习生活出版社1955年版,第四、五、六章。
②　谢南光:《郑成功的反侵略斗争》,《郑成功收复台湾三百年纪念特刊》,1962年。
③　戴裔煊:《明代嘉隆间的倭寇海盗与中国资本主义的萌芽》,中国社会科学出版社1982年版,第74—75页。

绊而有一条合理的路可走。可是在中国像这样的商人所占的人数并不很多,并且在锁国政策之下,因其时有采取寇掠的行动,更易招致政府的压迫与禁制,他们每无法把其资金输送回国,只好流亡外国,长子孙"。结果,福建的海商就被分成了两类。一类是"留居国内而和本土经济有联系的"。由于这部分海商"和传统的封建势力关系太过于密切",不仅没有发展成为现代资产阶级,反而"和地主一样,同为维持中国封建制的两大杠杆"。相比之下,"欧洲商人由于远涉重洋,改变了一般商人的心理,促进了科学的发展;同时,科学的发达又直接有利于他们的经营,间接有利于整个社会"。这部分福建海商最终"蜕变而成为福建的洋行,停留于官许牙行的阶段,作为封建的官僚资本的一个重要支柱"。另一类是"与本土失去经济联系"的海商,即侨居海外的海商,由于政府"锁国政策的限制无法回来,阻断了其和本土经济的联系",无法成为推动国内社会经济变革的力量。在傅衣凌看来,"十七世纪的福建海商,已经发展到自由商人的阶段","假如代替明朝的,不是这落后民族的清政府,中国或可能慢慢地踏上资本主义之路,那末这海商资本大可充作原始积累而被利用的"。①

后来,傅衣凌在一篇不长但很有影响的文章中再次阐述:"十七世纪时代浙闽的海上贸易商是存在有资本主义的萌芽。无论就其经营形态和生产关系上说,都表明有某些新因素的萌芽。"那么,这些新因素为什么"又如此的长期停滞不进呢?"傅衣凌的观点是,其主要原因在于"封建政权对于海上贸易的压迫,这是中国海上贸易不能发展的一个致使的因素"。此外,西方殖民者的东来,也打击了中国的海上贸易商。② 田汝康也持类似的看法,他在《十五至十八世纪中国海外贸易发展缓慢的原因》中指出:中国海外贸易发展缓慢与"中国封建社会长期迟滞的问题相关联的";15—18世纪中国海外贸易发展缓慢的原因,"是由于中国封建社会特有的历史条件所造成的。中国是一个幅员广大的大陆国家,中央集权的封建统治曾长期存在,统治阶级可以从地租剥削中获到一笔很可观的收入,对海外贸易不仅不感兴趣,甚而认为难以监督控制而加以敌视。海上贸易与封建制度是格格不入的"。③

傅衣凌等人认为,17世纪海外贸易中已经出现了资本主义萌芽,福建海商甚至已经是"自由商人"了。但另一批学者则持相反观点,他们认为17世纪中国海

① 傅衣凌:《明代福建海商》,载其所著《明清时代商人及商业资本》,中华书局2007年版。
② 傅衣凌:《从一篇史料看十七世纪中国海上贸易商性质》,《文汇报》1962年11月2日,后收入其所著《明清社会经济史论文集》,人民出版社1982年版。
③ 田汝康:《十五至十八世纪中国海外贸易发展缓慢的原因》,《新建设》1964年第8—9期,收入其论文《中国帆船贸易与对外关系史论集》,浙江人民出版社1987年版。

外贸易"仍然是一种封建式的对外贸易,那时的贸易商主要为官商,即属于地主、官僚、豪门、巨姓所有,他们不是航运企业的企业主,看不出含有任何新的生产关系萌芽的因素"①。倡导这种观点的一篇重要论文,就是韩振华大概写于1962年的《十六至十世纪前期中国海外贸易航运业的性质和海外贸易商人的性质》。在这篇文章中,韩振华明确写道:"当时能够获得'商引'的船商,能够取得'邻里'担保的船商,和能够应付官吏、里甲的鱼肉者,如非湖海大姓豪门巨室以及达官贵人与夫乡宦之流,实难取得这种'商引'而置船以泛海通商";而"中国的船商与水手之间的关系,是多种多样的,不一定都是雇主和雇佣工人的关系。就是他们之间是存在了雇主和雇佣工人的关系,也不能立即肯定他们之间的关系就是资本主义的雇佣关系";"被资本所奴役的现代雇工人的中国水手,是在西方殖民主义者的海船上先出现的";在明清之际的海外贸易中,根本不存在着"自由商人"。②

韩振华还以郑成功时代的海外贸易为具体的个案,详细论证了自己的上述观点,即当时不存在着资本主义的雇佣关系。文中深入讨论了郑成功时代"东之利倍蓰于西"的海外贸易特点、中国对外贸易的结构、对外贸易的利润及利润率、对外贸易航运商和船员的构成、对外贸易商人的构成等问题。实际上,韩振华就这些问题所进行的论证,比他所要得出的结论更具学术意义。例如,他以翔实的史料证明,当时从事海外贸易的众多"散商",实际上资金实力是"微不足道的",最多的300余两银子,多数在100两以下,"甚至只有4两银的本钱,也可以出海贸易"。③今天,当越来越多的人在盛情赞美古代海上丝绸之路的繁荣时,韩振华的这篇文章更显示出学术意义。韩振华还撰写了《再论郑成功与海外贸易的关系》一文,但直到20年后才得以公开发表。④不过,这篇文章的重点已不再关注"资本主义雇佣关系"的问题了。

郭沫若也曾探讨过郑成功时代的对外贸易,但其起因则是由于在厦门的郑成功纪念馆中见到了一枚郑成功所铸的银币。通过在厦门、上海、北京等地查看各种实物,郭沫若论证了"郑成功首先采用西法自铸银币这个史实",从而把中国自铸银币的历史"从清代的道光年间推前了近两百年"。郭沫若还讨论郑成功与海

①　傅衣凌:《从一篇史料看十七世纪中国海上贸易商性质》,《文汇报》1962年11月2日,后收入其所著《明清社会经济史论文集》。

②　韩振华:《十六至十世纪前期中国海外贸易航运业的性质和海外贸易商人的性质》,收入其论文集《航海交通贸易研究》,香港大学亚洲研究中心,2002年。

③　韩振华:《郑成功时代的对外贸易和对外贸易商》,《厦门大学学报》1962年第1期,收入其论文集《航海交通贸易研究》。

④　韩振华:《再论郑成功与海外贸易的关系》,《中国社会经济史研究》1982年第3期,收入其论文集《航海交通贸易研究》。

外贸易的关系,引述了韩振华在《郑成功时代的对外贸易和对外贸易商》一文中关于郑成功从海外贸易所获收入的估计。[①] 不过,郭沫若文中把 S. Well Williams 说成是"英国人威廉牟士"并不正确,此人事实上是美国汉学家卫三畏,曾长期在中国生活,是美国汉学的奠基人。[②]

在五六十年代关于清代海外贸易的研究中,彭泽益的《清代广东洋行制度的起源》无疑是一篇传世之作。虽然 1949 年之前梁嘉彬等学者对广东十三行进行了卓有成效的研究,但彭泽益从更高的理论视野出发,大大提升了这个问题的学术意义。该文一开头即点明:"研究近代中国半殖民地半封建社会的买办商人和买办资产阶级兴起的历史,不能不溯源鸦片战争前清代广东洋行商人即十三行的历史,广东洋行行商虽然在当时还没有获得以后中国半殖民地和殖民地社会条件下真正的买办意义,但是,它和以后中国买办阶级的产生和形成而又有着历史的和社会的渊源联系。因此,研究清代广东洋行的起源问题,就成为研究近代中国洋行历史发生和发展过程中不可缺少的一个重要环节。"[③]这种不凡的气势,只能出自大家之手。该文以丰富的史料、严密的逻辑,深入考察了清代广东海外贸易情况,清政府对海外贸易的管理制度,广东十三行的创立与演变,"十三行"名称的演变等问题。稍后,汪杼庵发表了《十三行与屈大均广州竹枝词》。[④] 此文虽然还不满一个页面,但对彭泽益的文章作了重要补充。直到今天,彭泽益和汪杼庵的文章依然是研究该问题的必读著作。[⑤]

彭泽益的论文享誉学界,但有两篇学术水平同样很高的论文则不太为人所知,一篇是《东南亚古代国际贸易港》,另一篇是《明代后期中国—马尼拉—墨西哥贸易的发展》,它们均出自王士鹤之手。《东南亚古代国际贸易港》先从地理学的角度探讨了东南亚在古代海上交通中的重要性,包括自然资料、季风、海流等,指出定期交替的季风"是古代帆船能够作远距离的航行的重要条件,也是东南亚地区海上贸易繁荣的重要的自然条件"。文章把古代东南亚海上的贸易历史分为三个阶段,分别是(1)公元 6 世纪以前时期,(2)7 世纪至 1292 年时期,(3)1293 至 1511 年葡萄牙侵占马六甲。文章从世界历史的宏观视角出发,全面考察了海上航

---

① 郭沫若:《由郑成功银币的发现说到郑氏经济政策的转变》,《历史研究》1963 年第 1 期;郭沫若:《再谈有关郑成功银币的一些问题》,《历史研究》1963 年第 2 期。

② 卫三畏的代表作《中国总论》(陈俱译,陈绛校),已由上海古籍出版社于 2005 年出版。不过,此书将原书名 The Middle Kingdom 误印成 The Middle Kindom。

③ 彭泽益:《清代广东洋行制度的起源》,《历史研究》1957 年第 1 期。

④ 汪杼庵:《十三行与屈大均广州竹枝词》,《历史研究》1957 年第 6 期。

⑤ 章文钦:《清代广州十三行与澳门》,《澳门杂志》1994 年第 0 期,收入章文钦的论文集《广东十三行与早期中西关系》,广东经济出版社 2009 年版。

线的变迁、主要国际贸易港的分布及兴衰、不同时代的贸易特点等问题。①《明代后期中国—马尼拉—墨西哥贸易的发展》主要根据外文史料,专门研究了从 16 世纪末到明朝灭亡为止中国与菲律宾、菲律宾与墨西哥之间的海上贸易,包括贸易的发展情况,来往的船只数量,贸易品的种类与贸易额,主要贸易港,海上贸易航线,以及这种海上贸易对中国、菲律宾以及墨西哥的影响。在讨论对中国的影响时,作者写道:"明中叶以前,我国和东南亚各国间的贸易完全是为封建主义服务的,从海外贩回国内的商品主要是胡椒、香料、香料、龙脑、玳瑁、象牙、犀角、珍珠、燕窝等,对人民生活和社会经济的发展毫无益处的奢侈品。而在明后期,从马尼拉输入我国的主要为白银、洋红、棉花、苏木等,都是对我国人民有益的东西";估计从 1571 年至 1644 年间,输入我国的美洲白银"总共约为 5300 万比索之多;为永乐元年至宣德九年(1403—1434 年)三十二年间官营银矿全部银产量的 5.5 倍,等于万历间太仓岁入白银的 10 倍";大量白银的流入,"影响了金价和物价的上涨",同时也影响了东南沿海的社会经济;例如,"明代后期我国输往其他东南亚国家的棉布为数是很微小的,因为那里是印度棉布的传统市场;只是由于与马尼拉贸易的发展,才为我国棉织品扩大国外市场,输往马尼拉的棉布一般年达 14 万—18 万匹,特殊年份达 22 万—29 万匹";同样,"大量生丝的外输,无疑地对浙江、广东的蚕桑业产生巨大的影响";在福建漳泉等地,由于大量蔗糖输出到马尼拉,刺激了蔗糖业的繁荣。② 贡德·弗兰克在 20 世纪末所著的《白银资本——重视经济全球化中的东方》中也讲到美洲白银流入中国及其影响问题,③对照一下王士鹤的这篇很少受人关注的文章,就可以看出,这部名噪一时的著作是多么的肤浅。

此外,李永锡的《菲律宾与墨西哥之间早期的大帆船贸易》(《中山大学学报》1964 年第 3 期)也是研究该问题的一篇佳作,可以说与王士鹤的《明代后期中国—马尼拉—墨西哥贸易的发展》互为补充。李永锡在这篇文章中介绍说:"从十六世纪末到十九世纪初,在大约两个半世纪的期间,菲律宾同墨西哥的贸易关系是借助于西班牙商船——大帆船(galeones)来实现的。大帆船满载东方商品(主要是中国商品)开往墨西哥西岸的阿卡普尔科(Acapulco),归程装载美洲白银回到马尼拉,所以当时菲律宾同墨西哥之间的贸易称为'大帆船贸易',或者'马尼拉—阿卡普尔科贸易'。"文章还指出,"大帆船贸易对于中国人移居菲律宾和他们在当地的经济活动,也有一定的影响。中国人移殖菲律宾,远在西班牙殖民者东来之前,但

---

①　王士鹤:《东南亚古代国际贸易港》,《地理集刊》1959 年第 2 号。

②　王士鹤:《明代后期中国—马尼拉—墨西哥贸易的发展》,《地理集刊》1964 年第 7 号。

③　贡德·弗兰克著,刘北成译:《白银资本——重视经济全球化中的东方》,第 224—226 页。

大规模的定居,则在西班牙占领菲律宾以后,而大帆船贸易实为其契机",这是因为"大帆船贸易是以中国商人运去的商品为物质基础的,随着贸易的发展,我国几乎每年都有不少人移居菲律宾"。[①]

就海外贸易商品来说,五六十年代对外销瓷器进行过较多、较深的研究。贾敬颜的《明代瓷器的海外贸易》(《历史教学》1958 年第 8 期)虽然是篇小文章,但所引文献还是比较规范的。瓷器研究专家陈万里在《宋末—清初中国对外贸易中的瓷器》(《文物》1963 年第 1 期)中,主要根据 T. 佛尔克于 1954 年在荷兰出版的《瓷器与东印度公司》一书,讲述了 17 世纪中国瓷器的外销情况。陈万里介绍说,荷兰东印度公司除了把中国瓷器运回欧洲外,还把它们销售到亚洲其他地区;通过国外学者的研究,可以知道,17 世纪中叶日本人从中国运去了大量的瓷用色料。[②]后来,陈万里又发表了《再谈明清两代我国瓷器的输出》(《文物》1964 年第 10 期),指出:"当时我国输出的瓷器,虽然不会是百分之百,也至少有相当一分部瓷器是专供出口的,即所谓的外销瓷,同国内所使用的瓷器不一样";文中并且提出了区分外销瓷与国内所用瓷器的两大标准,即装饰与式样。[③] 这篇文章,对于鉴定外销瓷器很有实用价值。

夏鼐的《作为古代中非交通关系证据的瓷器》,介绍了埃及福斯特等非洲遗址出土的中国古陶瓷以及宋代铜钱。与许多仅仅依据外文文献来讨论海外发现中国古陶瓷的作者不同的是,夏鼐的独特之处在于,他曾亲身到过考古遗址现场。夏鼐道:"1938 年 2 月 28 日和 1939 年 11 月 27 日,我曾两度去福斯特遗址调查。在断垣颓墙之间,徘徊凭吊。在文化层中还可以看到我国瓷器的碎片。后来又曾在开罗的阿拉伯博物馆看到更多的这遗址出土的中国瓷器。万里以外的异国,还遇到故乡浙江在古代运去的文物,不禁勾起异乡游子的乡思。"[④]

这里特别值得一提的是一位可敬的古陶瓷收藏家韩槐准(1892—1970 年)。韩槐准出生在海南岛,自小到新加坡谋生,当过割胶工人、记账员,还在西药房工作过。"但是,好学成性的韩先生,任何恶劣的环境束缚不了他,任何巨大的挫折限制不了他。公余之暇,他就闭户读书,从植物学、化学,到史学、考古学、陶瓷学,

---

① 李永锡:《菲律宾与墨西哥之间早期的大帆船贸易》,《中山大学学报》1964 年第 3 期。

② 陈万里:《宋末—清初中国对外贸易中的瓷器》,《文物》1963 年第 1 期,收入陈万里论文集《陈万里陶瓷考古文集》,紫禁城出版社 1997 年版。

③ 陈万里:《再谈明清两代我国瓷器的输出》,《文物》1964 年第 10 期,收入陈万里论文集《陈万里陶瓷考古文集》。

④ 夏鼐:《作为古代中非交通关系证据的瓷器》,《文物》1963 年第 1 期,收入夏鼐论文集《夏鼐文集》,社会科学文献出版社 2000 年版。

他无不一一精研。"①韩槐准在南洋致力于搜集古陶瓷,达 20 多年之久。从 1956年起,韩槐准多次向故宫博物院无偿捐献了自己苦心搜集来的古陶瓷。

1962 年,正当中国大地陷入极度饥荒的"自然灾害"之时,"已经步入古稀之年的韩槐准先生将在新加坡苦心经营多年的'愚趣园'卖掉,放弃优裕的生活,带领妻子和两个孩子回国定居,受聘于故宫博物院担任陶瓷研究顾问,为故宫博物院的陶瓷研究作出了最后的贡献,直到 1970 年在北京去世"②。韩槐准本人发表过《谈我国明清时代的外销瓷器》(《文物》1965 年第 9 期),安志敏则对韩槐准所捐献的陶片进行过研究,认为其中的一部分(印纹陶)"应该是在当地制作的,并属于马来亚古代文化的一支",另一部分(划纹硬陶)则"很可能是通过贸易手段而输入的",而且,"我国境内所发现的划纹硬陶",不仅数量"十分丰富",而且"分布又比较广泛,它的产地当以我国东南沿海地区为中心"。③

1949 年之后研究中国物产在欧洲传播的成果并不多,王国秀的《十八世纪中国的茶和工艺美术品在英国流传状况》是这个方面的佼佼者。此文标题虽然是讲英国的,但也涉及法国的"中国风格"(现在一般译为"中国风"或"中国热")。文章的可贵之处在于,将中国茶叶、瓷器的传入与英国生活方式的变化结合起来进行考察。文中写道:"茶自十八世纪以来逐渐成为英国广大人民的日常饮料。据一九三九年英国的统计,英国每人每年平均饮茶要较喝咖啡多十一倍。在十八世纪时代英国需要的茶完全是由中国输入的。……由于饮茶需要茶具,因此饮茶的习惯就人们对瓷器的兴趣。十八世纪时英国大量地输入中国瓷器。由于求过于供,英国瓷业者就开始研究中国的制瓷方法,从仿制阶段发展到制成精美耐用的英国瓷器。"④虽然文中有些说法并不正确,例如说"欧洲人称茶为'剃'Tea,这名称是由厦门语演变而来的,通过早期荷兰人通商时传出"⑤,但在那个时代,能够写出这样的文章,已经是很不容易了。

第三,近代早期中国与欧洲历史关系。

20 世纪五六十年代,中国内地的学者主要是从帝国主义侵略中国与中国人民反侵略的视角研究中国与欧洲早期关系史的。葡萄牙是最早与中国发生联系的欧洲国家,澳门又是葡萄牙人在中国的长期居留地,因此,1949 年之后的中国学者

---

① 韩槐准:《南洋遗留的中国古外销陶瓷》,青年书局 1960 年版,序二。
② 蔡葩等:《韩槐准:不该湮没的一代学人》,《海南日报》2008-04-08,第 13 版。
③ 安志敏:《马来亚柔佛州出土的古代陶片》,《考古》1965 年第 6 期。
④ 王国秀:《十八世纪中国的茶和工艺美术品在英国流传状况》,《华东师大学报》1957 年第 1 期。
⑤ 黄时鉴对茶叶名称在欧洲的传播问题作了深入的研究,见其所著《茶传入欧洲及其欧文称谓》,《学术集林》卷五,1995 年,收入黄时鉴论文集《黄时鉴文集》卷三《东海西海》,中西书局 2001 年版。

不能不关注葡萄牙人在中国的早期活动以及澳门的历史问题,尽管这方面的研究并不多。

整个 50 年代,研究早期中葡关系史专题文章只有一篇,就是胡代聪的《葡萄牙殖民者侵占澳门前在中国的侵略活动》(《历史研究》1959 年第 3 期)。这篇文章的根本目的,"就是通过葡萄牙殖民者侵占澳门前在中国的侵略活动的史实,来揭露其殖民主义罪行记录的一页。同时,从这里可以了解到葡萄牙殖民者侵占澳门的活动,正是这种罪恶的继续"。文章从介绍葡萄牙兴起的历史背景开始,叙述了从 1487 年迪亚士发现好望角开始的葡萄牙东来历史,认为"在找寻新的东方通路的活动中,葡萄牙是起了带头作用的",他们"来到东方是一路砍杀而来的"。文章列举了葡萄牙人在广东、浙江、福建沿海的一系列侵略与走私行为,指出这一时期葡萄牙人在中国活动的特点是"将非法的走私贸易和海盗式的劫掠紧密地结合在一起,同时仍然企图在中国沿海建立起侵略据点来"。文章认为,两大原因导致了朱纨被杀以及明政府反走私活动的失败:一是"朱纨的海禁政策遭到了浙江、福建地方与海上走私贸易有密切利害关系的豪门势族的反对";二是"朱纨的海禁政策并不会得到浙江、福建沿海居民群众的充分支持",因为朱纨的海禁政策"使沿海地方居民的生计受到影响"。① 这篇文章比较完整地勾勒出了葡萄牙人在广东、福建、浙江沿海的活动过程,但主要依据周景濂于 1936 年出版的《中葡外交史》和张星烺于 1930 年出版的《中西交通史料汇编》等资料。由于史料不够丰富,更没有充分吸收其他学者的研究成果,例如方豪关于浙江双屿港的研究,所以,这篇文章深度不足。

60 年代研究这个问题的主要论文是陈智超的《嘉靖中浙江福建地区反对葡萄牙殖民者的斗争》(《北京大学学报》1963 年第 1 期)。该文作者在"附记"中写道:"这是我的习作——毕业论文。这篇论文是整个写作过程,从选题到修改,都是在向达先生的热诚指导下进行的;向先生还把他收藏的许多珍贵材料供给我参考。"② 陈智超在这篇文章中重点研究 16 世纪前半期葡萄牙人在浙江、福建沿海的活动,以及朱纨领导的反走私活动。与胡代聪的《葡萄牙殖民者侵占澳门前在中国的侵略活动》相比,陈智超的这篇文章在中外文史料上更加丰富,学术性更强。但朱纨本人的文集《甓余杂集》等重要文献依然没有被利用,更加遗憾的是,文章没有吸收方豪关于浙江双屿港的研究成果。

① 胡代聪:《葡萄牙殖民者侵占澳门前在中国的侵略活动》,《历史研究》1959 年第 3 期。
② 陈智超:《嘉靖中浙江福建地区反对葡萄牙殖民者的斗争》,《北京大学学报》1963 年第 1 期。

　　胡代聪、陈智超的上述论文,还反映了五六十年代中国历史学者所面临的一个理论上的困境。如果把 16 世纪来到中国沿海的葡萄牙人视为殖民侵略者,那么,朱纨所领导的反海盗斗争就是抗击西方殖民侵略的爱国行动,朱纨本人是民族英雄。另一方面,根据阶级斗争与社会发展理论,明王朝无疑是代表地主阶级的封建政权;反对这一政权的群众运动自然是进步的,而维护这一政权的官员则自然属于反动派。更加重要的是,如果把明代中国沿海从事海上走私贸易的"海盗"视为代表资产阶级的"新兴力量",或者是"新兴资产阶级先锋队",那么,朱纨这类主张严厉海禁的人物就是"明王朝统治统治阶级中腐朽封建势力"的代表了,而根本不是什么爱国者,他所实行的海禁政策完全是逆历史潮流而动的反动措施。面对着这样的理论困境,一大批才华横溢的学者殚精竭虑,千方百计地寻找突破之道。胡代聪在文章中这样写道:"朱纨是主张严海禁的官吏。当然他的出发点仍是为了巩固明朝的统治,他对海外贸易也采取了不加分别对付一律禁止的粗暴政策,但就当时对外国侵略者的态度来说,他所实行的拒绝外国势力侵入的政策,基本上是符合于中国的民族利益的。"陈智超则明确地说,那些代表海上走私者利益的人"是出卖民族利益的大汉奸,而朱纨等人是反对葡萄牙殖民者的民族英雄,嘉靖年间的反葡斗争是正义的反侵略斗争"。读读近年来的众多论著,可以发现,时至今日,这样的理论困境依然存在,没有被彻底突破。

　　在早期中葡关系史中,最为重要的是澳门问题。1961 年,上海人民出版社出版过《葡萄牙侵占澳门史料》,但所收史料并不丰富。1949 年之后比较重要的研究,是关于明代葡萄牙人能够入据澳门原因问题的讨论。对于这个问题,国内外学者一直有不同的观点。其中有一种由来已久的说法是,由于葡萄牙人帮助明朝政府打击海盗有功,所以明朝政府就把澳门给了他们居住以作为奖赏。1957 年,戴裔煊发表了《关于澳门历史上所谓赶走海盗问题》(《中山大学学报》1957 年第 3 期)一文,全面考察了这种说法。他的文章是通过探讨这样一系列问题而展开的:这种说法"有什么原始资料根据? 所根据的资料是怎样来的? 是否可靠? 海盗首领是谁? 究竟是怎样一回事? 谁代表中国政府把澳门给了葡萄牙人? 有什么凭证?"戴裔煊的结论是:"直至现在为止,关于葡人入居澳门由来的说法,所能举出的葡文以及其他外文的早期资料,属于 16 世纪的,只有平托的因本地商人请求广东政府把澳门给葡人说,没有所谓赶走海盗这回事。由于 1564 年澳门葡人企图讨好中国政府,俾达到正式建立贸易往来关系的目的,甘为鹰犬,自愿效劳,于是有协助广东政府平定柘林叛变这回事。他们的目的虽然达不到,但是,从这一件事以讹传讹,就逐渐形成葡人赶走海盗获得澳门酬劳说了";后来由于耶稣会士的推波助澜,这一说法"愈弄愈凶,到 18 世纪后期,变成了葡人以武装流血占领得来说了";葡萄牙人占据澳门的真实过程是,他们"违反向例,不顾中国人民的反抗,于 1557 年强硬用砖瓦木石盖屋居住,守澳官受了他们的贿赂,纵容姑息,瞬息盖屋成村,驱之不去,这样就给他们占据了下来"。[①] 戴裔煊的这篇文章逻辑上层层递进,结构严密,论证有力,受到了学术界的重视,不少学者接受了他的观点。[②] 1987 年,澳门星光出版社还出版了单行本。[③] 不过,从 20 世纪末开始,汤开建根据新史料,"以纯学术的立场对佛郎机助明剿灭海盗一事"进行了严肃的重新考察,认为"葡萄牙人帮助明清政府剿灭海盗正是他们采用的讨好明清政府而长期获得澳门居住权的一种手段。明清政府在当时的历史条件下,亦在一定意义上有意让葡人暂居澳门,借葡人的力量加强广东地区的海防,以抵御倭寇、海盗";"由于葡人帮助剿盗及大笔贿赂两个方面的原因,葡萄牙人获得澳门的居住权"。[④] 应当指出的是,至今为止,葡萄牙人入据澳门的原因还是没有得到完全的解决,例如,金国平等人近年就提出了新的观点。[⑤]

继葡萄牙人之后来到中国的是荷兰人。而且,早期中荷关系史的研究又涉及台湾问题,因为荷兰人曾经占领过台湾。1962 年,在纪念郑成功收复台湾三百周年之际,出现了一批高水平的论文。其中最重要的有三篇文章,分别是陈碧笙的《十七世纪上半期荷兰殖民者对台湾和东南沿海的侵略及其失败》(《厦门大学学报》1962 年第 1 期),朱杰勤的《十七世纪中国人民反抗荷兰侵略的斗争》(《历史研究》1962 年第 1 期)、《明末中国东南沿海人民击退荷兰侵略的记录》(《厦门大学学报》1962 年第 2 期)。

陈碧笙的《十七世纪上半期荷兰殖民者对台湾和东南沿海的侵略及其失败》文字简洁,结构严谨,论证有力。文章开头短短一句话,把荷兰兴起的历史背景说得很透彻:"十七世纪上半叶,是荷兰称埘[应是"霸"之误——引者按]东方殖民地的时代。由于在镇压尼德兰民族独立和东方人民起义的战争中耗尽了自己资源和力量,西、葡两国在东方的殖民地独占已不能继续下去了。法国正为其内部的斗争所削弱,德国则由于三十年战争而陷于破产和分裂,英国国内革命的危机日

① 戴裔煊:《关于澳门历史上所谓赶走海盗问题》,《中山大学学报》1957 年第 3 期。
② 万明:《中国融入世界的步履》,社会科学文献出版社 2000 年版,第 266—269 页;万明:《中葡早期关系史》,社会科学文献出版社 2001 年版,第 88、92 页。
③ 章文钦:《澳门历史文化》,中华书局 1999 年版,第 265 页。
④ 汤开建:《佛朗机助明剿灭海盗考》,载汤开建所著《澳门开埠初期史研究》,中华书局 1999 年版。汤开建在另一部著作《委黎多〈报效始末疏〉笺正》,广东人民出版社 2004 年版,对此问题作了更多的研究。
⑤ 金国平:《葡人入据澳门开埠历史渊源新探》,收入金国平、吴志良所著《早期澳门史论》,广东人民出版社 2007 年版;金国平:《澳门源考》,收入吴志良等主编《澳门史新编》第一册,澳门基金会,2008 年。

益成熟,只有新兴的、'十七世纪的资本主义的典型国'(马克思语)的荷兰,得以因缘时会,从西、葡两国在东方独占权的破坏中得到了最大的好处。"文章依据丰富的外文资料,令人信服地揭露了荷兰殖民者在中国东南沿海的一系列罪行。文章全面叙述了"荷兰殖民者侵占台湾的经过及其在台湾的殖民统治",包括"军事镇压、政治分化、文化侵略"和"经济上榨取掠夺"。文章指出,除了"荷兰殖民者和中国人民,特别是台湾各族人民的矛盾"这一"根本的无法克服的矛盾"外,在台湾的荷兰殖民者还面临着"殖民国家之间的矛盾,荷兰殖民者内部的矛盾"。① 这样,文章就将郑成功收复台湾置于非常复杂的国际背景下进行考察,而不是将它视为一个孤立的事件。

朱杰勤的两篇文章内容与结构基本相同,但《明末中国东南沿海人民击退荷兰侵略的记录》一文更为详细。作者介绍了荷兰人东来之前对于中国的想象与渴望,指出:"当他们通过马可波罗等人的游记得知中国是一个地大物博、人口众多的国家,早已垂涎三尺";②特别是对于中国的丝绸,"荷兰不不独得闻,而且得见。全世纪各国都有华丝的传播。荷兰国内已有中国商品的市场,特别是丝织品使他们拍卖获得厚利,对于华丝的贸易更加渴望"。③ 如果说陈碧笙的《十七世纪上半期荷兰殖民者对台湾和东南沿海的侵略及其失败》从欧洲历史的角度讨论了荷兰兴起的背景的话,那么,朱杰勤则从中国历史的角度阐述了荷兰人得以在东方称霸的原因:"明中叶后国势日衰,官吏腐败,使荷兰殖民者有机可乘,同时由于货币商品关系,尤其是对外贸易的发展,使得事实上不能闭关自守,因此荷兰殖民者得以在通商的幌子掩盖下,进行其海盗式的活动。明朝封建统治者和官僚地主忙于镇压人民的反抗,对于外来侵略者采取妥协态度,以至荷兰殖民者得寸进尺,为海上大患三十多年。"作者既高度评价郑成功收复台湾的历史功绩,同时认为"郑芝龙对于反抗荷兰侵略和发展台湾是有贡献的"。但是,关于郑芝龙在"反抗荷兰侵略和发展台湾"的历史贡献问题,在大陆学术界至今还是没有得到充分的研究。

张轶东1958年发表的《中英两国最早的接触》(《历史研究》1958年第5期)是一篇出类拔萃的佳作。此文完稿于苏联的列宁格勒,最大的特点是充分利用了苏联所藏的大量外文原始文献。文章全面叙述了从中世纪开始至17世纪上半期"英国资产阶级革命开始与中国明朝灭亡"为止的中英关系,特别是英国人来到中

---

① 陈碧笙:《十七世纪上半期荷兰殖民者对台湾和东南沿海的侵略及其失败》,《厦门大学学报》1962年第1期。

② 朱杰勤:《十七世纪中国人民反抗荷兰侵略的斗争》,《历史研究》1962年第1期。

③ 朱杰勤:《明末中国东南沿海人民击退荷兰侵略的记录》,《厦门大学学报》1962年第2期,收入朱杰勤的《中外关系史论文集》。

国之前试图与中国建立联系的种种努力,17世纪英国人来到中国沿海的背景与过程。遗憾的是,后来再也没有见到张轶东的研究文章。更加遗憾的是,对于这篇堪称代表当时中国学术界关于世界历史和中外关系史研究最高水平的论文,后来的研究者很少关注,致使一些已被张轶东阐明的错误说法直至20世纪末还有流传。进入20世纪后,一些学者对张轶东论文中所涉及的问题进行了更深的研究。[①] 50多年前,张轶东在文章中这样写道:"现在大英帝国是瓦解了,可是英国还拥有较发达的工业与科学。不过中国人民在共产党的领导之下,大约只需要十五年的时间,是一定能够在工业生产水平方面赶上这个老牌资本主义国家的。"[②]进入21世纪,中国的GDP总量终于超过了英国"这个老牌资本主义国家",比张轶东所期待的迟了30多年。但是,尽管如此,我们今天依然难以读到张轶东文章中所依据的那些文献资料。看来一个国家仅凭GDP,还是无法成为世界上的强国的。

第四,对海上丝绸之路相关问题的考古学研究。

1949年之前,在海上丝绸之路的研究中,考古学研究与科技史研究是比较薄弱的。中华人民共和国建立后,在这两个领域取得了斐然的成绩。先讲考古学研究。

在五六十年代与海上丝绸之路相关的考古学研究中,重点首推福建泉州。而泉州海外交通史研究的开创者则是吴文良。吴文良1903年出生在泉州的一个贫苦手工业家庭,早年就读于厦门大学生物系。[③] 大学毕业后,为了谋生,吴文良曾在泉州的不少中学做过教师,讲授过生物、历史、英语、中文等课程。[④] 吴文良对泉州的文物古迹有着浓厚的兴趣,长期致力于搜集泉州的文物碑刻,包括许多墓碑。而收集墓碑,在当时是"为士人所不齿的事",但吴文良"却不以为然,仍然孜孜不倦地工作。每当他收集到有价值的古代外国人宗教石刻时,就立即刷洗,并作文字记录。吴先生以微薄的教员薪水收入,除维持一家八口人的生活费用外,还经常紧缩家庭生活费用的开支,资作购买宗教石刻之用。例如拉丁文天主教的安德肋·佩鲁亚斯主教墓碑,就是1946年他在石匠铺偶然发现的,其时墓碑尖拱已被琢去,碑面飞天和十字架也大部被凿去,幸好及时发现,并以25美元高价收买,这才得以保存至今"[⑤]。环顾当今社会,可以深切地体会到,像吴文良那样如此珍爱

① 万明:《明代中英的第一次直接碰撞》,《中国社科院历史所集刊》第3集,2004年,收入万明的《明代中外关系史论稿》,中国社会科学出版社2011年版。
② 张轶东:《中英两国最早的接触》,《历史研究》1958年第5期。
③ 许集美:《纪念为中国海外交通史填补空白的吴文良先生》,《福建论坛》1991年第1期。
④ 吴文良:《泉州宗教石刻》,科学山版社2005年版,吴幼雄增订,黄展岳序。
⑤ 马丁尼:《"海上丝绸之路"研究与吴文良》,《福建论坛》1991年第1期。

历史文化的人是多么的难得和了不起。

吴文良所搜集的墓碑、石刻等文物，内容极其丰富，包括用阿拉伯文书写的伊斯兰教石刻、用拉丁文书写的天主教石刻、用叙利亚文字书写的景教石刻、用蒙古八思巴文字书写的景教石刻、用汉字书写的摩尼教石刻、用泰米尔文字书写的印度教石刻，此外还有佛教、道教及其他民间信仰的文物。其中有些文物非常珍贵，具有极高的学术价值。我们可以上面提到的那块安德肋·佩鲁亚斯主教墓碑为例。① 这个安德肋·佩鲁亚斯是意大利人，后到泉州传教。在法国巴黎国立图书馆中，还保存着他从泉州寄回欧洲的信件。不过，国内外曾普遍认为，此人似乎并没有"专门传教"，后因"不惯中国生活，年迈思归故乡"，于 1336 年"随元朝大使由陆道西归故里"。② 安德肋·佩鲁亚斯墓碑的发现，证明了这种说法是完全错误的。安德肋·佩鲁亚斯忠实地履行了自己的职责，最终埋在泉州的土地上。再如，吴文良于 1954 年发现了一方元代"管理江南诸路明教、秦教等"高级僧侣的墓碑，碑上有中文，还有用古叙利亚文字书写的突厥语碑文。明教就是摩尼教，大秦教则指景教。此碑被发现后，受到了国内外学者的高度关注。1963 年，日本学者致信中国科学院郭沫若院长，索求拓本。③ 后来，夏鼐对这方墓碑又进行了深入的研究，并指出："这块墓碑的重要性在于：(1)宗教史方面，它的发现表示公元 14 世纪初泉州一带江南各地有过很多景教徒以致需要设置一位管理诸路明教、秦教(景教)等的教长。这墓碑虽然不采用叙利亚文(即景教官方语)，但仍用叙利亚字母来拼写突厥语，可见景教在这里影响之大；并且这位教长(主教)本人便是一位突厥族(汪古部)人。(2)在语言学方面，这块墓碑的发现表明，当时这种文字不仅流行于中亚七河地区和内蒙古旧汪古部地区，并且还被远宦泉州的汪古部人带到江南一些地方来，并且表示东突厥与西突厥语，已稍有分化。"④

吴文良还亲自登临泉州的九日山，对山崖上的石刻进行逐一校对，并对石刻的时间、作者进行了详细的考证。吴文良指出：在九日山的摩崖石刻中，"其中有一部分的摩崖特别高，刻字面积也特别大的，多为宋代泉州地方官吏和提举市舶司，共同为当时航行于南海和中国港湾之间的番舶祈求信风并预祝他们的船舶能'满载而归，顺风抵达'而举行的'祈风典礼'的纪念题字"；石刻多为南宋时代，"这可能是因为当时中国北方土地大部分为外族所占领，宋朝政治中心已经南移。同

---

① 墓碑的具体内容可参见吴文良：《泉州宗教石刻》，第 373—376 页。
② 张星烺：《中西交通史料汇编》，第一册，第 332 页。
③ 该信原文，可见吴文良：《泉州宗教石刻》，第 401—403 页。
④ 夏鼐：《两种文字合璧的泉州也里可温(景教)墓碑》，《考古》1981 年第 1 期，收入夏鼐的《夏鼐文集》，社会科学文献出版社 2000 年版。

时,陆路国际交通路线已被截断。南宋政府不得不大力开发南方经济及发展海外交通并奖励国际贸易以补偿财政上的不足"。① 这些石刻为研究古代海上丝绸之路上的祈风仪式提供了可靠的资料,被认为"是对中国海外交通史研究和'海上丝绸之路'研究的一大贡献"②。

1954 年,吴文良将自己数十年苦心搜集来的石刻捐献给国家,著名学者、文化部副部长郑振铎为此亲自书写了《褒奖状》。在郑振铎、夏鼐等人的关心和支持下,吴文良的《泉州宗教石刻》正式出版。此书受到了国内外学者的高度重视。英中协会主席、英国著名科技史家李约瑟说:'我活到这么老了,能看到泉州这么多的十字架石刻,死也瞑目了。'1958 年,苏联科学院要出版《世界通史》,要求中国提供图片一百幅,'特别请求中国科学院郭沫若院长转告吴先生,提供泉州宗教石刻照片十五幅'。"③

除了吴志良搜集的石刻外,泉州还有许多与海上丝绸之路有关的遗物遗迹。1949 年之后,曾专门调查过相关的遗物遗迹(泉州海外交通史博物馆调查组:《泉州涂关外法石沿海有关中外交通史的调查》,《考古》1959 年第 11 期)。庄为玑的《宋元明泉州中外交通史迹的价值》(《厦门大学学报》1956 年第 1 期)是较早全面地介绍这些遗物遗迹的一篇文章。庄为玑还发表过《谈最近发现的泉州中外交通史迹》(《考古通讯》1956 年第 3 期)和《续谈泉州港新发现的中外交通史迹》(《考古通讯》1958 年第 8 期)等文章,根据遗物遗迹探讨了泉州在海上丝绸之路中的重要地位。此外,庄为玑还与吴文良就泉州清净寺的建造年代、建筑式样等问题进行过讨论。④ 这样的研究,不仅推动了对泉州历史文化的研究,而且也促进了对中国伊斯兰教史的研究。

由于泉州有着丰富的与海上丝绸之路相关的文物古迹,所以,在文化部与国家文物局的大力支持下,1959 年 7 月 15 日,泉州海外交通史博物馆成立。这也是我国第一个以海上丝绸之路为主题的博物馆。博物馆通过各种途径,搜集文物资料,并且编写了《泉州海外交通史料汇编》(至 1962 年,共出版 9 期)。⑤ 即使在"文革"期间,泉州也有不少外国银币出土,其中主要是 16、17 世纪的西班牙银币。⑥

① 吴文良:《泉州九日山摩崖石刻》,《文物》1962 年第 11 期。
② 马丁尼:《"海上丝绸之路"研究与吴文良》,《福建论坛》1991 年第 1 期。
③ 马丁尼:《"海上丝绸之路"研究与吴文良》,《福建论坛》1991 年第 1 期。
④ 庄为玑:《泉州清净寺的历史问题》,《厦门大学学报》1963 年第 4 期;吴文良:《再论泉州清净寺的始建时期和建筑形式》,《厦门大学学报》1964 年第 1 期。
⑤ 陈鹏鹏、郭慕良:《福建省泉州海外交通史博物馆三十年记事》,《海交史研究》1989 年第 2 期。
⑥ 泉州市文管会等:《福建泉州地区出土的五批外国银币》,《考古》1975 年第 6 期;庄为玑:《福建南安出土外国银币的几个问题》,《考古》1975 年第 6 期;泉州市文管会等:《泉州出土古外币》,《文物》1975 年第 8 期。

顺便提一下,1957年,还有人介绍了福建长乐的"天妃之神灵应记"石碑和福建莆田祥应庙碑记。前者是研究明代郑和下西洋的可靠实物依据,后者为研究宋代泉州商人远赴东南亚贸易提供了重要资料。[①]

泉州之外,另一个与海上丝绸之路密切相关的城市是广州。50年代末60年代初,在广州发现了宋神宗元丰二年(1079年)所立的《重修天庆观记》石碑。碑文记载说,来到广州贸易的三佛齐商人见到道观天庆观"遗塞芜没",残破不堪,返回国内后,将此告诉三佛齐的大首领地华迦啰;地华迦啰自愿出资,派人到广州来重修天庆观,先后历时十二年方告完成;地华迦啰还"以十万金钱买田,在观供奉"。1962年,戴裔煊发表了《宋代三佛齐重修广州天庆观碑记考释——公元十一世纪中国与印度尼西亚友好往来贸易关系以及关于三佛齐和注辇国史的若干问题的研究》(《学术研究》1962年第2期),指出这个碑记"本身有重大的史料价值"。文章考释了三佛齐名称的由来、三佛齐人重修天庆观的原因、三佛齐与中国的关系,并且认为,《重修天庆观记》碑文还可以补正《宋史》等史料的一些错误记载,"它不仅有助于我们解决《宋史》《三佛齐传》和《注辇传》词的矛盾,有助于我们证明《宋会要辑稿》、《续资治通鉴长编》和当时人宋括的《梦溪笔谈》等书关于熙宁十年(1077年)注辇国王'奉贡'事的记载不足为据,而且有助于我们了解当时官方对注辇国认识的错误"[②]。戴裔煊的这篇文章发表后,"引起中外学术界的重视,印度尼西亚学者将其译成印尼文,在本国发表"[③]。国内的讨论文章,主要是郭威白的《论广州在宋代对外关系中的作用——并就"熙宁十年三佛齐注辇国'朝贡'问题与戴裔煊先生商榷》(《学术研究》1962年第6期)。该文的主要观点是,熙宁十年前来中国入贡的是注辇国,而不是像戴裔煊所说的那样是三佛齐。

1964年,广州发现韦眷的墓葬。韦眷是一个著名的太监,《明史》中有传。此人于1475年出任广东市舶司提举,掌管广东的海外贸易。[④] 韦眷在广州假公济私,敲诈勒索,搜刮了大量财富,《明史》说他"纵贾人通诸番,聚珍宝甚至富"。1964年,广州铁路工人文化宫在扩建球场时,发现了韦眷的坟墓。墓中出土了红珊瑚、松香等海外舶来品,还发现了三枚外国银币,其中两枚是满刺加银币,一枚

---

① 林钊:《介绍两块有关中外交通史的碑刻》,《文史参考资料》1957年第9期。

② 戴裔煊:《宋代三佛齐重修广州天庆观碑记考释——公元十一世纪中国与印度尼西亚友好往来贸易关系以及关于三佛齐和注辇国史的若干问题的研究》,《学术研究》1962年第2期。

③ 章文钦:《戴裔煊先生传略》,载蔡鸿生主编:《澳门史与中西交通史研究》,广东高等教育出版社1998年版。

④ 王川:《市舶太监韦眷与阿拉伯海商》,载蔡鸿生主编:《澳门史与中西交通史研究》。

是威尼斯银币。① 后来夏鼐对这些银币进行了深入的研究,认为满剌加银币铸于1459 年,威尼斯银币铸于 1457—1462 年间,"这三枚外国银币以及同出的红珊瑚,便是他侵克外商所得,甚至于有可能便是他侵克回回阿力的赃物的一部分,因为阿力由阿拉伯来华时,中途曾在满剌加停留过,而阿拉伯是威尼斯商人到东方来经商的中继站之一";特别是那枚威尼斯银币,"可印证 13—14 世纪时威尼斯在欧洲与东方贸易中所占的重要地位。……威尼斯货币在当时既然这样流行,就无怪于这枚银币在铸造后不到 40 年便传到广州而被埋入墓中做随葬品",同时也证明了"广州当时在海外贸易中所占的重要地位和当时管理对外贸易的市舶司的腐败"。② 此外,1960 年,在广东英德的南齐墓葬中,也发现了三枚来自波斯的萨珊朝银币,反映了广州在海上丝绸之路中的重要地位。③

扬州也是海上丝绸之路的重要港口,1949 年之后,在这里不断发现与海上丝绸之路相关的文物。1952 年,扬州发现了一块元代拉丁文墓碑。④ 由于这是"我国境内的最早的罗马天主教碑石之一,所以立即引起外国基督教国家学者的兴趣。他们纷纷报道这个重要发现。福斯特(Foster)于 1954 年介绍泉州基督教石刻时,也提到这件扬州拉丁文墓石。在我国 1963 年才在《考古》上发表"⑤。几天后,在扬州又发现了一块拉丁文墓碑,被称为"第二号"墓碑,与前一块(第一号墓碑)在1963 年第 8 期的《考古》上同时公布。夏鼐在《扬州拉丁文墓碑和广州威尼斯银币》(《考古》1979 年第 6 期)一文中认为,第一块墓碑的主人是 1342 年去世的一个女子,第二块墓碑是 1344 年去世的一个男子,这两人是同一个父亲所生的一家人,来自意大利,到了扬州后就在此安家。所以,这两块墓碑"反映了 14 世纪前半期扬州的基督教情况"。

扬州的伊斯兰教文物古迹也有不少。城里的仙鹤寺,是中国伊斯兰教的名寺之一。1957 年,发现了四通元朝的墓碑,"用中文、阿拉伯文和波斯文刻成,碑文以阿拉伯文为主体,间夹波斯文的地名。只有一块碑的正面系用中文楷书刻字"⑥。建筑专家陈从周还从建筑学的角度研究过扬州的普哈丁墓园和仙鹤寺。他的文章发表于 1973 年,但文章最后附记写道:"本文测绘图系同济大学建筑系同学

① 广州市文物管理处:《广州东山明太监韦眷墓清理简报》,《考古》1977 年第 4 期。
② 夏鼐:《扬州拉丁文墓碑和广州威尼斯银币》,《考古》1979 年第 6 期,收入夏鼐的《夏鼐文集》。
③ 广东省文管会:《广东英德、连阳南齐和隋唐古墓的发掘》,《考古》1961 年第 3 期。
④ 耿鉴庭:《扬州城根里的元代拉丁文墓碑》,《考古》1963 年第 8 期。
⑤ 夏鼐:《扬州拉丁文墓碑和广州威尼斯银币》,《考古》1979 年第 6 期,收入夏鼐的《夏鼐文集》。
⑥ 朱江:《扬州仙鹤寺阿拉伯人墓碑记》,《文物参考资料》1957 年第 9 期。

1961 年在扬州实习时所绘。"①因此,作者在 60 年代就应当开始此项研究了。

1960 年,扬州施桥发现了大小两艘木船(江苏省文物工作队:《扬州施桥发现了古代木船》,《文物》1961 年第 6 期)。以前曾认为它们是宋代木船。② 但现在的学者认为它们是唐朝的木船,③或者是"唐代晚期"。④ 大木船由楠木制成,出土时损坏较多,残长 18.4 米(原长约为 24 米),中宽 4.3 米,底宽 2.4 米,深 1.3 米。整个船身是用榫头和铁钉并用连接起来的,木板之间用油灰填缝。据研究,"这既不是海船也不是长江干线船",而"航行在汴河(运河)上的船。其推进方式主要是两种,一是撑篙,二是拉纤"。⑤ 在大船的旁边,还发现了一条楠木刳成的独木舟,全长为 13.65 米。这条独木舟大概是附属于那条大船的。虽然扬州发现的木船并不能扬帆大海,但它有力地说明了唐代中国造船技术的先进水平。这种先进的技术,既然可以用来建造在运河中行驶的木船,自然也可以用来建造在大海中航行的海船。例如榫钉结合及油灰捻缝技术,正是船舶能够在海上抗击风浪、平安航行的重要保证。

第五,关于海上丝绸之路的科技史研究。

1949 年之前,围绕着郑和下西洋问题,有些学者已经开始从科技史的角度研究海上丝绸之路。例如,《明史》记载,郑和的"宝船"长四十四丈,宽十八尺,长宽之比约为 7：3。管劲丞在 1947 年发表的《郑和下西洋的船》中,首次对这种"大得离奇"的船舶提出了质疑,认为这只能是"史官笔下造成的船舶,并不会经过工匠用斧斤、斫大木",因为"航海的船舶,为了波涛汹涌之故,更需要减少水的阻力;而逾短宽则阻力逾大,又是古今不变的"。⑥ 不过,这个质疑是依据文献资料得出的。

50 年代,大陆学者主要还是依据文献记载研究古代中国的造船业,例如冯汉镛的《唐宋时代的造船业》(《历史教学》1957 年第 10 期)。再如,杨志玖短文《关于隋唐船舶的二三事》(《历史教学》1957 年第 4 期),也是依据文献资料来纠正乌廷玉在《隋唐时期的国际贸易》一文中的错误说法。

1957 年,在南京相传是明朝宝船厂的遗址中发现了一个用铁梨木制成的巨型

---

① 陈从周:《扬州伊斯兰教建筑》,《文物》1973 年第 4 期。
② 中国社会科学院考古研究所:《新中国的考古发现和研究》,文物出版社 1984 年版,第 617 页。
③ 席龙飞:《中国造船史》,湖北教育出版社 2000 年版,第 118 页;作者:《船文化》,人民交通出版社 2008 年版,第 61 页。
④ 王冠倬:《中国古船图谱》,三联书店 2000 年版,第 98 页。
⑤ 席龙飞:《中国造船史》,第 118—119 页。
⑥ 管劲丞:《郑和下西洋的船》,《东方杂志》1947 年第 1 号,收入郑和下西洋 600 周年纪念活动筹备领导小组编:《郑和下西洋研究文选(1905—2005)》,海洋出版社 2005 年版。

舵杆,长达 11.07 米。① 周世德认为,这个大舵杆的"尺度与郑和宝船的尺度是适合的","似乎可以初步肯定,宝船厂舵杆极其可能是为郑和宝船制造的舵杆"。② 1965 年,在南京的宝船厂遗址中又发现了一件长达 2.2 米的大木轴,研究者认为它可能是船上用作盘车的"绞关木"。③

1962 年,周世德全面地探讨了中国古代木帆船中的一种主要船型沙船。文章分析了沙船发展的历史、沙船的性能和构造特别、沙船在历史上的作用等问题,并且根据沙船进一步讨论了郑和的宝船。在这篇文章中,周世德进一步提出:南京发现的那个巨型舵杆"极可能就是郑和宝船所用的舵杆,或是存在厂中的备品";郑和宝船的船型应为沙船,因为"宝船既是在江苏省太仓和南京两地设厂制造,采用沙船船型最为合理"。④ 此后,越来越多的学者根据考古发现来研究中国古代造船史,但得出的结论并不相同。例如,席龙飞等人认为郑和宝船的船型应为福船。他们写道:"考虑到福建、浙江沿海宋元以来的造船业较为发达的事实,再结合着船队是驶向南洋以及以印度洋去波斯湾和非洲东岸广深海域这一事实,宝船的船型当然会选择适于深海航行的尖底、深吃水、长宽比小,但非常瘦削的船型。这种优秀的船型非福船莫属。"⑤郑鹤声等人则综合了这两种说法,认为"郑和宝船的船型,不会只限于一种。宝船应随着建造地点的不同而不同,在南京宝船厂所造的,应多为沙船型,而在福建打造的应为福船型"⑥。

在讲到古代海上丝绸之路上的中国古代船舶时,不能不提到田汝康的名作《十七世纪至十九世纪中叶中国帆船在东南亚洲航运和商业上的地位》(《历史研究》1956 年第 8 期)。该文通过中外历史比较,指出"古代中国帆船在制造技术上是极先进的",例如"像中国那样侧舷弯曲、横梁宽大、省出甲板多留舱位的设计方法,一般称之为'多角楼原则'(Turrent Principle)。这样的设计原则直到 1892 年始正式出现在欧洲的船只上"。文章引述外国学者的研究成果,认为"中国帆船远航东南亚各国甚至超越印度洋远达红海地区的时间最迟应在五世纪前后"。文章

① 叶庙梅、韩毓萱:《三汊河发现古代木船舵杆》,《文物参考资料》1957 年第 12 期。
② 周世德:《从宝船厂舵杆的鉴定推论郑和宝船》,《文物》1962 年第 3 期,收入郑和下西洋 600 周年纪念活动筹备领导小组编:《郑和下西洋研究文选(1905—2005)》。
③ 江苏省文物管理委员会:《南京市三汊河附近明代宝船厂遗址中又发现盘车构件》,《文物》1965 年第 10 期。
④ 周世德:《中国沙船考略》,原文曾在 1962 年中国造船工程学会成立大会及 1962 年年会上宣读,发表于《科学史集刊》1963 年第 5 期,收入周世德的《雕虫集》,地震出版社 1994 年版。
⑤ 席龙飞、何国卫:《试论郑和宝船》,《武汉水运工程学院学报》1983 年第 3 期,收入郑和下西洋 600 周年纪念活动筹备领导小组编:《郑和下西洋研究文选(1905—2005)》。
⑥ 郑鹤声、郑 钧:《略论郑和下西洋的船》,《文史哲》1984 年第 3 期,收入郑和下西洋 600 周年纪念活动筹备领导小组编:《郑和下西洋研究文选(1905—2005)》。

主要根据外文文献,讨论了17世纪中国帆船在东南亚的活动情况,说明了在18世纪之前"中国帆船在东南亚洲海面上确是占有领导的地位"。文章认为,进入18世纪中叶之后,有三大原因导致了中国帆船业的停滞不前:一是"在组织经营上,中国帆船是以个体小单位合作的方式来进行的";二是"在制造技术上,由于国内封建势力的压制";三是"在发展环境上,十八世纪后半叶也是对中国帆船业不利的时期"。文章指出,"中国帆船在东南亚洲航运及商业上的地位地一蹶不振,开始于五口通商之后","要是没有南京、天津、北京等条约的摧残和破坏,中国帆船的海外贸易仍然是可以继续发展的,封建势力和外国资本主义的双重压榨才绞杀了中国远航帆船业发展的前途"。[①] 不久,田汝康又发表了《再论十七至十九世纪中叶中国帆船业的发展》(《历史研究》1957年第12期),对此问题进行了更加深入的研究。这篇文章的主要观点有三个:一是"在十六世纪以前,中国帆船在制造和驾驶技术上实远超过当时号称欧洲最进步的葡萄牙,所以从发展的起点上来说,中国帆船最初是并不落后的";二是"但自十七世纪起到五口通商为止,中国帆船业的发展条件便无法和欧洲船业相比,由于这种原因,中国帆船业才无法继续向前发展";三是"五口通商以后外国资本主义的侵入,更是中国帆船业衰落的决定性原因"。[②]

除了造船外,航海术也是科技史中的一个重要领域。五六十年代关于古代航海术的研究,主要是围绕着郑和下西洋而进行的。1961年,向达根据明朝茅元仪所编《武备志》中的《自宝船厂开船从龙江关出水直抵外国诸番图》,整理出版了《郑和航海图》,从而为学者们研究古代航海术提供了便利。向达在书中不仅考证了大量的海外地名,还从天文航海、制图学等角度对《郑和航海图》进行了探讨。书中还提出了一些十分重要的问题,例如,就导航方法而言,在《郑和航海图》上可以看出,"郑和的宝船自南京出发以至苏门答腊岛北端,航线沿途注上了罗盘针路,而不用星辰定向。从龙涎屿向西至锡兰山,更由锡兰山向西向北,无论是沿着印度西海岸走,或者横渡印度洋以至阿拉伯半岛和非洲东北部沿海,都尽量利用星辰定向,和罗盘针路相辅而行。这一事实应如何解释,还不甚清楚";再如,就制图学而言,《郑和航海图》的绘制,"用的是中国的传统画法,和阿拉伯人如 Edrisi 所绘地图很不相同。过洋牵星所用指、角等名称以及一指所等的度数,和阿拉伯

---

① 田汝康:《十七世纪至十九世纪中叶中国帆船在东南亚洲航运和商业上的地位》,《历史研究》1956年第8期,收入 田汝康的《中国帆船贸易与对外关系史论集》,浙江人民出版社1987年版。1957年,上海人民出版社还以《十七世纪——十九世纪中叶中国帆船在东南亚洲》为题出版过单行本。

② 田汝康:《再论十七至十九世纪中叶中国帆船业的发展》,《历史研究》1957年第12期,收入田汝康的《中国帆船贸易与对外关系史论集》。

人所用有相似之处。但中国航海舟师'夜则观星,昼则观日',见于北宋朱彧《萍洲可谈》的记载,在公元十一、十二世纪之间;过洋牵星的航海术,中国与阿伯伯究竟孰先孰后,谁学谁,尚无定论。"①向达提出的这些疑问,实际上指出了学术研究的主要方向。我们借此机会把后来关于中国古代航海术的研究略作介绍。

1966 年,严敦杰从自然科学的角度,对郑和航海中所使用的牵星术进行了更进一步的研究。他指出,类似于牵星板这样的航海仪器,"古代阿拉伯人的航海术中早有此类设备"。他通过计算,得出如下结论:古代中国牵星术中的一指,约在 $1°34'$ 至 $1°36'$ 之间,而在阿拉伯人的航海术中,一指也为 $1°36'$。所以,中国古代牵星术中使用指这一单位"当受阿拉伯人航海术的影响"②。这篇文章把古代牵星术所测得的各地纬度数据与现代数据进行了对比,有力地证明了中国古代牵星术的先进性以及它所受到的阿拉伯航海术的影响。

韩振华在《牵星术——十五世纪初有关西亚东非天文航海的记录》中,对此问题进行了更加深入的研究。文中认为:"《郑和航海图》的天文航海技术,是有吸收印度人和阿剌伯人的天文航海经验,像观测恒星高度所使用的仪器以及计算高度的指、角之数,都是吸收当时航行于印度洋上的先进经验。但是,作出《郑和航海图》这一张图,却是中国人利用他们所吸取进来的这些印度、阿剌伯人的航海经验而加以发扬光大。"③可惜的是,不知道这篇文章写于何时。从该文所引文献来推断,应当是 60 年代的作品。

1977 年,由华南师范学院、北京天文台、广州造船厂等单位联合组成的"航海天文调研小组"通过文献研究和实地调查,认为牵星术中的角度单位"指"在汉代就已经有了,而不是来自阿拉伯航海术。这个小组进而推断:"我国航海天文的牵星术量度方法起源于战国时期。"④参与这项研究的刘南威等人后来继续认为:"我国牵星术中所用的'指',显然是古代传统的量角单位。《郑和航海图》中关于'指'的含义,也和战国、汉、唐的测角方法基本相同","牵星术是我国古代天文航海中的重要成就"。⑤

但从 80 年代起,越来越多的学者主张中国古代牵星术是受阿拉伯航海术影响的,同时也融入了中国的航海术。例如,孙光圻等人在《试论郑和牵星术中的阿

---

① 向达:《郑和航海图》,中华书局 1961 年版,向达序言,第 15—16 页。
② 严敦杰:《牵星术——我国明代航海天文知识一瞥》,《科学史集刊》1966 年第 9 期。
③ 韩振华:《牵星术——十五世纪初有关西亚东非天文航海的记录》,收入韩振华的《航海交通贸易研究》。
④ 航海天文调研小组:《我国古代的航海天文》,《华南师范学院学报》1978 年第 1 期。
⑤ 刘南威等:《我国最早记载牵星术的海图》,纪念伟大航海家郑和下西洋 580 周年筹备委员会、中国航海史研究会:《郑和下西洋论文集》第一集,人民交通出版社 1985 年版。

拉伯天文航海因素》中论证说："无论从牵星仪器、牵星单位，还是从牵星记录、牵星对象等方面考察，在明代郑和下西洋牵星术中，所汲取的阿拉伯天文航海的因素是非常众多和明显的。然而，这种汲取并非是被动的，相反，它是一种主动的行为，是一种根据中国人的航海需要，结合中国人的航海特点，对引入的外来先进的航海文明，进行改造、提高、溶化等再创造的能动过程。"①赵鹿军也认为："郑和航海所用牵星板是中国传统天文航海与阿拉伯的相融合的产物。"②金秋鹏则针对刘南威等人的文章，指出：中国古代的航海天文学"虽可以归纳进古代天文学的总体之中，但它与传统天文学的主流的关系并不大。它是由航海者在航海实践中创立和发展起来的，有着自己的发展历程"，中国人开始应用牵星术的时间"大约是在元末或者明初"；牵星术"并不是中国传统天文学的产物"，而是"从阿拉伯天文航海术中传入或引起的"。③

第六，关于古代中日关系史的研究。

中华人民共和国成立后，与中日之间海上丝绸之路相关的研究成果并不多，这主要是由于当时"日本政府追随美国的敌视中国的政策，中日邦交处于非正常状态"，所以，就整个大陆的学术界而言，对日本的研究"尚处于一种零散状态"。④

五六十年代的主要研究论文有王裕群的《明代的倭寇》(《新史学通讯》1956 年第 2 期)，王立达的《七—九世纪日本"遣隋使"、"遣唐使"的派遣经过及其影响》(《新史学通讯》1956 年第 11 期)，汤鹤逸的《唐代中日文化关系与日本空海和尚》(《云南大学学报》1958 年第 1 期)，朱梓荣的《唐代的日本留学生》(《史学月刊》1958 年第 4 期)，贺昌群的《古代中日文化交流史话二则》(《中华文史论丛》1965 年第 6 辑)，等等。在这些论文中，王立达的《七—九世纪日本"遣隋使"、"遣唐使"的派遣经过及其影响》通过介绍"遣隋使"和"遣唐使"，强调"中国和日本是近邻，两国在历史上有着长远的和平相处的关系"。⑤ 而王裕群的《明代的倭寇》则论证了"明代海上贸易发展的同时，也出现了破坏海上贸易的海盗——倭寇，它是以日本封建诸侯、大商贾所支持的武士、浪人等流氓所组成的，是专门掠夺财富的一种海上强盗。它不仅阻挠着海上贸易的进行，而且向中国沿海直至内地省份骚扰，这

---

①　孙光圻、陈鹰：《试论郑和牵星术中的阿拉伯天文航海因素》，发表于 1990 年 7 月在江苏太仓举行的"纪念郑和下西洋 585 周年学术讨论会"上，收入孙光圻的《海洋交通与文明》，海洋出版社 1993 年版。

②　赵鹿军：《郑和牵星图考释及复原》，《郑和研究》1993 年第 3 期。

③　金秋鹏：《略论牵星板》，《海交史研究》1996 年第 2 期。

④　李玉等：《中国的中日关系史研究》，世界知识出版社 2000 年版，第 18 页。

⑤　王立达：《七—九世纪日本"遣隋使"、"遣唐使"的派遣经过及其影响》，《新史学通讯》1956 年第 11 期。

些强盗带给中国沿海人民的损失是巨大的"[1]。同一年同一份杂志上的两篇文章，结论却不相同，正好折射出了时代的特点。

贺昌群的《古代中日文化交流史话二则》是上述论文中学术价值最高的一篇。该文讨论了"古代日本和中国的交通路线"以及"古代日本僧徒在中日文化交流史上的贡献"这两个问题，有不少论述至今依然值得重视。例如，作者在讲述中日之间海上交通路线时指出："由于古代航海术、造船术的不发达"，所以在 7 世纪之前，"日本与中国的交通往来多经由朝鲜"；日本与中国的海上航线可以分为南、北两条："北路经壹岐、对马，沿朝鲜西海岸北上，经辽东半岛的东海岸，横断渤海湾，而至山东半岛的莱州或登州上陆。或者不经辽东半岛，航行到达朝鲜西海岸的仁川附近时，便横渡黄海而至山东半岛。大约第三世纪到第五世纪的交通路线，多是从北道而行"；"南路从日本九州出发，扬帆东海，而达扬子江口，转入扬州，循运河北上入楚州（淮安），经汴州（开封）而达洛阳、长安。南路的海程比北路短，现在从长崎到上海，就比长崎到芝罘短一百多海里。而且，北路沿途泊碇的时日多。……唐朝的商船亦多由扬州、苏州、明州（宁波）出帆到日本去"。但是，南路的要比北路危险，其中原因之一是"当时广东以东东洋海面的船，造船术不如广州以西西洋海面的船发达"，例如从广东到东南亚去的船大者可容二百余人，而往来于日本与中国之间的船所载人员则不到一百；另一方面，"那时海上航行，还不能掌握季候风（古代称'信风'）的变化，亦不知海流的关系，全仗风帆作用，风帆须得依风向与海流之力，而风向与海流又因太平洋的季候风与暖海流而有变异"，因此，"南路航线虽较北路为短，而风波险恶，隋唐时代日本的'遣唐使'、留学生、学问僧和中国的商船，在航行中牺牲了的人，见于记载的不可胜数。这种情况，直到明代，虽然指南针已发明了，造船术、航海术已大有进步，但危险还是不能全免"[2]。在科技发达、交通安全便利的今天，许多人根本无法意识到古代海上远航的危险性，甚至将其视为轻松的海上漫游。读读贺昌群的上述这些文字，可以使我们在赞美海上丝绸之路时，不要忘记古代航海的危险性。

1963 年，是鉴真和尚逝世 1200 周年。为了纪念鉴真对中日文化交流作出的重要贡献，1963 年的《扬州师院学报》特地刊发了《试论鉴真——为纪念鉴真和尚圆寂1200 周年而作》等系列文章。此外，还有艾明的《鉴真的东渡——纪念鉴真逝世一千二百周年》（《历史教学》1963 年第 7 期）等文章。孙蔚民在《东渡日本传播

---

① 土裕群：《明代的倭寇》，《新史学通讯》1956 年第 2 期。
② 贺昌群：《古代中日文化交流史话二则》，《中华文史论丛》1965 年第 6 辑。

中国文化的唐僧鉴真》(《江海学刊》1961年第10期)一文中,从民众对鉴真的认知水平阐述了研究鉴真的重要性:"我国唐代佛门中,有两个杰出的人物:一个是玄奘法师,一个就是鉴真和尚。玄奘法师的西游,在我国广大人民中间,是家喻户晓,妇孺皆知,早已成为广泛流传的民间故事之一;而鉴真和尚的东渡日本,知道的人却不多,甚至连鉴真的家乡扬州的府县志里,也找不到有关他的片纸只字。"①而周一良则从时代的高度说明了纪念鉴真的意义:"当中国人民和日本人民友好合作,坚决反对共同敌人美国帝国主义的今天,我们回顾鉴真促进中日友谊关系的决心和毅力,追念他对文化交流的贡献,来加强两国人民的友谊和鼓舞共同的斗争,不是很有意义吗?"②

第七,关于西洋汉学与天主教的研究。

20世纪的中国学术,是在西方学者的影响下逐渐形成并发展起来的,对于海上丝绸之路的研究尤其如此。但在五六十年代,在东西方严重对立的国际背景下,在极"左"思潮日益猖獗的环境中,对西洋汉学采取了全面否定的态度。当时《历史研究》上的一篇重量级文章,反映了大陆社会对于西洋汉学的正统看法:"如果十九世纪中叶以前西洋'汉学'家主要是传教士,那么,中叶以后传教士之外又加上了大批外交官、军人、殖民地官吏、间谍、特务,等等。法国的沙畹、葛兰言都曾任职于北京的法国使馆,英国'汉学'家中出身于公使领事者尤其多,威妥玛、翟理斯、巴克尔、瓦特等不一而足。美国的卫三畏、柔克义都做过公使。德国、荷兰等也有同样情形。以建立汉字拼音方式著名的威妥玛早年参加了第一次鸦片战争,是后来英国主要侵华活动者之一。翻译了不少佛教史资料的毕尔,第二次鸦片战争中在英国海军里任职。美国侵华的头子加勒·顾盛、彼得·伯驾等都曾是美国东方学会杂志的撰稿人。伯希和在义和团运动时留学中国,曾经帮助法国军队屠杀起义的中国人民。恰恰和十七八世纪传教士们相反,在这些人头脑之中,中国人就是'野蛮的、处于可怜的屈从状态的国民',而他们的手上,还染上了中国人民的鲜血。这就是西洋'汉学'家们撕去面具后的本来面目。"③

西洋汉学家既然被定性为"帝国主义国家中为资产阶级侵略者所御用的学者",所以在"马克思主义史学逐渐占据支配地位"的中国大陆,除了对其进行批判外,自然不可能再去研究西洋汉学了。在中华人民共和国建立后的头20年中,在此问题上学术水平最高的是周达甫的《改正法国汉学家沙畹对印度出土汉文碑的

---

① 孙蔚民:《东渡日本传播中国文化的唐僧鉴真》,《江海学刊》1961年第10期。
② 周一良:《鉴真的东渡与中日文化交流》,《文物》1963年第9期。
③ 周一良:《西洋"汉学"与胡适》,《历史研究》1955年第2期。

误释》(《历史研究》1967年第6期)。该文研究了印度菩提伽耶发现的五方北宋时期的汉文碑刻,纠正了沙畹的一些误释,例如把"内陀"释作"内院"、把"弥勒"释为"刊勒"等。该文最后写道:"本文仅仅在于改正沙畹的误释。沙畹不但是法国一国的,而且是欧洲的汉学一个开派的'大师',对于一块小碑,尚且会错成这样。过去由于殖民主义的障碍,以致亚洲国家彼此之间的文化学术研究,往往要依赖西欧学者,甚至在我们这些国家中还会把西欧的东方学者当做权威和'正统',从这一个例子也可以看出有时是如何的不可靠!我们亚非各国学术界自己有责任和义务互助合作,这对于亚非以外各国的同行也是一种帮助,可以帮助他们不至于隔靴搔痒。"①对照一下前面所引的发表在《历史研究》上的文章,体会一下当时的社会环境,就可以知道,周达甫写出这样平实的结论是多么的不容易。

从16世纪开始,一批又一批的欧洲传教士沿着海上丝绸之路来到中国,通过他们的中介作用,欧洲文化传播到中国,中国的文化也被介绍到欧洲。朱谦之于1940年由商务印书馆出版的《中国思想对于欧洲文化之影响》,是中国学者研究中国哲学对欧洲影响问题的主要著作。1949年之后,朱谦之在此书的基础上进行了重新修订和充实,写成《中国哲学对欧洲的影响》一书。1958年,朱谦之自认为此书可以拿出去出版了,并将书稿交给商务印书馆,商务印书馆于1962年排出了铅样本。② 但书还没有印刷出来,③严厉的批判文章却接踵而至。1958年,萧萐父发表了《粉碎迷信洋人的伪科学》,认为"朱先生的《中国哲学对欧洲的影响》一书,在几个根本问题上陷入了反科学、反爱国主义和反马克思主义的立场,虽然经过数十年的积累材料和新中国成立后的几番修改,但仍不能摆脱资产阶级伪科学的命运"。萧萐父认为,"所有的传教士,不过是西方殖民者配合其军事、政治、经济侵略的一支先遣队。特别是耶稣会士,本着他们的反动信条,表现得更加疯狂和无耻。即以早期的利玛窦等和后期的南怀仁、穆敬远等的活动事实为例,已可以完全揭破他们自己制造的,以及朱先生代他们披上的所谓'传教运动和学术运动'相联系的美丽外衣了",这样,那位鼓吹"宁可使中夏无好历法,不可使中夏有西洋人"的杨光先则被认为是"具有一定的爱国主义性质"。④ 有意思的是,这篇文章一再强调"实事求是的科学态度",而在同一期刊物中,有一篇文章信心十足地写道:

---

① 周达甫:《改正法国汉学家沙畹对印度出土汉文碑的误释》,《历史研究》1967年第6期。
② 朱谦之:《中国哲学对欧洲的影响》,河北人民出版社1999年版,黄心川序第3页。
③ 朱谦之的这本《中国哲学对欧洲的影响》,最终也没有被商务书馆出版。此书于1985年由福建人民出版社第一次正式出版。
④ 萧萐父:《粉碎迷信洋人的伪科学》,《新建设》1958年9月号。

"小麦能超过万斤大关,水稻能达到四五万斤"的奇迹很快就会在中国出现。① 在那样一个狂热的年代里,把杨光先视为"爱国主义"的典型,也就不足为怪了。

对于萧萐父的批判文章,朱谦之作了答复。朱谦之虽然认为这些批判"实在受益不浅",但"我仍然不能接受批评者的全部意见"。朱谦之先从讨论明清之际中国社会性质着手,认为当时中国已经产生了资本主义萌芽,而"在资本主义萌芽时期需要科学技术",所以耶稣会士所带来的欧洲科学文化知识"是完全符合中国资本主义萌芽初期的要求",他们向中国输入科学是"有贡献"的;同时,"明清之际由于满族侵服中国",破坏了中国的资本主义萌芽,"将中国社会逆转为奴隶社会",所以"汉族出身的知识分子他们不论阶层,不问流派,却有一个共同点,即同声反抗,同具强烈的民族意识","只有大地主官僚如李光地、汤斌乃至杨光先之流,皆奉当时官学,提倡君权,甘心为清统治服务";杨光先等人"是坚决反对新观念新事物而拥护正在败坏正在衰颓的东西的人",他们通过"散布落后观念来妨碍当时科学的发展"。朱谦之非常正确地指出,耶稣会经历了一个非常复杂的变化过程,"每一时期均有其一时期的特征。我们首先不应把现在梵蒂冈及其侵略政策支配之下的耶稣会,来完全对待 16、17 世纪来华耶稣会士","而且即就现代而论,耶稣会士也是有转变可能的",例如梵蒂冈格利高里大学副校长顿季,"便在马克思列宁主义的影响下,脱离了天主教教会并加入了意大利共产党的队伍"。② 在极其恶劣的社会环境中,朱谦之以过人的勇气、严密的逻辑、有力的论证,显示了中国学者的学识与气节。他的这篇文章,是罕见的时代杰作。

朱谦之的这篇答复文章发表后,乌恩溥随即对其进行了批判。乌恩溥认为,"来华教士所进行的活动并不是散漫的个人宗教活动,而是依据殖民国家统治者的命令进行的有组织、有计划的侵略活动","基督教侵入中国是中国人民的灾难。中国人民在原来封建专制主义思想统治的基础上,又遭受了基督教宗教神秘主义的束缚和奴役",所以,"朱谦之先生所一贯坚持的观点是违反历史实际的,是非科学的"。③ 不过,与朱谦之的那篇文章相比,这篇批判文章显得非常苍白无力。

彻底批判西方来华传教士,固然可以使人们看清其侵华"先遣队"的真面目,陈庆华在《早期天主教士底武力征服中国阴谋》(《历史教学》1951 年第 2 期)对此有过专门的叙述。不过,这也给大陆学者带来另一个学术上的难题。因为无论是明清之际的天主教传教士,还是 19 世纪开始来华的基督教传教士,都曾猛烈抨击

---

① 邢贲思:《也谈我国建设速度的问题》,《新建设》1958 年 9 月号。
② 朱谦之:《关于十六、十七世纪来华耶稣会士的评价问题》,《新建设》1959 年 11 月号。
③ 乌恩溥:《关于十六、十七世纪外国传教士在中国的活动问题》,《新建设》1960 年 3 月号。

过古代中国正统的意识形态儒家学说。许多人甚至把西方传教士对儒家学说的批判看做是西方传教士对中国进行文化侵略的一个重要表现。而就中国本身而言，自 20 世纪初的新文化运动开始，儒家学说也被当成是一种腐朽落后的反动的意识形态，是革命的对象。中华人民共和国建立后，更是如此。那么，如何评价西方传教士对儒家学说的抨击呢？陈申如发表的《外国基督教在华传播及其与儒教的关系》(《山东大学学报》1962 年第 2 期)对这个问题进行了很好的研究。文章说："无论儒家思想、或基督教思想，都是为了麻痹人民，以便更好统治人民、奴役人民"，所以，当西方列强"认识到光凭借'大炮'和'基督教的曙光'不能征服中国人民"时，就会转而利用儒家思想；"中外反动势力在政治上勾结了，由此反映在上层建筑方面，基督教思想和儒家思想也就逐渐从矛盾、斗争转向相互妥协"；"我们可以得出一个结论：即通过'尊孔'的出现，表明基督教同儒教二大反动思想已开始合二为一，以做垂死挣扎，企图来共同对付无可抗拒的中国革命新思潮"。① 这篇文章，比较典型地反映了特殊时代里特殊的论证方法。

五六十年代大陆学术界对海上丝绸之路相关问题的研究，主要体现在上面七个方面。此外，由于向达的努力，在文献整理上也取得了重要的进展。

1957 年向达被划为右派，不仅"受到不公正的对待"②，而且还受到了一批著名学者的公开批判。③ 但向达并没有放弃对学术与真理的追求。在此后的几年中，他积极筹划并致力于整理《中外交通史籍丛刊》，其目的，"主要就是选择那些在'正史'外国传以外的有关中外交通的著述来加以整理出版"④。这套丛书原计划出版 41 种，分四批出齐。但由于"文革"的爆发，向达本人"被一再批斗"，于 1966 年 11 月去世，成了"'文革'中第一个去世的人"。⑤《中外交通史籍丛刊》也只出版三种，分别是《西洋番国志》、《郑和航海图》和《两种海道针经》。这三种文献，都是向达本人整理出来的。1961 年出版时，《人民日报》还为此刊发过消息《北京大学历史系编辑〈中外交通史籍丛刊〉》(《人民日报》1961 年 10 月 19 日)。70 年代末期，中华书局决定恢复出版这套丛刊，具体工作由谢方主持。到了 1998 年，共出版

---

① 陈申如：《外国基督教在华传播及其与儒教的关系》，《山东大学学报》1962 年第 2 期。
② 向达：《唐代长安与西域文明》，河北教育出版社 2001 年版，荣新江前言第 4 页。
③ 主要批判文章可见翦伯赞：《右派在历史学方面的反社会主义活动》，《人民日报》1957-10-04；胡厚宣、杨向奎：《批判向达的反马克思主义的历史观点》，《历史研究》1957 年第 11 期；邓广铭：《评向达的"唐代长安与西域文明"》，《历史研究》1957 年第 11 期；冯汉镛：《驳〈唐代长安与西域文明〉书中有关交通部分》，《史学月刊》1958 年第 9 期。
④ 向达：《〈中外交通史史籍丛刊〉整理缘起》，巩珍著、向达整理：《西洋番国志》，中华书局 2004 年版。
⑤ 孟彦弘：《不合时宜的倔强——解放后的向达先生》，《书品》2009 年第 9 期。

了 26 种(其中包括向达整理的 3 种)。① 现在,《中外交通史籍丛刊》是研究古代海上丝绸之路必读的基本文献。如果没有向达在 60 年代所做的努力,这套文献的整理出版是不太可能的。

1966 年开始的"文革",给海上丝绸之路的研究带来了深重的灾难,一大批才华横溢的优秀学者在这场浩劫中含冤而死。我们这里仅以吴文良为例。"文革"中,吴文良"被送去德化集中营(美其名曰'学习班'),厄运随之降临,祸根竟出在《泉州宗教石刻》一书上。原来在该书出版后,海外一些学者曾就书中的某些问题与吴先生进行书信商榷,造反派竟据此诬为罪证,采用高压的逼供讯手段,把先生打成'里通外国的反革命分子',对先生施行残酷的严刑拷打,直至被迫害致死"②。

在"文革"十年(1966—1976 年)中,武伯纶的《唐代广州至波斯湾的海上交通》(《文物》1972 年第 6 期),大概是中国大陆关于海上丝绸之路南海航线(中国通往东南亚及印度洋地区)的唯一的一篇学术文章。文章主要根据保存在《新唐书·地理志》中的贾耽的《皇华四达记》,介绍了唐代广州与波斯湾之间的海上航线。文章说:贾耽的这部著作,"是我国劳动人民和亚非各国人民,在一千多年以前共同努力,开辟这一段海上交通的真实记载,也是研究我国在唐代和亚非各国文化交流、友好往还的珍贵史料。在目前大好形势下来研究《新唐书·地理志》的这段古代史料,觉得格外有兴趣"③。这篇文章除了引述冯承钧所译的《马可波罗行纪》和岑仲勉的《隋唐史》外,没有提及国内外其他学者对此问题的研究成果,也没有利用多少中外文史料,更没有提出或解决多少学术问题。但是,这篇文章的问世,表明当时中国大陆对于海上丝绸之路的研究并没有完全中断。

"文革"时期研究海上丝绸之路东海航线(中国通往朝鲜半岛及日本列岛)的文章略多一点,主要有郭沫若的《出土文物二三事》(《文物》1972 年第 3 期)、豫博的《日僧邵元在我国所撰碑文铭考略》(《文物》1973 年第 6 期)、王仁波的《遣唐使和中日文化交流》(《西北大学学报》1975 年第 4 期)、周一良的《介绍两幅送别日本使者的古画》(《文物》1973 年第 1 期)。

郭沫若在《出土文物二三事》中写道:1970 年,陕西西安市郊出土了两瓷唐代文物,"已考定为唐玄宗李隆基天宝十五年(756 年)六月因安禄山之乱逃奔四川时,邠王李守礼的后人所窖藏",其中有五枚日本"和同"银钱。郭沫若认为:"邠王所得'和同'银钱,与《开元通宝》金银钱及其他珍宝同时窖藏,看来是日本遣唐使

---

① 中华书局编辑部:《〈中外交通史籍丛刊〉重印说明》,巩珍著,向达整理:《西洋番国志》。
② 吴文良:《泉州宗教石刻》,吴幼雄增订,黄展岳序。
③ 武伯纶:《唐代广州至波斯湾的海上交通》,《文物》1972 年第 6 期。

所献的'贡品'由朝廷颁赐的。"①元代,日本僧人邵元于搭乘商船在宁波上船,游历过许多佛教圣地,后久居河南登丰少林寺,曾接任过首座僧职。邵元在中国生活了21年后返回日本。1973年,在少林寺塔林中发现了邵元所撰塔铭。《日僧邵元在我国所撰碑文铭考略》通过介绍现存我国境内的三件邵元所书碑文塔铭,说明了中日两国之间悠久的历史关系和浑厚的传统友谊。

周一良的《介绍两幅送别日本使者的古画》则主要研究了日本所藏的两幅古画。一幅是所谓的《荣西禅师归朝宋人送别书画之幅》,日本收藏家一直认为,这幅南宋古画中所描绘的是送别日本僧人荣西,而周一良认为,画中的送别对象并不是荣西,"很可能是重源或这些无从考核的日本僧人"。另一幅日本京者天龙寺妙智院所藏的明代绘画《谦斋老师归日域图》。谦斋是日本僧人策彦周良的号,他于1539—1541年、1547—1550年作为使节两度来到中国,都是在宁波登陆上岸的。他的汉文日记《初渡集》和《再渡集》,生动地记载了宁波及运河沿线的社会风情。《谦斋老师归日域图》是策彦周良于1550年离开宁波启程回国前,一批宁波文人赠给他的送别之作。画上,宁波的城门与城墙依稀可见,江边上有四个大人和两个小孩,对着站在船头缓缓驶离的策彦周良拱手送别。画上还有一些表达恋恋之情的诗作。

从上面这几篇文章中可以看出,"文革"期间关于古代中日关系的文章,主要发表于1972年中日恢复邦交正常化之后。或者说,正是由于中日邦交正常化的推动,才使这方面的研究得到了重视。此外,还可以看出,这些文章都是围绕着考古文物而展开的,即使是王仁波的《遣唐使和中日文化交流》,也介绍了日本于1971年发现的高松塚古坟以及章怀太子墓。所以说,"文革"期间推动海上丝绸之路研究的主要力量是考古发现。1973年泉州沉船的发现,更加说明了这一点。

1973年,在福建泉州湾后渚港发现了一条宋代沉船。1974年6—8月,对条沉船进行了考古发掘。1975年3月29日,新华社播发了关于泉州湾宋代古船的消息,引起了全世界的关注。8月,《人民画报》刊发了关于这艘沉船的一组照片。同年10月,《文物》发表了《泉州湾宋代海船发掘简报》。泉州海外交通史博物馆后来专门设立了泉州湾古船陈列馆。

被挖出来的沉船残长24.20米,残宽9.15米,"海船底部的结构为尖底,头尖尾方,船身扁阔,平面近似椭圆形","这艘海船共有13个船舱,基本保存完好。根据海船的长度、宽度和深度计算,其载重量在200吨以上";"船舱出土的遗物很丰

---

① 郭沫若:《出土文物二三事》,《文物》1972年第3期。

富,有香料木、药物、木牌(签)、铜钱、陶瓷器、竹木藤器等",而"出土数量最多的香料木和胡椒等,都是我国从南洋诸国进口的大宗货物"。①《文物》于1975年刊发考古简报的同时,还刊发了厦门大学历史系撰写的《泉州港的地理变迁与宋元时期的海外交通》以及王曾瑜的《谈宋代的造船业》等研究文章。《泉州港的地理变迁与宋元时期的海外交通》一文认为,这艘沉船中的许多货物来自东南亚,甚至印度洋周边地区,例如"乳香,其产地在阿拉伯半岛中部;龙涎产地在非洲","从出土的这些历史文物可以推定,海船的航线是东南亚诸国及至波斯湾一带。这一条航线,唐代以来就已航行,并不是宋代新开辟的,宋元以来不过航运更为频繁,规模更加巨大罢了"。②

正当中国大陆对于海上丝绸之路的研究被"文革"摧残得奄奄一息,濒于灭绝之际,发现了泉州湾宋代沉船,从而为研究古代中国的造船技术、航海技术、海外贸易提供了极其宝贵而可靠的实物依据。这样,借助于这艘沉船的发现,中国大陆对于海上丝绸之路的研究也逐渐复苏了。在"文革"即将结束之前,《厦门大学学报》1977年第4期发表了两篇文章,一篇是叶文程的《从泉州湾海船的发现看宋元时期我国造船业的发展》,另一篇是林春的《中外人民传统友谊的历史见证》。这两篇文章都是通过研究泉州湾沉船来讨论古代海上丝绸之路的。这两篇文章也预示着,研究海上丝绸之路的"春天"③也即将到来。

最后,我们介绍一下1949年之后港台学者对海上丝绸之路的研究。

虽然两岸自1949年之后长期处于对立状态,但是,两岸学术界对于海上丝绸之路的研究在主题上却是非常接近的。例如,五六十年代,大陆出版了一批关于关于中国与亚洲国家历史关系的论著,台湾也组织出版了这样一批著作,主要有《中韩文化论集》(1955年)、《中日文化论集》(1955年)、《中越文化论集》(1956年)、《中国外交史论集》(1957年)、《中泰文化论集》(1958年)、《中日文化论集续编》(1958年)、《中菲文化论集》(1960年)等。台湾学者对有些问题的研究,尽管角度不同,甚至在更加深入,但得出的结论却与大陆学者的论文非常相似。例如,陈文石在《明嘉靖年间浙福沿海寇乱与私贩贸易的关系》(《"中研院"历史语言研究所集刊》第36本上,1965年)说,朱纨到了浙江福建沿海后实行了严厉的海禁政策,结果"衣食于海者失其凭依,士大夫家亦骤失重利,是故皆甚恶之","朱纨徒以

---

① 泉州湾宋代海船发掘报告编写组:《泉州湾宋代海船发掘报告》,《文物》1975年第10期。
② 厦门大学历史系:《泉州港的地理变迁与宋元时期的海外交通》,《文物》1975年第10期。
③ 1976年粉碎"四人帮"后,中国社会常用"春天"一词来表达对结束"文革"的喜悦以及对未来的憧憬。

严急执法,不能就海禁政策与广大沿海贫民生计根本问题上检讨议处,实为失策"。① 而同一时期大陆学者胡代聪等人也认为,朱纨的海禁政策一方面得罪了"豪门势族",另一方面"使沿海地方居民的生计受到影响"。② 海峡两岸学者的说法,是多么的相似。

在台湾的诸多学者中,有两位特别突出,一位是方豪,另一位是全汉昇。方豪在中外文化交流史的研究中取得了卓越的成就,出版了《中西交通史》(1953—1954 年)、《中国天主教人物传》(1967—1973 年)等论著。1969 年,他自己刊印了《方豪六十自定稿》。这些论著的内容,都与海上丝绸之路有关。不过,方豪的研究成果,在大陆长期不为人所知。1987 年,岳麓书社出版了方豪的《中西交通史》。1988 年,中华书局出版了方豪的《中国天主教人物传》。《方豪六十自定稿》虽然没有在大陆出版过,但此书通过种种渠道在学者中间流传。方豪的这些著作,对于推动大陆自 80 年代起的海上丝绸之路的研究,发挥了不可估量的作用。2008 年,上海人民出版社重印了方豪的《中西交通史》,韩琦在《重读方豪〈中西交通史〉》中写道:"方豪的时代尽管已经过去,但他的论著仍有重要的学术价值。"③

全汉昇是在 1949 年之前即以研究中国经济史而著名的学者,到了台湾后,致力于中国海外贸易史的研究,特别是 16 世纪美洲白银通过海上丝绸之路流入中国问题的研究。自 20 世纪 50 年代至 90 年代,他在《"中研院"历史语言研究所集刊》上发表的论文就有《美洲白银与十八世纪中国物价革命的关系》、《明中叶后中国黄金的输出贸易》、《明中叶后中日间的丝银贸易》、《略论新航路发现后的海上丝绸之路》、《略论十七八世纪的中荷贸易》、《再论十七八世纪的中荷贸易》、《略谈近代早期中菲贸易史料:〈菲律宾群岛〉——以美洲白银与中国丝绸贸易为例》、《明清间美洲白银输入中国的估计》等。2009 年,中华书局出版了《"中研院"历史语言研究所集刊论文类编》,上述全汉昇的论文,可见"历史编·明清卷"。他的其他主要论文还有《明季中国与菲律宾间的贸易》(香港中文大学《中国文化研究所学报》1968 年第 1 卷)、《明清间美洲白银的输入中国》(《中国文化研究所学报》1969 年第 2 期)、《自明季至清中叶西属美洲的中国丝货贸易》(《中国文化研究所学报》1971 年第 2 期)、《明代中叶后澳门的海外贸易》(《中国文化研究所学报》1972 年第 1 期)、《近代早期西班牙人对中菲贸易的争论》(《中国文化研究所学报》

---

① 陈文石:《明嘉靖年间浙福沿海寇乱与私贩贸易的关系》,《"中研院"历史语言研究所集刊》第 36 本上,1965 年。

② 胡代聪:《葡萄牙殖民者侵占澳门前在中国的侵略活动》,《历史研究》1959 年第 3 期。

③ 方豪:《中西交通史》,附录二,第 771 页。

1976年第1期),《再论明清间美洲白银的输入中国》(《陶希圣先生八秩荣庆论文集》1979年)。他的主要论文集有《明清经济史研究》(1987年),《中国经济史论丛》两册(1972—1976年)。2011年,中华书局出版了全汉昇的《中国经济史研究》。

　　台湾其他学者也对海上丝绸之路相关问题进行过比较深入的研究。在对郑和下西洋的研究中,较早的论文有包遵彭的《郑和下西洋的宝船制度考》(《大陆杂志》1959年第1期),文中提出:郑和下西洋的宝船"至少有七种不同制度,大小相比。其船料、修、广、桅数,系依次递减,每次奉使远航,均非同一形制"[1]。进入60年代,这方面的研究更多了。除了夏鼐的《郑和七次下西洋地名考》(《大陆杂志》1963年第3期)外,主要有徐玉虎的一系列文章:《郑和下西洋航海图考》(《大陆杂志》1962年第12期)、《巩珍〈西洋番国志〉庋藏经过考》(《大陆杂志》1965年第6期)、《郑和航海"过洋牵星图"之诠释》(《大陆杂志》1966年第6期)、《郑和时代航海术语与名词之诠释》(《明代郑和航海图之研究》,台湾学生书店1976年)、《明郑和航海图中针路之考释》(辅仁大学《人文学报》1973—1975年)等。[2] 最后一篇文章,被认为是继60年代向达之后"关于郑和下西洋航行路线研究的长篇力作"。[3]

　　在中国与欧洲早期关系史研究中,曹永和与赖永祥取得了非凡的成就。曹永和的研究重点是荷兰与台湾的历史关系,主要论文有《荷兰与西班牙占据时期的台湾》(《台湾文化论集》1954年)、《从荷兰文献谈郑成功之研究》(《台湾文献》1961年第1期)、《荷据时期台湾开发史略》(《台湾文献》1976年第1期)等。另外,他还写过一篇十分独特的文章《欧洲古地图上之台湾》(《台湾文献》1962年第1期),很值得一读。1979年,台北的联经出版事业公司出版了曹永和的《台湾早期历史研究》一书,收录了上述这些文章。2000年,台北的联经出版公司又推出了曹永和的《台湾早期历史研究续集》和《中国海洋史论集》两部著作。

　　赖永祥的研究重点是英国与台湾的历史关系,特别是英国东印度公司与台湾郑氏政权的贸易关系。他的力作《台湾郑氏与英国的通商关系史》(《台湾文献》1965年第2期),以英国东印度公司所保存的档案资料为依据,全面考察了英国东印度公司与郑氏政权之间的贸易关系。该文认为,英国东印度公司与台湾郑氏政权之间的关系,"起自康熙九年(1670年)英船班丹号抵台时,至康熙二十二年(1683年)郑氏降清时为止。英人来台系应郑经之邀请而来者,郑氏为求通洋之利

　　① 包遵彭:《郑和下西洋的宝船制度考》,《大陆杂志》1959年第1期,收入郑和下西洋600周年纪念活动筹备领导小组编:《郑和下西洋研究文选(1905—2005)》。
　　② 徐玉虎的《郑和下西洋航海图考》和《郑和时代航海术语与名词之诠释》收入郑和下西洋600周年纪念活动筹备领导小组编:《郑和下西洋研究文选(1905—2005)》。
　　③ 王天友、万明:《郑和研究百年论文选》,北京大学出版社2004年版,前言。

及军火之援助,英人则计划在台设立基地,以之作中日菲欧南海间之中介贸易,进而企图与中国日本直接贸易"①。文章介绍了双方的贸易商品、具体的贸易船只,分析了影响英国东印度公司与郑氏政权之间贸易关系的种种因素,附带指出,向达等人在英国所见到的永历大统历,实际上是英国东印度公司从台湾带去的。赖永祥主要著作有《十七世纪台湾英国贸易史料》(1959 年)、《台湾史研究(初集)》(1970 年)等。

对于古代中日关系史,台湾学者也有不少研究。余又荪发表过《元代的中日贸易》(《铭传学报》1965 年第 1 期)、《明代以前之中日关系》(《大陆杂志》1951 年第 2 期)、《明代与日本之勘合贸易》(《铭传学报》1965 年第 2 期)等一系列文章。李光涛除了《日本朝贡大明史事》(《大陆杂志》1964 年第 7 期)等研究中日关系的文章外,还发表过研究古代中国与朝鲜半岛历史关系的不少文章,如《朝鲜壬辰倭祸与李如松之东征》(《"中研院"历史语言研究所集刊》第 22 本,1950 年)、《明季朝鲜"倭祸"与"中原奸人"》(《"中研院"历史语言研究所集刊》第 26 本,1955 年)、《朝鲜实录中所见之中韩文化关系》(《"中研院"历史语言研究所集刊》第 33 本,1962 年)等。稍后关于中国与朝鲜半岛海上往来的主要文章有宋晞的《宋商在宋丽贸易中的贡献》(《史学汇刊》1977 年第 8 期)。

此外,还可以列举一些很有特色的文章,如李光涛的《记清代的暹罗国表文》(《"中研院"历史语言研究所集刊》第 30 本下,1959 年)、陈学霖的《记明代外番入贡中国之华籍使事》(《大陆杂志》1962 年第 4 期)等。在《记明代外番入贡中国之华籍使事》一文中,作者指出:"明代外夷之以华人充入贡使事,东有日本、琉球;南有暹罗、真腊、爪哇等国。"文章在考察了宋素卿、谢文彬、洪茂仔等充当外国贡使的华人事迹后,认为"诸华籍使事,除极少数人外,余皆流品复杂,无甚教养者",他们成为外夷的贡使,"实为极偶然之事",而且,"外夷之以华人充任贡使,除方便言语外,于彼邦,或于中国,皆鲜有作用"。②而大陆学者是在 20 年后才开始专门研究这个问题的。③

在香港,饶宗颐的许多文章也与海上丝绸之路相关,例如他的《蜀布与Cinapatta——论早期中印缅交通》(《"中研院"历史语言研究所集刊》第 45 本第 4 分,1974 年)。1999 年,汕头大学出版社出版了《饶宗颐东方学论集》,收录了他在这方面的主要论文。另外,1949 年后移居香港的罗香林,对海上丝绸之路也有过

① 赖永祥:《台湾郑氏与英国的通商关系史》,《台湾文献》1965 年第 2 期。
② 陈学霖:《记明代外番入贡中国之华籍使事》,《大陆杂志》1962 年第 4 期。
③ 李金明:《明代海外朝贡贸易中的华籍使者》,《南洋问题研究》1986 年第 4 期。

不少研究,主要成果有《蒲寿庚研究》(1955 年)、《屯门与其地自唐至明之海上交通》(《新亚学报》1957 年第 2 期)、《1842 年以前之香港及其对外交通》(1959 年)、《唐代光孝寺与中印交通之关系》(1959 年)、《香港与中西文化之交流》(1961 年)。

　　在特殊的国际环境下,在特殊的政治氛围中,1949 年之后的中国大陆依然继续研究与海上丝绸之路相关的问题。不断出现的考古新发现,为这样的研究提供了持续的推动力。1949 年之前已经享誉学术界的一批学者,保证了这些研究得以在很高的学术水平上进行。尽管海上丝绸之路的研究并不是大陆学术界的主流,而且充满了曲折,但并没有完全中断。在台湾及香港,对海上丝绸之路的研究也不是最引人关注的领域,但成果却很不少。所有这一切,为 20 世纪后期海上丝绸之路研究的繁荣奠定了坚实的基础。

第四章 海上丝绸之路研究的繁荣阶段
（1978—2000 年）

　　1978 年,中国大陆进入了改革开放的新阶段,关于海上丝绸之路的学术研究随之复兴,并且迅速繁荣。在"文革"结束后的初期,学术的繁荣与学术团体的建立是密不可分的。

　　1979 年 4 月,中国海外交通史研究会在泉州成立,朱杰勤被推举为首任会长,田汝康为副会长,林文明为秘书长。中国海外交通史研究会与泉州海外交通史研究会决定共同出版《海交史研究》。次年(1980 年),该杂志获准公开发行。①

　　1981 年 5 月,中国中外关系史学会在厦门大学成立,推举宦乡为名誉理事长,孙毓棠为理事长,韩振华、姚楠为副理事长,马雍为秘书长。在讨论学会的组织方案和章程时,决定按专业分为四个小组,"第一组的研究范围为东北亚方面,第二组为东南亚、非洲、大洋洲、美洲、海上交通等方面,第三组为中亚、南亚、欧洲、陆路交通等方面;第四组为近代外交、帝国主义侵华史等方面"②。可见这个学会自成立之日起,就将海上丝绸之路作为重要的研究对象。1985 年,中国中外关系史学会编辑出版了《中外关系史论丛》第 1 辑。

　　中国海外交通史研究会和中国中外关系史学会所研究的内容,都与海上丝绸之路直接相关。这两个全国性学术团体成立后,不断组织召开学术会议,出版了大量的学术成果,对于营造学术氛围、交流学术成果、促进学术发展,发挥了十分重要的推动作用。1981 年中国大陆还成立了航海史研究会,作为"中国航海学会下设的工作机构",③并且编辑出版会刊《船史研究》。稍后,又成立了南京郑和研究会等学会,出版了《郑和研究》等刊物。这些学术团体及学术刊物,都与海上丝

---

① 陈鹏鹏、郭慕良:《福建省泉州海外交通史博物馆三十年记事》,《海交史研究》1989 年第 2 期。
② 中国史学会《中国历史学年鉴》编辑部:《中国历史学年鉴(1982 年)》,人民出版社 1982 年版,第 525—526 页。
③ 朱杰勤:《中国航海史研究的回顾和展望》,《海交史研究》1989 年第 2 期。

绸的研究密切相关。

在80年代的海上丝绸之路研究中,一个重要变化是"中外交通史"及"中西交通史"的概念被"中外关系史"所取代。由于受日本学者的影响,"中外交通史"或"中西交通史"的概念在中国逐渐流行起来,并且在1930年左右成为被学者们普遍认可的学科名称。不过,当时朱希祖等人还提出过"中外关系史"的概念,但没有引起别人的重视。"直到70年代下半期,我国史学界才正式启用'中外关系史'这一名称。"[①]而"中外关系史"学科体系的创立,"在很大程度上应归功于朱杰勤先生"[②]。朱杰勤等人认为"中外关系史"一词作为学科名称,比"中外交通史"或"中西交通史"更具有"概括性和科学性"。朱杰勤曾写道:"中外或中西交通史一词容易使人认为只限于水陆交通方面。并不包括两国之间的战争关系及和平关系的政治、经济、文化、军事等重点。而且今天国际关系越来越复杂,不是和平,就是战争,交通问题只是国际关系中一个侧面而已。中西关系史或中西交通一词,如果仅以中国和欧洲的关系为研究对象,未尝不可采用,但如包括亚洲和非洲等国而相提并论,就会使人发生误解。我们认为还是用中外关系史作为学科的专有名词,就比较名实相符,有概括性和科学性。"[③]1982年中国中外关系史学会的成立,标志着这个学科名称的确立。

中国古代的对外关系,从交通路线上来说,可以分为陆上交通和海上交通;海上交通就是海上丝绸之路,这样,进入80年代后,海上丝绸之路就成了"中外关系史"的一个主要研究领域。而且,更加重要的是,就在"中外关系史"这一学科名称被确实的同时,"海上丝绸之路"这一概念也开始在大陆学术界出现。

最早提出"丝绸之路"这个概念的是德国地质学家李希霍芬(F. von Richtofen,1833—1905年)。从1868年到1872年,李希霍芬以上海为基地,到过广东、江西、湖南、浙江、山西、山东、陕西、甘肃、四川、内蒙古等省份,"是第一位对中国地质进行系统研究的地质学家,为中国地质学的发展奠定了基础"[④]。1877年,李希霍芬出版了名作《中国》(China)。该书除了研究中国地质、提出中国黄土"风成论"外,还在第一卷第十章"中国与中亚南部和西部诸民族的交通往来之发展"中,专题考察了中国与中亚的交通路线。李希霍芬"时而把这条路称为'驼队之路'(die Caravanstrasse),时而称之为'贸易之路'(die Handelsstrasse),并且一再强调

---

① 芦苇:《中外关系史》,兰州大学出版社1996年版,前言第1页。
② 纪宗安、孟宪军:《朱杰勤与中外关系史研究》,《暨南学报》2006年第6期。
③ 朱杰勤、黄邦和:《中外关系史辞典》,湖北人民出版社1992年,朱杰勤序第7—8页。
④ 郭双林、董习:《李希霍芬与〈李希霍芬男爵书信集〉》,《史学月刊》2009年第11期。

指出，沿这条'驼队之路'或'贸易之路'贩运的最重要的商品就是中国特产的缯帛。作者在叙述到公元 2 世纪托勒密（Ptolemaeus）撰述的《地理志》转录时代更早的地理学家马里奴斯（Marinus）有关东西贸易丝绸记载的时候，明确提出了'丝绸之路'（die Seidenstrasse）这一名称"；1910 年，德国学者赫尔曼（Albert Herrmann）发表了一部题为《中国和叙利亚之间的古代丝绸之路》（*Die alten Seidenstrassen zwischen China und Syrien*）的著作，将李希霍芬提出的中国到中亚的丝绸之路向西延伸到叙利亚。①

西方学者提出的"丝绸之路"概念，本来是指中国通向西方的陆上交通线。后来，有西方学者进一步提出，中国通往西方的海上航线也应属于丝绸之路。法国学者沙畹在 1913 年所著的《西突厥史料》中讲到"东罗马之遣使西突厥"时写道："中国之丝绢贸易，昔为亚洲之一重要商业，其商道有二。其一最古，为出康居（Sogdiane）之一道。其一为通印度诸港之海道，而以婆庐羯泚为要港。"②这样，"海上丝绸之路"的概念已呼之欲出。后来法国印度学家和梵文学家让·菲利奥札（Jean Fillozat，1906—1982 年）于 1956 年在《印度的对外关系学》一书中，以很大的篇幅研究了"海上丝绸之路"。③

正如近代许多学术词汇是从西方经日本最后传播到中国一样，"海上丝绸之路"概念也是在传入日本之后再出现在中国的。1967 年，日本学者三杉隆敏在《探索海上丝绸之路》中专门讨论了"海上丝绸之路"。1974 年，香港学者饶宗颐在《蜀布与 Cinapatta——论早期中印缅交通》（《"中研院"历史语言研究所集刊》第 45 本第 4 分，1974 年）中讨论了中国丝绸经海陆两路向西方运销的问题，并且写道："海道的丝路是以广州为转口中心。近可至交州，远则及印度。"④

1981 年，大陆至少有两个人提出了"海上丝绸之路"的概念。一个是陈炎，他于 1981 年 5 月在厦门大学召开的中国中外关系史学会学术研讨会提出了这个概念。⑤ 不过，陈炎的文章《略论海上丝绸之路》首次公开发表于 1982 年第 3 期的《历史研究》上。另一个人是朱少伟，他在 1981 年 12 月 25 日出版的《历史知识》第 6 期上发表了《海上丝绸之路》一文，指出："不少人或许不知道，在古代还有一条与横跨欧亚大陆的'丝绸之路'相并行的海上商路，这就是我国通往西方的'海上丝

---

① 王小甫等：《古代中外文化交流史》，高等教育出版社 2006 年版，第 12 页。
② 沙畹著，冯承钧译：《西突厥史料》，中华书局 1958 年版，第 208 页。
③ 刘凤鸣：《山东半岛与东方海上丝绸之路》，人民出版社 2007 年版，耿昇序。
④ 饶宗颐：《蜀布与 Cinapatta——论早期中印缅交通》，《"中研院"历史语言研究所集刊》第 45 本第 4 分，1974 年，收入《饶宗颐东方学论集》汕头大学出版社 1999 年版。
⑤ 陈炎：《海上丝绸之路与中外文化交流》，北京大学出版社 2002 年版，第 385 页。

绸之路'。即使在今天,它仍然是东西方贸易的重要通道。"这篇文章根据《汉书·地理志》的记载,认为汉武帝时期开始了"探索远洋航线活动","在汉代太平洋和印度洋之间的海上航线就开始沟通了,'海上丝绸之路'便也初步形成";"在汉代之后,'海上丝绸之路'日趋繁荣,并渐渐从东印度洋延伸到了西印度洋",唐朝时"我国海船已将丝织品等货物运送到了可拉伯半岛";"到了宋代,随着指南针的应用于航海,'海上丝绸之路'更加活跃,……我国的海船在当时已经能够载着丝绸、瓷器和茶叶,横越印度洋出阿拉伯,抵达勿斯里(埃及)、弼芭罗(索马里)、昆仑层期(坦桑尼亚)等国家"。对于唐宋以后的海上丝绸之路,这篇文章只是一笔带过:"元代和明代,航海业也相当的发展,尤其是明代郑和七次大规模的远洋航行,更是在中外海上交通史上写下了最光辉的一页。"①这是一篇通俗性的文章,没有讲到中国通往日本及朝鲜半岛的东方航线,也没有提及清代的海上丝绸之路。文章最后还出现了这样的文字:"在近现代,有不少外国专家和学者,悉心研究'海上丝绸之路'的历史作用和意义。1980年,日本早稻田大学筹备派遣一个以樱井清彦教授为团长的大型调查团,赴埃及福斯塔特了解有关'海上丝绸之路'的情况。(日本《产经新闻》1980-07-28)。"显然,这篇文章受到了日本学者的影响。但我们不清楚朱少伟与陈炎之间是否受到相互的影响。第二年,朱少伟又发表了《古代海上丝绸之路》(《海洋》1982年第3期)一文,再次叙述了其《海上丝绸之路》一文中的内容。

　　陈炎的《略论海上丝绸之路》全面探讨了古代中国的海上丝绸之路,包括通向日本及朝鲜半岛的"东海起航线"和通往西方的"南海起航线"。文章认为,唐代之前是海上丝绸之路的"形成时期",唐宋时代是海上丝绸之路的"发展时期",元、明、清是海上丝绸之路的"极盛时期"。文章比较系统地考察了每一个时期的海上丝绸之路的特点(包括丝绸贸易情况、造船与航海业、航线与港口等),最后阐述了中国丝绸外传对于世界文明的贡献。不过,这篇文章在有些问题上并没有进行透彻的叙述,例如古代丝绸贸易从陆上向海上转变的原因、海上丝绸之路结束的时间与标志,等等。陈炎后来又发表了《丝绸之路的兴衰及其从陆路转向海路的原因》、《南海丝绸之路与中外文化交流》、《阿拉伯世界在陆海丝绸之路中的特殊地位》等文章,对海上丝绸之路进行了展开研究。这些文章可见于他的论文集《海上丝绸之路与中外文化交流》。

　　陈炎在《海上丝绸之路与中外文化交流》一书的自序中写道:"日本学者三杉

---

① 朱少伟:《海上丝绸之路》,《历史知识》1981年第6期。

隆敏早在 1967 年就出版了《探索海上的丝绸之路》。我当时虽听人说,因自 1957
年我被错划为'右派'(时年四十岁)后,正在劳改,与世隔绝,根本不可能见到此
书。……日本自三杉隆敏出版《探索海上的丝绸之路》后,掀起了研究海上丝绸之
路的热潮,而中国当时正在'文革'期间,对海上丝绸还无人问津。因而有些日本
学者就瞧不起咱们中国人,说什么'资料在中国,研究在日本',意思就是说,中国
有资料却无人研究,要研究还得靠日本人。我听了这些话总觉得不是滋味。"[①]由
此可见,陈炎研究海上丝绸之路,也是受到日本学者的影响的。

日本学者三上次男在 1969 年出版的《陶瓷之路》中,把古代连接东西方的海
上航路称为"陶瓷之路"。[②] 这个概念后来也为大陆学者所接受。[③] 也有外国学者
把古代东西方的贸易航路称为"香料之路"等。这样,"海上丝绸之路"的概念在大
陆出现后,就引发了一些讨论。有人认为,古代东西方的海上航路应称为"陶器之
路",因为"在这条海道上,大量运输的是中国瓷器,这是数量最多的国际贸易货
物,因此,这条海上通道应称之为'瓷器之路'。这样的命名并不贬低丝绸的作用
和影响"。[④] 也有人认为,这条海上航路应称为"丝瓷之路"(亦作海上"瓷器之路"
或"瓷茶之路")。[⑤] 陈佳荣后来还提出过"香瓷之路"的概念。[⑥] 此外,还有人把中
国与日本之间和海上航线称为"书籍之路"。其实,无论是丝绸、瓷器、茶叶,还是
香料、书籍,都仅仅是古代中国与海外各国进行海上贸易的诸多商品中的一种,除
了这些商品外,我们还可以列举出许多,如钱币、刀剑、玻璃、大米等。而且,在不
同的时代,针对不同的区域,中外海商所贩运的主要商品是不同的。因此,根本不
可能用某一种商品来全面地概括古代中国与海外各国的海上往来,正如"丝绸之
路"也不能完美地概括东西方之间的陆上交通往来一样。由于"丝绸之路"已经成
为表示东西方陆上交通路线的约定俗成的概念,所以,将此概念移植到海上交通
线上,把古代中国与海外各国的海上航线称为"海上丝绸之路",也是完全可以的。
我们认为,没有必要放弃"海上丝绸之路"这个约定成俗的概念,而且,也不可能提
出一个能够被所有人接受的新概念来取代"海上丝绸之路"这个概念。经过 30 多
年的使用,"海上丝绸之路"已经成为一个被普遍接受的概念了。

事实上,陈炎等人提出"海上丝绸之路"的概念后,立即被人所采用。1983 年,

① 陈炎:《海上丝绸之路与中外文化交流》,自序第 8—9 页。
② 三上次男著,胡德芬译:《陶瓷之路》,天津人民出版社 1983 年版,第 251 页。
③ 芮传明:《什么是陶瓷之路?》,石源华主编:《中外关系三百题》,上海古籍出版社 1991 年版。
④ 王建辉:《"海上丝绸之路"应称为"瓷器之路"》,《求索》1984 年第 6 期。
⑤ 廖渊泉等.《海上"丝瓷之路"》,《航海》1982 年第 1 期。
⑥ 相关论述见陈佳荣的"南溟网"(http://world10k.com/)。

在一些通俗性的读物以及新闻报道中,就多次出现"海上丝绸之路"的概念。例如,吴瑞根在《拉丁美洲丛刊》第 3 期上发表了一篇通俗性的文章《海上丝绸之路与"中国之船"》,注明"本文主要根据墨西哥奥利维里奥·奥罗斯科·贝拉《来自中国的船》一文编写;原文载中、墨合办的西班牙文杂志《中国之船》第 1、2、3 期"。该文主要介绍"从 1571 年至 1815 年,以丝绸为主的大量中国货经菲律宾转口,通过'中国之船',横渡太平洋,进入拉美市场"①。再如,《光明日报》刊登了一篇发自埃及开罗的报导,题目就是《海上丝绸之路》。报导说:"近些年来,中国历代的航海史迹越来越多地被发现,中国和东南亚及非洲之间的'海上丝绸之路'已成为当代历史研究的热门之一","为了让这些曾被湮没的灿烂的中国古代航海业绩重放光彩,恢复其在航海史上的应有地位,中国航海协会、北京科教电影制片厂在交通部远洋运输公司协作下,组成了'海上丝绸之路'影片创作小组";该小组在开罗向记者介绍,"影片将追踪法显、郑和两条航线"。②

　　1985 年,常任侠发表了《海上"丝绸之路"与文化交流》一文(《社会科学战线》1985 年第 3 期),主要讲述古代中国与日本、越南、柬埔寨等国的海上交往历史,同时阐述了海上丝绸之路对中国及其他各国历史发展的贡献。同年,常任侠还出版了《海上丝绸与文化交流》一书,对海上丝绸之路进行了展开叙述。书中论述了法显等人通过海上丝绸之路到西方去求法的过程、海外花卉香料及珍禽奇兽在中国的引进、印度瑜伽对中国气功的影响等,但重点是讨论中国与日本之间的文化交往。作者最后以一位艺术家特有的笔调写道:"浩瀚的海洋,辽阔宽广,海上的道路四通八达,它像一条条热情的手臂,伸向各个国家,将各国联结在一起。它传播友谊、文化交流,对人类的进步,作出了卓越的贡献。"③

　　1986 年,海洋出版社出版了朱江的《海上丝绸之路的著名港口——扬州》;1991 年,又出版了陈高华等人的《海上丝绸之路》、夏应元的《海上丝绸之路的友好使者——东洋篇》、陈瑞德等人的《海上丝绸之路的友好使者——西洋篇》。1994年,东北朝鲜民族教育出版社也出版了两本同类著作,即苏冰的《海上丝绸之路——西洋篇》和张建国的《海上丝绸之路——东洋篇》。1995 年,浙江人民出版社出版了刘迎胜的《丝路文化(海上卷)》。这样,"海洋丝绸之路"的概念就逐渐流行起来了。而且,对于这个概念的内涵,也越来越明确了。例如,陈瑞德等人的著作虽然主要讨论中国通向东南亚及印度洋地区的"南海航线",但同时也认为,"南

①　吴瑞根:《海上丝绸之路与"中国之船"》,《拉丁美洲丛刊》1983 年第 3 期。

②　方建新:《海上丝绸之路》,《光明日报》1983-03-31 第 4 版。

③　常任侠:《海上丝路与文化交流》,海洋出版社 1985 年版,第 93 页。

海航线是'海上丝绸之路'的主要干线,并不是唯一的航线。'海上丝绸之路'还应包括驶向朝鲜、日本的东海航线,以至横渡太平洋驶向美洲大陆的太平洋航线"①。

特别是陈高华等人所著的《海上丝绸之路》,第一次对"海上丝绸之路"进行了全面系统的阐述。书中写道:"中国的丝绸通过许多途径向世界各地传播,其中最重要的是两条大动脉。一条是经中国西北新疆地区进入中亚,然后到达西南亚的陆上丝绸之路;另一条是起自中国沿海港口,经过南中国海,进入印度洋,到达波斯湾和阿拉伯半岛的海上丝绸之路。此外,由中国港口出发,横渡黄海或东海到达朝鲜和日本的航路,可以称为海上丝绸之路的支线。"书中认为:大体上说来,唐朝中期之前,"陆上丝绸之路是丝绸外销的主要渠道,骆驼和马是运输丝绸的主要交通工具。海上丝绸之路虽不断发展,但总的来说占比较次要的地位。唐代中期以后,西域交通受阻,中国的经济重心逐渐南移,陆上丝绸之路自此急剧衰落下去;后来时断时续,始终不能恢复原来的盛况。于是海上丝绸之路取而代之,并日趋兴盛,成为丝绸外销的主要途径"。与陈炎、常任侠等人不同的是,作者明确提出了古代海上丝绸之路终止的下限:"1840 年爆发的鸦片战争,标志着中国进入半封建半殖民地社会,中国对外关系的性质起了根本的变化,海上丝绸之路的历史至此也就终结了。"②全书把 1840 年之前的古代海上丝绸之路分为五大阶段,分别是:秦汉时代是海上丝绸之路的"开辟时期"、魏晋至唐五代是海上丝绸之路的"持续发展时期"、宋元则是海上丝绸之路的"空前繁荣时期"、明代是海上丝绸之路"由盛转衰时期"、清代是海上丝绸之路"停滞与逐渐衰落"的时期。这部著作讨论了中国古代的造船工艺、航海技术、远洋航线、国家政策、贸易商品、来华侨民、海外华侨、科技传播、文化交流等问题,几乎涵盖了海上丝绸之路的所有方面。这部著作史料扎实,内容丰富,理论性很强,是研究海上丝绸之路的奠基之作。

20 世纪最后 20 年海上丝绸之路研究的繁荣,还得益于几股力量的强劲推动。

一、考古新发现

1978 年之后,中国内地的考古学也进入了蓬勃发展的时期,与海上丝绸之路相关的重大考古新发现频频现世。其中最为著名的是 1983 年在广州象岗山发现的南越王墓。墓中出土了许多来自海外的文物,包括三支非洲象牙(其中最大的一支为 126 厘米长),一个装有红海乳香的漆盒,一只藏有药丸的列瓣纹银盒。③

---

① 陈瑞德等:《海上丝绸之路的友好使者——西洋篇》,海洋出版社 1991 年版,第 6 页。
② 陈高华等:《海上丝绸之路》,海洋出版社 1991 年版,前言。
③ 广州市文物管理委员会、中国社会科学院考古研究所、广东省博物馆:《西汉南越王墓》,文物出版社 1991 年版。

这些来自异域的文物,是汉代中国与西方海上联系的有力见证。

与海上丝绸之路直接相关的考古发现还有古代的海船。1978年之后的主要发现有:

1. 宁波发现的宋代海船

1978—1979年,在宁波东门口的古代海运码头发现一艘北宋时期的木船,残长9.3米,残高1.14米,用松木、杉木、樟木等建造。在船的主龙骨上,有两个长方形小孔,俗称"保寿孔",每个小孔内各有6枚北宋早期铜钱,共12枚,包括"景德元宝"、"天圣元宝"、"皇宋通宝"等。[①] 据研究,这条船复原后的大小为:

水线长	13.00米	总长	15.50米
型宽	4.80米	甲板宽	5.00米
吃水	1.75米	型深	2.40米
排水量	53.00吨		

从上述数据来看,这条宋船与宁波、温州的著名木船船型"绿毛眉"相似,应当是"一艘尖头、尖底、方尾的三桅海船"。[②]

宁波出土的这条宋船,有两个非常值得关注的特点。一是船上装有用半圆木做成的减摇龙骨,在现代海洋船舶上依然经常可以见到类似的装置。在国外,减摇龙骨最早出现于19世纪的头25年,所以,宁波宋船表明中国应用减摇龙骨的时间,"比国外大约要早七百年"[③]。二是壳板采用先进的削斜接与子母口接法。当时的发掘者写道:"宋代船壳板一般采用平接法,这次发现的木船船板采用削斜接法,此种做法使船板的接头跨度增大,穿过一个隔舱或一条肋骨。不但使船板接头牢固,而且增强壳板抗拉强度的性能,胜于平接。横向壳板接法采用了子母口榫合,其工艺优点是增强水密程度,减少漏水渗水现象增强抗撞击的能力。足见造船匠师们的精心设计和制作之细巧。"[④]

遗憾的是,宁波东门口出土的这艘北宋古船早已毁掉了,我们只能在照片中一睹原貌。所幸的是,2003年10—12月,在宁波和义路又发现了一艘古船,时代为南宋时期。该船出土时已残破。残长约9.2米,最宽处约2.8米,深约1.15米,船板厚约50毫米。部分龙骨残存,还可分辨出9道船舱壁。经研究,这是一条"港

---

① 林士民:《宁波东门口码头遗址发掘报告》,《浙江文物考古所学刊》创刊号,文物出版社1981年版。
② 席龙飞:《中国造船史》,第170页。
③ 席龙飞、何国卫:《中国古船的减摇龙骨》,《自然科学史研究》1981年第4期。
④ 林士民:《宁波东门口码头遗址发掘报告》,《浙江文物考古所学刊》创刊号。

内和近海小型交通运输船"，①船板用杉木建造，龙骨选用荔枝树，隔舱板则为香樟木。② 这条古船的发现，再一次证明宁波在古代海上丝绸中的重要地位。

2. 山东蓬莱海防战船与韩国古船

山东蓬莱北部的登州港，是唐朝中国通往日本、朝鲜的主要港口。宋朝在些始建水军基地"刀鱼寨"。"明洪武九年(1376 年)明朝廷利用'刀鱼寨'的旧址，在南部截断海湾，将海湾环成港口'小海'。'小海'外环筑城墙，名'备倭城'，又名'蓬莱水城'，成为明、清水军基地。"③1984 年，在蓬莱水城发现一条古代木船。全船尖头方尾，呈流线型。全船残长 28 米，船体最宽处残宽 5.6 米，残高 1.2 米，共有 14 个舱位，是"是我国目前发现最长的海船"。学者们普遍认为，这是一艘近海快速海防战船，但对于其年代等问题尚有不同的意见。一种观点认为，这是"元代用于巡视海防备倭的战船"④。另有学者认为，这是一艘明代的防倭战船，"该古船仍属黄渤沿海的平底船"，"船型应属沙船"。⑤ 还有学者提出，这种轻型快速海防战船，就是浙江沿海常见的"刀鱼船"，俗称"钩槽船"。由于这艘沉船的木材"均由南方出产"，因此，"可基本肯定此船为南方所造，并由海道来蓬莱"；"也许该出土古船是元末盘踞明、温、庆元三郡的方国珍投降后，由其子亚兰向朱元璋所献的四百二十艘海舟中的大型刀鱼战棹"，被朱元璋用来充实到登州，以防备倭寇。⑥ 此外，曾经有人认为它是元朝准备攻打日本时所造的战船之一。

2005 年，在蓬莱水城又出土了三条古船。这样，1984 年出土的那艘战船就被编为一号船，而 2005 年出土的三艘古船则分别被编为二、三、四号船。二号船残长21.5 米，残宽约为 5.2 米。主龙骨为松木，残 16.2 米，采用钩子同口结构与首尾部分样连接。左右两侧各有 10 排船板，分别由松木、榆木、杉木制成。残存的隔舱板有 13 道，全船复原后共有 15 个船舱。⑦ 这艘呈流线型的沉船在船型上与"短肥型"的货船有着明显的区别，"与宋朝'刀鱼战棹'瘦长船型极其相似，应是沿用'刀鱼战棹'船型改进的明朝战船"，它与 1984 年发现的蓬莱战船以及浙江象山所发

---

① 龚昌奇等：《浙江宁波和义路出土古船复原研究》，《宁波文物考古研究文集》，科学出版社，2008 年。
② 陈潇俐等：《浙江宁波和义路出土古船的树种鉴定和用材分析》，《宁波文物考古研究文集》。
③ 袁晓春：《蓬莱 3 艘古船发掘简报》，《海交史研究》2006 年第 2 期。
④ 烟台市文物管理委员会、蓬莱县文化局：《山东蓬莱水城清淤与古船发掘》，蓬莱文化局：《蓬莱古船与登州古港》，大连海运学院出版社 1989 年版。
⑤ 杨槱：《山东蓬莱水城与明代战船》，蓬莱县文化局：《山东蓬莱水城清淤与古船发掘》，蓬莱文化局：《蓬莱古船与登州古港》。
⑥ 辛元欧：《蓬莱水城出土古船考》，蓬莱县文化局：《山东蓬莱水城清淤与古船发掘》，蓬莱文化局：《蓬莱古船与登州古港》。
⑦ 关于蓬莱二号船的资料，据山东省文物考古研究所等：《蓬莱古船》，文物出版社 2006 年版。

现的明代古船在船型上是相同的,而且"其建造地应为江、浙一带"。①

蓬莱三号船(最初曾被称为"蓬莱1号韩国古船")残长残长17.1米,残宽6.2米,龙骨长8.6米,用松木制成。翼板、船板也都是松木。残存的隔舱板共有8道,全船复原后共有10个船舱。据研究,这是一艘建造于元末明初的平底船,而且在"废弃前已破漏不堪"。由于这是一艘弃船,所以船上遗物不多,包括中国北方瓷器,韩国所产的陶瓷,以及松籽等。更加重要的是,该船具有三个特点:"未见龙骨";"外板采用鱼鳞式搭接方法连接";"外板的边接缝处采用'木钉'连接为主,以铁钉连接为辅"。这些正是高丽古船的特点。因此,研究者认为它是"在韩国造的高丽古船"。另一方面,这艘古船也具有韩国古船所没有的特点,例如,"高丽古船通常是用'驾龙木'来保证船舶的横向强度,而不使用横舱壁",但蓬莱三号船却没有"驾龙木",而是像中国古船那样采用了横向舱壁。② 蓬莱四号船(最初曾被称为"蓬莱2号韩国古船")仅存4块残底板,但"构造技术与用材与三号船比较接近"③。出土时已受毁坏,没有发现什么文物。有研究者认为,"中华人民共和国建国迄今,各地发现中国古代船舶有50余艘。蓬莱出土的韩国古船是中国境内第一次发现外国古船,填补了海外交通史研究的空白"④。

2006年,文物出版社出版了《蓬莱古船》一书。同年,国内外学者曾聚会蓬莱,对蓬莱出土的4艘古船进行了研讨。⑤ 2008年10月,在蓬莱举行了"登州与海上丝绸之路国际学术研讨会",这次会议的论文集《登州与海上丝绸之路》于2009年由人民出版社出版。这些成果,为今后的进一步研究打下了很好的基础。1990年,山东还专门建立了登州古船博物馆,向公众展示蓬莱出土的古船及相关文物。

曾有学者提出,蓬莱三号船"主要航行于中国北方和朝鲜半岛地区";由于"外板受海蛆蛀蚀,舱内已开始进水,虽经舱内的临时修复,但已不能长期航行返回高丽,因此最后只能遗弃在蓬莱水城内"⑥。但实际情况并非如此简单。事实上,蓬莱所发现的韩国古船,向学术界提出了许多问题:这两艘韩国古船是在中国建造的,还是在高丽建造的?它们为什么会停泊在蓬莱水城内?它们是民间的商船,还是外交使节所乘的官船?更加重要的是,这两艘古船的发现,对东亚造船史上的一

---

① 袁晓春:《蓬莱3艘古船发掘简报》,《海交史研究》2006年第2期。
② 山东省文物考古研究所等:《蓬莱古船》,文物出版社2006年版,第114—115页。
③ 山东省文物考古研究所等:《蓬莱古船》,第44页。
④ 袁晓春:《蓬莱3艘古船发掘简报》,《海交史研究》2006年第2期。
⑤ 这次研讨会的情况可参见席龙飞:《古船的考古发掘是研究船舶技术史的重要途径》,《海交史研究》2006年第2期。这次会议的论文集《蓬莱古船国际学术研讨会文集》于2009年由长江出版社出版。
⑥ 袁晓春:《蓬莱3艘古船发掘简报》,《海交史研究》2006年第2期。

些传统观点提出了挑战。例如,传统上认为,韩国古船是没有隔舱板与肋骨的,而蓬莱 1 号韩国古船中却有 6—7 个隔舱板,每个隔舱板的前后部都有肋骨。2007年,中国和韩国的两位学者对蓬莱古船在东亚造船史所提出的挑战进行了很好的概括:"根据专家学者们的观点,可以总结出蓬莱高丽古船的几个特点:首先是具有韩船的结构特点——船底是由长槊贯通的 3 条平衡木材组成的,舷板采用了搭接法并用皮槊来进行连接,首桅是可以向后倾倒韩式船桅;其次还具有中国古船的特点——底板的中间部位设置了补强材,安装了隔舱板提高船体的横向强度,主桅可以向前倾倒。但是在隔舱板前后都设有肋骨的做法和所使用的软质的桐油石灰捻料,迄今为止在中国古船上并没有发现,因此它具有独特的特点。"[①]这些学术难题,不仅涉及东亚造船史,而且还涉及海上丝绸之路其他问题的研究,很值得各国学者继续共同探讨。

3. 宁波市象山县海船

1994 年,宁波市象山县涂茨镇后七埠村的一个砖瓦厂取土时发现了一艘保存较好的明代海船,残长 23.7 米,残宽 4.9 米,共有 13 个船舱。这艘船"最具特点的是存在纵向从 2 号隔舱壁开始,穿过 3 至 12 号各隔舱板的两根'龙筋'"。船上发现了一只"比较典型的元代器物"小口瓶,也有多件明朝前期的龙泉窑瓷器,所以此船应是明朝前期的船只。全船的船板是用质地坚硬的杉木制成的,首桅与主桅座用樟木。船上还有压舱石、砖瓦等。发掘者认为,这艘古船与蓬莱古船有着许多"异曲同工"的相似之处,例如"它们的长宽比很接近;平面造型也基本一致;船底为尖圆底或圆弧底;吃水较浅;都有前后两段补强材和头、中桅座;以及具有多道水密舱壁等特征"[②]。不过,有专家认为,与蓬莱古船不同的是,"象山海船很可能是一艘民间的运输船而不是官家的战船,虽然它仍是'刀鱼船'的船型";船体两侧的圆弧形木构件,应当是"阻梗船舶摇摆"的"梗水木","这是象山船最为重要的发现之一";蓬莱船的排水量约为 173 吨,象山船的排水量约为 107 吨。[③]

4. 韩国新安海底沉船

1976 年,韩国渔民在全罗南道新安郡道德岛海面作业时,发现一些中国瓷器,随后,韩国政府组成了调查团,发现了一条沉没于海底的木船。1976—1982 年,韩国政府连续组织了 8 次海底打捞。沉船中所发现的文物非常丰富,包括 2 万多件

---

① 崔云峰、金成俊:《论蓬莱出土的高丽古船在韩国船舶史上的意义》,《海交史研究》2007 年第 2 期。
② 宁波市文物考古研究所、象山县文管会.《浙江象山县明代海船的清理》,《考古》1998 年第 3 期。
③ 席龙飞:《中国造船史》,第 256—258 页。

中国陶瓷器,金银器、木器、漆器、石器、骨制品、玉制品,香料、药物,甚至还有中国特色的赌具"骰子"。沉船中出土了 364 只木牌,上面写着日本货主或代理人的名字,日本"东福寺"的字样以及 10 多个僧人的名字。[①] 沉船中的中国古铜钱可谓数量惊人,"仅 1982 年利用吸引软管就打捞起 18 吨,这些铜钱都是中国铸造的,包括唐、北宋、南宋、辽、金、西夏、元等各代产品"[②]。特别值得一提的是,在发现的遗物中,有一个秤砣上镌有"庆元路"的中文,庆元路正是元朝宁波的名称。

新安沉船的发现,引发了热烈的学术讨论。例如,这艘是一艘中国船还是日本船? 它的出发地是宁波,还是温州,还是泉州或者福州? 这艘船的目的地是朝鲜还是日本? 等等。韩国政府在 1988 年出版的报告中认为:这是一艘用于远洋贸易的中国海船;它的始发港是庆元(宁波),出发的时间是在 1323 年左右;它的目的地是日本的博多;由于木牌上最多的名字是"东福寺",所以,该船最大的货主应当是日本京都的东福寺。尽管如此,还有"堆积如山"的问题尚未解决,例如:船籍是中国的还是日本的? 船主是中国商人还是日本商人? 船员是中国人还是日本人? 此船是否仅仅往返于中国庆元(宁波)与日本博多之间? 它中途是否曾在朝鲜半岛的某个港口停靠? 船上的货物是否准备全部都运往日本博多? 日本学者村井章介认为:"作为装载货物以外的遗物,有中国式的炊具、高丽式的匙、日本制的镜子、砚台盒、漆碗、日本象棋的棋子、木屐、刀的护手、古濑户的瓶等各种各样的生活用具。船员由中国、朝鲜、日本三民族混合而成,其中多数可能是日本人。"[③]另一位日本学者三上次男认为:"这艘船是打算在日本和高丽结束交易后取道冲绳,再前往菲律宾,最后返航庆元府(宁波)的周游船。……前面述及有'东福寺'记号的一件木牌,日本有的报纸仅根据这一点,就报道说该船是货主是日本的东福寺,真是'只见树木不见森林',这种报道有害无益,这个木牌只不过表示在该船货物中包含有东福寺所订购的一批陶瓷器而已。"[④]最近,还有韩国学者根据新安沉船上装载的此行檀木,认为它应当是从泉州出发的,然后"一直沿着福州、温州、庆元路线进行中介式航海","在向最终目的地日本博多航行过程中,经过高丽沿岸时遇难"。[⑤]

在海底沉睡了 700 年的新安沉船,隐藏着许多关于海上丝绸之路的秘密。通过各国学者的共同努力,我们将会越来越多地知道这些秘密,知道古代海上丝绸之路的真相。

---

① 李榕青:《新安沉船与福建陶瓷》,《南方文物》2010 年第 1 期。

② 席龙飞:《对韩国新安海底沉船的研究》,《海交史研究》1994 年第 2 期。

③ 转引自久保智康:《新安沉船装载的金属工艺品》,彭涛译,《南方文物》2008 年第 4 期。

④ 三上次男:《新安海底的元代宝船及其沉没年代》,《东南文化》1986 年第 2 期。

⑤ 金炳堇:《新安船装载的柴檀木和国际贸易》,《海交史研究》2009 年第 2 期。

二、联合国教科文组织的国际丝绸之路考察活动

1987 年年底,在法国巴黎召开的联合国教科文组织第二十四届大会决定实施联合国"世界文化发展十年(1988—1997 年)"计划,其中一个重要项目就是对丝绸之路进行全面的研究。该项目的全称为"丝绸之路:对话之路综合考察"(Integral Study of the Silk Roads: Roads of Dialogue)。[①] 大会之后,成立了丝绸之路项目国际咨询委员会,成员为来自 26 个国家和国际组织的专家,其中包括中国专家。丝绸之路项目国际咨询委员会在巴黎、巴格达、新德里、大阪、西安等地举行了一系列的会议,最后确定分三条线路对丝绸之路进行考察。第一条是沙漠之路,从中国西安出发,穿越中亚,最终到达巴基斯坦或土耳其。第二条是草原之路,从苏联的罗斯托夫出发,经中国伊宁至乌鲁木齐。第三条是海上丝绸之路,从意大利威尼斯出发,经波斯湾,至中国广州、泉州,最后延伸至韩国庆洲和日本大阪。1989 年,我国成立了中国丝绸之路项目协调组,并与联合国教科文组织正式签订了合作协议。[②]

联合国教科文组织的海上丝绸之路考察活动于 1990 年 10 月 23 日在意大利的威尼斯启程。阿曼的卡布斯苏丹陛下将其个人所有的万吨豪华游轮"法尔卡·阿·沙马拉马"号(FULK-Al-SALAMAH)无偿提供给联合国教科文组织,用于海上丝绸之路的考察活动,联合国教科文组织将该船命名为"和平方舟"号。[③] 我国学者刘迎胜登船参加了这次考察活动。

"和平方舟"号考察船从威尼斯出发后,经埃及古城亚历山大港,穿越苏伊士运河和红海,绕阿拉伯半岛抵达阿曼首都马斯喀特,接着又经巴基斯坦、印度、斯里兰卡等国,由马六甲海峡而进入太平洋,途经马来西亚、印度尼西亚、泰国,于 1991 年 2 月 9 日驶入广州黄埔港。"和平方舟"号从威尼斯到广州,越过了 7 个海域(地中海、红海、阿拉伯海、孟加拉湾、马六甲海峡、爪哇海和南中国海),途经 10 多个国家和 20 多个港口。[④] 在航行期间,还在沿途的威尼斯、雅典、伊兹密尔、开罗、马斯喀特、卡拉奇、果阿、科伦坡、马德拉斯、马六甲、苏腊巴亚、曼谷、文莱、马尼拉等地进行了一系列的考察和学术研讨。除了刘迎胜外,我国学者陈炎、安家瑶、陈达生等人也应邀参加了不同城市的考察及学术交流活动。[⑤]

---

① 刘迎胜:《丝路文化(海上卷)》,浙江人民出版社 1995 年版,第 7 页。
② 贾学谦:《驼铃与古船——UNESCO 国际丝路考察纪实》,教育科学出版社 2004 年版,第 3—6 页。
③ 贾学谦:《驼铃与古船——UNESCO 国际丝路考察纪实》,第 136 页。
④ 贾学谦:《驼铃与古船——UNESCO 国际丝路考察纪实》,第 138 页。
⑤ 刘迎胜:《威尼斯——广州"海上丝绸之路"考察简记》,《中国边疆史地研究》1992 年第 1 期。

1991年2月14日,"和平方舟"号来到泉州,受到隆重的欢迎。各国专家在泉州参观了海交史博物馆、伊斯兰教圣墓、草庵摩尼教寺遗址等,并且召开了"中国与海上丝绸之路"国际学术讨论会。此次讨论会上各国专家的论文,收录在福建人民出版社于1994年出版的《中国与海上丝绸之路》一书中。

陈高华在总结在泉州召开的"中国与海上丝绸之路"国际学术讨论会时,以非常概括的语言指出了此次联合国教科文组织海上丝绸之路考察活动对于中国学术界的重要意义:"过去中国学者与外国同行的接触和交流是不多的,这在一定程度上限制了研究者的视野,影响了研究的进展;同时也使得外国学者对中国学术研究的状况,不甚了解。在这次会议以后,中国的'海上丝绸之路'研究一定会出现新的热潮。"[1]诚如陈高华所言,这次会议之后中国研究海上丝绸之路的"热潮"确实越来越迅猛。

三、香港与澳门的回归

1997年7月1日,中国恢复对香港行使主权,英国结束了对香港的统治。1999年12月,葡萄牙将澳门政权移交给中国政府。这是20世纪后期中国历史上的两个重大事件。由于英国与葡萄牙都曾是海上丝绸之路的主角,因此,中国学术界在以各种形式庆祝香港与澳门回归(特别是澳门回归)的过程中,开展了许多与海上丝绸之路相关的学术活动与科学研究,从而有力地推动了对海上丝绸之路的研究。

早在20世纪80年代,当中英两国还在就香港问题进行谈判的时候,以北京与广州为主的大陆学者就着手研究香港问题了。1995年12月,中国社会科学院与广东省社会科学院、香港新亚洲文化基金会在珠海共同主办了"香港史研究现状与前景研讨会"。1997年12月,中国社会科学院与香港大学在香港共同主办了"香港与近代中国国际学术研讨会"。1999年10月,中国社会科学院世界《世界历史》杂志社、中国人民大学清史研究所等单位在北京召开了"澳门回归祖国学术研讨会";[2]同年11月,中国社会科学院、中国史学会、广东省社会科学院等单位在珠海召开了"澳门历史与发展学术研讨会",等等。而全国各地的相关活动则不胜枚举。例如,浙江省舟山市为迎澳门回归,于1999年成立了专门的课题组,对16世纪葡萄牙人在舟山的活动基地双屿港进行调查研究,最后完成了调研报告《葡萄

---

[1]　联合国教科文组织海上丝绸之路综合考察泉州国际学术讨论会组织委员会:《中国与海上丝绸之路》,福建人民出版社1994年版,第13页。

[2]　会议情况可见许海云:《澳门回归祖国学术研讨会简介》,《世界历史》1999年第6期,但该文误将会议时间写成"1996年"。

牙人在舟山双屿港活动考》。[①] 而且,在香港、澳门回归之后,这股力量依然持续发挥作用。2003 年 11 月,中国中外关系史学会与澳门理工大学、澳门基金会合作,在澳门共同举办了"16—18 世纪的中西关系与澳门国际学术研讨会"。这些学术研讨会等学术活动,为学术研究的开展营造了良好的氛围。

为了庆祝香港、澳门与回归,大陆学者撰写了大量的论文,并且出版了不少高水平的著作,例如余绳武、刘存宽主编的《十九世纪的香港》(1994 年),邓开颂的《澳门历史》(1995 年),汤开建的《澳门开埠初期史研究》(1999 年),章文钦的《澳门历史文化》(1999 年),万明的《中葡早期关系史》(2001 年),等等。此外,还整理出版了许多档案文献,包括《澳门问题史料集》(1998 年)、《明清时期澳门问题档案文献汇编》(1999 年)、《清代澳门中文档案汇编》(1999 年)、《中葡关系史资料集》(1999 年)、《中葡关系档案史料汇编》(2000 年)、《粤澳公牍录存》(2000 年)。这些档案文献的刊布,为深入研究海上丝绸之路提供了丰富的资料。

这样,从 80 年代提出"海上丝绸之路"的概念,到 2000 年,越来越多的大陆学者投入到海上丝绸之路的研究中。除了上面所说的朱杰勤、韩振华、姚楠、陈炎、田汝康、夏应元、孙毓棠、陈高华、刘迎胜、陈瑞德等人外,还有一大批学者从不同的角度出发对海上丝绸之路各个方面进行研究。如果按照姓氏汉语拼音为序,可以列举出一个长长的名单:蔡鸿生、晁中辰、陈碧笙、陈达生、陈佳荣、陈尚胜、陈希育、陈自强、戴逸、邓开颂、范金民、冯先铭、耿昇、顾卫民、郭成康、韩琦、韩昇、黄鸿钊、黄启臣、黄盛璋、黄时鉴、金国平、金秋鹏、黎虎、李金明、李龙潜、李庆新、李天纲、李玉昆、林金水、林梅村、林仁川、林士民、卢苇、罗荣渠、马文宽、齐文颖、钱江、曲金良、沙丁、沈定平、沈福伟、宋岘、石源华、孙光圻、孙尚扬、汤开建、万明、汪向荣、王金林、王连茂、王文楚、王仲殊、王子今、韦庆远、魏能涛、汶江、武伯纶、席龙飞、萧致治、谢必震、谢方、徐方平、杨典求、杨国桢、杨翰球、杨泓、杨槱、杨熺、叶文程、叶显恩、余太山、喻常森、张国刚、张箭、张铠、张难生、张荣芳、张西平、章文钦、章巽、郑鹤声、郑一钧、周连宽、周一良、周中坚、朱鉴秋、庄国土、庄景辉、庄为玑、邹振鹤、邹振环……

在上述这些学者中,有的是 1949 年之前即已活跃在学术舞台上的,有的是 1949 年之后在中华人民共和国的大学里培养出来的,也有的是 1978 年之后开始崭露头角的,可谓老中青三代相继,后起之秀辈出。这些学者根据各自的学术志趣,对海上丝绸之路进行了多角度、全方位的研究。与此前几个阶段(1901—1977

----

① 相关报告可见包江雁主编:《双屿港研究》,北京文津出版社 2001 年版。

年)的研究相比,无论从研究的广度还是学术深度上来说,1978年之后对于海上丝绸之路的研究都在明显提高,不断超越前人。主要表现在以下几个方面:(1)在中文史料上有很多新的发现,特别是珍藏在海外的丰富的历史文献被大陆学者有效地得以利用,而在此前多数中国学者是无缘获睹这些文献的。(2)此前中国学者往往依据二手或三手外文资料,而在这个阶段,大陆学者有机会、有能力充分利用外文原始文献,而且,所利用的外文原始文献在语种上也不断增多,除了英文、日文外,还有阿拉伯文、韩文、拉丁文、葡萄牙文、西班牙文等语种。(3)研究领域大大拓展,此前不太受关注甚至是空白的领域,在此阶段不仅得到了重视,而且成果不菲,例如科学技术(包括医药)的交流、来华传教士(特别是新教传教士)、海外汉学等。(4)在许多学术问题上都取得了原创性的突破,受到了国际学术界的高度重视。限于篇幅,这几个方面的进展与成就,详见本书下编各章节,这里就不展开介绍了。

有意思的是,在海峡对岸的台湾,20世纪80年代后对海上丝绸之路的研究也进入了一个新阶段。就在大陆开始提出"海上丝绸之路"概念后不久,台湾学者也使用了这个概念。1986年8月,全汉昇在台湾"中央研究院"第十七届院士大会上作了题为《略论新航路发现后的海上丝绸之路》的演讲。全汉昇认为:"把中国丝绸运往西方世界去的丝绸之路,在历史上一共有两条,而不是一条。头一条是汉代东西方丝绸贸易的商路,以陆路为主,东起长安,经河西走廊、天山南路、葱岭,西抵大月氏(今阿富汗)、安息(波斯,今伊朗),再向西抵达条支(今伊拉克)、黎轩(又作黎靬)或大秦(即罗马帝国)。第二条是海上丝绸之路,指的是十五、六世纪间世界新航路发现后,把中国丝绸运往菲律宾,再转运往美洲的太平洋航道,及把丝绸运往印度、欧洲的印度洋、大西洋航道。"[①]虽然全汉昇在文中也说:"中国丝绸由海道输出国外,在汉代已经开始",但他十分明确地把"海上丝绸之路"界定为"十五、六世纪间世界新航路发现后"的东西方海上贸易航道,所以,他对海上丝绸之路的定义不同于大陆学者。大陆学者普遍认为,海上丝绸之路始于汉代。我们也不清楚全汉昇使用"海上丝绸之路"一词是否受到大陆学者的影响。

20世纪最后20年,曹永和、李亦园、张彬村等学者的不断努力下,台湾"中央研究院"将"海洋发展史"确定为重要研究方向。而海洋发展史,则与海上丝绸之路密不可分。所以,台湾"中研院"的海洋发展史研究,实际上强化了台湾学术界对海上丝绸之路的研究。从1984年开始,"中研院"连续召开以海洋发展史为主题

---

① 全汉昇:《略论新航路发现后的海上丝绸之路》,《"中研院"历史语言研究所集刊》第57本,1986年。

的学术会议,并且出版《中国海洋发展史论文集》。到 2008 年,已经出版了十辑,主编者分别是张炎宪、吴剑雄、张彬村、朱德兰、刘序枫、汤熙勇等人。《中国海洋发展史论文集》中的文章,涉及海上丝绸之路的许多方面,包括政治、经济、考古、文化等。而且,一些文章直接回应大陆学者的相关观点。例如,张彬村在《十六至十八世纪华人在东亚水域的贸易优势》中认为,华人之所以能够长期掌控东亚的海上贸易优势,原因有四个,即:不平衡的市场需求、中国市场的封闭性、华人在东亚水域的散置网、大规模经营的不经济(Diseconomy of Scale)。文章在讨论中国帆船贸易在 19 世纪走向衰颓的原因时写道:"上海复旦大学的田汝康教授写了两篇文章,对这个问题作了最具代表性的总结:华舶的小规模经营和组织不利于资本的积累;造船技术受到清朝封建政权的压制束缚因而难以改进;海贸事业受到政府的抑制,与欧洲海贸事业受到政府的扶持形成强烈对比;不平等条约使中国门户大开,封建势力与外国资本主义共同扼杀了中国盛极一时的帆船贸易。就本文的分析而言,田汝康所列举的原因,除了最后一点之处,其余的原因可以说都还有待商榷。同时,就最后一点而言,中国被迫开放门户给欧洲商人,与其说是肇因于中国封建势力与外国资本主义的协作,不如说是肇因于中国农业社会对西欧工业社会的屈服。"[①]这样的观点,对于大陆学者来说是很有启发意义的。可惜当时的大陆学者难以读到这类文章。进入 21 世纪之后,随着两岸交往的不断密切,台湾学术界的研究动态不仅能够比较及时地被大陆学者所掌握,而且,台湾不少学者的论著还在大陆公开发表。例如台湾清华大学黄一农教授所发表的《红夷大炮与皇太极创立的八旗汉军》(《历史研究》2004 年第 4 期)等文章。2006 年,上海古籍出版社出版了黄一农的《两头蛇:明末清初的第一代天主教徒》。2006 年,山东画报出版社出版了《东亚海域一千年》,其作者正是目前在台湾主持海洋史研究的陈国栋。近年来,台湾还出现了研究海上丝绸之路的年轻新秀,例如方真真,她根据西班牙文献而撰写的《明末清初台湾与马尼拉的帆船贸易》(2006 年)以及《台湾西班牙贸易史料》(2006 年)等著作,受到了学术界的好评。

写到这里,我们已经粗略地勾勒出了 20 世纪中国学术界对于海上丝绸之路的研究概况。下面,我们简要对 21 世纪头十年(2001—2010 年)大陆学术界关于海上丝绸之路的研究动态作一简要的考察。

进入 21 世纪之后,大陆学术界对丝绸之路的研究日益兴旺。新世纪开始的

---

① 张彬村,《十六至十八世纪华人在东亚水域的贸易优势》,张炎宪主编:《中国海洋发展史论文集》第三辑,台北"中研院",1988 年。

第一年(2001 年),中国大陆就出现了研究丝绸之路的高潮。中国中外关系史学会会长耿昇曾这样写道:2001 年 10 月 28 日—11 月 2 日,中国中外关系史学会联合云南省社科院等单位在昆明召开了"西南、西北和海上丝绸之路比较研究"学术讨论会,这是"全国首次将研究西南、西北和海上丝绸之路的学者,聚集在一起,进行多学科和多视角的比较研究,被学者们戏称'炒三丝'",这样,"2001 年下半年以来,国内有关丝绸之路,特别是海上丝绸之路的学术讨论会异常火爆。这股滚滚大潮由云南开始,波及到了湛江、宁波和广州等港口城市,使 2001 年成为全国令人瞩目的'丝绸之路'年"。①

　　导致中国大陆出现海上丝绸之路研究热潮的一个重要原因,是"海丝申遗"(海上丝绸之路申报世界文化遗产)的提出。

　　1972 年在法国巴黎召开的联合国教科文组织第 17 次会议通过了《保护世界文化和自然遗产公约》。1976 年,在联合国教科文组织内成立了世界遗产委员会,负责《保护世界文化和自然遗产公约》的实施。世界遗产委员会每年召开一次会议,决定世界上哪些文化遗产可以入选《世界遗产名录》。被选入《世界遗产名录》的地方,则成了世界级的名胜,从而在全球范围内提高知名度,并且带来可观的经济与社会效益。这样,各个国家都积极申报世界文化与自然遗产。1985 年,在第六届全国政协会议上,罗哲文、侯仁之等知名学者提交提案,建议我国加入《保护世界文化和自然遗产公约》。同年 11 月,我国正式成为《保护世界文化和自然遗产公约》的缔约国。②

　　中国历史悠久,文明燦灿,拥有丰富的历史文化遗产,而与海上丝绸之路相关的历史文化遗产则是其中非常独特的一种。早在 1992 年,泉州就着手策划海上丝绸之路申报世界文化遗产的工作了。2001 年,泉州启动了"海上丝绸之路:泉州史迹"申报世界文化遗产项目的工作。2002 年,福建人民政府成立了泉州申报世界文化遗产领导小组。③

　　几乎与此同时,广州、宁波等城市也着手进行海上丝绸之路申报世界文化遗产的工作。从 2000 年起,广东省人民政府参事室、文史馆组成了"海上丝绸之路专家考察团"到有关港口进行调研,撰写了《应当重视"海上丝绸之路"开发》的建议。广东省政府参事室、文史馆还成立了"海上丝绸之路研究开发项目组",并且组成

---

　　① 耿昇:《蓬勃发展的中外关系史研究》,中国中外关系史学会:《中外关系史论丛》(第八辑),香港社会科学出版社 2005 年版。

　　② 马立智:《中国的世界文化遗产》,哈尔滨地图出版社 2005 年版,第 5 页。

　　③ 相关资料可见"闽南漳泉两地拟申'海丝'始发地世界文化遗产"(中国新闻网 http://www.chinanews.com/,2011 年 1 月 22 日)等报导。

了由黄启臣负责的写作班子,着手编纂《广东海上丝绸之路史》。[①] 此书于 2003 年正式出版。2002 年 2 月 10 日,顾涧清在《广州日报》上发表了《海上丝绸之路应申报世界文化遗产》的文章。广东省有关部门还专门设立了"广东海上丝绸之路研究",作为广东省哲学社会科学"十五"规划特别委托项目。这一项目的最终成果为顾涧清等人所著的《广东海上丝绸之路研究》一书,于 2008 年由广东人民出版社出版。

宁波市人民政府也十分重视海上丝绸之路的研究,于 2003 年成立了宁波"海上丝绸之路"申报世界文化遗产领导小组,并且设立了专门的办公室。2006 年,由宁波"海上丝绸之路"申报世界文化遗产办公室及宁波市文物保护管理所、宁波市文物考古研究所共同主编的《宁波与海上丝绸之路》由科学出版社出版。此后,扬州、蓬莱、湛江、漳州等中国沿海城市也纷纷以不同的形式开展了"海丝申遗"的工作。

"海丝申遗"提出后,各地的热情很高,但缺乏相互之间的合作。倡导并参与广东"海丝申遗"工作的顾涧清这样写道:"2002 年,我在广州市社会科学规划办公室工作期间,就曾经为联合研究和申报海上丝路文化遗存事宜,专门考察和积极联系过浙江的宁波、江苏的连云港、福建的泉州和广西的北海等地,当时的意向和认同程度不一,有的地方还为单独申报做了大量工作。"[②]在这种背景下,由中国中外关系史学会等单位举办的"宁波'海上丝绸之路'文化国际学术研讨会"于 2001 年 12 月 8—10 日在宁波召开,出席会议的全体代表通过了《宁波共识》,呼吁广州、宁波、泉州等与海上丝绸之路有关的城市联合进行"海丝申遗"。《宁波共识》共有五条,分别是:(1)"面向 21 世纪,在建构海洋文明和中国进入 WTO 的历史潮流中,大力弘扬源远流长的'海上丝绸之路'文化是历史的机遇和时代的选择"。(2)"观照中国 3 万多公里海岸线上珠串似的商港,在不同时期都曾经是'海上丝绸之路'上的著名港口,它们以其独有的价值,成为'海上丝路'上的璀璨明珠。沧海桑田,经过自然和社会淘选,不少港口已经消失或虽尤在而却失去了昔时的显赫地位。留存下来的,其中影响大,历时长,迄今仍起开放港口作用,且有史可考,丰富遗迹可寻且保护完好的,在南方海上丝绸之路的当推广州,在东方海上丝绸之路的当推宁波,介于两都之间,则为泉州"。(3)"宁波历史悠久,文化昌盛,从七千年前河姆渡文化时期进行的我国最早水上活动,到唐宋以来跻身中国著名港口

① 黄启臣:《广东海上丝绸之路史》,广东经济出版社 2003 年版,序二。
② 顾涧清:《广东海上丝绸之路研究》,广东人民出版社 2008 年版,顾涧清代序第 5 页。

之列,直至当代正在建设中的洋洋东方大港,宁波'海上丝绸之路'文化源远流长,经久不衰",宁波"无愧为中国'海上丝绸之路'始发港和兴盛港之一"。(4)"广州、宁波、泉州同是国家级历史文化名城,作为港城都具有浓厚了文化底蕴和巨大的发展潜力,……鉴于目前三城市在'海上丝绸之路'文化遗产保护、利用方面态势良好,因此,本次会议建议待条件成熟之后,由广州、宁波、泉州在达成共识的基础上,拟以中国'海上丝绸之路'始发港申报世界文化遗产是适宜的"。(5)"出席研讨会的中外学者将继续愿意通过各种有效途径,为宁波深入开展'海上丝绸之路'文化学术等研究提供智力支持和尽可能的帮助"。①

《宁波共识》之后,不仅越来越多的学者认识到海上丝绸之路相关城市联合申报世界文化遗产的重要性及可行性,而且,各相关城市的政府也越来越清楚地认识到这一点。2009 年 4 月,"中国文化遗产保护无锡论坛"在无锡举行,论坛确定将泉州、广州、宁波、扬州、蓬莱五城市作为"海丝申遗"的城市。这样,中国的"海丝申遗"工作就进入到了一个新阶段:与海上丝绸之路相关的港口城市联合申报世界文化遗产。目前,这项工作正在进行之中。

进入 21 世纪后,与海上丝绸之路相关的各港口城市通过"海丝申遗"而参与海上丝绸之路的研究过程中,从而成为推动新世纪海上丝绸之路研究蓬勃开展的强劲力量。海上丝绸之路相关各城市政府推动海上丝绸之路研究的具体途径主要有三种,一是资助相关研究,二是举办不同形式的学术研讨会,三是资助出版研究著作。现在,中国大陆几乎每年都有若干个关于海上丝绸之路的大型学术研讨会。

学者及地方政府普遍认识到,在不同的历史时期,广州、登州、扬州、泉州、宁波等港口城市都曾在海上丝绸之路中发挥过重要作用,任何一座港口城市都无法代表整个海上丝绸之路。目前有些学者所争论的是,中国南方海上丝绸之路的最早始发港是哪里。主要观点有三种。第一种认为是广西合浦,第二种认为是广东雷州半岛上的徐闻,第三种认为是广东番禺(广州)。2004 年 12 月,广西有关部门还举办过规模较大的"海上丝绸之路研究:中国·北海合浦海上丝绸之路始发港理论研讨会",多方论证广西合浦是中国海上丝绸之路的最早始发港。论文全文可见科学出版社于 2006 年出版的《海上丝绸之路研究:中国·北海合浦海上丝绸之路始发港理论研讨会论文集》。不过,持另外两种观点的学者也很多。② 我们认

---

① 《宁波共识》全文可见《浙东文化》2001 年第 2 期,第 206—207 页。

② 韩湖初、杨士弘:《关于中国古代"海上丝绸之路"最早始发港研究述评》,《地理科学》2004 年第 6 期;赵焕庭:《番禺是华南海上丝路最早的始发港》,《地理科学》2006 年第 1 期。

为，在讨论这个问题时，应当放宽视野，实事求是，而不能囿于地方的局限。

进入 21 世纪之后，随着中国海洋考古学的建立与发展，不仅为研究海上丝绸之路提供了可靠的实物依据，而且，还通过大众传媒使全社会普遍关注海上丝绸之路。

20 世纪 60 年代，海洋考古学在西方形成。1983 年，荷兰商人哈契尔（Michael Hatecher）在中国南海海域打捞起一艘 1643 年前后沉没的中国帆船，先后获得 27000 多件中国瓷器，并且成功地在国际上以高价拍出。1985 年，他又发现了 1752 年沉没的荷兰东印度公司货船"盖尔德麻尔森号"，发现大量瓷器、黄金，还有包括铁炮在内的其他文物。1986 年，在国际上著名的拍卖行佳士德拍卖行的主持下，这艘沉船上的文物在荷兰的阿姆斯特丹进行拍卖。"约 5000 人前来竞拍，世界各地通过电讯的出价者约 10 万人次，拍卖成交的总金额达 1000 万英镑。对哈契尔及其同事来说，它是成功的顶点。对创建于 1766 年的佳士得拍卖行来说，它也是两百余年来经营的顶点。这九个月，阿姆斯特丹掀起了'哈契尔热'，拍卖的所在地希尔顿饭店出现了'哈契尔鸡尾酒'。同时，哈契尔的惊人发现，超越了拍卖行，扩展到了艺术界和学术界，以至其影响及于普通民众。"[①]

哈契尔在中国南海海域连续打捞沉船，也在我国引起了极大反响。哈契尔所发现的文物在阿姆斯特丹拍卖期间，"中国国家文物局派故宫博物院陶瓷专家冯先铭、耿宝昌前往考察。1986 年 6 月，新华社《参考清样》发表《我国陶瓷专家建议重视水下考古工作》一文，国家科委、文化部联合发出《关于加强我国水下考古工作的报告》，国务院有关领导先后在内参报告上指示，要发展我国的水下考古事业"[②]。1987 年 3 月，我国成立了"国家水下考古协调小组"，同年又成立了水下考古研究中心（附属于中国历史博物馆），标志着我国水下考古进入筹备阶段。1989—1990 年，中国历史博物馆与澳大利亚阿得莱德（Adelaide）大学东南亚陶瓷研究中心在青岛联合举办海洋考古专业人员培训班，并在福建连江定海沉船遗址进行调查和发掘。"这个培训计划的完成标志着当代海洋考古方法传入我国，成为此后环中国海开展一系列古代沉船考古的重要基础。"虽然自 50 年代起在我国沿海的广东、福建、浙江、江苏、山东等地陆续发现了一些古代沉船，但这些沉船都发现于淤积成陆的古海湾、古河道地区，而且是偶然发现的。自 80 年代末西方海洋考古传入我国后，古代沉船的考古进入到了一个新的阶段，即"由近海淤陆的偶

① 黄时鉴：《从海底射出的中国瓷器之光——哈契尔的两次沉船打捞业绩》，黄时鉴：《东西交流论谭》，上海文艺出版社 1998 年版。
② 吴春明等：《海洋考古学》，科学出版社 2007 年版，第 67 页。

然发现,转向海底沉船的主动调查与发掘阶段"。[①]

从 20 世纪 80 年代末开始以后的 20 多年中,中国进行了一系列的海洋考古调查与发掘,[②]其中比较重要的发现有:(1)福建连江定海"白礁一号"沉船遗址;(2)西沙群岛华光礁、北礁沉船遗址;(3)广东"南海一号"沉船遗址;(4)福建平潭大练岛元代沉船遗址;(5)福建平潭"碗礁一号"沉船遗址;(6)福建莆田南日岛、湄洲湾海域沉船遗址。这些发现被誉为中国水下考古"六大发现"。[③] 随着中国海洋考古的发展,新的发现也在不断增多,[④]例如 2007 年在广东南澳发现的"南澳一号"(原名"南海 2 号")沉船。下面,我们对几个重大的海洋考古发现略作介绍。

1. 福建连江定海"白礁一号"沉船

20 世纪 70 年代末,为了烧制石灰,当地渔民在福建闽江口外的定海湾大规模地挖取海底贝壳作为原料,在此过程中,经常打捞到木船构件、陶瓷器、铁器等,引起了文物部门的重视。1989—1990 年,中国历史博物馆与澳大利亚阿得莱德大学东南亚陶瓷研究中心的专家决定将定海湾的白礁遗址作为首届中澳联合水下考古专业人员培训班的实习地点。[⑤] 经过水下考古调查,共发现两处沉船遗址,分别被称为"白礁一号"和"白礁二号"。在"白礁一号"沉船遗址,除了部分龙骨外,船体其他部分已腐烂无存,其年代初步推定为南宋至元。1995 年、1999 年、2000 年,多次对"白礁一号"沉船遗址进行水下考古发掘。"白礁二号"的船体遗骸尚未发现,从陶瓷器等出土文物来推断,其时代应为明清时期。此外,在定海湾海域还发现了其他一些水下文物,宋、元、明、清各代都有,包括铸有"国姓府"字样的郑成功时代铁炮。[⑥] 关于连江定海湾沉船的考古发掘报告尚未整理出版。

2. 福建平潭"碗礁一号"沉船

碗礁是福建省平潭海域的一个小礁,因为上百年来在其附近海中不断发现众多瓷碗而得名。2005 年 6 月,渔民在捕鱼时意外发现一些瓷器,结果引来大批盗宝者,包括当地渔民临时组成的"夺宝股份公司"。闻讯前来哄抢文物的各种盗宝

---

① 吴春明、张威:《海洋考古学:西方兴起与学术东渐》,《中国海洋大学学报》2003 年第 3 期。

② 吴春明:《中国水下考古 20 载》,《海洋世界》2007 年第 8 期。

③ 栗建安:《中国水下考古"六大发现"——海上丝绸之路上的中国古代外销瓷》,《国际博物馆》(中文版)2008 年第 4 期。

④ 厦门大学考古人类学实验教学中心对中国沿海及其他地区的水下沉船有比较详细的介绍,可参见 http://aalc.xmu.edu.cn/。

⑤ 保罗·克拉克:《中国福建省定海地区沉船遗址的初步调查》,《福建文博》1990 年第 1 期。

⑥ 相关报告可见中澳联合水下考古队:《中国福建连江定海 1990 年度调查发掘报告》,《中国历史博物馆馆刊》1992 年总第 18—19 期;中澳联合定海水下考古队:《福建定海沉船遗址 1995 年度调查与试掘》,《东南考古研究》1999 年第 2 辑。

船有 20 多艘,船上配有先进的潜水设备,有的盗宝分子甚至从广东、浙江、上海甚至山东雇佣了潜水员进行盗掘。"盗捞者们精神亢奋,各式渔船穿梭往来,日夜不停,文物开始大规模地打捞出水,损坏丢弃不计其数。不时有文物贩子上岛,以数百至 1000 元人民币的价格收购瓷器。"7 月,国家文物局紧急批准对"碗礁一号"沉船进行抢救性发掘。发掘者白天忙于工作,晚上还要监视那些虎视眈眈的盗宝者。由于福建沿海出现了 5 次台风,所以发掘工作不得不时断时续。但盗宝者却利欲熏心,在台风中也敢于下水。① 经过 100 天左右的紧张发掘,出土了大约 1.7万件瓷器,以清朝康熙年间的瓷器为多,详细情况可见科学出版社于 2006 年出版的《福建东海平潭"碗礁一号"沉船遗址出土瓷器》。2008 年,在"碗礁一号"沉船遗址不远处,又发现了一个沉船遗址,暂命名为"碗礁二号"沉船遗址。②

"碗礁一号"被发现后,因其发现过程的传奇性、水下考古的神秘性、船上文物的丰富性而激发了传媒与公众的强烈兴趣。2005 年 9 月,中央电视台对"碗礁一号"的发掘进行了连续几天的电视直播(该直播节目获第十六届中国新闻奖三等奖)。2006 年 7 月,中央电视台《探索·发现》栏目播出了《"碗礁一号"沉船揭秘》。此外,报纸、杂志、网站等大众传媒对碗礁一号也进行了大规模的报导。今天,在"百度"上可以找到关于"碗礁一号"的 20 多万条检索结果。2011 年 5 月,我们在撰写本书的过程中读到,从 2011 年 4 月起,福州市博物馆展出了 243 件"碗礁一号"出水文物,大批市民慕名而来,一睹为快。③

3. 广东"南海一号"沉船

在中国所发现的海底沉船中,知名度最大无疑当数"南海一号"。这艘沉船的发现,更富有传奇性。随着全球性"海上探宝热"的兴起,英国海洋探测打捞公司(The Maritime Exploration and Recovery Ltd.)通过查阅历史文献,获知荷兰东印度公司的"林斯堡号"(Rimsberg)于 1772 年沉没于广东阳江附近的南海海域。1987 年,他们向中国有关部门提出,希望能够合作打捞这艘沉船。经过种种努力,中英双方签订了合作打捞的协议,广州捞救局承接了打捞业务。④ 1987 年 8 月,正当打捞者有点失望的时候,他们却意外地发现了一艘中国沉船,而且发现了 200多件珍贵的金器、锡器及瓷器,立即震惊了考古学界。这艘沉船后来被命名为"南

---

① 李海鹏:《抢救"碗礁一号"》,《南方周末》2005-10-27。
② 栗建安:《中国水下考古"六大发现"——海上丝绸之路上的中国古代外销瓷》,《国际博物馆》(中文版)2008 年第 4 期。
③ 《"碗礁 号"文物吸引榕城市民目光》,新华网(http://news.xinhuanet.com/),2011-05-18。
④ 李庆新:《"南海Ⅰ号"与海上丝绸之路》,五洲传播出版社 2010 年版,第 9—13 页。

海一号"。从 1998 年开始到 2004 年,考古工作者对"南海一号"进行了多次调查,采集到大批精美的文物,确定这是一艘南宋沉船。2007 年,对"南海一号"成功地进行了整体打捞,并将其顺利移入"广东海上丝绸之路博物馆"的"水晶宫"中。广东海上丝绸之路博物馆是为了收藏、保护、研究和展览南海一号而专门新建的,2005 年动工,总投资 2 亿元。这是一座具有国际先进水平的海上丝绸之路专题博物馆,2009 年 12 月开馆时,备受国人注目,海内外的相关报道可谓铺天盖地,不胜枚举。

陈列在广东海上丝绸之路博物馆"水晶宫"中的"南海一号",是"迄今为止世界上发现年代较早、船体较大、保存较为完整的远洋贸易商船"。虽然对这艘沉船的考古整理与研究正在进行之中,但已经发现的文物,就足以使研究者与公众为之惊叹了。例如,船上发现的一条长 1.7 米的鎏金腰带,不仅"式样、造型及风格都与国内同类物品风格迥异",而且还有"眼镜蛇的头骨",致使有人怀疑这"是不是一艘外国商船";船上打捞出来的瓷器分别产自景德镇、龙泉、德化和磁灶四大名窑,种类丰富,制作精美,价值连城;沉船上已发现上万枚铜钱,年代早者为汉代,晚者为南宋;船上发现了系列钱锅,还打捞起一块菱形大石锚……所有这一切,对于研究中国造船史、瓷器史、货币史、经济史和海外贸易史有着不可估量的学术价值。此外,还有许多引人入胜的谜尚待解开:这是一艘广船还是福船?它的始发港是广州、泉州,还是宁波?[①]它准备驶往何处?它因何沉没?沉没的过程中发生了什么?是否有幸存者?浩如烟海的中外历史文献中是否保存着关于这艘沉船的一丝信息?

4.广东"南澳一号"沉船

广东省汕头市的南澳县,是广东省唯一的海岛县。"南澳一号"沉船位于南澳岛东南的三点金海域。最初是由渔民在海上作业时发现的。2007 年 5 月,广东汕头市南澳县的云澳边防支队派出所接到当地渔民举报,说南澳岛附近海域有渔船在打捞海底文物。边防民警立即出动,缴获了不少古代瓷器。这个发现迅速被上报到汕头市和广东省,引起了有关部门的高度重视。为了避免这艘沉船像福建"碗礁一号"那样一被发现即遭大规模盗掘的命运,汕头市有关部门还专门成立了海上警戒保护小组,每天实施 24 小时的保护。[②]经过水下考古调查,发现了一艘沉船。该沉船最初被称为"南海二号",2009 年正式定名为"南澳一号"。经水下考

---

① 顾涧清:《聚焦南海沉船古船,诉说海上丝路文明》,见顾涧清等:《广东海上丝绸之路研究》,广东人民出版社 2008 年版,附录三。

② 顾涧清等:《广东海上丝绸之路研究》,第 347 页。

古调查,初步确定这是一艘明代万历年间的沉船,沉船长不小于 25.5 米,宽不小于 7 米。① 2010 年 4—7 月,考古工作者对"南澳一号"进行了调查和发掘,"共出水各类文物逾万件,包括瓷器、陶器、铜器、金属器等","新发现一个隔舱板,至此,汕头'南澳Ⅰ号'已发现的舱位增加至 16 个"。② 该年度的发掘表明,"南澳Ⅰ号"上的遗物数量可能超过万件,其中瓷器达 95%;瓷器中又以福建漳州窑青花瓷为大宗,此外还有江西景德镇瓷器等。在出水文物中,还有"相当数量纯度超过 90% 的圆形铜板与大量铜钱",以及铁铳等。发掘者认为,这艘沉船的始发地"极有可能是福建漳州月港"③。

从 2011 年 4 月开始,又对"南澳Ⅰ号"进行了考古调查与发掘,一个月后即发现了 2000 多件文物。④ 2011 年 5 月 24 日,中国最具影响力的新闻栏目中央电视台"焦点访谈"播出了"水下再探'南澳一号'"专题报道。与"南海一号"一样,"南澳一号"同样缠绕着许多令人感兴趣的谜团:它的始发地是南澳、漳州,或者其他港口?它的目的地是东南亚的泰国、越南,还是更远的印度洋地区?它是一艘合法的商船,还是一艘非法的走私船?它因为什么原因而沉没?南澳周边真的是"古沉船云集"的神秘海域吗?⑤

除了中国发现的古沉船外,一艘 18 世纪的欧洲沉船也激发了中国公众对海上丝绸之路的热情,这就是"哥德堡号"。

"哥德堡号"是瑞典东印度公司的货船之一,1744 年 9 月第三次来到广州,第二年 1 月从广州启程回国,1745 年 9 月在距故乡哥德堡不到一公里的地方触礁沉没。从 1986 年开始,瑞典对"哥德堡号"进行了连续 10 年的水下考古发掘,发现了瓷器、茶叶等大批来自中国的货物,为研究 18 世纪海上丝绸之路提供了丰富而可靠的实物资料。⑥ 瑞典政府与社会各界还积极出资,募集了巨额经费,最后按照哥德堡号的原样,建造了一艘仿古帆船。2003 年 6 月 6 日,正是瑞典的国庆日,经过近十年精心打造的哥德堡号仿古船在哥德堡下水,瑞典国王出席了下水仪式。

2005 年 10 月 2 日,碧空如洗,"哥德堡号"仿古船正式起锚,开始远航中国。有媒体这样写道:"十多万市民倾城出动,500 多艘船跟随欢送,场面极其壮观。"

① 广东省文物考古研究所:《南澳Ⅰ号明代沉船 2007 年调查与试掘》,《文物》2011 年第 5 期。
② 《南澳一号打捞船只 21 日离开南澳海域》,新浪网(http://www.sina.com.cn),2010-07-23。
③ 广东省文物考古研究所等:《广东汕头市"南澳Ⅰ号"明代沉船》,《考古》2011 年第 7 期。
④ 《最新预测称南澳一号古沉船文物可能超 3 万件》,《广州日报》2011-05-25(http://news. anhuinews. com,2011-05-25)。
⑤ 鲍可:《神秘海域缘何古沉船云集》,《今日科苑》2011 年第 2 期。
⑥ 龚缨晏:《哥德堡号与 18 世纪中西关系史研究》,原载黄时鉴主编《东西交流论谭》,上海文艺出版社 1998 年版,收入龚缨晏:《求知集》,商务印书馆 2006 年版。

"哥德堡号"仿古船的这次远航,被媒体称为"追逐太阳的航程",从出发之始,就受到中国各界的高度关注。中国驻瑞典大使吕凤鼎专程赶到哥德堡,出席启航仪式。仿古船航行期间,中国媒体进行了跟踪报道,关于该船的各类图书热销全国的大小书店,上海等地还建立了"哥德堡号中国之旅"专题网站。"哥德堡号"就要到达广州时,讲述这艘仿古船的大型纪录片《追逐太阳的航程》于 2006 年 7 月 10 日—17 日在中央电视台《探索·发现》栏目热播。2006 年 7 月 18 日,"哥德堡号"仿古船在广州南沙客运港顺利停靠,受到受到中国人民的热烈欢迎。此后,"哥德堡号"仿古船又先后造访了舟山沈家门渔港、上海港。2006 年 10 月 28 日,"哥德堡号"仿古船离开上海返航。[①]

无论是中国沿海发现的沉船,还是瑞典发现的"哥德堡号",都是航行于海上丝绸之路上的古代船只,所以,媒体与公众对于这些古船所表现出来的热情,为深入研究海上丝绸之路创造了良好的舆论氛围,客观上促进了海上丝绸之路的研究。

这样,进入 20 世纪虽然只有短短的 10 年,但由于地方政府的高度重视,海洋考古的强劲助推,大众传媒的密切关注,社会公众的浓厚兴趣,海内外学术交流的频繁开展,使海上丝绸之路的研究呈现出前所未有的迅猛态势。在这 10 年间所出现的论著,在数量上可能抵得上 20 世纪的总和了。我们完全可以说,自 2001 年起,中国"海上丝绸之路"研究进入到了"全面兴盛阶段"。而且,这个阶段才刚刚开始,未来的前景必将更加辉煌。

不过,我们也应当清醒地看到,目前中国大陆在海上丝绸之路的研究中依然存在着不少问题。在今后的研究中,以下三个方面的问题尤其需要加以重视。第一是要密切跟踪海外学术研究新动态,特别是海洋考古的新进展。第二是要加强多学科的交叉研究,因为海上丝绸之路研究涉及造船、航海、海外贸易等众多领域,如果缺乏对其他相关学科的了解,就会得出不全面的结论。第三是要更多地掌握已有的研究成果,少走学术弯路。中国学者对海上丝绸之路已经进行了一个多世纪的研究,取得了很多成果。而近年来的有些所谓"新见",实际上是在重复前人所做的研究,甚至是在重复被前人否定了的观点。[②] 事实上,任何学术上的创新,都是建立在前人的研究基础上的,都是以深厚的学术基础为的前提的。本书及配套的《20 世纪中国"海上丝绸之路"研究集萃》,就是想为现今的学者们深入了

---

① 关于"哥德堡号"仿古船中国之旅的行程及活动,可见"哥德堡号中国之旅——上海站官方网站"(http://news.eastday.com/eastday/node4680/node13278/)以及新浪、搜狐等新闻网站。

② 例如,所谓的古代中国人发现美洲。

解一个多世纪来前人所做的研究提供方便，从而更好地促进海上丝绸之路的研究。希望本书能够起到学术发展的"垫脚石"作用。

在古代，中外航海家们不畏鲸波怒浪，不惧暗礁险滩，在浩渺无涯的大海上劈波斩浪，打通了连接中国与世界的海上丝绸之路。20世纪的百年岁月，犹如波涛汹涌的茫茫大海，风云多变，骇浪屡现。一批又一批的学者们，前赴后继，以非凡的毅力与广博的学识，艰难地开辟出了一条学术上的海上丝绸之路，通向世界，通向现代，通向未来。回顾20世纪中国海上丝绸之路研究的前进轨迹，可以获得智慧，获得信心，获得勇气，也可以获得教训。我们相信，21世纪的学术之舟必定航行得更加平稳，更加快速。

下 编

　　1978年,中国大陆进入了改革开放的新阶段,关于海上丝绸之路的学术研究随之复兴,并且迅速繁荣。在20世纪的最后20年中,老中青三代学者相继,对海上丝绸之路进行了多角度、全方位的研究,无论在研究的广度上还是学术的深度上都有显著的进展,主要表现在:(1)在中文史料上有很多新的发现,特别是珍藏在海外的丰富的历史文献被大陆学者有效地得以利用,而在此前多数中国学者是无缘获睹这些文献的。(2)此前中国学者往往依据二手或三手外文资料,而在这个阶段,大陆学者有机会、有能力充分利用外文原始文献,而且,所利用的外文原始文献在语种上也不断增多,除了英文、日文外,还有阿拉伯文、韩文、拉丁文、葡萄牙文、西班牙文等语种。(3)研究领域大大拓展,此前不太受关注甚至是空白的领域,在此阶段不仅得到了重视,而且成果不斐,例如科学技术(包括医药)的交流、来华传教士(特别是新教传教士)、海外汉学等。(4)在许多学术问题上都取得了原创性的突破,受到了国际学术界的高度重视。这些进展,具体反映在关于中国与世界各个地区海上交往的研究之中。

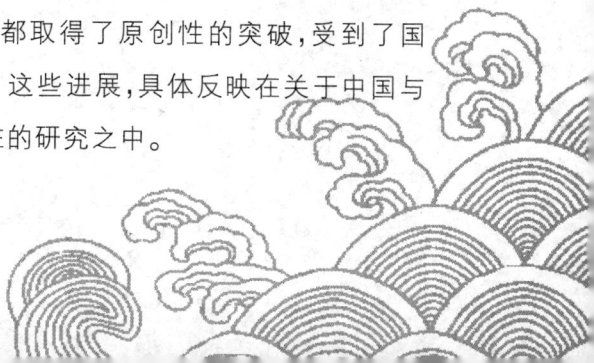

第五章　中国与东亚其他国家海上丝绸之路研究回顾

东亚"海上丝绸之路"联结的空间范围涉及中国、日本、韩国和朝鲜,其研究内容首先包括与"海上丝绸之路"概念关系最为密切的港口、海上航线、航海贸易、市舶管理、船舶技术等方面,同时也包括历史上东亚诸国通过海上航路开展的文化交流、政治往来、人员移动等诸多课题。

我国学界于 20 世纪 80 年代初才正式提出"海上丝绸之路"概念,但此前有关古代东亚海交史和航海史的研究,均可视为东亚"海上丝绸之路"研究的先声。早在 20 世纪上半叶,我国就有学者对东亚海交史进行了探索,成果主要集中于中日交通史板块。其中代表性的成果包括:陈博文《中日外交史》[①]、王辑五《中国日本交通史》[②]以及张鹏一《唐代日人来往长安考》[③],等等。在新中国成立至 20 世纪 70 年代末的 30 年中,我国学界东亚海交史和航海史研究进展十分缓慢,但仍出现了一些有关古代中日韩海上贸易、文化交流以及港航变迁等方面的著述。特别值得一提的是,这时期我国东北、华北以及华东沿海地区涉及港口、船舶、对外贸易的考古发现,为日后东亚海上丝绸之路研究的推进积蓄了宝贵的学术资源。

20 世纪 90 年代初,陈炎《略论海上"丝绸之路"》[④]一文对于"海上丝绸之路"概念的确立以及"海上丝绸之路"研究基本框架的构建影响深远。关于东亚海上丝绸之路的出现和演变,该文认为,我国的丝绸成品以及养蚕、丝织技术早在周秦时期就已从海路传播到朝鲜,到汉代又经由朝鲜传到日本。论文还特别指出,丝绸从海上东传朝鲜、日本的路线是海上丝绸之路的重要组成部分,也是海上丝绸之

---

① 陈博文:《中日外交史》,商务印书馆 1928 年版。
② 王辑五:《中国日本交通史》,商务印书馆 1928 年版。
③ 张鹏一:《唐代日人来往长安考》,秦风周报社 1937 年版。
④ 陈炎:《略论海上"丝绸之路"》,《历史研究》1982 年第 3 期。

路最早的一条航线。陈炎的另一篇论文《东海丝绸之路初探——唐代以前的东海航路和丝绸外传》，以海上丝绸之路的概念对早期东亚海上交通发展历程进行了重新诠释，文章着重论述了唐以前历代丝绸通过海路外销朝鲜、日本的历史状况。[①]

另外，论及东亚的海交史宏观研究成果中，林文明的论文《中国海外交通史分期问题的探讨》也很值得关注。[②] 文章将我国海外交通史分为 4 个历史时期，并且概括了各个时期我国海外交通的历史特点。文中对于东亚海上交通演变脉络的总结十分精当：第一个时期——先秦时期是我国海外交通的兴起时期，这时期我国与朝鲜、日本应该已有海上往来。到了第二个时期——秦汉六朝时期，首先，秦武力统一六国之际，燕、齐、越等地向海外避乱移民，促进了东亚海上交通的发展，此外，徐福船队入海求仙航行则是我国历史上第一次海外交通盛举。两汉至六朝时期，我国海外交通分为南北两条航线，北航线通往朝鲜、日本，南航线由中国南海延伸至印度洋沿岸。第三个时期自隋代起，经过唐、五代、宋、元至明初。这时期我国造船和航海技术得到长足发展，历代王朝在沿海重要口岸建立市舶管理机构，广州、泉州成为通往南洋的门户，明州则是往来日本、朝鲜的枢纽。第四个时期从明代中叶起至 1949 年，是中国海外交通的中衰时期。明清政府禁海迁界、西方殖民者和倭寇的侵扰，都对中国海外交通产生了破坏性影响。

20 世纪 90 年代以来，东亚海上丝绸之路研究步入繁荣时期。一批具有海外留学或访学经历的研究者，为这一领域带来了莫大活力。海内外学者联合编撰系列论著，共同举办学术会议，频繁的交流活动使我国学者在开阔研究视野、构建学术规范、创新理论方法等方面获益良多。值得一提的是，近年国外学界关于东亚海域交流史的研究也取得了显著进展，松浦章、村井章介、榎本涉、山内晋次等学者的相关论著受到我国学界的广泛关注与引介，国内外学界良性互动的广度和深度日渐加强。[③]

近年，在本领域的宏观探索方面，王勇、韩昇、葛兆光等学者提出的论见值得特别关注。王勇认为，古代东亚文化交流在内容、形式、影响等方面均具有特殊性，与中西交流偏重物质文明不同，东亚文化交流的核心在于精神文明的传播，书

---

① 陈炎：《东海丝绸之路初探——唐代以前的东海航路和丝绸外传》，《海交史研究》1985 年第 2 期（总第 8 期）。

② 林文明：《中国海外交通史分期问题的探讨》，《海交史研究》1983 年刊第 5 期。

③ 以上学者的相关代表性论著包括：松浦章《清代海外贸易史的研究》，朋友书店 2002 年版；村井章介编《港町と海域世界》，青木书店 2005 年版；榎本涉《東ノンア海域と日中交流：九——四世纪》，吉川弘文馆 2007 年版；山内晋次《奈良平安期の日本とアジア》，吉川弘文馆 2003 年版。

籍是精神文明的载体,因此,较之"丝绸之路"概念,"书籍之路"更能贴切地概括东亚文化交流的模式。[①] 韩昇强调,东亚自古就是一个紧密联系的整体,古代中日关系、中朝关系和日朝关系三者相互联动,无法割裂开来进行考察。就东亚文化的传播路线而言,朝鲜半岛的中转作用不容忽视。[②] 另外,葛兆光《从"西域"到"东海"——一个新历史世界的形成、方法及问题》一文,也对当下东亚海上丝绸之路的研究具有启示意义。文章指出,东亚海域与地中海、西域一样,是一个"文明交错的空间"。自从唐宋两代陆上丝绸之路被北方民族政权阻绝,宋代逐渐将重心移往东南之后,"东海"逐渐取代"西域",成为元明以后中国更重要的对外交流空间。文中更值得关注的一个论点是:与地中海和西域逐渐"由异而同"的历史发展走向不同,东亚海域周边的各个区域则由共享历史传统转向彼此文化疏离,而且这种趋势随着新航路开辟带来的西方因素的介入而更为加剧。葛兆光文章虽未言及"海上丝绸之路"概念,但他关于"东海"历史世界的宏观解读,促使学界进一步思考东亚海上丝绸之路对于整个欧亚大陆东端政治、经济以及文化格局演变的历史影响。[③]

关于东亚海上丝绸之路研究具体的学术发展脉络,本章将分专题加以详细回顾。鉴于本书上编对于 20 世纪 80 年代之前的学术史已有较多论及,下文将重点考察近 30 年来的研究状况。

一、东亚海上丝绸之路港口、航路以及船舶研究

海上丝绸之路是延伸扩张于海域的物品、人员、思想以及技术的往来通道,大陆濒海地区和海中岛屿的港口联点成线使得海上通道的交流功能得以确立。因此,海上丝绸之路研究首先需要关注的专题必然是海港与海路。另外,船舶技术不仅直接关系到海上航路的开辟拓展以及航海活动的安全保障,更关系到由海上丝绸之路所驱动的跨区域交流活动的规模与影响,故而古代船舶研究与港口、航路的历史研究密切相关。本节将对涉及东亚海上丝绸之路的港口、航路以及海船的研究状况进行回顾。

1. 港口研究

联结东亚海上丝绸之路的主要海港包括:中国大陆沿海的登州、扬州、宁波、乍浦、温州、泉州等;朝鲜半岛的木浦、莞岛、釜山等;日本列岛的博多、长崎、平户、

① 王勇:《"丝绸之路"与"书籍之路"——试论东亚文化交流的独特模式》,《浙江大学学报(人文社会科学版)》2003 年第 5 期。
② 韩昇:《东亚世界形成史论》,复旦大学出版社 2009 年版。
③ 葛兆光:《从"西域"到"东海"——一个新历史世界的形成、方法及问题》,《文史哲》2010 年第 1 期。

鹿儿岛、大阪,等等。本专题将围绕东亚海上丝绸之路主题,对我国学界有关古代东亚海上交通节点港口研究的学术发展脉络进行梳理。

20 世纪初直至 70 年代,有关东亚海域交通港口的研究成果极为匮乏。20 世纪前半叶的代表性论文可以举出:张道渊《宁波市在国际通商史上之地位》[①]、全汉昇《唐宋时代扬州经济景况的繁荣与衰落》[②]和方豪《十六世纪我国通商港 Liampo 位置考》[③],三篇文章均具有极高的学术价值。张道渊论文是宁波港史研究的开山之作。全汉昇文章侧重唐宋扬州城市经济变迁的考察,史实考证精详之至,堪称典范。方豪考证的 Liampo 即宁波附近海岛的双屿港,双屿港是明代联结中日与中葡航线的重要港口。作为一名卓越的海交史学者,方豪独具慧眼,早在 20 世纪 40 年代就已认识到双屿港在历史上的重要地位。

20 世纪 50 年代,黄盛璋的力作《中国港市之发展》论及扬州、明州、登州、莱州等对日韩海上交通的重要港口的历史发展状况,该文篇首有关港市演进特点的诠释对于日后的港史研究极具启发意义。[④] 另外,张政烺等著《五千年来的中朝友好关系》[⑤]书中由宿白执笔的"五代宋辽金元时代的中朝友好关系"[⑥]一章罗举了宋丽贸易港口:王氏高丽的商港主要是开京和礼成江口的贞州,宋朝主要对高丽商港包括登州、明州和泉州,此外莱州、密州、杭州、山阴、秀州、台州、福州、温州和广南也有高丽船舶出入。70 年代末出版的《上海港史话》虽然在内容编排上并不完美,但不失为一部具有先导意义的港史著作。[⑦] 特别需要指出的是,新中国成立至改革开放前夕,尽管缺乏学术性强的港口研究专论文章,但这一时期扬州、宁波以及杭州等地的城市考古发掘成果为日后研究的开展奠定了基础。

20 世纪 80 年代开始,中国航海史研究会和人民交通出版社策划推出了"中国水运史丛书",丛书中的海港系列包含了秦皇岛、登州、连云港、江阴、上海、杭州、宁波、温州等港口城市组织编纂的港口通史著作。自 20 世纪 80 年代后期起至 20 世纪 90 年代前期迄,这套丛书陆续出版,成为我国海港史研究的奠基之作,也将海港史研究推向繁荣。下文分别对 20 世纪 80 年代我国学界有关东亚海上丝绸之路各港的研究状况进行回顾。

① 张道渊:《宁波市在国际通商史上之地位》,《国风》1933 年第 9 期。
② 全汉昇:《唐宋时代扬州经济景况的繁荣与衰落》,《历史语言研究所集刊》1943 年第 11 本。
③ 方豪:《十六世纪我国通商港 Liampo 位置考》,《复旦学报》1944 年第 1 期。
④ 黄盛璋:《中国港市之发展》,《地理学报》1951 年第 1、2 期。
⑤ 张政烺等:《五千年来的中朝友好关系》,开明书店 1951 年版。
⑥ 张政烺等:《五千年来的中朝友好关系》,第 41—78 页。
⑦ 《上海港史话》编写组:《上海港史话》,上海人民出版社 1979 年版。

宁波港是我国古代对日本和朝鲜半岛海路交通的枢纽港。"中国水运史丛书"收入的由郑绍昌主编的《宁波港史》①是第一部关于宁波港口变迁的概论性著作。20 世纪 80 年代,有关古代宁波研究的一些单篇论文则对该书论述不足的若干细节有所补充。其中,林士民的《古代的港口城市——宁波》②以及袁元龙、洪可尧的《宁波港考略》③两篇文章值得关注,两篇文章对宁波城市变迁及其历代对外交流状况进行了通史式的论述。1985 年周中夏的论文《宁波港历史上的衰落》探讨了宁波港于明清之际衰落的原因,文章罗举的原因包括:明清海禁与闭关政策的实施,明清时期宁波丝织业欠发达、陶瓷业消亡、茶叶出口受限,造船业衰落、浙东航道阻塞,宁波港对日贸易的地位逐渐被乍浦、上海等港口取代。④ 这时期,宁波和义路遗址和东门口码头遗址的考古发掘资料得到发表,两遗址中发现的大量外销瓷以及码头、船场等遗迹是考察宁波旧城港区的第一手资料。⑤

扬州港在晚唐以前的东亚海上交通中地位至关重要。20 世纪 80 年代,朱江著《海上丝绸之路的著名港口——扬州》⑥和吴家兴主编的《扬州古港史》("中国水运史丛书")⑦付梓出版,这两本书是迄今有关扬州港最系统的成果,两书论述了扬州港自然条件的变迁及其历代海上和内河交通的状况。这时期还涌现了一批扬州城市史研究的单篇论文,《海交史研究》杂志 1982 年刊总第 4 期曾设置专题板块,刊载了有关扬州海外交通的研究成果。其中,朱江论文《扬州海外交通史略》简要梳理了扬州海外交通史,根据这篇文章,扬州对海外交通的历史可以上溯到东晋时期,而扬州成为对外交通的重要海港的时间,则是在隋代大运河开凿之后。唐代扬州成为我国对日本列岛和朝鲜半岛海上交通的门户,其海外贸易网络甚至远达波斯、大食。宋元以后,随着长江河口东移,扬州作为长江口通海港口的角色逐渐被江阴、华亭取代。⑧ 顾敦信论文《扬州在唐代国际交往中的地位》对于唐代扬州成为对外交通要津的原因做了探讨,他认为,首先,扬州地处长江与运河的交汇点,外国人和外国商品北上中原的必经之地。其次,唐代扬州手工业、商业和造

---

　　① 郑绍昌主编:《宁波港史》,人民交通出版社 1989 年版。

　　② 林士民:《古代的港口城市——宁波》,《海交史研究》1981 年刊总第 3 期。

　　③ 袁元龙、洪可尧:《宁波港考略》,《海交史研究》1981 年刊总第 3 期。

　　④ 周中夏:《宁波港历史上的衰落》,《海交史研究》1985 年第 1 期(总第 7 期)。

　　⑤ 林士民:《浙江宁波和义路遗址发掘报告》,《东方博物》创刊号,1981 年;林士民:《宁波东门口码头遗址发掘报告》,《浙江省文物考古所学刊》创刊号,文物出版社 1981 年版。

　　⑥ 朱江:《海上丝绸之路的著名港口——扬州》,海洋出版社 1986 年版。

　　⑦ 吴家兴主编:《扬州古港史》,人民交通出版社 1988 年版。

　　⑧ 朱江:《扬州海外交通史略》,《海交史研究》1982 年刊总第 4 期。

船业十分发达,这为扬州的对外交往提供了物质基础。[1] 另外,常振江和顾敦信合撰的《略论唐代扬州繁荣的社会基础》一文之中对于唐代扬州丝织业、冶铜业的分析值得关注。[2] 林承坤的《长江和大运河的演变与扬州港的兴衰》则着眼于内河航运条件对扬州港的影响进行了论述。[3] 王勤金的《从考古发现试论扬州唐城的四至》利用考古资料考证了唐代扬州城的范围。[4]

20 世纪 80 年代之前,连云港(海州)、秦皇岛、杭州等地的港口发展史未曾受到重视,中国水运史丛书编纂工作发起之后,这些城市港史相继得到系统整理。1985 年编写完成的《秦皇岛港史(古、近代部分)》("中国水运史丛书")对渤海、黄海海上交通网络的重要海港——秦皇岛进行了通史性的考察,填补了先前秦皇岛港史研究的空白。[5] 1987 年徐德济主编的《连云港港史(古、近代部分)》("中国水运史丛书")论及连云港(海州)在古代黄海、东海海上交通中的地位。[6] 1989 年吴振华的《杭州古港史》("中国水运史丛书")系统考察了杭州各个时期腹地经济状况、港航条件以及市舶管理等方面的变迁。[7] 此外,武汉大学出版社出版的高鼎传编《江阴港史》首章"古代的江阴港"阐述了古代江阴港的港航条件以及宋代江阴市舶司状况。[8]

20 世纪 80 年代,一些研究者还撰文对温州、登州、胶州、上海等港口的历史做了专题研究。1981 年周梦江《宋代温州港的开辟及其原因》论文认为,宋代温州港繁荣的原因在于:首先,宋代温州设有市舶务,成为官方对外贸易口岸。其次,当时温州农业基础雄厚,漆器制作、造纸、陶瓷业、造船、制盐等手工业发达。[9] 1988 年,张健的论文对宋元时期温州海外贸易的发展状况进行了论述。[10] 1988 年李步青、王锡平的文章探讨了登州港的变迁,根据文章观点,登州港在汉代成为南北沿海交通的枢纽,同时发挥着军事要塞的作用,这种双重角色一直持续至清初,之后,其地位被芝罘和青岛取代。[11] 山东胶州古港在东亚丝绸之路发展上地位并不重要,故而相关研究文章很少。1985 年李晓发表专题文章探讨胶州港在历史上的

---

① 顾敦信:《扬州在唐代国际交往中的地位》,《海交史研究》1982 年刊总第 4 期。
② 常振江、顾敦信:《略论唐代扬州繁荣的社会基础》,《扬州大学学报(人文社会科学版)》1981 年第 2 期。
③ 林承坤:《长江和大运河的演变与扬州港的兴衰》,《海交史研究》1986 年第 1 期(总第 9 期)。
④ 王勤金:《从考古发现试论扬州唐城的四至》,《东南文化》1986 年第 1 期。
⑤ 黄景海、沈瑞祥主编:《秦皇岛港史(古、近代部分)》,人民交通出版社 1985 年版。
⑥ 徐德济主编:《连云港港史》,人民交通出版社 1987 年版。
⑦ 吴振华编著:《杭州古港史》,人民交通出版社 1989 年版。
⑧ 高鼎传主编:《江阴港史》,武汉大学出版社 1989 年版,第 1—17 页。
⑨ 周梦江:《宋代温州港的开辟及其原因》,《温州师范学院学报》1981 年第 1 期。
⑩ 张健:《宋元时期温州海外贸易发展初探》,《海交史研究》1988 年第 1 期(总第 13 期)。
⑪ 李步青、王锡平:《登州港的变迁及其在历史上的作用》,《海交史研究》1988 年第 2 期(总第 14 期)。

兴衰,论文作者认为,胶州港的兴起可以追溯至唐代,初唐出于对高丽海上经略的需要,在胶西设板桥镇,置镇将掌捍胶州湾。北宋时期,胶西板桥镇成为宋丽贸易口岸之一,北宋朝廷亦曾遣使自板桥镇起航前往高丽。[①] 1987 年张忠民《清前期上海港发展演变新探》一文考察了清朝前期上海港及其沙船贸易的变迁状况。[②]

福建沿海的泉州、福州等港口,历史上主要是我国对东南亚海上交通的门户,但它们在对日本、琉球以及朝鲜海上交通中也发挥了重要作用。20 世纪 80 年代,已有学者对此做过探讨。关于泉州在东亚海交史上的地位,1980 年陈高华的《北宋时期前往高丽贸易的泉州舶商——兼论泉州市舶司的设置》论文曾有过考察,文章认为,泉州海商群体以及泉州港在北宋—高丽之间贸易中扮演了关键角色。[③] 1981 年,朱振声的论文阐述了福州在中琉海上交通史上的地位。文章指出,明代最初在泉州设"来远驿"接待琉球贡舶,15 世纪中叶以后,琉球贡舶纷纷改由福州登岸,1474 年,泉州来远驿移至福州,更名为"柔远驿",自此,福州港成为中琉往来的枢纽。文章还介绍了福州市内的柔远驿、进贡厂、球商会馆、南郊琉球墓群以及长乐琉球蔡夫人墓、庙等等涉琉遗迹。[④] 同时期,考察福州对琉关系的文章还有徐恭生所撰《福州与那霸关系史初探》[⑤]和《福州仓山区琉球墓初探》[⑥]。

由于研究条件的限制,长期以来,国内学界对于海上丝绸之路所连接的域外海交要冲的研究一直十分薄弱。1982 年,王仁波根据日本学者所赠的历史和考古资料,结合自己参观访问的成果,撰文对公元 7 至 10 世纪中日交流门户——大宰府进行了系统介绍。[⑦] 文中虽无作者自己的探究性成果,但在当时国际学术交流有限、国外学术资料入手困难的情况下,作者能够将考察的视野扩大到海外,实属难能可贵。

20 世纪 90 年代,宁波、扬州、温州、上海、登州等港口城市史的研究进一步深化,而且有关乍浦、台州海门港的历史研究开始受到关注。

20 世纪 90 年代,林士民《海上丝绸之路的著名海港——明州》[⑧]和乐承耀《宁

① 李晓:《山东胶州港兴衰问题初探》,《海交史研究》1985 年第 1 期(总第 7 期)。
② 张忠民:《清前期上海港发展演变新探》,《中国经济史研究》1987 年第 3 期。
③ 陈高华:《北宋时期前往高丽贸易的泉州舶商——兼论泉州市舶司的设置》,《海交史研究》1980 年刊总第 2 期。
④ 朱振声:《从福州的几处古迹看古代中琉关系》,《海交史研究》1981 年刊总第 3 期。
⑤ 徐恭生:《福州与那霸关系史初探》,《福建论坛(社科教育版)》1981 年第 5 期。
⑥ 徐恭生:《福州仓山区琉球墓初探》,《福建师范大学学报(哲学社会科学版)》1985 年第 3 期。
⑦ 王仁波:《古代中日经济文化交流的门户——大宰府》,《海交史研究》1982 年刊总第 4 期。
⑧ 林士民:《海上丝绸之路的著名海港——明州》,海洋出版社 1990 年版。

波古代史纲》①出版。较之 1989 年推出的《宁波港史》,这两本书有关古代部分的
探究更为深入细致。林士民的著作注重遗迹、遗物资料的运用,而乐承耀的著作
则更多借助文献史料进行总结归纳。另外,贺文彬的《双屿港与明代的走私贸
易》②和毛德传的《十六世纪的"上海"——双屿历史地理考略》③论述了明代宁波近
海的私商贸易港口——双屿港。这期间,有关宁波旧城天封塔地宫、天宁寺塔、余
姚江滨船场遗址以及月湖周边遗迹的考古资料得到整理和发表。④

　　这时期扬州城市史研究的成果有:扬州考古工作队的《扬州城考古工作简
报》⑤、蒋忠义等的《近年扬州城址的考古收获与研究》⑥、王勤金的《述论运河对唐
代扬州城市建设的影响》⑦、赖琼的《扬州城市的空间变迁》⑧和诸祖煜的《唐代扬州
坊市制度及其嬗变》⑨。较之以前,1990 年代的扬州城市史研究将焦点放在了城市
空间格局的考古学和历史学考察上。

　　温州港史研究方面,1990 年周厚才编著的《温州港史》("中国水运史丛书")全
面论述了自先秦至当代温州港形成、发展的历史,书中有关历代温州港海内外交
通贸易的章节,为探讨温州在东亚海上交通史上的地位与作用提供了基础成果。⑩
另外,1998 年倪尔爽论文分析了南宋温州海外贸易发达的原因。他认为,南宋温
州港口条件、区域经济发展以及造船业的繁荣为温州海外贸易发展提供了前提条
件,另外,南宋中国经济格局的变化、政府对于海外贸易的鼓励政策和有效管理也
是温州海外贸易发达的要因。⑪

　　相比于宁波、扬州等历史悠久的港城,上海港在古代东亚海上丝绸之路中的
地位并不突出,然而,上海港史的研究有利于我们探明东亚海上丝绸之路的衰落
过程。20 世纪 90 年代初出版的《上海港史(古、近代部分)》("中国水运史丛书")⑫

---

① 乐承耀:《宁波古代史纲》,宁波出版社 1995 年版。
② 贺文彬:《双屿港与明代的走私贸易》,《航海》1991 年第 2 期。
③ 毛德传:《十六世纪的"上海"——双屿历史地理考略》,《浙江海洋学院学报(人文科学版)》1996 年第
4 期。
④ 林士民:《浙江宁波天封塔地宫发掘报告》,《文物》1991 年第 6 期;周庆南:《唐天宁寺东塔塔基发掘简
报》,《浙东文化》1995 年第 1 期;林士民、褚晓波:《浙江宁波月湖历史文化景区考古发掘获重要收获》,《浙东文
化》1999 年第 1 期;宁波市文物考古研究所:《浙江宁波船场遗址考古发掘简报》,《浙东文化》1999 年第 1 期。
⑤ 扬州考古工作队:《扬州城考古工作简报》,《考古》1990 年第 1 期。
⑥ 蒋忠义、王勤金、李久海、俞永炳:《近年扬州城址的考古收获与研究》,《东南文化》1992 年第 2 期。
⑦ 王勤金:《述论运河对唐代扬州城市建设的影响》,《南方文物》1992 年第 4 期。
⑧ 赖琼:《扬州城市的空间变迁》,《湛江师范学院学报(社会科学版)》1996 年第 4 期。
⑨ 诸祖煜:《唐代扬州坊市制度及其嬗变》,《东南文化》1999 年第 4 期。
⑩ 周厚才:《温州港史》,人民交通出版社 1990 年版。
⑪ 倪尔爽:《南宋时温州海外贸易发达的原因》,《海交史研究》1998 年第 2 期(总第 34 期)。
⑫ 茅伯科主编:《上海港史(古、近代部分)》,人民交通出版社 1990 年版。

和《上海港：从青龙镇到外高桥》①具有相当高的学术水准，成为上海港史研究必备的参考论著，两书对于开埠之前上海港的国内外通航状况均有论述。

北方登州港史研究继续受到重视，1994 年出版的《登州古港史》（"中国水运史丛书"）标志着登州港史研究步入一个新的台阶。该书梳理了先秦至清代登州港的变迁历史，还对隋唐到北宋时期登州港在中朝、中日之间海上交通中的作用进行了系统阐述。②此外，1993 年沈定平的文章对明代南方港口（以漳州、泉州、广州为例）和北方港口（以登州为例）的发展状况进行了比较。作者认为，由于处在国际海上贸易主要通道的交汇点上，漳州、泉州、广州自然就成为中国国内市场与国际市场交汇转运的门户。与此形成对照，明代登州港在明中叶以后一度成为我国大陆腹地与辽东及朝鲜官私往来的要津，但明代晚期的海禁政策和辽东战事使登州失去了发展为商港的可能性。③

位于浙江宁波和温州之间的台州海门港，先前并不为学界所注意。1995 年《海门港史》（"中国水运史丛书"）论述了台州湾唐宋时期的章安古港以及元明清继之而起的海门港的演变历史。④杭州湾北岸的平湖乍浦港，曾是清代重要的对日贸易大港，然而相关研究长期被人们所忽视。1994 年和 1997 年，徐明德两度撰文对清代乍浦港进行探讨，填补了这方面的研究空白。⑤

20 世纪 90 年代，在福建港口古代对日、对韩交流研究方面也取得了一些新的成果，例如：徐天贻、郑丽生的《有关福州"琉球馆"的几则史实》一文等进一步探讨了福州市内的涉琉遗迹。⑥傅宗文于 20 世纪 90 年代初完成的《刺桐港史初探》一书中也包含了不少有关宋元明三个时期泉州对朝鲜、日本及琉球贸易的内容。⑦

21 世纪以来，古代宁波、扬州港史研究取得了令人瞩目的进步，研究内容趋于细化、深化，多学科交叉的方法得以普遍运用，国际学术交流更加频繁。一批注重实证、视野宽广、思维缜密的研究成果开始主导本领域研究的发展趋势。

2000 年以后，宁波港研究的专著有：傅璇琮主编的《宁波通史》⑧、林士民的《三

---

①　邹逸麟、茅伯科：《上海港：从青龙镇到外高桥》，上海人民出版社 1991 年版。

②　《登州古港史》编委会：《登州古港史》，人民交通出版社 1994 年版。

③　沈定平：《明代南北方港口经济职能的比较研究》，《海交史研究》1993 年第 1 期（总第 23 期）。

④　金陈宋：《海门港史》，人民交通出版社 1995 年版。

⑤　徐明德：《论 17—19 世纪乍浦国际贸易港》，《中日文化论丛》，杭州大学出版社 1994 年版；徐明德：《论清代中国的东方明珠——浙江乍浦港》，《清史研究》1997 年第 3 期。

⑥　徐天贻、郑丽生：《有关福州"琉球馆"的几则史实》，《福建文史》1990 年总第 1 期。

⑦　傅宗文：《刺桐港史初探》（专著连载），《海交史研究》1991 年第 1 期（总第 19 期）和 1991 年第 2 期（总第 20 期）。

⑧　傅璇琮主编：《宁波通史》（全五卷），宁波出版社 2009 年版。

江变迁——宁波城市发展史话》①和《再现昔日的文明——东方大港宁波考古研究》②、刘恒武的《宁波古代对外文化交流——以历史文化遗存为中心》③以及陆敏珍的《唐宋时期明州区域社会经济研究》④。《宁波通史》共分《史前至唐五代卷》、《宋代卷》、《元明卷》、《清代卷》以及《民国卷》，合计约210万字，是迄今关于宁波历史研究内容最为周详的著作。林士民的著作汇集了作者多年从事宁波考古发掘与研究的成果。刘恒武的专著虽然侧重探讨宁波港古代对外交流的史实，但对宁波港区、官署、寺宇以及仓储等遗迹亦有详细论考。陆敏珍的专著系作者博士论文，该书从人口、交通、农业、水利、商业以及城市等多个维度入手，解析了唐宋时期明州地区社会经济的历史变迁。另外，宁波市文化局于2002年组织研究者对宁波有关海上丝绸之路的文化遗存资料进行全面整理，编纂了《中国·宁波"海上丝绸之路"文化遗存图录》和《"海上丝绸之路"——中国宁波》两本资料集。⑤ 2006年，宁波"海上丝绸之路"申报世界文化遗产办公室和宁波市文物保护管理所等单位联合编纂了《宁波与海上丝绸之路》论文集。⑥

　　近年发表的相关论文从各个角度探讨了宁波港城的变迁轨迹。例如：刘恒武、王力军的《试论宁波港城的形成与浙东对外海上航路的开辟》一文，研究了唐代以前宁波三江沿岸聚落与城邑的变迁以及浙东对外海上交通的发展，认为晚唐时期宁波作为东亚海域重要港城的地位得以确立。⑦ 王结华的《句章故城考》一文结合考古调查资料和文献史料，对宁波句章故城城址地望进行了探讨。⑧ 万明的论文《明代嘉靖年间的宁波港》论述了明代嘉靖年间宁波港的演变。作者认为，嘉靖初至中叶，宁波由传统的官方朝贡贸易港转变为国际民间贸易大港，港口结构发生变化，双屿港、烈港、岑港等成为宁波的外港，其中，双屿港最为繁盛，同时，航线拓展至东南亚、印度洋。⑨ 此外，一些论文比较考察了古代明州与国内其他港口的不同特点，其中代表性的论文有：李军的《宋元"海上丝绸之路"繁荣时期广州、

①　林士民：《三江变迁——宁波城市发展史话》，宁波出版社2002年版。
②　林士民：《再现昔日的文明——东方大港宁波考古研究》，上海三联书店2005年版。
③　刘恒武：《宁波古代对外文化交流——以历史文化遗存为中心》，海洋出版社2009年版。
④　陆敏珍：《唐宋时期明州区域社会经济研究》，上海古籍出版社2007年版。
⑤　宁波市文化局编：《中国·宁波"海上丝绸之路"文化遗存图录》，宁波市文化局，2002年；宁波市文化局编：《"海上丝绸之路"——中国宁波》，宁波市文化局，2002年。
⑥　宁波"海上丝绸之路"申报世界文化遗产办公室、宁波市文物保护管理所、宁波市文物考古研究所编：《宁波与海上丝绸之路》，科学出版社2006年版。
⑦　刘恒武、王力军：《试论宁波港城的形成与浙东对外海上航路的开辟》，《宁波与海上丝绸之路》，科学出版社2006年版。
⑧　王结华：《句章故城考》，《宁波文物考古研究文集》，科学出版社2008年版。
⑨　万明：《明代嘉靖年间的宁波港》，《海交史研究》2002年第2期（总第42期）。

明州(宁波)、泉州三大港口发展之比较研究》①、王元林的《广州、宁波等中国沿海外贸港口比较刍议》②等。

近10年来,有关古代扬州的研究成果有:李廷先的《唐代扬州史考》③、李裕群的《隋唐时代的扬州城》④、陈彝秋的《唐代扬州城坊乡里考略》⑤、陈双印的《五代时期的扬州城考》⑥、李久海的《论扬州宋三城的布局和防御措施》⑦、阮铮铮等的《历史时期扬州城址变迁的遥感考古研究》⑧、周运中的《港口体系变迁与唐宋扬州盛衰》⑨、张可辉的《敦煌写本〈诸山圣迹志〉所载扬州城考补》⑩、陈双印和张郁萍的《扬州城"四面十八门"再考辨》⑪、赖琼的《历代扬州城市平面布局考》⑫和王慧的《扬州新罗侨民历史遗迹研析》⑬,等等。上述成果中不乏严谨扎实的佳作,显而易见,目前扬州城市史研究已经趋于精细化,而这一趋势的出现很大程度上应该归功于数十年来扬州城市考古取得的斐然成果,在我国古代地方性城市的考古发掘与研究方面,扬州无疑处于领先地位。

就近年的上海古代港史研究而言,邹逸麟《淞浦二江变迁和上海港的发展》⑭以及吴松弟的《明清时期我国最大沿海贸易港的北移趋势与上海港的崛起》⑮和《唐朝至近代长江三角洲港口体系的变迁轨迹》⑯影响较大。吴松弟倾向于将长江三角洲地区的港口组群看作为一个相互联系并且具有一定层级性的体系,进而在这一港口体系中考察上海港的变迁。他在《唐朝至近代长江三角洲港口体系的变迁轨迹》一文中指出:"长江三角洲最重要的贸易港从唐代的扬州转移到宋元明时

①　李军:《宋元"海上丝绸之路"繁荣时期广州、明州(宁波)、泉州三大港口发展之比较研究》,《南方文物》2005年第1期。

②　王元林:《广州、宁波等中国沿海外贸港口比较刍议》,《宁波与海上丝绸之路》,科学出版社2006年版。

③　李廷先:《唐代扬州史考》,江苏古籍出版社2002年版。

④　李裕群:《隋唐时代的扬州城》,《考古》2003年第3期。

⑤　陈彝秋:《唐代扬州城坊乡里考略》,《扬州大学学报(人文社会科学版)》2000年第2期。

⑥　陈双印:《五代时期的扬州城考》,《中国历史地理论丛》2005年第3期。

⑦　李久海:《论扬州宋三城的布局和防御措施》,《东南文化》2000年第11期。

⑧　阮铮铮、王心源、韩伟光、吴立、何撼东:《历史时期扬州城址变迁的遥感考古研究》,《安徽师范大学学报(自然科学版)》2010年第2期。

⑨　周运中:《港口体系变迁与唐宋扬州盛衰》,《中国社会经济史研究》2010年第1期。

⑩　张可辉:《敦煌写本〈诸山圣迹志〉所载扬州城考补》,《敦煌学辑刊》2006年第2期。

⑪　陈双印、张郁萍:《扬州城"四面十八门"再考辨》,《敦煌研究》2008年第5期。

⑫　赖琼:《历代扬州城市平面布局考》,《湛江师范学院学报(哲学社会科学版)》2002年第4期。

⑬　王慧:《扬州新罗侨民历史遗迹研析》,《通化师范学院学报》2009年第6期。

⑭　邹逸麟:《淞浦二江变迁和上海港的发展》,《椿庐史地论稿》,天津古籍出版社2005年版。

⑮　吴松弟:《明清时期我国最大沿海贸易港的北移趋势与上海港的崛起》,《复旦学报(社会科学版)》2001年第6期。

⑯　吴松弟、王列辉:《唐朝至近代长江三角洲港口体系的变迁轨迹》,《复旦学报(社会科学版)》2007年第2期。

期的宁波及外港双屿港,近代开埠之前又转移到上海,大致呈现出自西北向东南,再自南向北转移的发展趋势。"

2000 年以来,有关其他东亚海上交通港口的研究成果有:徐顺平的《温州历史概述》①、吴庆洲的《斗城与水城——古温州城址规划探微》②、孙晓丹的《历史时期温州城市的形成与发展》③、朱龙和董韶华合撰的《登州港与东方海上丝绸之路》④、刘恒武和袁颖合撰的《浅论乍浦—舟山港口统合的历史过程》⑤、王连胜的《海上丝绸之路——普陀山高丽道头探轶》⑥。2009 年,"舟山普陀与东亚海域的文化交流"国际学术研讨会在宁波召开,会议研讨成果结集出版,填补了先前舟山诸港历史研究的不足。⑦

总结上文关于东亚海上丝绸之路港口研究史的梳理可以看出,与国内各港历史的研究日新月异形成对照,我国学界有关海上丝绸之路沿线日、韩港口变迁的探讨,基本处于空白状态。尽管一些研究者在东亚航路、航海贸易、外交往来等研究方面论及日本列岛和朝鲜半岛沿海的重要港口,但针对日、韩个别港口演变历史的探究性文章几近于零。反观欧美及日本学界,海洋史研究者往往超越国别界限,根据整体知识系统建构的需要,将探索范围延伸到各个关联地域。⑧ 必须指出,海上丝绸之路实际上是一个由港口和航线编织而成的庞大网络,若仅关注我国古代沿海港口的研究,则很难对这个网络的演变规律作出科学客观的解读。诚然,我们或可从海外学界直接获取既有的港史研究成果,然而,如果我们期待海上丝绸之路研究最终能够成为审视全球历史演变的独立视角的话,那么就有必要在海上丝绸之路这一认知体系之下针对海外港口展开独立的考察与思考。

2. 海上航路研究

东亚"海上丝绸之路"海上航线连接中国、日本、韩国和朝鲜,纵横贯穿渤海、黄海、东海、日本海,甚至穿越日本列岛和琉球群岛东南缘的太平洋海域。事实

① 徐顺平:《温州历史概述》,新新出版公司 2004 年版。
② 吴庆洲:《斗城与水城——古温州城址规划探微》,《城市规划》2005 年第 2 期。
③ 孙晓丹:《历史时期温州城市的形成与发展》,浙江大学硕士学位论文,2006 年。
④ 朱龙、董韶华:《登州港与东方海上丝绸之路》,《中国海洋大学学报(社会科学版)》2004 年第 4 期。
⑤ 刘恒武、袁颖:《浅论乍浦—舟山港口统合的历史过程》,《浙江海洋文化与经济》第 1 辑,海洋出版社 2007 年版。
⑥ 王连胜:《海上丝绸之路——普陀山高丽道头探轶》,《浙江海洋学院学报(人文科学版)》2002 年第 1 期。
⑦ 郭万平、张捷主编:《舟山普陀与东亚海域文化交流》,浙江大学出版社 2009 年版。
⑧ 日本学界对于我国濒海港口城市的研究着力尤多,例如:斯波义信《宁波及其腹地》(见中译本施坚雅《中华帝国晚期的城市》,中华书局 2000 年版)、松浦章《清代浙江对日贸易港乍浦与沿海贸易》(见《浙江海洋文化与经济》第 2 辑,2008 年)都属于这方面优秀成果。

上，港口与航路是海上交通网络中的点与线的关系，上文罗举的港口研究成果中大多涉及海上航路，对于这部分业已包含于港口研究之内的航路论述，这里就不另做赘述了。

20 世纪 80 年代之前，我国学界有关古代东亚海上航路的认知，主要参考国外既有成果，基于独创性研究而形成的独立见解比较匮乏。早期成果中，20 世纪 30 年代金毓黻关于唐代渤海国与日本之间通使贸易的港口及海上航线的论述最值得关注，金毓黻在其《渤海国志长编》卷 14《地理考·交通五道》言及："大抵渤海使臣赴日本之途径，自首都南出，取道今之哈尔巴岭（在今延吉县境）。东转而至龙原府。又珲春附近之朴西得湾，似为当日出航之港。考其使航之所向，尝止于日本能登、加贺等郡，由是更北而止于出羽、佐渡诸港焉。"①此外，该书辑录的唐代渤海国对日航路的文献迄今仍是这一专题研究必备的基础资料。

自 20 世纪 80 年代起，我国学界关于东亚海上航路的文献考证研究以及原创性探讨开始增多。陈炎的《略论海上"丝绸之路"》②和《东海丝绸之路初探——唐代以前的东海航路和丝绸外传》③两篇文章，以海上丝绸之路的概念对早期东亚海上交通的变迁进行了重新诠释。有关历代海上丝绸之路的航线和枢纽港，陈炎论文虽未进行详尽考证，但提出了一些精当的论断，例如：论文认为，唐以前丝绸外输的东海航线以山东半岛渤海湾内海港为起航地，向朝鲜、日本延伸，以后这条航线的中国濒海航路向南扩展至扬州，但贸易港尚未固定。唐宋时期，东海航线分北线、南线，北线海港以登州、莱州为主，南线海港以扬州、楚州、苏州和明州为主，南线航路可直接越海东渡日本。

20 世纪 80 年代初，王侠根据金毓黻《渤海国志长编》中辑录中日古代文献，结合考古学及历史地理学调查资料，对唐代渤海国对日交流港口和航线进行了较为周详的探讨。根据王侠论文，唐渤海国对日贸易使团的起航港口为波谢特湾里的毛口崴（克拉斯基诺）。渤海国与日本之间的海路共有三条：其一为北线，从波谢特湾出发，向东南横渡日本海，在日本本州中部的能登、加贺（今福井、石川）一带登陆；其二为筑紫线，从波谢特湾起航，沿朝鲜半岛东海岸南下，抵日本筑紫（今九州北部福冈一带）海滨上岸；其三为南海府线，从渤海国南海府（今朝鲜北部新昌）

① 金毓黻：《渤海国志长编》卷 14《地理考·交通五道》，辽阳金氏华山馆铅印本，1934 年；亦见金毓黻：《渤海国志长编》，社会科学战线杂志社翻印本，1982 年，第 326—327 页。
② 陈炎：《略论海上"丝绸之路"》，《历史研究》1982 年第 3 期。
③ 陈炎：《东海丝绸之路初探——唐代以前的东海航路和丝绸外传》，《海交史研究》1985 年第 2 期（总第 8 期）。

沿朝鲜东海岸南行,经过对马海峡至筑紫。其中,渤海贸易使团常用北线。①

同时期,王文楚的论文《两宋和高丽海上航路初探》考证了宋代以登州、明州为始发港前往高丽的海上航路。文章指出,宋与高丽之间的海路分为南、北两线,北线由登州东航至朝鲜瓮津,南线从明州北航至朝鲜礼成江碧澜亭。北宋熙宁以后,宋丽海上交通由北线移至南线,宋朝对高丽往来门户也由登州改换为明州。论文根据《宣和奉使高丽图经》,对明州至礼成江碧澜亭的航路及其经行地点进行了精详的考证。此外,这篇文章还提出,北路航线有一条密州板桥镇(今山东胶县)通往高丽的支线,而南路航线则有两条分别以长江口江阴和福建泉州出发前往高丽的支线。②

1985 年,刘成的论文《唐宋时代登州港海上航线初探》指出,唐代登州港向外延伸两条航上航线:一由登州经渤海、高丽至日本;一由登州经楚州、扬州至我国南方诸港。文章根据《新唐书·地理志》,同时参考吴承志的《唐贾耽记入边州四夷道里考实》等后代文献,详细考证了登州经渤海湾口、辽东半岛东岸、鸭绿江口,再分至朝鲜西海岸中部唐恩浦口和渤海国泊汋口的航路。关于北宋登州航线的状况,文章强调,北宋登州通朝鲜航线不再绕道辽东,而是由登州芝罘港直渡黄海到达朝鲜瓮津口。此外,登州还是北宋与女真通交的要津,其航线与唐代登州至渤海国航线相同。③

此外,冯汉镛的《宋代国内海道考》值得关注。该文是一篇有关宋代国内海上航路的高质量学术论文。本文虽然侧重国内航线的考证,但文中论述的长江口外海道、钱塘江外海道、闽江口外海道、黄淮以北海道以及明州、温州、福州、泉州、登州、莱州诸港联结的海航网络,与宋代对日、韩海上贸易关系密切,故而具有很高的参考价值。④

需要指出的是,截至 20 世纪 80 年代为止,关于古代中日之间航路的探讨,由于日本学界的既有研究已经细致入微、面面俱到,故而在遣唐使来华航线、宋日贸易路线、倭寇经行海路等较大专题上已经难有更新与突破。尽管如此,我国研究者仍在特定时代局域航路的论考上得出了一些新见,例如陈自强的《略论明代中后期福建的对日交通》一文指出,明代中后期福建对日航海贸易港口有月港、安平港、长乐港和厦门港。关于明代闽人赴日航线,文章提出,16 世纪之前或取道朝鲜

① 王侠:《唐代渤海人出访日本的港口和航线》,《海交史研究》1981 年刊总第 3 期。
② 王文楚:《两宋和高丽海上航路初探》,《文史》第 12 辑,1981 年。
③ 刘成,《唐宋时代登州港海上航线初探》,《海交史研究》1985 年第 1 期(总第 7 期)。
④ 冯汉镛:《宋代国内海道考》,《文史》第 26 辑,1986 年。

半岛近海,或经浙江宁波直渡,16世纪以后开辟了经台湾海峡和琉球群岛赴日的新航线,其中厦门经基隆直趋日本长崎的航线尤为令人注目。①

古代中琉航路研究方面,王文楚《明朝与琉球的海上航路》也是一篇考证极为精细的佳作,文章基本探明了明琉之间以泉州、福州为始发港的海上航路和沿途重要节点。文中对于以福州为起航港的航路研究尤其细致,根据作者研究,明代船舶出福州新港,经梅花所出海之后,在中国海域分为经小琉球和经彭嘉山两路,前者又有3条航线,后者则包括了两条航线。②

20世纪90年代,中朝之间古代航路研究得到进一步深化。以下选择代表性成果进行介绍:

金健人的文章《中国江南与韩国的史前海路》介绍了1997年6—7月中韩跨海竹筏漂流探险的结果,竹筏漂流探险队于6月15日从浙江舟山朱家尖出发,7月8日漂抵韩国仁川港,历时24天。根据漂流结果,金健人认为,中国江南与朝鲜半岛的海上往来应该始于4000年前。③

樊文礼的《登州与唐代的海上交通》一文论述了唐代登州及其海上航路。文章言及,登州的出海口除了蓬莱港,还包括今天荣成境内的成山、赤山浦,等等。唐代登州航线向东连接朝鲜半岛和日本列岛,向北到达辽东半岛都里镇,向南到达海州(连云港)、楚州(淮安)、杭州、明州等地。樊文礼认为,唐玄宗时期以后登州在海上交通上的地位逐渐下降,原因之一是,登州不位于当时国际海上贸易的主要通道,并且与内地交通不便。另一个重要原因是安史之乱以后登州乃至整个中国北方经济的衰退。④

孙光圻的《公元8—9世纪新罗与唐的海上交通》一文指出,唐与新罗之间的海上交通路线可以分为三条:其一是北路航线,从辽宁沿海抵达朝鲜西岸。其二是中路航线,从山东登州、莱州和密州沿海出发,向东直航至朝鲜半岛西岸,出海口分布于文登、牟平、诸城以及胶州湾西北岸等地。张保皋主持新唐航海贸易期间,双方海上交通多取中路航线。其三是南路航线,从我国江浙地区的海州、楚州和明州沿海直趋朝鲜半岛西南岸,这条航线形成于唐代,兴盛于公元10世纪以后。⑤

祁庆富的论文《宋代奉使高丽考》系统梳理了宋朝历次遣使出访高丽的历史

---

① 陈自强:《略论明代中后期福建的对日交通》,《海交史研究》1985年第2期(总第8期)。
② 王文楚:《明朝与琉球的海上航路》,《史林》1987年第1期。
③ 金健人:《中国江南与韩国的史前海路》,《中国航海》1997年第2期。
④ 樊文礼:《登州与唐代的海上交通》,《海交史研究》1994年第2期(总第26期)。
⑤ 孙光圻:《公元8—9世纪新罗与唐的海上交通》,《海交史研究》1997年第1期(总第31期)。

经纬,文章中的宋朝历代奉使高丽一览表中列举有宋使前往高丽的路线,可以与王文楚的论文相互对照。[①]

陈尚胜的论文《明朝初期与朝鲜海上交通考》探讨了明初中朝双方海路往来路线的变化。作者认为,洪武初年中朝官方主要利用长江口—礼成江口(朝鲜西海岸中部)黄海路线进行海上往返,太仓是这条路线的中国枢纽港。后来出于安全性的考虑,改由辽东横渡渤海至登州上陆。[②]

该时期,有关中琉之间航路历史变迁的文章有杨国桢的《明代闽南通琉球航路史事钩沉》。[③] 这篇论文对明代闽南通琉球航路问题做了进一步探讨。文章依据明抄本《顺风相送》指出明代成化之前中琉官方封贡往来航路为:"即自泉州出发,从北太武(在浯州屿,即大金门岛)发舶放洋,回程抵福州闽江口外之定海千户所。"同时指出,成化以后福建市舶司由泉州移往福州,这条官方贡道变为闽南民间通日本的航路,其枢纽港虽然转为月港,路线仍然大抵沿袭泉州出洋水道。

2000 年以来,我国学界关于古代东亚海上航路的研究成果并无显著增加。其中,孙光圻著作《中国古代航海史》最具学术分量,该书不少章节论及古代东亚海上交通路线,有助于研究者系统把握东亚航路的历史变迁。[④] 另外,樊文礼的论文《唐代"登州海行入高丽道"的变迁与赤山法华院的形成》对唐罗海上交通路线做了进一步探讨,文章指出,唐代前期赴朝鲜半岛的航路,是以登州北部蓬莱、黄县的出海口为起点,沿庙岛群岛、辽东半岛和朝鲜西海岸的近海海面延伸。而后期则从登州南部的牟平、文登境内的出海口出发,直渡黄海,抵达朝鲜半岛。[⑤] 孙泓《东北亚海上交通道路的形成和发展》一文,将东北亚海上交通路线分为 5 条:(1)宁波—韩国、日本;(2)扬州、连云港—韩国;(3)山东登州—朝鲜、日本;(4)大连、丹东—朝鲜半岛西海岸、日本;(5)图们江滨海地区—朝鲜、日本。文章还对各条路线的变迁进行了探讨。[⑥]

3. 船舶研究

本小节将着重关注我国学界对于山东、江苏以及浙江沿海古代船舶的研究状况,因为这些地区与东亚海上丝绸之路关系最为密切。

1964 年周世德发表的《中国沙船考略》是早期关于北方海区船舶研究的代表

① 祁庆富:《宋代奉使高丽考》,《中国史研究》1995 年第 2 期。
② 陈尚胜:《明朝初期与朝鲜海上交通考》,《海交史研究》1997 年第 1 期(总第 31 期)。
③ 杨国桢:《明代闽南通琉球航路史事钩沉》,《海交史研究》1991 年第 2 期(总 20 期)。
④ 孙光圻:《中国古代航海史》,海洋出版社 2005 年版。
⑤ 樊文礼:《唐代"登州海行入高丽道"的变迁与赤山法华院的形成》,《中国历史地理论丛》2005 年第 2 辑。
⑥ 孙泓:《东北亚海上交通道路的形成和发展》,《深圳大学学报(人文社会科学版)》2010 年第 5 期。

性成果,该文对我国古代四大海船船型之一的沙船(其余 3 种分别为:鸟船、福船和广船)的历史进行了系统考察。^① 然而,这一时期同类成果寥若晨星。

20 世纪 80 年代,学者们开始根据宁波、蓬莱等地的海船考古发掘资料展开研究,并且取得一系列令人瞩目的成果。席龙飞、何国卫的《对宁波古船的研究》和《中国古船的减摇龙骨》两篇文章阐述了 1979 年宁波发现的宋代海船在船型、结构以及造船工艺方面的特点。文章特别指出,这艘古船装有具有减缓摇摆作用的舭龙骨,该舭龙骨的安装部位以及长、宽等尺寸都与现代船舶的要求大致相符,这一技术成就要比其他国家早数百年。^② 林士民的《明州的造船业》一文,不仅介绍了 1979 年宁波东门口遗址宋代海船的发掘情况,还对史前至宋代宁波地区造船历史进行了探讨。^③ 1988 年,蓬莱县文化局、烟台市文管会和武汉水运工程学院在蓬莱联合举办了"蓬莱古船与登州古港"研讨会,会议以 1984 年蓬莱水城发掘的古船为主要议题,会后编辑了论文集《蓬莱古船与登州古港》。^④

20 世纪 90 年代值得关注的成果包括:陈延杭的《从鉴真渡日航船看唐代造船水平》^⑤、席龙飞的《对韩国新安海底沉船的研究》^⑥、周庆南的《御笔碑和宋代明州造船业及外贸》^⑦、徐建青的《清代前期的民间造船业》^⑧,以及宁波市文物考古研究所和象山文管会的《浙江象山县明代海船的清理》等论文。以下分别做一简要介绍:

陈延杭的论文分析了鉴真渡日航船的船型及其结构特点,根据论文研究结果,鉴真第 1、第 5 次东渡乘坐的是平底扬州船;第 2、第 3 次为平底岭南军舟;第 4 次购买了尖底福州船,但未乘坐航行;第 6 次成功东渡搭乘的是平底遣唐使船。

席龙飞论文探讨了新安沉船的年代、船型特征、建造地点,作者通过对于船体尺度、型线、龙骨构造、隔舱壁构造、桅座配置以及液舱设置等方面的考察,认为新安沉船是建造于我国福建的福船船型。需要指出的是,自 20 世纪七八十年代韩国全南道新安海底沉船考古工作开展以来,我国学者主要关注船上舶载遗物,而

① 周世德:《中国沙船考略》,《中国造船工程学会 1962 年年会论文集》第 2 分册,国防工业出版社 1964 年版。

② 席龙飞、何国卫:《对宁波古船的研究》,《武汉水运工程学院学报》1981 年第 2 期;席龙飞、何国卫:《中国古船的减摇龙骨》,《自然科学史研究》1981 年第 4 期。

③ 林士民:《明州的造船业》,《宁波港海外交通史论文选集》,宁波日报社 1983 年版。

④ 蓬莱县文化局编:《蓬莱古船与登州古港》,大连海运学院出版社 1989 年版。

⑤ 陈延杭:《从鉴真渡日航船看唐代造船水平》,《海交史研究》1996 年第 2 期(总第 30 期)。

⑥ 席龙飞:《对韩国新安海底沉船的研究》,《海交史研究》1994 年第 2 期(总第 26 期)。

⑦ 周庆南:《御笔碑和宋代明州造船业及外贸》,《海交史研究》1993 年第 1 期(总第 23 期)。

⑧ 徐建青:《清代前期的民间造船业》,《中国经济史研究》1992 年第 4 期。

对新安沉船船体研究甚少,席飞龙的论文补充了这方面的缺憾。

周庆南的论文从宁波鄞州西集仕港发现的北宋御笔碑入手,论述了宋代明州造船业及海外贸易的状况。《浙江象山县明代海船的清理》则是一篇关于宁波地区象山县明代海船发掘的考古简报。该文介绍了1995年浙江象山县发现的一艘明代海船的船体结构和附属遗物,简报指出,这艘海船的长宽比与沙船较为接近,应属浅海船,制作工艺精良,其建造地点可能是温州、宁波一带。①

迄今为止,涉及清代江浙造船业的研究论文数量很少。徐建青的论文论及清代闽广江浙地区的造船业状况,文章指出,清代江苏的造船场分布于江宁、苏州、扬州、仪征、太仓、崇明等地,浙江的造船场则集中于宁波、乍浦和温州。

言及2000年以后的研究进展,就必须提到2005年7—11月蓬莱水城又一次出土的3艘古船,据研究,其中两艘系高丽古船。这是近10年来我国北方海域最重要的古船考古发现。2006年8月,蓬莱市专门举办了蓬莱古船国际学术研讨会,会议共收到海内外学术论文44篇,来自中国、韩国、日本以及欧洲的与会者围绕蓬莱水城发现的古船展开研讨,论题不仅覆盖蓬莱古船的用材、船型、船舶结构以及建造技术等诸多细节问题,而且涉及我国沿海其他地区以及韩国的古船考古发现。从会后编辑出版的《蓬莱古船国际学术研讨会文集》中,可以看出近年来东亚海域航船研究的最新趋势。② 此外,袁晓春的论文《海上丝绸之路与14世纪中韩航海交流——以蓬莱高丽古船为中心》,重点针对2005年蓬莱市登州古港发现的两艘高丽古船展开探讨。该文指出,蓬莱高丽古船年代为14世纪,其制作工艺既采用了韩国传统的木栓固定船底板技术,又吸收了中国古船水密舱壁和肋骨技术。③

近10年涌现出来的著作有:席龙飞的《中国造船史》④、王冠倬的《中国古船图谱》⑤以及辛元欧的《上海沙船》⑥等。席龙飞和王冠倬的著作都对我国北方沿海以及江浙古代海船有所论述。《上海沙船》是一部系统论述我国沙船型海船历史演变的专著,该书对沙船船型特点、船体结构、船舶属具、造船工艺以及操驾技术等方面展开了详细考察。

---

① 宁波市文物考古研究所、象山文管会:《浙江象山县明代海船的清理》,《考古》1998年第3期。
② 席龙飞、蔡薇主编:《蓬莱古船国际学术研讨会文集》,长江出版社2009年版。
③ 袁晓春:《海上丝绸之路与14世纪中韩航海交流——以蓬莱高丽古船为中心》,《当代韩国》2006年秋季号。
④ 席飞龙:《中国造船史》,湖北教育出版社2000年版。
⑤ 王冠倬:《中国古船图谱》,三联出版社2000年版。
⑥ 辛元欧:《上海沙船》,上海书店出版社2004年版。

相关论文包括:金健人的《古代东北亚海上交流史分期》[①]、袁晓春的《韩国新安沉船与中国古代沉船之比较研究》[②]、何锋的《12世纪南宋沿海地区舰船数量考察》[③]以及陈潇俐等的《浙江宁波和义路出土古船的树种鉴定和用材分析》[④]。简要内容如下:

金健人文章依据船舶航海技术给海上交通方式带来的变革,将古代东北亚海上交流史分为三个阶段。第一阶段为桴筏漂流期,年代在距今3000年(公元前1000年)以前;第二阶段称作舟船近海航行和远海漂流期,大致在距今3000年至距今2500年之间;第三阶段为船舶跨海航行期,船舶跨海航行从距今2500年以来逐渐得以实现。

袁晓春《韩国新安沉船与中国古代沉船之比较研究》一文,根据新安沉船与我国古代沉船的比较研究指出,新安沉船属中国福船,造船方法上采用了中国传统的"船壳法",并且推测新安沉船应为三桅木帆船。

何锋论文论及两宋时期温州、明州造船场的造船年额,文章根据文献史料指出,1090—1114年温州和明州的造船年额约为600只,所造船舶多为300料船。1127—1130年两地船场年造300料船达到700只左右。这一数据反映出宋代温州和明州两地造船业的发达状况。

陈潇俐等人论文对2003年宁波和义路出土古代沉船的材料做了科学分析,鉴定结果显示,这艘古船的船板使用杉木,龙骨用荔枝,隔舱板用香樟,不同部位采用不同材性的树种作为制作材料,具有较高的科学性和实用性。

根据上文关于我国学界东亚海域船舶研究学术史的整理,我们可以看到,虽然近30年来受到古船考古发掘的驱动,相关研究取得了明显进展,但是在史学探究和多学科合作研究方面尚有许多欠缺。此外,相比于韩国、日本学界在中国古代海船研究领域取得的成果,我国学界对于韩国、日本古代海船研究的关注程度则远远不够。这一现状的改善需要寄托于学界未来的投入和努力。

二、东亚航海贸易、市舶机构以及海疆政策研究

顾名思义,"海上丝绸之路"以丝绸为主要交易物品,然而,这并不否定以"海上丝绸之路"为媒介展开的跨区域物质文化交流的丰富性与多元性,"海上丝绸之

---

①　金健人:《古代东北亚海上交流史分期》,《社会科学战线》2007年第1期。

②　袁晓春:《韩国新安沉船与中国古代沉船之比较研究》,《当代韩国》2004年冬季号。

③　何锋:《12世纪南宋沿海地区舰船数量考察》,《中国社会经济史研究》2005年第3期。

④　陈潇俐、万俐、褚晓波、丁友甫:《浙江宁波和义路出土古船的树种鉴定和用材分析》,《宁波文物考古研究文集》,科学出版社2008年版。

路"贸易活动研究亦以涉及陶瓷、茶叶、香料等各种商品的航海交易为考察对象。另外,历史上中国航海贸易的发展以及各时期特色,在很大程度上受到中央政府市舶制度以及海疆政策制约与规定。因此,"海上丝绸之路"航海贸易与沿线诸国海政是两个密不可分的环节。就东亚而言,我国东部沿海市舶机构以及海疆政策研究,无疑是我国学界东亚"海上丝绸之路"研究的一个重点,20 世纪 80 年代起,我国相关研究成果层出不穷,进入 21 世纪以来,更是涌现出一批严谨扎实的高质量学术论著。本节将对相关学术进展做一回顾。

1. 航海贸易研究

20 世纪 80 年代以前,有关东亚航海贸易的专题研究成果并不多见,一些早期的中日、中朝关系史概论性书籍中对于古代中日、中朝间经济往来都有言及,例如:张政烺等著的《五千年来的中朝友好关系》①一书中,由宿白执笔的"五代宋辽金元时代的中朝友好关系"②一章对于中朝海上贸易着墨尤多,论述了五代宋元历朝与王氏高丽之间的贸易行程、贸易品以及往来人员,高丽带到的五代宋的物品有金器、银器、青瓷以及锦、绫、罗等各种丝织品,而宋朝输往高丽的物品除了书籍、金银器、漆器等器物之外,川锦、浙绢、绡等丝织品也是大宗。虽然宿白沿循概论性著作的写作惯例,并未展开钩沉探微式的细节考证,但其论点为日后有关古代中朝贸易研究指出了方向。

就探究性成果而言,对日贸易史方面的可以举出南栖的《台湾郑成功五商之研究》③,对韩贸易史方面则有:宋晞的《宋商在宋丽贸易中的贡献》④、朴真奭的《十一—十二世纪宋与商丽的贸易往来》⑤以及张存武著的《清韩宗藩贸易》⑥。其中,南栖论文指出,明清朝代更替之际,郑成功一族垄断了中日间贸易并从中获得抗清的财政资源,郑氏集团的对日贸易品主要是筹办于长江三角洲地区的生丝和丝绸,而对日航运曾以厦门为枢纽港。朴真奭的论文详细论述宋丽贸易的史实,文中列表整理了 1031—1071 年宋商前往高丽的情况,同时对宋丽之间的贸易品做了罗举介绍。

进入 20 世纪 80 年代,东亚航海贸易史研究趋于繁荣,陈高华和吴泰合著的

① 张政烺等:《五千年来的中朝友好关系》,开明书店 1951 年版。
② 张政烺等:《五千年来的中朝友好关系》,第 41—78 页。
③ 南栖:《台湾郑成功五商之研究》,《台湾经济史十集》,台湾银行经济研究室,1966 年。
④ 宋晞:《宋商在宋丽贸易中的贡献》,《史学汇刊》1977 年第 8 期。
⑤ 朴真奭:《十一—十二世纪宋与商丽的贸易往来》,《延边大学学报(社会科学版)》1979 年第 2 期。
⑥ 张存武:《清韩宗藩贸易》,台湾"中央研究院"近代史研究所,1978 年。

《宋元时期的海外贸易》①、朴真奭的《中朝经济文化交流史研究》②和任鸿章的《近世日本与日中贸易》③等专著付梓出版。与之同时，其他一些东亚交流史概论性著述也都对这一课题有或详或简的探讨。这时期，一批问题意识强、剖析细致的论文拓展了相关认知体系的广度、深度和高度。以下选择一部分代表性的成果加以介绍。

1980年陈高华的《北宋时期前往高丽贸易的泉州舶商——兼论泉州市舶司的设置》一文④和1986年魏能涛的《明清时期中日长崎商船贸易》⑤是当时具有标杆意义的两篇学术论文。

陈高华的文章以郑麟趾编纂的《高丽史》为主，以《宋史》、《续资治通鉴长编》和《东坡奏议》为辅，将北宋各个时期泉州商人赴高丽贸易的状况进行了整理罗列。文章指出，在海商籍贯明确的北宋赴高丽贸易活动记录中，泉州商人赴高丽贸易频次最高、最为活跃。

魏能涛文章将明末至清晚期以日本长崎为枢纽港的中日贸易分作三个时期："1. 唐船贸易的兴起与发展（公元1635—1683年）；2. 清朝开关后唐船贸易的兴盛与衰退（公元1684—1737年）；3. 官商额商十三家办铜贸易和唐船贸易的终结（公元1739—1866年）。"文章运用了《明实录》、《华夷变态》、《长崎荷兰馆日记》等中日史料，提取贸易品、商船的相关数据制作成统计表格。应该说，这种富于实证性且广泛吸收了日本学界相关成果的论文，在20世纪80年代中期我国中日贸易史研究领域中并不多见。论文研究显示，明末至清晚期中国输往日本的贸易品始终以生丝、丝织品和糖为大宗。中国对于日本产品的需求，自清朝开关以后以铜材为主。

同时期揭载的相关论文还有：赵丰的《古代中朝丝绸文化的交流》⑥、任鸿章的《从渤海与日本交聘看唐代东北地区与日本的经济交流》⑦、李培浩和夏应元的《宋代中日经济文化交流》⑧、方安发的《元代中日贸易简论》⑨、全汉昇的《明中叶后中

---

①　陈高华、吴泰著：《宋元时期的海外贸易》，天津人民出版社1981年版。

②　朴真奭：《中朝经济文化交流史研究》，辽宁人民出版社1984年版。

③　任鸿章：《近世日本与日中贸易》，六兴出版社1988年版。

④　陈高华：《北宋时期前往高丽贸易的泉州舶商——兼论泉州市舶司的设置》，《海交史研究》1980年总第2期。

⑤　魏能涛：《明清时期中日长崎商船贸易》，《中国史研究》1986年第2期。

⑥　赵丰：《古代中朝丝绸文化的交流》，《海交史研究》1987年第2期（总第12期）。

⑦　任鸿章：《从渤海与日本交聘看唐代东北地区与日本的经济交流》，《中日关系史论文集》，黑龙江人民出版社1984年版。

⑧　李培浩、夏应元：《宋代中日经济文化交流》，《北京大学学报》1983年第5期。

⑨　方安发：《元代中日贸易简论》，《南昌大学学报（人文社会科学版）》1984年第1期。

日间的丝银贸易》①、朱亚非的《略论明后期的中日贸易》②和任鸿章的《明末清初郑氏集团与日本的贸易》③，以及安双成和关嘉录的《清代的两起中日民间贸易活动》④。

上述论文中，全汉昇的文章论考最为精细。他认为，明中叶以后长江下游生丝和丝绸生产趋于规模化，其产品大量外销，从而带来了中日丝银贸易的繁荣。赵丰的论文也关注古代东亚丝绸贸易，文章对历代中朝之间丝绸的外交馈赠和贸易交换状况做了论述。任鸿章的两篇论文都是弥补我国大陆中日贸易史薄弱环节的成果，1984 年论文提出，唐朝渤海政权维持与日本的政治交往的基础在于贸易利益的追求；1988 年文章系统论述了郑氏集团对日贸易的历史。李培浩和夏应元的论文对宋代中日贸易进行了综合论述。与上述宏观研究文章形成对照的是，安双成和关嘉录利用满文档案题本论述了清代的两件中日民间贸易活动个案，对于当时的中日贸易史研究而言，这种以稀见史料为依据的微观考察，展示了一种可贵的研究范式。

值得一提的是，这时期中琉贸易史研究也有所进展，代表论文有：谢必震的《试论明代琉球的中介贸易》⑤、林仁川的《明代中琉贸易的特点与福建市舶司的衰亡》⑥。谢必震的研究最为深入。他认为，明代琉球利用自身地理位置的优势，在东亚及东南亚贸易体系中扮演了中介角色。琉球将对中朝贡贸易所获丝绸、瓷器、漆器和文房用具等物品输往周边其他各国，并从海外诸国交易胡椒、苏木以及香料等物品，然后转销宗主国中国，由此赢取巨额的贸易利润。琉球"中介贸易"在客观上沟通并且维续了中国与日本、朝鲜以及东南亚各国之间的商业交往，同时也为明朝海禁压制之下的中国私人海外贸易提供了一条孔道。相关研究成果后亦收入作者于 1996 年出版的《中国与琉球》一书。⑦

此外，还有若干论文聚焦于港口贸易史研究。20 世纪 80 年代前期，与"海上丝绸之路"概念的提出相呼应，有研究者对明州、泉州这两个东亚海域枢纽港的对

---

① 全汉昇：《明中叶后中日间的丝银贸易》，台北《"中研院"历史语言研究所集刊》第 55 本第 4 分册，1984 年。

② 朱亚非：《略论明后期的中日贸易》，《东岳论丛》1985 年第 4 期。

③ 任鸿章：《明末清初郑氏集团与日本的贸易》，《日本研究》1988 年第 4 期。

④ 安双成、关嘉录：《清代的两起中日民间贸易活动》，《故宫博物院院刊》1983 年第 1 期。

⑤ 谢必震：《试论明代琉球的中介贸易》，《南洋问题》1986 年第 1 期。

⑥ 林仁川：《明代中琉贸易的特点与福建市舶司的衰亡》，《海交史研究》1988 年第 1 期（总第 13 期）。

⑦ 谢必震：《中国与琉球》，厦门大学出版社 1996 年版。

外丝绸贸易史进行了梳理。① 这些文章虽无精详的考证，但这种聚焦于海港丝绸贸易的考察，无疑有利于夯实"海上丝绸之路"概念的基础。这时期，徐明德、林树建等浙江学者还撰写论文，对浙江沿海港口古代对外贸易状况进行了探讨。②

20 世纪 90 年代，涉及古代中日贸易的论文可以举出：周爱萍的《中国货币向日本的流入与影响》③、李金明的《隋唐时期的中日贸易与文化交流》④、朱亚非的《明代沿海城镇对日贸易浅谈》⑤，等等。其中，周爱萍论文的主题，以前鲜有中国学者做过系统整理，该文论述了中国钱币流入日本的最早时间、历代流入日本钱币的种类、流入方式及其对日本社会经济的影响。

有关中琉航海贸易的文章有：陈汉诚的《明代福州市舶司的兴废与中琉朝贡贸易》⑥、徐晓望的《明代漳州商人与中琉贸易》⑦。陈汉诚的论文以福州市舶司变迁为条贯，考察了中琉朝贡贸易的相关史实。徐晓望的论文针对漳州商人在明代中琉贸易中的角色进行了论述，论文强调，漳州商人在明代中琉民间贸易中发挥了主导作用。

中朝贸易史研究方面代表性论文有：孙建民和顾宏义的《宋朝与高丽"朝贡贸易"考论》⑧、陈高华的《从〈老乞大〉〈朴通事〉看元与高丽的经济文化交流》⑨。孙建民和顾宏义的论文指出，宋丽"朝贡贸易"表面上是两国之间的经济联系形式，然而对于宋廷而言，其政治、军事意义更为重要。陈高华的论文根据元代高丽文献《老乞大》、《朴通事》中有关元代高丽和中国商人活动细节的记载，探讨了元丽贸易的状况。

此外，一些研究者撰文论述了浙江、福建地区与东亚诸国航海贸易的历史，其中包括：姚文仪的《古代浙江地区对外贸易述略》⑩、虞浩旭的《论唐宋时期往来中

---

① 忻鼎新、高汉玉：《明州港的丝绸外贸与技术交流》，《海交史研究》1982 年总第 4 期；庄为玑：《泉州三大外销商品——丝、瓷、茶》，《海交史研究》1981 年总第 3 期；黄天柱、陈鹏：《泉州古代丝织业及其产品的外销》，《海交史研究》1982 年总第 4 期。

② 林树建：《唐五代浙江的海外贸易》，《浙江学刊》1981 年第 4 期；林正秋：《试论古代宁波海外贸易的发展》，《杭州商学院学报》1981 年第 4 期；林士民：《试论明州港的历代青瓷外销》，《海交史研究》1983 年第 5 期；徐明德：《明代宁波港的海外贸易及其历史作用》，《浙江师范学院学报》1983 年第 2 期。

③ 周爱萍：《中国货币向日本的流入与影响》，《中国钱币》1995 年第 4 期。

④ 李金明：《隋唐时期的中日贸易与文化交流》，《南洋问题研究》1994 年第 2 期。

⑤ 朱亚非：《明代沿海城镇对日贸易浅谈》，《山东社会科学》1991 年第 5 期。

⑥ 陈汉诚：《明代福州市舶司的兴废与中琉朝贡贸易》，《中国水运史研究》1990 年第 1 期。

⑦ 徐晓望：《明代漳州商人与中琉贸易》，《海交史研究》1998 年第 2 期（总第 34 期）。

⑧ 孙建民、顾宏义：《宋朝与高丽"朝贡贸易"考论》，《河南大学学报（社会科学版）》1997 年第 2 期。

⑨ 陈高华：《从〈老乞大〉〈朴通事〉看元与高丽的经济文化交流》，《历史研究》1995 年第 3 期。

⑩ 姚文仪：《古代浙江地区对外贸易述略》，《史林》1997 年第 2 期。

日间的"明州商帮"①、胡沧泽的《唐宋时期福建与日本的经济文化交流》②、韩昇的《清初福建与日本的贸易》③以及竺菊英的《开埠前宁波对外贸易历史地位探析》④，等等。

2000 年以后，东亚航海贸易史方面成果的质与量都有显著提高，然而，研究力量向明清时代倾斜，唐宋元对日、对韩贸易研究较之以前并无明显增量。黄纯艳的《宋代海外贸易》一书，研究了宋代海外贸易与宋代商业、财政、政治、社会生活以及东南沿海区域社会经济的相互作用关系，虽然该书着眼于宋代海外贸易整体样态的考察，其中亦不乏对宋丽、宋日贸易的论述。⑤ 赵莹波的《宋日贸易再考——海上丝绸之路东亚贸易圈的形成》分析了以博多为据点的宋日民间贸易在东亚贸易圈中的作用。⑥ 张雪慧的《试论元代中国与高丽的贸易》对元日贸易的渠道、形式、规模以及商品种类做了考察。⑦ 另外，张伟的《略论明州在宋丽民间贸易中的地位》⑧、姚培锋和金毅的《试论宋代浙东沿海市镇的海外贸易及其影响》⑨等论文则分析了宋代浙东对外贸易的历史状况。

相比之下，明清东亚贸易史研究方面优秀成果层出不穷。其中，一些学者关注到明清时期东亚濒海贸易区融入全球网络的历史过程。例如：杨国桢的《十六世纪东南中国与东亚贸易网络》一文提出，16 世纪洲际航海与商贸活动打破了之前海洋世界的区域分隔，改变了中国东南海区以及东亚贸易网络的力量格局。⑩李金明的《17 世纪初全球贸易在东亚海域的形成与发展》也是一篇优秀的宏观研究文章。文章作者指出，17 世纪初东亚海域的商贸网络开始逐渐并入全球贸易体系之中，而明政府在漳州月港开放海禁的举措，对这一过程起到了助推作用。⑪

专题研究方面，中日长崎贸易成为焦点。易惠莉的《清康熙朝后期政治与中日长崎贸易》重点考察了康熙朝第二次钱制改革受到长崎铜贸易牵制的状况。⑫李金明的《清初中日长崎贸易》侧重关注华商所面对的日本政府的贸易限制和荷

---

① 虞浩旭：《论唐宋时期往来中日间的"明州商帮"》，《浙江学刊》1998 年第 1 期。
② 胡沧泽：《唐宋时期福建与日本的经济文化交流》，《福建师范大学（哲学社会科学版）》1999 年第 4 期。
③ 韩昇：《清初福建与日本的贸易》，《中国社会经济史研究》1996 年第 2 期。
④ 竺菊英：《开埠前宁波对外贸易历史地位探析》，《中国社会经济史研究》1995 年第 1 期。
⑤ 黄纯艳：《宋代海外贸易》，社会科学文献出版社 2003 年版。
⑥ 赵莹波：《宋日贸易再考——海上丝绸之路东亚贸易圈的形成》，《河南社会科学》2009 年第 1 期。
⑦ 张雪慧：《试论元代中国与高丽的贸易》，《中国社会经济史研究》2003 年第 3 期。
⑧ 张伟：《略论明州在宋丽民间贸易中的地位》，《宁波大学学报（人文科学版）》2004 年第 5 期。
⑨ 姚培锋、金毅：《试论宋代浙东沿海市镇的海外贸易及其影响》，《绍兴文理学院学报》2005 年第 5 期。
⑩ 杨国桢：《十六世纪东南中国与东亚贸易网络》，《江海学刊》2002 年第 4 期。
⑪ 李金明：《17 世纪初全球贸易在东亚海域的形成与发展》，《史学集刊》2007 年第 6 期。
⑫ 易惠莉：《清康熙朝后期政治与中日长崎贸易》，《社会科学》2004 年第 1 期。

兰东印度公司的商业竞争,同时还分析了中日长崎贸易衰落的原因。① 其他文章中,胡孝德的《清代中日书籍贸易研究》值得注意,该文认为,书籍是清代中日贸易的一项重要商品,文章考察了清代中日书籍贸易的渠道、规模、价格以及利润等方面的情况。②

明清时期中朝贸易研究方面也涌现出一些新的成果。金炳镇的博士论文《14世纪—17世纪中叶朝鲜对明和日本贸易关系史研究》,以朝鲜史料为中心,参阅中国、日本文献,对明朝中国、朝鲜和日本之间的三边贸易关系进行了探讨。③ 侯环的《明代中国与朝鲜的贸易研究》论及万历至明末以登州、莱州为中心的山东沿海与朝鲜之间的民间贸易。④ 李宗勋、陈放的《略论朝鲜与清朝贸易的形态和意义》一文将清代中朝贸易按性质分为公贸、私贸和密贸三种,同时指出,19世纪末随着中朝宗藩关系的解体,中朝传统贸易关系也走向终结。⑤

2. 市舶机构研究

我国历代市舶制度对海外贸易的发展影响至深,故而市舶制度研究是海上丝绸之路研究的重要一环。下文着重对与东亚航海贸易关系最为密切的江浙地区市舶机构的相关研究进行回顾。

20世纪80年代,关于江浙地区市舶机构的讨论焦点是明州和扬州市舶机构的始设年代。20世纪80年代初,林瑛的论文以及袁元龙、洪可尧的论文均根据《鄞县通志》推定明州(宁波)于唐代始设市舶使。⑥ 林萌的论文认为,唐代不仅在南部沿海的广州、交州设置市舶使,在东部以及东南沿海的扬州、泉州也设有市舶管理机构,但关于唐代明州是否有市舶使之设,尚需进一步考证。⑦ 然而,这几篇论文有关唐代明州、扬州、泉州已有市舶机构的论断,均不是以唐代文献为论据得出的,故而均无较强的说服力。1988年,朱江撰写专题文章讨论唐代扬州市舶机构问题,认为《圆仁入唐求法巡礼行记》中所谓"所由"即是管理市舶的机构,但文章提出的这一观点基本停留在推测层面。⑧

① 李金明:《清初中日长崎贸易》,《中国社会经济史研究》2005年第3期。
② 胡孝德:《清代中日书籍贸易研究》,《中国经济史研究》2007年第1期。
③ 金炳镇:《14世纪—17世纪中叶朝鲜对明和日本贸易关系史研究》,延边大学博士学位论文,2005年。
④ 侯环:《明代中国与朝鲜的贸易研究》,山东大学硕士学位论文,2006年。
⑤ 李宗勋、陈放:《略论朝鲜与清朝贸易的形态和意义》,《东北师范大学学报(哲学社会科学版)》2007年第4期。
⑥ 林瑛:《明州市舶史略》,《海交史研究》1981年刊总第3期;袁元龙、洪可尧:《宁波港考略》,《海交史研究》1981年总第3期。
⑦ 林萌:《关于唐、五代市舶机构问题的探讨》,《海交史研究》1982年总第4期。
⑧ 朱江:《唐代扬州市舶司的机构及其职能》,《海交史研究》1988年第1期(总第13期)。

　　同时期亦有与上述文章相左的意见,例如:王冠倬的论文则通过更为审慎的考证指出,唐代广州设有市舶司和押番舶史,而关于唐代亦设市舶司于扬州、泉州、明州的推断缺乏可靠的史料支持。①

　　此外,1988年吴振华的论文《杭州市舶司研究》探讨了宋代杭州市舶司的初设时间、宋元时期杭州市舶机构的兴废、杭州市舶官署的设置地点以及市舶机构的职官配置等问题。② 同年周振鹤的《宋代江阴军市舶务小史》一文则考察了宋代江阴军市舶务的历史。周振鹤指出,虽然江阴市舶务设立于南宋绍兴十五年(1145年),但江阴早在北宋中期就已成为海外船舶寄泊的重要港口。③

　　到了20世纪90年代,江浙地区市舶机构的始设时间问题已经基本解决。1992年,施存龙的《唐五代两宋两浙和明州市舶机构建地建时问题探讨》④一文指出,唐代在两浙明州设市舶使并无文献根据,五代吴越国在两浙所设的博易务兼有市舶管理性质。施存龙推定,两浙路市舶司始置于北宋太平兴国三年(978年),撤废于南宋乾道二年(1166年),市司易地过程为:杭州→明州→杭州→秀州。咸平中在两浙路市舶司之下又设杭、明两司,分辖两地市舶事务。此外,文章还对秀州、温州、江阴等两浙路市舶务做了考察。尽管文章个别论点尚有进一步讨议的必要,但这篇论文迄今仍然是有关唐五代两宋两浙地区市舶机构研究最为周详的论文。

　　20世纪90年代下半叶,宁志新、黎虎等人对唐代市舶机构问题做了深入探讨,他们认为,唐代只有"市舶使"之设,而无"市舶司"之称,而且目前可以肯定的市舶使建地仅限安南(交州)、广州两处,其余各贸易港口市舶机构存在与否,均无文献可资论证。⑤ 另外,1996年,方祖猷和俞信芳的论文提出,五代时明州已有市舶司的雏形——博易务,但这只是作者根据五代吴越国的海上贸易状况得出的一个推论,文章并未给出确凿的文献证据。⑥

　　近年,市舶制度研究趋于精细化,但多系针对某个特定时代市舶管理的论考,而聚焦于江浙地区古代市舶机构的专论文章较为鲜见。杨文新的博士论文《宋代

---

①　王冠倬:《唐代市舶司建地初探》,《海交史研究》1982年总第4期。

②　吴振华:《杭州市舶司研究》,《海交史研究》1988年第1期(总第13期)。

③　周振鹤:《宋代江阴军市舶务小史》,《海交史研究》1988年第1期(总第13期)。

④　施存龙:《唐五代两宋两浙和明州市舶机构建地建时问题探讨(上)》,《海交史研究》1992年第1期(总第21期);施存龙:《唐五代两宋两浙和明州市舶机构建地建时问题探讨(下)》,《海交史研究》1992年第2期(总第22期)。

⑤　宁志新:《唐代市舶使设置地区考辨》,《海交史研究》1996年第2期(总第30期);黎虎:《唐代的市舶使与市舶管理》,《历史研究》1998年第3期。

⑥　方祖猷、俞信芳:《五代宋明州市舶机构初建时间及演变考》,《海交史研究》1996年第2期(总第30期)。

市舶司研究》对宋代市舶制度进行了系统考察，其中，上篇第 1 章论及宋代对日本、高丽交涉最多的两浙路市舶司的设置时间、地点以及变化情况，同时还对两浙市舶司下辖的杭州、明州、秀州、温州以及江阴军等五个市舶务的变迁进行了论述。下篇第 2 章考察了两浙路市舶司以及下辖五个市舶务的历任官员的生平、政绩。① 毋庸置疑，这些细节论考补充并且深化了先前研究。

3. 海疆政策研究

迄今为止，有关我国古代渤海、黄海以及东海海疆政策的研究成果，主要集中于明代倭寇和明清海禁这两个相互关联的问题。

倭寇问题研究，可以追溯到何格恩早在 20 世纪 30 年代完成的《明代倭寇侵扰沿海各地年表》②，何氏缜密细致的史料整理工作为日后倭寇研究奠定了坚实的基础。之后很长一段时期，我国学界都将明代倭患作为明政府面对的海防危机加以认识和把握。

20 世纪 80 年代，倭寇与海禁问题研究迎来高潮。1982 年戴裔煊的《明代嘉隆间的倭寇海盗与中国资本主义的萌芽》一书出版，该书认为，明代嘉隆时期"倭寇海盗"的蜂起，实质上是一场东南沿海农民、手工业者以及商人反抗海禁的斗争，它是中国资本主义萌芽成长的标志之一。③ 事实上，在戴裔煊著作之前，林仁川、王守稼等人也曾指出，嘉靖"御倭战争"是一场"海禁"与"反海禁"的斗争。④

然而，同时期也有不少学者撰文强调明代倭患的负面历史影响，其中包括：陈学文的《论嘉靖时的倭寇问题》⑤、田培栋的《明代后期海外贸易研究——兼论倭寇的性质》⑥、晓学的《略论嘉靖倭患——与"反海禁"论者商榷》⑦，等等。田培栋的文章认为，倭寇之患破坏了明代东南地区的社会经济，加深了明政府的财政危机，嘉靖三十一年以后的御倭战争具有正义性质。晓学的论文也关注倭寇对于东南沿海农、工、商业造成的严重危害，并对海禁与倭患的因果关系提出质疑，认为倭寇的侵犯导致海禁，而非海禁引发倭患。

---

① 杨文新：《宋代市舶司研究》，陕西师范大学博士学位论文，2004 年，第 8—16 页、第 181—227 页。
② 何格恩：《明代倭寇侵扰沿海各地年表》，《岭南学报》第 2 卷第 4 期，1933 年。
③ 戴裔煊：《明代嘉隆间的倭寇海盗与中国资本主义的萌芽》，中国社会科学出版社 1982 年版。
④ 林仁川：《明代私人海上贸易商人与"倭寇"》，《中国史研究》1980 年第 4 期；王守稼：《试论明代嘉靖时期的倭患》，《北京师范学院学报》1981 年第 1 期。
⑤ 陈学文：《论嘉靖时的倭寇问题》，《文史哲》1983 年第 5 期。
⑥ 田培栋：《明代后期海外贸易研究——兼论倭寇的性质》，《首都师范大学学报（社会科学版）》1985 年第 3 期。
⑦ 晓学：《略论嘉靖倭患——与"反海禁"论者商榷》，《贵州民族师范学院学报（哲学社会科学版）》1983 年第 1 期。

20 世纪 80 年代后半叶，一些研究者进一步论述了明代海禁的消极作用，例如：晁中辰的《论明代的海禁》①、陈梧桐的《明洪武年间的睦邻外交与海禁》②以及怀效锋的《嘉靖年间的海禁》③都认为，明代的海禁遏制了海外贸易的发展，束缚了资本主义萌芽的成长。

这一时期，在清初海禁研究方面，1980 年陈柯云的《论清初的"海禁"》值得注意，文章指出，清初的"海禁"时间不足 30 年，事实上并未中断和减少海外贸易，先前认为清初"海禁"严重阻碍了中国资本主义萌芽发展的观点与历史实际不符。④

20 世纪 90 年代，学界关于明代海禁消极作用的讨论仍在继续。李金明的《明代海外贸易史》第五章《明代前期的海禁与倭寇》认为，明政府厉行海禁，不仅打击了私人海上贸易，也成为引发嘉靖倭患的导火线。⑤ 林瑞荣的《明嘉靖时期的海禁与倭寇》也认为，明代嘉靖时期的海禁政策压制了中日海商的贸易诉求，导致倭患问题加剧。文章同时指出，嘉靖"倭寇"的主体是中国海上武装贸易集团。⑥ 另一方面，也有研究者依旧着眼于明代倭寇扰乱海疆秩序的史实，认为倭寇集团的海上私商贸易对资本主义萌芽并无裨益，其大规模的劫掠活动给东南沿海工商业带来巨大伤害。⑦

涉及清初海禁与东亚航海贸易之间关系的研究文章比较鲜见，其中，刘奇俊的《清初开放海禁考略》对清代前期开放海禁的过程做了探讨。文章作者认为，清初开放海禁经历了"展界复业"和"开海设关"两个步骤，从 1680 年准山东开禁到 1686 年浙海关创立，开放海禁的过程前后历时 6 年。⑧ 引人深思的是，清初开放海禁以山东为起始，而以浙江为最晚。

近 10 年来，关于倭患与海禁问题的论争已经趋于平静。樊树志的《"倭寇"新论——以嘉靖大倭寇为中心》一文，在回顾学界倭寇问题研究历程的基础上再次提出，嘉靖年间东南沿海倭患的根源在于明朝的海禁政策与日益增长的海上贸易之间不可调和的矛盾。⑨ 李恭忠和李霞的《倭寇记忆与中国海权观念的演进》分析了明代倭患经验对明清时期海权观念的深刻影响。文章指出，明代长期的备倭活

① 晁中辰：《论明代的海禁》，《山东大学学报（哲学社会科学版）》1987 年第 2 期。
② 陈梧桐：《明洪武年间的睦邻外交与海禁》，《史学集刊》1988 年第 2 期。
③ 怀效锋：《嘉靖年间的海禁》，《史学月刊》1987 年第 6 期。
④ 陈柯云：《论清初的"海禁"》，《首都师范大学学报（社会科学版）》1980 年第 1 期。
⑤ 李金明：《明代海外贸易史》，中国社会科学出版社 1990 年版，第 80—108 页。
⑥ 林瑞荣：《明嘉靖时期的海禁与倭寇》，《历史档案》1997 年第 1 期。
⑦ 孙玉琴：《关于明代"倭寇"与中国资本主义萌芽的一些问题》，《中国经济史研究》1991 年第 3 期。
⑧ 刘奇俊：《清初开放海禁考略》，《福建师范大学学报（哲学社会科学版）》1994 年第 3 期。
⑨ 樊树志：《"倭寇"新论——以嘉靖大倭寇为中心》，《复旦学报（社会科学版）》2000 年第 1 期。

动以及倭患记忆,导致 16—18 世纪明清政权的海洋思维始终聚焦于东亚海域秩序的传统挑战者——"倭/寇"身上,却忽略了欧洲殖民扩张给中国海权带来的巨大威胁。① 另外,王慕民的《海禁抑商与嘉靖"倭乱"——明代浙江私人海外贸易的兴衰》一书,聚焦于浙江地区,对江南商品经济的发展、浙江私人海外贸易的勃兴以及嘉靖倭乱等几个互相交织的问题进行了全面分析。②

三、东亚海上丝绸之路相关文化交流、政治交往、人员往来等方面的研究

"海上丝绸之路"不仅是丝绸、陶瓷、茶叶等商贸物品的流通媒介,也为跨区域的文化传播、政治交往、人员移动等构筑起了路径和网络。这一点在东亚地区尤为明显,东亚"海上丝绸之路"联结的中、日、韩三国均属汉字文化圈,拥有共同的儒家文化理念,传承着相近的知识与技术体系。近百年来,我国学术界已经积累了大量有关古代东亚文化、政治、人员等方面交流的研究成果,本节将紧密结合"海上丝绸之路"概念,择取与之关联的代表性成果进行学术史整理。

1. 文化交流研究

就历史上的东亚文化交流而论,中日古代文化交流无疑均通过海上交通展开,古代中日之间双边往来无可避免地都在海域空间留下了历史印迹。与之不同,中朝(韩)古代文化交流海陆并行,路径更为复杂,而且不同历史时段又各有偏重。一般而言,南朝—百济、唐—新罗、宋—高丽之间的往来主要借助海上航路,而辽、金政权以及元、明、清各朝与朝鲜半岛的交流,则偏于陆路,兼取海道。事实上,海域交流与陆路交流彼此交融,很难作出清晰的切割。因此,下文关于中朝古代文化交流研究的整理,将在重点关注海域交流研究的前提下,兼顾整体性研究的状况。

20 世纪上半叶,东亚海域文化交流研究成果主要集中于中日古代文化交流研究方面,其中代表性的论文有:贺昌群的《唐代文化之东渐与日本文明之开发》③、张旭庭的《唐代的中日通聘与中国文化之输日》④、常任侠的《唐代传入日本之音乐与舞蹈》⑤。显而易见,唐日文化交流成为学者关注的一个热点。这时期,或许是由于缺乏现实需要的驱动,真正意义上的中朝海域文化交流史研究尚未展开。

---

① 李恭忠、李霞:《倭寇记忆与中国海权观念的演进——从《筹海图编》到《洋防辑要》的考察》,《江海学刊》2007 年 3 月。

② 王慕民:《海禁抑商与嘉靖"倭乱"——明代浙江私人海外贸易的兴衰》,海洋出版社 2011 年版。

③ 贺昌群:《唐代文化之东渐与日本文明之开发》,《文史杂志》第 1 卷第 12 期,1941 年。

④ 张旭庭:《唐代的中日通聘与中国文化之输日》,《东方文化》第 1 卷,1943 年。

⑤ 常任侠:《唐代传入日本之音乐与舞蹈》,《说文月刊》第 4 卷,1944 年。

　　20 世纪 50 年代至 60 年代上半叶,学界有关中日文化、艺术交流的研究,较之新中国成立之前,一度出现细化的倾向,考察的视角也变得多样化。例如:阴法鲁的《从音乐和戏曲史上看中国和日本的文化关系》研究了中日古代音乐、戏曲文化之间的关系。① 常任侠的《日本绘画艺术的发展与中国的关系》以绘画艺术为焦点,探索了中日美术的渊源关系。② 张铁弦的《谈唐代书法与中日文化交流》,着重探讨了唐日之间书法艺术的交流。③ 梁思成的《唐招提寺金堂和中国唐代的建筑》④、邓健吾的《日本唐招提寺的建筑和造像艺术》⑤则论述了唐代中日之间建筑文化的密切联系。另外,我国台湾学者陈水逢的《中国文化之东渐与唐代政教对日本王朝时代的影响》学术价值较高,该书探讨了唐代典章制度对日本社会文化的影响。⑥

　　中朝古代文化交流方面,张政烺等著的《五千年来的中朝友好关系》⑦发挥了学术前导作用,书中有关各个历史时期中朝文化交流的篇章,为今后的研究构建了框架。除了这部著作以外,这时期也有少数论及中朝文化交流史的专题文章,例如:王逊的《朝鲜古代艺术和中国的关系》借助一些文物资料论述了中朝古代艺术的相互关系。⑧ 我国台湾学者李光涛的《朝鲜实录中所见之中韩文化关系》探讨了李氏朝鲜时期的中朝文化关系。⑨

　　20 世纪 60 年代晚期至 70 年代,东亚海域文化交流研究成果很少,但这时期一些学者通过文物以及考古资料进行的探索,在研究路径上具有开拓意义。1973 年周一良的文章通过宋代《荣西禅师归朝宋人送别书画之幅》和明代《谦斋老师归日域图》两幅古画,论述了历史上中日之间的书画交流。⑩ 1975 年王仁波的论文《遣唐使和中日文化交流》注意吸纳较新的考古发掘资料及研究收获,对日本藤原京、平城京、平安京与唐长安城的考古学比较研究成果进行介绍,同时分析了 1971 年发现的日本奈良高松塚古坟壁画中的唐文化因素。⑪ 1979 年王仲殊的《日本最

---

① 阴法鲁:《从音乐和戏曲史上看中国和日本的文化关系》,《民族音乐研究论文集》第 3 辑,音乐出版社 1957 年版。

② 常任侠:《日本绘画艺术的发展与中国的关系》,《美术研究》1958 年第 3 期。

③ 张铁弦:《谈唐代书法与中日文化交流》,《文物》1959 年第 8 期。

④ 梁思成:《唐招提寺金堂和中国唐代的建筑》,《现代佛学》1963 年第 5 期。

⑤ 邓健吾:《日本唐招提寺的建筑和造像艺术》,《文物》1963 年第 9 期。

⑥ 陈水逢:《中国文化之东渐与唐代政教对日本王朝时代的影响》,嘉新水泥公司文化基金会,1966 年。

⑦ 张政烺等:《五千年来的中朝友好关系》,开明书店 1951 年版。

⑧ 王逊:《朝鲜古代艺术和中国的关系》,《文物参考资料》1950 年第 12 期。

⑨ 李光涛:《朝鲜实录中所见之中韩文化关系》,《"中研院"历史语言研究所集刊》第 33 本,1962 年。

⑩ 周一良:《介绍两幅送别日本使者的古画》,《文物》1973 年第 1 期。

⑪ 王仁波:《遣唐使和中日文化交流》,《西北大学学报》1975 年第 4 期。

近发现的太安万侣墓》一文,揭示了唐代墓志文化对于日本官僚、贵族墓葬的影响。① 在此,需要特别指出的是,作为这篇论文考察对象的太安万侣墓发现于1979年1月,是当时最新的境外考古资料,这反映出20世纪70年代末中日两国考古学界学术联系趋于密切。

其他综述性文章还有:易民的《隋唐时期的中日文化交流》②、王金林的《隋唐时期的中日友好往来》③、叶喆民的《中日书法艺术的交流》④。易民的文章和王金林的文章简要梳理了隋唐时期中日交往状况以及隋唐两朝在政治、宗教、科技教育、文化艺术等诸多方面对日本产生的影响。叶喆民的论文系统论述了六朝至晚清中日之间书法艺术的交流。

在此,值得一提的是,20世纪80年代以前,有关古代中日文化交流的论文,大多探讨中国文化向日本的传播。而胡锡年发表于1979年的论文则对古代日本文化对中国的"逆输出"进行了考察,文章列举的日本文化对华"逆输出"现象的具体表现,既包括日本对于中国逸书的保存与归还,也包括刀、剑、铳、泥金漆器、螺钿器、折扇、软屏等日本特色产品的对华输出。⑤

1980年,木宫泰彦著、胡锡年译的《日中文化交流史》由商务印书馆出版,⑥进一步推动了中日文化交流史研究的进展。1982年,北京市中日文化交流史研究会编辑出版了《中日文化交流史论文集》,论文集选录了1982年之前各种期刊上发表的中日文化交流史方面的一些优秀论文。⑦ 1985年,梁容若的《中日文化交流史论》付梓出版,该书收集了作者多年来完成的专题成果构成,内容涉及中日历代文学、文字、思想文化等方面的交流。⑧

除了上述论著以及论文集之外,20世纪80年代较具代表性的中日交流史论文有:蔡凤书的《古代中国与史前时代的日本——中日文化交流溯源》⑨、蒋猷龙的《中日蚕丝业科技和文化的交流》⑩、杨曾文的《隋唐时期的中日佛教文化交流》⑪、

---

① 王仲殊:《日本最近发现的太安万侣墓》,《考古》1979年第3期。
② 易民:《隋唐时期的中日文化交流》,《文史哲》1978年第5期。
③ 王金林:《隋唐时期的中日友好往来》,《历史教学》1979年第1期。
④ 叶喆民:《中日书法艺术的交流》,《故宫博物院院刊》1979年第1期。
⑤ 胡锡年:《古代日本对中国的文化影响》,《陕西师范大学学报》1979年第1期。
⑥ 木宫泰彦著,胡锡年译:《日中文化交流史》,商务印书馆1980年版。
⑦ 北京市中日文化交流史研究会:《中日文化交流史论文集》,人民出版社1982年版。
⑧ 梁容若:《中日文化交流史论》,商务印书馆1985年版。
⑨ 蔡凤书:《古代中国与史前时代的日本——中日文化交流溯源》,《考古》1987年第11期。
⑩ 蒋猷龙:《中日蚕丝业科技和文化的交流》,《农业考古》1983年第2期。
⑪ 杨曾文:《隋唐时期的中日佛教文化交流》,《世界宗教研究》1986年第2期。

武陵子的《唐代文物典籍对日本的传播》①、杨泓的《从考古学看唐代中日文化交往》②、王金林的《日本奈良时代对唐文化输入、改造和创新》③、苏渊雷的《略论"入唐八家"及中国高僧对于沟通中日文化的卓越贡献》④以及王仲殊撰写的有关日本出土铜镜与中日文化交流的系列研究论文⑤。其中,蔡凤书的文章探索了古代中国稻作栽培、金属冶炼等技术的东传对于日本史前社会的影响。蒋猷龙的长篇论文系统梳理了秦汉至现代中日蚕丝业技术和文化交流的历史脉络。王仲殊的系列论文指出,日本出土的所谓"舶载三角缘神兽镜"应是中国三国时代东渡的吴地工匠在日本制作的。"三角缘神兽镜"是日本考古学界的热点问题,王仲殊的观点独树一帜,揭示出公元 3 世纪中日文化交流的丰富样态,受到中日两国学界的广泛关注。

20 世纪 80 年代,中朝古代文化交流的研究成果有:朴真奭的专著《中朝经济文化交流史研究》⑥以及杨昭全的《唐文化对新罗之影响》⑦、何鸣雁的《新罗诗人崔致远——传播中朝文化的先驱》⑧、黄心川的《隋唐时期中国与朝鲜的佛教交流——新罗来华佛教僧侣考》⑨等研究论文。虽然这些论著大多是基于既有成果的一种综合论述,但毕竟改变了"文革"期间该领域研究空白状况,起到了前导性作用。

20 世纪 90 年代,东亚海域文化交流史研究的深度、广度均有大幅推进,一批质量高、分量重的专著和论文集陆续出版,使得本专题研究呈现繁荣局面。

首先,1990 年周一良的《中日文化关系史论》出版⑩,书中汇集了作者多年的研究成果,其中包括《唐代的书仪与中日文化关系》、《从中秋节看中日文化交流》、《唐代中日文化交流中的选择问题》等优秀论文,这些文章以新颖的视角揭示出中日古代文化交流中不易为人察知的侧面。1992 年出版的严绍璗的《汉籍在日本的流布研究》,虽然其内容侧重于中国古典文献在日本的流传脉络,但书中一些章节

① 武陵子:《唐代文物典籍对日本的传播》,《史学月刊》1987 年第 6 期。
② 杨泓:《从考古学看唐代中日文化交往》,《考古》1988 年第 4 期。
③ 王金林:《日本奈良时代对唐文化输入、改造和创新》,《日本研究》1988 年第 2 期。
④ 苏渊雷:《略论"入唐八家"及中国高僧对于沟通中日文化的卓越贡献》,《学术月刊》1988 年第 5 期。
⑤ 王仲殊:《关于日本三角缘神兽镜的问题》,《考古》1981 年第 4 期;王仲殊:《日本三角缘神兽镜综论》,《考古》1984 年第 5 期;王仲殊:《从日本出土的铜镜看三世纪倭与中国江南的交往》,《华夏考古》1988 年第 2 期;王仲殊:《论日本出土的吴镜》,《考古》1989 年第 2 期。
⑥ 朴真奭:《中朝经济文化交流史研究》,辽宁人民出版社 1984 年版。
⑦ 杨昭全:《唐文化对新罗之影响》,《学术研究丛刊》1986 年第 5 期。
⑧ 何鸣雁:《新罗诗人崔致远——传播中朝文化的先驱》,《社会科学战线》1984 年第 4 期。
⑨ 黄心川:《隋唐时期中国与朝鲜的佛教交流——新罗来华佛教僧侣考》,《世界宗教研究》1989 年第 1 期。
⑩ 周一良:《中日文化关系史论》,江西人民出版社 1990 年版。

亦论及汉籍流传对于日本社会文化的深刻影响。① 与严绍璗著作相呼应,陆坚、王勇合编的《中国典籍在日本的流传与影响》②以及王勇主编的《中日汉籍交流史论》③两部论文集,从各个侧面对中日典籍文化交流进行了更为深入的考察。

1996年,中日两国学者合作完成的《中日文化交流史大系》系列丛书由浙江人民出版社出版。④ 该丛书共含10卷,各卷均为独立专题,其中包括民俗、文学、典籍、思想、历史、法制、科技、宗教、艺术和人物,力图全景式地展现中日文化交流的历史演变脉络。值得一提的是,丛书各分卷均由中日两国学者共同主编,这使丛书得以兼收两国最新的学术成果。这套丛书的出版,标志着我国的中日文化交流史的研究已经上升到了一个新的层面。

20世纪90年代的研究成果中还有一些零星的专题论文,例如:1992年黄赞雄的《我国古代丝绸生产技术的外传》一文论及我国丝绸技术及其相关文化在东亚的传播历史,他认为,公元前11世纪我国开始向朝鲜传播丝绸工艺技术,传播路线分为陆路和水路。我国丝绸制作工艺向日本的传播,始于秦汉时期,延续至三国南北朝时期,其传播路线包括两条水路:一条路线由我国北方经朝鲜抵达日本;另一条路线由我国东南浙江一带渡海至日本。不过,这篇文章仅仅提出论断,并未从文献学和考古学角度对之展开考证。⑤ 同年王维坤的《试论孔子学说的东传及其影响》探讨了孔子思想传入日本的时间、渠道以及儒家文化与日本奈良文化的融合。⑥ 1993年童家洲的《试论关帝信仰传播日本及其演变》一文,将关帝信仰东传日本的最早时间推定于17世纪20年代,同时指出,日本关帝信仰局限于日本华侨、华人社会,其发展历史以明治维新为界分为两个时期。⑦ 1995年熊海堂的《东亚窑业技术发展与交流史研究》一书比较研究了古代中国、朝鲜、日本的窑业技术发展状况,并对三国窑业技术和陶瓷文化的传播与交流进行了探讨。全书体系宏大,资料翔实,堪称佳作。⑧ 1997年林正秋的《唐宋时期浙江与日本的佛教文化交流》一文论述了浙江天台山、杭州、明州与日本之间的佛教文化交流。⑨

这时期还涌现出一批有关中国与古代琉球王国文化交流的研究成果。其中,

① 严绍璗:《汉籍在日本的流布研究》,江苏古籍出版社1992年版。
② 陆坚、王勇主编:《中国典籍在日本的流传与影响》,杭州大学出版社1990年版。
③ 王勇主编:《中日汉籍交流史论》,杭州大学出版社1992年版。
④ 周一良、中西进主编:《中日文化交流史大系》(全10卷),浙江人民出版社1996年版。
⑤ 黄赞雄:《我国古代丝绸生产技术的外传》,《海交史研究》1992年第1期(总第21期)。
⑥ 王维坤:《试论孔子学说的东传及其影响》,《孔子研究》1992年第3期。
⑦ 童家洲:《试论关帝信仰传播日本及其演变》,《海交史研究》1993年第1期(总第23期)。
⑧ 熊海堂:《东亚窑业技术发展与交流史研究》,南京大学出版社1995年版。
⑨ 林正秋:《唐宋时期浙江与日本的佛教文化交流》,《海交史研究》1997年第1期(总第31期)。

1991 年王耀华的论文论述了中国音乐文化对古琉球音乐文化的影响。[1] 同年张紫晨的文章则对琉球群岛与中国南方的风水观念、饮食习惯以及生育习俗等方面进行了比较。[2] 1994 年谢必震的论文通过对于《清代中琉关系档案选编》中辑录的"乾隆三十二年十月二十四日琉球国贡使回国携带物品之清单"[3]的分析,推断清代琉球贡使携带回国的主要物品为丝、棉纺织品,这些物品输入琉球,促进了琉球纺织工艺和成衣设计水平的提升。另外,清单上的物品还包括:乐器、文房用品、药材、食品,等等,这些都反映出中华文化对于琉球社会的深刻影响。[4] 这时期也有研究者聚焦于福建沿海区域文化与琉球文化的关系展开考察,曾丽民的《泉州与琉球的民俗关系》一文即属此类,该文从祭祀、丧葬、建筑、岁时、语言、习俗等方面探讨了泉州与琉球的民俗文化联系。[5]

20 世纪 90 年代,中朝文化交流研究也有显著进步。陈尚胜著的《中韩交流三千年》[6]是继朴真奭的《中朝经济文化交流史研究》之后又一部中朝交流史的通论著作。黄有福、陈景富合著的《中朝佛教文化交流史》系统梳理了中朝佛教文化交流的发展脉络。[7] 陈尚胜的论文《论唐朝与新罗的文化交流》以若干文化要素为线索,论述了唐罗文化交流的历史背景和主要特点。[8] 金宪镛、李健超的《陕西新发现的高句丽人、新罗人遗迹》从陕西发现的高丽人、新罗人遗迹入手,探讨了唐代中国与朝鲜半岛的文化交流。[9] 刘永智的《高句丽壁画墓与中国文化的关系》对高句丽壁画墓形制及装饰中的中原因素进行了细致分析。[10] 荣新江的《唐与新罗文化交往史证》论述了海州大云寺禅院碑反映的唐罗文化交流史实。[11] 林士民的论文《唐吴越时期浙东与朝鲜半岛通商贸易和文化交流之研究》重点考察了唐吴越时期浙东地区与朝鲜半岛之间青瓷文化与佛教文化交流。[12] 上述论文大多利用考古资料,力图在中朝文化交流史的个别片段上有所突破,这可以说是 20 世纪 90 年

① 王耀华:《中国音乐文化对日本冲绳(古琉球)音乐文化的影响及其特点——海上丝绸之路音乐一隅》,《中国与海上丝绸之路》,福建人民出版社 1991 年版,第 120—129 页。
② 张紫晨:《日本冲绳与中国南方若干习俗的比较》,《民间文学论坛》1991 年第 4 期。
③ 中国第一历史档案馆:《清代中琉关系档案选编》,中华书局 1993 年版,第 11—12 页、第 110—114 页。
④ 谢必震:《从清朝档案看中国文化在琉球的传播》,《历史档案》1994 年第 3 期。
⑤ 曾丽民:《泉州与琉球的民俗关系》,《海交史研究》1994 年第 2 期(总第 26 期)。
⑥ 陈尚胜:《中韩交流三千年》,中华书局 1997 年版。
⑦ 黄有福、陈景富:《中朝佛教文化交流史》,中国社会科学出版社 1993 年版。
⑧ 陈尚胜:《论唐朝与新罗的文化交流》,《山东大学学报(社会科学版)》1995 年第 4 期。
⑨ 金宪镛、李健超:《陕西新发现的高句丽人、新罗人遗迹》,《考古与文物》1999 年第 6 期。
⑩ 刘永智:《高句丽壁画墓与中国文化的关系》,《北方论丛》1996 年第 1 期。
⑪ 荣新江:《唐与新罗文化交往史证》,《韩国研究》3,杭州出版社 1996 年版。
⑫ 林士民:《唐吴越时期浙东与朝鲜半岛通商贸易和文化交流之研究》,《海交史研究》1993 年第 1 期(总第 23 期)。

代我国中朝文化交流史专题研究的特点之一。

　　进入 21 世纪以来，我国学界的中日海域文化交流史研究呈现明显的规模化、体系化趋势，研究成果的数量以几何级数增长。近 10 年出版的重要学术著作有：苌岚的《7—14 世纪中日文化交流的考古学研究》①、王维坤的《中日文化交流的考古学研究》②、李寅生的《论宋元时期的中日文化交流及相互影响》③，等等。其中，苌岚的专著利用日本出土的中国陶瓷、铜钱以及铜镜等考古遗物，着重考察了 7—14 世纪中日文化交流的若干侧面。王维坤的著作汇集了作者多年有关中日文化交流的研究成果，书中第 1 编论及中国古代都城设计理念对日本的影响，第 2 编论述了唐代器物文化向日本的传播，第 4 编则探析了武则天文字以及孔子学说的东传。李寅生的专著论述了宋元时代中日之间文学、音乐、美术、宗教等方面的交流。另外，这时期一些研究者针对我国沿海特定地域与日本之间的交流史展开研究，推出了一批较具分量的著作，其中包括：蔡丰明主编的《吴越文化的越海东传与流布》④、王慕民等的《宁波与日本经济文化交流史》⑤、刘恒武的《宁波古代对外文化交流——以历史文化遗存为中心》⑥。其中，《吴越文化的越海东传与流布》一书针对吴越文化越海东传的若干重要问题展开探讨，论题涉及吴越稻作文化、茶文化、青瓷文化以及民俗文化的东传与流布。王慕民等人合作完成的著作对宁波与日本之间历代文化交流做了通史性的整理。刘恒武的专著则以历史文化遗存为原点考察了宁波对外文化交流的历史实态及其变迁轨迹，书中涉及的国内外文化遗存包括陶瓷、碑刻、古船、绘画以及书籍等遗物，还包括城墙、官署、廪库、寺庙、陶窑、防垒以及码头等遗迹和古建。

　　与系统性著作的增加相对应，中日文化交流史研究的论文数量骤增，论题触及古代中日文化交流的各个方面，例如：王心喜的《钱氏吴越国与日本的交往及其在中日文化交流史上的地位》⑦、王金林的《北宋时期中日民间交流新探》⑧等论文针对特定时期的中日文化交流展开探讨。石慧敏的《中国茶文化东渐日本的三次

　　① 苌岚：《7—14 世纪中日文化交流的考古学研究》，中国社会科学出版社 2001 年版。
　　② 王维坤：《中日文化交流的考古学研究》，陕西人民出版社 2002 年版。
　　③ 李寅生：《论宋元时期的中日文化交流及相互影响》，巴蜀书社 2007 年版。
　　④ 蔡丰明主编：《吴越文化的越海东传与流布》，学林出版社 2006 年版。
　　⑤ 王慕民、张伟、何灿浩：《宁波与日本经济文化交流史》，海洋出版社 2006 年版。
　　⑥ 刘恒武：《宁波古代对外文化交流——以历史文化遗存为中心》，海洋出版社 2009 年版。
　　⑦ 王心喜：《钱氏吴越国与日本的交往及其在中日文化交流史上的地位》，《杭州师范学院学报（社会科学版）》2003 年第 2 期。
　　⑧ 王金林：《北宋时期中日民间交流新探》，《日本研究》2010 年第 1 期。

高峰》①和施由明的《中国茶文化与日本茶道比较略论》②考察了中日古代茶文化交流。王勇的《"丝绸之路"与"书籍之路"——试论东亚文化交流的独特模式》③、陈小法的《〈蔗轩日录〉与明代中日书籍交流》④和范金民的《缥囊缃帙:清代前期江南书籍的日本销场》⑤分别从宏观与微观层面论述了古代中日典籍交流。韩东育的《"道统"的自立愿望与朱子学在日本的际遇》⑥探讨了明末以降中日儒学思想的对话。陈永华的《五山十刹制度与中日文化交流》⑦、韦立新的《日本中世文化与中国禅文化的关系》⑧和郭万平的《赴日宋僧无学祖元的"老婆禅"》⑨论及中国佛教对日本文化的历史影响。韩天雍的《中日禅宗墨迹研究及其相关文化之考察》⑩、郝祥满的《宋初佛画的输入日本及其影响》⑪以及刘恒武的《15—16世纪宁波文人与日本遣明使之间的书画交流》⑫等文章考察了中日美术交流的若干问题。江静的《天历二年中日禅僧舟中唱和诗辑考》⑬一文考证了一个元代中日诗歌交流的个案。王仲殊的《从古代中日两国的交流看宗像·冲之岛的祭祀遗址》⑭、黄建秋的《福冈市博多遗址群出土宋代陶瓷器墨书研究》⑮根据考古资料对中日海域文化交流的特定问题展开了探讨。此外,2000—2001年,《农业考古》杂志连续刊载了数篇关于中国稻作文化东传日本的文章,使得这一课题引起学界更多的关注。⑯ 总之,近年发表的相关论文不胜枚举,以上仅就不同专题择例做了介绍。

近10年来,论及中朝文化交流方面的专著有党银平的《唐与新罗文化关系研

① 石慧敏:《中国茶文化东渐日本的三次高峰》,《学术月刊》2001年第11期。
② 施由明:《中国茶文化与日本茶道比较略论》,《农业考古》2002年第2期。
③ 王勇:《"丝绸之路"与"书籍之路"——试论东亚文化交流的独特模式》,《浙江大学学报(人文社会科学版)》2003年第5期。
④ 陈小法:《〈蔗轩日录〉与明代中日书籍交流》,《中国典籍与文化》2004年第4期。
⑤ 范金民:《缥囊缃帙:清代前期江南书籍的日本销场》,《史林》2010年第1期。
⑥ 韩东育:《"道统"的自立愿望与朱子学在日本的际遇》,《中国社会科学》2006年第3期。
⑦ 陈永华:《五山十刹制度与中日文化交流》,《浙江学刊》2003年第4期。
⑧ 韦立新:《日本中世文化与中国禅文化的关系》,《广东外语外贸大学学报》2003年第3期。
⑨ 郭万平:《赴日宋僧无学祖元的"老婆禅"》,《佛教文化》2008年第4期。
⑩ 韩天雍:《中日禅宗墨迹研究及其相关文化之考察》,首都师范大学博士学位论文,2007年。
⑪ 郝祥满:《宋初佛画的输入日本及其影响》,《兰州学刊》2006年第12期。
⑫ 刘恒武:《15—16世纪宁波文人与日本遣明使之间的书画交流》,《文博》2008年第4期。
⑬ 江静:《天历二年中日禅僧舟中唱和诗辑考》,《文献》2008年第3期。
⑭ 王仲殊:《从古代中日两国的交流看宗像·冲之岛的祭祀遗址》,《考古》2008年第9期。
⑮ 黄建秋:《福冈市博多遗址群出土宋代陶瓷器墨书研究》,《学海》2007年第4期。
⑯ 黄粟嘉:《江南早期文化对日本稻作文化的影响》,《农业考古》2000年第3期;金健人:《中国稻作文化东传日本的方式与途径》,《农业考古》2001年第3期;罗二虎:《中日古代稻作文化——以汉代和弥生时代为中心》,《农业考古》2001年第1、第3期。

究》①、李梅花的《10—13世纪宋丽日文化交流研究》②、刘凤鸣的《山东半岛与东方海上丝绸之路》③。另外,上文已经列举过的蔡丰明主编的《吴越文化的越海东传与流布》和刘恒武的《宁波古代对外文化交流——以历史文化遗存为中心》也都有部分章节涉及历代中朝海域文化交流。相关代表性的论文有:李英顺的《试述唐朝与新罗文化的交流及影响》④、刘春丽的《新罗留学生与汉文学》⑤、陈尚胜的《宋朝和丽日两国的民间交往与汉文化传播——高丽和日本接受宋朝文化的初步比较》⑥、杨渭生的《宋与高丽的典籍交流》⑦、刘强的《宋时高丽物品输入中国杂考》⑧、葛兆光的《寰中谁是中华?——从17世纪以后中朝文化差异看退溪学的影响》⑨和鲍志成的《历史上浙江与朝鲜半岛的友好交往》⑩,等等,杨雨蕾的《十六至十九世纪初中韩文化交流研究》⑪和廉松心的《十八世纪中朝文化交流研究》⑫两篇博士论文亦值得关注。此外,石源华、胡礼忠主编的《东亚汉文化圈与中国关系》一书中也收入了几篇中韩文化交流史方面的论文,其中包括:韩昇的《百济与南朝的文化交流及其在东亚的意义》、吴伯娅的《从〈热河日记〉看18世纪中韩文化交流》和杨雨蕾的《北京琉璃厂与清代中韩文化交流》。⑬

2. 政治交往研究

本专题将以我国与日本列岛、朝鲜半岛古代海路官方交往的研究成果为重点进行学术史回顾,其中包括官方使团互遣、国际交涉等方面的研究,其中涉及具体人物航海往来的研究成果放在下一专题进行梳理。需要指出的是,历史上南朝—百济、唐—新罗、宋—高丽之间的政治外交主要利用海路,其他历史时期中朝(韩)之间官方往来的经行路线则难以一概而论。鉴于这一实际问题,下文将采取突出

① 党银平:《唐与新罗文化关系研究》,中华书局2007年版。

② 李梅花:《10—13世纪宋丽日文化交流研究》,华龄出版社2005年版。

③ 刘凤鸣:《山东半岛与东方海上丝绸之路》,人民出版社2007年版。

④ 李英顺:《试述唐朝与新罗文化的交流及影响》,《东疆学刊》2005年第2期。

⑤ 刘春丽:《新罗留学生与汉文学》,南京师范大学硕士论文,2006年。

⑥ 陈尚胜:《宋朝和丽日两国的民间交往与汉文化传播——高丽和日本接受宋朝文化的初步比较》,《中国文化研究》2004年冬之卷。

⑦ 杨渭生:《宋与高丽的典籍交流》,《浙江学刊》2002年第4期。

⑧ 刘强:《宋时高丽物品输入中国杂考》,《东南大学学报(哲学社会科学版)》2000年第3期。

⑨ 葛兆光:《寰中谁是中华?——从17世纪以后中朝文化差异看退溪学的影响》,《天津社会科学》2008年第3期。

⑩ 鲍志成:《历史上浙江与朝鲜半岛的友好交往》,耿昇等编《多元视野中的中外关系史研究》,延边大学出版社2007年版。

⑪ 杨雨蕾:《十六至十九世纪初中韩文化交流研究》,复旦大学博士学位论文,2005年。

⑫ 廉松心:《十八世纪中朝文化交流研究》,中央民族大学博士学位论文,2004年。

⑬ 石源华、胡礼忠主编:《东亚汉文化圈与中国关系》,中国社会科学出版社2005年版。

重点、兼顾整体的办法来列举并评述相关成果。

我国学人对于东亚政治关系史的关注始自19世纪末20世纪初。中日甲午战争以后，中日国际地位的逆转迫使我国学者重新审视中日关系的历史与现实，继之而来的日本侵华战争使这种研究需求变得更加迫切。然而，截至20世纪前半叶，真正具有学术价值的成果寥若晨星，1928年陈博文著的《中日外交史》[①]和1939年李毓田著的《古代中日关系之回溯》[②]是这个时期较为系统阐述中日关系史的两本著述。1937年，张鹏一的《唐代日人来往长安考》对日本遣唐使问题进行了系统的考察。[③] 虽然张鹏一的专著对日本学者木宫泰彦的《中日交通史》之"唐代部分"[④]多有参考，但书中亦有作者根据《新唐书》、《旧唐书》、《宋史》等古代文献开展独立研究的成果，而且其立场、视角与日本学者存在差异，故而该书的学术价值和意义不可低估。

20世纪50年代至70年代，我国台湾学者余又荪著《隋唐五代中日关系史》最具学术价值，该书对隋唐五代时期中日官方往来的史实有详尽论述。[⑤] 这时期，遣唐使成为我国学界有关古代东亚政治交往研究的焦点，其中代表论文有：王立达的《7—9世纪日本"遣隋使"、"遣唐使"的派遣经过及其影响》[⑥]、朱梓荣的《唐代的日本留学生》[⑦]。

这一时期，论及中朝海路官方往来的著述数量很少，除了张政烺等著的《五千年来的中朝友好关系》[⑧]之外，还有我国台湾出版的王仪的专著《隋唐与后三韩关系及日本遣隋使遣唐使运动》[⑨]。1972年出版的《清季中日韩关系史料》则为清代中朝政治外交史研究提供了便利。[⑩] 客观而言，由于受到当时现实环境的制约，我国学界在该领域研究的质与量上均与国外学界有相当大的差距。

20世纪80年代，我国大陆一批中日关系史概论性论著付梓出版，促进了中日古代政治交往研究的深入开展，这些著作包括：杨正光的《中日关系简史》[⑪]、张声

① 陈博文：《中日外交史》，商务印书馆1928年版。
② 李毓田：《古代中日关系之回溯》，商务印书馆1939年版。
③ 张鹏一：《唐代日人来往长安考》，秦风周报社1937年版。
④ 木宫泰彦著，陈捷译：《中日交通史》，商务印书馆1931年版。
⑤ 余又荪：《隋唐五代中日关系史》，台湾商务印书馆1964年版。
⑥ 王立达：《7—9世纪日本"遣隋使"、"遣唐使"的派遣经过及其影响》，《新史学通讯》1956年第11期。
⑦ 朱梓荣：《唐代的日本留学生》，《史学月刊》1958年第4期。
⑧ 张政烺等：《五千年来的中朝友好关系》，开明书店1951年版。
⑨ 王仪：《隋唐与后三韩关系及日本遣隋使遣唐使运动》，台湾中华书局1972年版。
⑩ 郭廷以、李毓树主编：《清季中日韩关系史料》，台湾"中央研究院"近代史研究所，1972年。
⑪ 杨正光：《中日关系简史》，湖北人民出版社1984年版。

振的《中日关系史》①、汪向荣的《古代中日关系史话》②以及田久川的《古代中日关系史》③。此外，还出版了几部专门论述日本遣唐使的著作，其中包括：池步洲的《日本遣唐使简史》④、姚嶂剑的《遣唐使——唐代中日文化交流史略》⑤和武安隆的《遣唐使》⑥。尽管上述论著在史料发掘、论点提炼以及论证方法等方面存在着局限性，但作者们的辛勤努力，对于我国中日关系史学术体系的构建具有筚路蓝缕之功。另外，1984 年汪向荣、夏应元编纂的《中日关系史资料汇编》，汇集了我国正史中所有涉及中日关系史的文献史料，同时摘引《册府元龟》、《古今图书集成》两部重要类书，以及《日本书纪》、《续日本纪》、《日本后纪》、《续日本后纪》、《大日本史》等日本史料作为参考。⑦ 这部史料集成为中日关系史研究的宝贵学术资源。

　　20 世纪 80 年代也出现了若干探讨中日古代政治交往的单篇论文。乌廷玉的《从日本古今史籍看唐朝中日关系》以日本文献为依据探讨了唐代中日关系的演变。⑧ 我国香港学者黄约瑟的《武则天与日本关系初探》填补了我国学界关于武则天时期中日外交关系研究的空白。⑨ 宋锡民、宋百川的论文《日本遣唐使者小考》对日本遣唐使的次数和历次遣唐使的简况做了论述。⑩ 戴禾、张英莉的《中日史籍中的日使来唐事异同考》比较了中日两国文献中关于历次遣唐使来华记载的异同。⑪ 石晓军的《日本遣唐使来华不携国书说献疑》对日本学界所持的日本遣唐使来华不携国书说提出质疑，认为日本遣唐使向呈交的"表"即国书。⑫ 截至 20 世纪80 年代为止，日本学界有关遣唐使的研究成果已经汗牛充栋，几乎每个重要问题都得到了充分探讨，因此，较之某些长篇的概论性著述，戴禾、石晓军等人针对细节问题的考证反而更具学术价值。

　　20 世纪 80 年代，中朝政治关系史研究趋于活跃，1988 年出版的杨昭全的《中朝关系史论文集》⑬标志着这一时期我国该领域研究已经上升到一个新的水平。

① 张声振：《中日关系史》，吉林文史出版社 1986 年版。
② 汪向荣：《古代中日关系史话》，时事出版社 1986 年版。
③ 田久川：《古代中日关系史》，大连工学院出版社 1987 年版。
④ 池步洲：《日本遣唐使简史》，上海社会科学院出版社 1983 年版。
⑤ 姚嶂剑：《遣唐使——唐代中日文化交流史略》，陕西人民出版社 1984 年版。
⑥ 武安隆：《遣唐使》，黑龙江人民出版社 1985 年版。
⑦ 汪向荣、夏应元编撰：《中日关系史资料汇编》，中华书局 1984 年版。
⑧ 乌廷玉：《从日本古今史籍看唐朝中日关系》，《思想战线》1981 年第 2 期。
⑨ 黄约瑟：《武则天与日本关系初探》，《中国唐史学会论文集》，三秦出版社 1989 年版。
⑩ 宋锡民、宋百川：《日本遣唐使者小考》，《文史哲》1980 年第 3 期。
⑪ 戴禾、张英莉：《中日史籍中的日使来唐事异同考》，《文史》第 20 辑，1983 年。
⑫ 石晓军：《日本遣唐使来华不携国书说献疑》，《人文杂志》1989 年第 2 期。
⑬ 杨昭全：《中朝关系史论文集》，世界知识出版社 1988 年版。

此外,关于我国台湾学者高明士和我国香港学者黄约瑟关于古代中朝关系的研究成果值得注意。高明士的《从天下秩序看古代的中韩关系》探析了传统中国天下观念的践行对于中韩关系演变的影响。① 黄约瑟的《没有兵戎相见的战争——公元 7 世纪朝鲜半岛几次战争的前奏》②和《武则天与朝鲜半岛政局》③则聚焦于隋唐时期中国与朝鲜半岛国际关系的若干侧面进行了考察。

20 世纪 90 年代,论述中日官方往来的论文有:高明士的《论倭给隋的"无礼"国书事件——兼论隋代的天下秩序》④、刘淑梅的《遣唐使初探》⑤、王金林的《遣唐使的使命》⑥和何英莺的《明使仲猷祖阐、无逸克勤使日事迹考略》⑦,等等。遣唐使研究依然受到重视,上述王金林的文章将日本向唐朝遣使的活动分为前后两期,并且就两期遣唐使的不同使命和任务提出了自己的见解。值得一提的是,1998年,首届"遣唐使时代的东亚文化交流"国际学术研讨会在杭州召开,与会学者从东亚世界整体历史的大视角,对遣唐使问题展开了多层面、多方位的探讨。⑧

20 世纪 90 年代,古代中朝关系史的专著增多,其中包括:吉林社会科学院编的《中朝关系通史》⑨、蒋非非、王小甫等著的《中韩关系史》(古代卷)⑩、杨渭生的《宋丽关系史研究》⑪和王颋的专著《圣王肇业——韩中日交涉史考》⑫,这些著作均对中国与朝鲜半岛的政治外交有系统论述。代表性论文包括:韩国磐的《南北朝隋唐与百济新罗的往来》⑬、韩昇的《"魏伐百济"与南北朝时期东亚国际关系》⑭、孙建民和顾宏义的《中国宋朝与高丽外交关系论略》⑮,等等。此外,文献整理方面,李裕民的《宋高丽关系史编年》辑录了《宋史》、《长编》、《宋会要》、《系年要录》、《玉海》以及《高丽史》等文献中有关宋丽关系的史料,以年代顺序加以编排,文献对照

① 高明士:《从天下秩序看古代的中韩关系》,《中韩关系史论文集》,台湾韩国研究学会,1983 年。
② 黄约瑟:《没有兵戎相见的战争——公元 7 世纪朝鲜半岛几次战争的前奏》,《中国史研究动态》1981 年第 11 期。
③ 黄约瑟:《武则天与朝鲜半岛政局》,《古代中日韩关系研究》,香港大学亚洲研究中心,1987 年。
④ 高明士:《论倭给隋的"无礼"国书事件——兼论隋代的天下秩序》,《中国与亚洲国家关系史学术研讨会论文集》,台湾淡江大学历史系,1993 年。
⑤ 刘淑梅:《遣唐使初探》,《史学集刊》1995 年第 4 期。
⑥ 王金林:《遣唐使的使命》,《日本研究》1998 年第 3 期。
⑦ 何英莺:《明使仲猷祖阐、无逸克勤使日事迹考略》,《中日文化集刊》第 1 集,杭州大学出版社 1999 年版。
⑧ 韩昇:《"遣唐使时代的东亚文化交流"国际学术研讨会述要》,《日本学刊》1999 年第 2 期。
⑨ 吉林社会科学院编:《中朝关系通史》,吉林人民出版社 1996 年版。
⑩ 蒋非非、王小甫等:《中韩关系史》(古代卷),社会科学文献出版社 1998 年版。
⑪ 杨渭生:《宋丽关系史研究》,杭州大学出版社 1997 年版。
⑫ 王颋:《圣王肇业——韩中日交涉史考》,学林出版社 1998 年版。
⑬ 韩国磐:《南北朝隋唐与百济新罗的往来》,《历史研究》1994 年第 2 期。
⑭ 韩昇:《"魏伐百济"与南北朝时期东亚国际关系》,《历史研究》1005 年第 3 期。
⑮ 孙建民、顾宏义:《中国宋朝与高丽外交关系论略》,《洛阳师专学报》1996 年第 1 期。

考订十分精细,具有相当高的学术价值。[①] 1991 年出版的《清实录中朝关系史料摘编》[②],则是清代中朝关系文献整理工作的一项重要成果。

2000 年以来,我国的东亚古代国际关系史研究又迈上一个新的台阶,出现了一批具有较强问题意识、考证缜密的优秀著作和论文。其中,韩昇著的《东亚世界形成史论》是本领域研究最具前沿性的成果。该书条分缕析、深入透彻地论述了六朝至隋唐时期东亚权力格局的演变以及国际秩序的形成过程。[③]

另外,论及古代中日关系的单篇论文有:牟发松的《汉唐间的中日关系与东亚世界》[④]、韩昇的《论隋倭交往的形式及其实质》[⑤]、王仲殊的《关于日本第七次遣唐使的始末》[⑥]、刘恒武的《五代时期吴越国与日本之间的"信函外交"》[⑦]以及王晓云的《明代中国、日本、琉球关系之研究》[⑧],等等。其中,牟发松的论文论述了汉唐1000 年间中日关系的变迁,文章着重指出,隋唐时期日本力图与隋唐帝国保持对等外交的努力对后世东亚世界格局产生了深远影响。韩昇的论文重点剖析了隋日之间国书与外交礼仪的冲突及其反映的东亚国际关系的实质。王仲殊的文章专门对第七次日本遣唐使的历史作用做了分析。刘恒武的论文针对日本学者木宫泰彦有关五代时期吴越国对日外交姿态的论断提出质疑,认为吴越与日本的"信函外交"应肇始于日本左大臣的主动致函,而 10 世纪的日本将对吴越官方联系框定在朝内辅臣与吴越王的书函往来的形式之内,实际上是出于维护本国中心主义外交礼秩的需要。

这时期,遣唐使研究依然是学界讨论的热点。2008 年第 5 期《郑州大学学报(哲学社会科学版)》开辟专版刊载了韩昇的《东亚关系的变动与遣唐使始末》、王勇的《从遣隋使到遣唐使》、葛继勇的《从遣唐使研究到赴日唐人研究》等专题研讨文章。[⑨] 需要指出的是,最近 10 年遣隋使、遣唐使研究的国际对话和交流日益增多,大大提升了国内研究水平。2007 年 9 月,浙江工商大学日本文化研究所和中国日本史学会联合举办了"纪念遣隋使、遣唐使 1400 周年'东亚文化交流的源流'

---

① 李裕民:《宋高丽关系史编年》,《城市研究》1997 年第 5 期、1998 年第 1—6 期。

② 云南社会科学院历史研究所摘编:《清实录中朝关系史料摘编》,吉林文史出版社 1991 年版。

③ 韩昇:《东亚世界形成史论》,复旦大学出版社 2009 年版。

④ 牟发松:《汉唐间的中日关系与东亚世界》,《史林》2004 年第 6 期。

⑤ 韩昇:《论隋倭交往的形式及其实质》,《厦门大学学报(哲学社会科学版)》2000 年第 1 期。

⑥ 王仲殊:《关于日本第七次遣唐使的始末》,《考古与文物》2000 年第 3 期。

⑦ 刘恒武:《五代时期吴越国与日本之间的"信函外交"》,《社会科学战线》2009 年第 1 期。

⑧ 王晓云:《明代中国、日本、琉球关系之研究》,福建师范大学硕士学位论文,2004 年。

⑨ 韩昇:《东亚关系的变动与遣唐使始末》,《郑州大学学报(哲学社会科学版)》2008 年第 5 期;王勇:《从遣隋使到遣唐使》,《郑州大学学报(哲学社会科学版)》2008 年第 5 期;葛继勇:《从遣唐使研究到赴日唐人研究》,《郑州大学学报(哲学社会科学版)》2008 年第 5 期。

国际研讨会",来自中国、日本、韩国以及欧美的学者围绕遣隋使、遣唐使主题展开了深入细致的交流。

近 10 年中,有关中朝官方往来的成果大幅增加,其中,专著有拜根兴的《七世纪中叶唐与新罗关系研究》①,代表性论文包括:周裕兴的《从海上交通看中国与百济的关系》②、刘凤鸣的《押新罗渤海两蕃使与东方海上丝绸之路的繁荣》③、拜根兴的《唐与新罗使者往来关联问题的新探索——以九世纪双方往来为中心》④、吴玉亚和包伟民的《变动社会中的外交模式——从宋廷对高丽使臣接待制度看宋丽关系之流变》⑤、杨心珉和刘恒武的《从浙东海交活动看两宋政权对高丽政策的转变与得失》⑥以及万明的《档案所见明后期中朝关系史事》⑦。上述论文中,刘凤鸣的文章紧扣"东方海上丝绸之路"概念,探讨了唐五代时期驻山东青州的押新罗渤海两蕃使在中国与朝鲜半岛海路官方往来中扮演的重要角色。万明的文章论及天启年间刘鸿训使团出使朝鲜的经过以及回程迫于辽东战事改走海路的史实。另外,韩昇的《东亚世界形成史论》和汪高鑫、程仁桃的《东亚三国古代关系史》两书,对古代中朝、日朝之间的政治往来也有论及。⑧ 基础资料整理方面,刘菁华等人选编的《明实录朝鲜资料辑录》具有较高的学术价值。⑨

3. 人员往来研究

本专题主要梳理近 30 年来我国学界关于东亚海路人员往来的研究成果。本专题涉及的研究内容包括:古代中日韩之间经海路渡航的留学生、僧侣、移民、流亡士人以及漂风难民,等等。其中,有关遣唐使的一般性著述,前文"政治交往研究"专题已经多有言及,下文就不再赘述,仅择取针对遣唐使人物的研究成果做一罗举。

① 拜根兴:《七世纪中叶唐与新罗关系研究》,中国社会科学出版社 2003 年版。
② 周裕兴:《从海上交通看中国与百济的关系》,《东南文化》2010 年第 1 期。
③ 刘凤鸣:《押新罗渤海两蕃使与东方海上丝绸之路的繁荣》,《鲁东大学学报(哲学社会科学版)》2010 年第 5 期。
④ 拜根兴:《唐与新罗使者往来关联问题的新探索——以九世纪双方往来为中心》,《中国边疆史地研究》2008 年第 1 期。
⑤ 吴玉亚、包伟民:《变动社会中的外交模式——从宋廷对高丽使臣接待制度看宋丽关系之流变》,《山东师范大学学报(人文社会科学版)》2004 年第 1 期。
⑥ 杨心珉、刘恒武:《从浙东海交活动看两宋政权对高丽政策的转变与得失》,《江苏社会科学》2010 年第 2 期。
⑦ 万明:《档案所见明后期中朝关系史事》,《东亚汉文化圈与中国关系》,中国社会科学出版社 2005 年版。
⑧ 韩昇:《东亚世界形成史论》,复旦大学出版社 2009 年版;汪高鑫、程仁桃:《东亚三国古代关系史》,北京工业大学出版社 2006 年版。
⑨ 刘菁华、许清玉、胡显慧选编:《明实录朝鲜资料辑录》,巴蜀书社 2005 年版。

20世纪30年代至70年代，唐日人员往来方面成果最为集中。三四十年代的代表性文章有：余又荪的《唐代来华学法之日本沙门空海记》①、梁绳祎的《唐代日本客卿晁衡事叙》②、汪向荣的《仕唐的日本人》③等。新中国成立后至70年代末相关论文可以举出：汤鹤逸的《唐代中日关系与日本空海和尚》④、朱梓荣的《唐代的日本留学生》⑤、周一良的《鉴真的东渡与中日文化交流》⑥、孙蔚民的《鉴真在中日文化交流史上的杰出作用》⑦，等等。

20世纪80年代，有关东亚海路人员往来的研究内容趋于多元化。首先，早期东亚海路移民研究方面，这期间有研究者尝试利用考古资料探讨东亚史前先民的跨海活动，例如：王心喜的论文《江南地区远古居民航渡日本试论》提出，远古时期江南先民就可能已经借助季风和海流航抵日本九州等地。⑧ 关于徐福与秦人渡日的研究更是受到广泛关注。1987年，中国中日关系史研究会编纂了《日本的中国移民》论文集。⑨ 文集中收载的汪向荣的《徐福、日本的中国移民》是迄今为止论证最为缜密、观点最具说服力的徐福研究论文。文章作者认为，由于有确凿的史料依据，徐福其人、其事的真实性毋庸置疑，但关于徐福是否到达日本，则缺乏早期文献可资论考。徐福渡海的传说之所以能与日本列岛结合起来，应与公元前二、三世纪弥生时代初期中国移民携带先进的技术和文化航抵日本的真实历史有关。⑩ 与汪向荣观点近似，卢苇的《海上丝绸之路的出现和形成》一文也指出，《史记》记载的徐福渡海求仙的故事实际上反映了秦代中国人大量渡海移居日本列岛的情况。⑪

唐日人物往来仍是本专题的研究重点。王金林的论文《鉴真在日本受到"奈良旧教团"的排挤打击吗？》对汪向荣所言鉴真在日本"奈良旧教团"的排挤的观点提出质疑。⑫ 戴禾的《唐代来长安日本人的生活、活动和学习》一文探讨了唐代旅

---

① 余又荪：《唐代来华学法之日本沙门空海记》，《文化与教育》62、63，1935年。
② 梁绳祎：《唐代日本客卿晁衡事叙》，《中和》1，1940年。
③ 汪向荣：《仕唐的日本人》，《古今》14，1942年。
④ 汤鹤逸：《唐代中日关系与日本空海和尚》，《云南大学学报》1958年第1期。
⑤ 朱梓荣：《唐代的日本留学生》，《史学月刊》1958年第4期。
⑥ 周一良：《鉴真的东渡与中日文化交流》，《文物》1963年第9期。
⑦ 孙蔚民：《鉴真在中日文化交流史上的杰出作用》，《扬州师范学院学报（自然科学版）》1979年第2期。
⑧ 王心喜：《江南地区远古居民航渡日本试论》，《海交史研究》1987年第2期（总第12期）。
⑨ 中国中日关系史研究会：《日本的中国移民》（中日关系史论文集第2辑），三联书店1987年版。
⑩ 汪向荣：《徐福、日本的中国移民》，《日本的中国移民》（中日关系史论文集第2辑），三联书店1987年版，第29—66页。
⑪ 卢苇：《海上丝绸之路的出现和形成》，《海交史研究》1987年第1期。
⑫ 王金林：《鉴真在日本受到"奈良旧教团"的排挤打击吗？》，《天津社会科学》1982年第1期。

居长安的日本使者、僧侣以及学生的所受待遇、衣食住行和学习活动。[①] 梁容若的《圆仁与其〈入唐求法巡礼行记〉》论述了圆仁访唐的前后经纬,并对《入唐求法巡礼行记》进行了史料学探讨。[②]

同时期,谢必震在闽人移民琉球研究领域的努力值得肯定,《略论明代闽人移居琉球的历史作用》、《论朱元璋的琉球移民政策》两篇论文基本上勾勒出了明代闽人移居琉球的历史实像。[③] 不过,方宝川的论文《明代闽人移居琉球史实考辨》与谢必震的观点有相左之处,该文对明朝一次性赐给琉球闽人三十六姓之说提出疑问,作者认为,琉球"闽人三十六姓"的形成经历了一个较长的历史过程。[④]

此外,探讨中朝琉漂风难民的论文成为一个亮点。其中,吴幅员的《清代台湾所遇琉球遭风难民事件》[⑤]、徐玉虎的《清乾隆朝琉球难夷风漂至台湾案件之辑释》[⑥]两篇文章,论述了清朝对于遭风漂抵台湾的琉球难民的接济安置。徐玉虎的《历代宝案所见清宣宗朝琉球对中朝海难事件之处理》则探讨了清宣宗时期琉球对于中朝海难漂流人员的处理。[⑦] 之前,我国学者对于历代海外漂风难船、难民救助制度的研究关注较少,故而这些文章有利于激发学界对该领域进一步的探讨。

20世纪90年代,本专题研究进展显著。这时期出版发表的相关成果中,韩昇的《日本古代的大陆移民研究》最为引人注目。这部专著系统论述了魏晋隋唐时期赴日中国移民的迁徙路线、集团组织,同时探讨了大陆移民给日本社会文化带来的深刻影响。[⑧] 该书参考了国内外诸多文献史料和考古资料,宏微俱至,富于新见,是一部优秀的学术论著。

涉及唐以前和唐代东亚海路人员往来的研究论文中,王勇的《古代日本的吴越移民王国》一文认为,日本弥生文化的产生是外来文明介入的结果,而这种外来文明源自我国江南。作者推测,公元前4世纪楚灭越以后,大量吴越人越海东渡,成为弥生时代第一批大陆移民,秦汉之际,大陆移民渡海避乱,又一次推进了日本列岛的文明进程。[⑨] 王侠的论文《北沃沮人东渡日本考》根据《三国志·魏书·东

① 戴禾:《唐代来长安日本人的生活、活动和学习》,《陕西师范大学学报(哲学社会科学版)》1985年第1期。
② 梁容若:《圆仁与其〈入唐求法巡礼行记〉》,《中日文化交流史论》,商务印书馆1985年版。
③ 谢必震:《略论明代闽人移居琉球的历史作用》,《海交史研究》1986年第2期(总第10期);谢必震:《论朱元璋的琉球移民政策》,《安徽史学》1988年第1期。
④ 方宝川:《明代闽人移居琉球史实考辨》,《福建师范大学学报(哲学社会科学版)》1988年第3期。
⑤ 吴幅员:《清代台湾所遇琉球遭风难民事件》,《东方杂志》复刊第13卷第9、10期,1980年。
⑥ 徐玉虎:《清乾隆朝琉球难夷风漂至台湾案件之辑释》,《台北文献》直字号第61、62号,1983年。
⑦ 徐玉虎:《历代宝案所见清宣宗朝琉球对中朝海难事件之处理》,《琉中历史关系国际学术会议论文集》第2辑,1989年。
⑧ 韩昇:《日本古代的大陆移民研究》,文津出版社1995年版。
⑨ 王勇:《古代日本的吴越移民王国》,《浙江社会科学》1996年第2期。

夷传》"东沃沮条"推测我国东北古代北沃沮人可能渡海到达过日本的日本海沿岸地区。① 陈尚胜的《唐代的新罗侨民社区》分析了沿黄海地区唐代新罗侨民社区的类型、与唐政府的辖属关系、侨民社区的形成原因及其在唐代中日韩跨海交流中发挥的作用。② 黄约瑟的《大唐商人李延孝与9世纪中日关系》一文重点考察了唐商李延孝活动,并在此基础上探讨了9世纪唐日交往的历史状况。③

明清时期渡日赴琉中国移民研究方面也集中了一批成果。周中坚的论文论述了明遗民东渡及其对日本文化的影响,周中坚认为,明末东渡日本的明遗民可以分为僧人、儒者和方家(各种专门人才),他们对日本的宗教、社会思想以及文化艺术产生深远影响。④ 童家洲的论文根据日本学者宫田安的论著《唐通事家系论考》和《崇福寺的唐人墓地》,简要介绍了40多位明末清初移居长崎的中国人的生平情况。⑤ 我国香港学者王赓武的《没有帝国的商人:侨居海外的闽南人》一文也论及明末清初日本长崎的闽南人社区。⑥ 谢必震的《明赐琉球闽人三十六姓考述》和《〈明实录〉中确有"洪武二十五年赐琉球闽人三十六姓"的记载》仍然聚焦于琉球闽人三十六姓这一专题详加论考。谢必震的系列论文揭示出,闽人移民在琉球的航海贸易、国家治理以及对华文化和科技交流等方面影响深远。⑦

漂风难民研究得到进一步深化。1993年李少雄的论文论述了清代对于琉球遭风难民的抚恤制度,文章探讨了清代对琉球遭风难民抚恤制度的形成、清代琉球遭风船只漂流来华概况、清代对琉球难民抚恤措施的特点及影响。⑧ 1999年杨彦杰的论文在分析清代台湾处理的60余起琉球漂风难民案例的基础上,考察了清朝台湾地方政府对琉球难民的救助、接济和送还方式。⑨

2000年以来,特别值得一提的是,国内关于入唐三韩人的研究取得了明显进展。相关成果包括:姜清波的《入唐三韩人研究》⑩、《仕唐三韩人事迹考述》⑪和《中

---

① 王侠:《北沃沮人东渡日本考》,《海交史研究》1993年第1期(总第23期)。
② 陈尚胜:《唐代的新罗侨民社区》,《历史研究》1996年第1期。
③ 黄约瑟:《大唐商人李延孝与9世纪中日关系》,《历史研究》1993年第4期。
④ 周中坚:《明遗民东渡及其对日本文化的影响》,《海交史研究》1992年第2期(总第22期)。
⑤ 童家洲:《明末清初日本长崎福建籍华侨述略》,《福建师范大学学报(哲学社会科学版)》1990年第4期;童家洲:《明末清初中日私商贸易与华侨》,《海交史研究》1993年第2期(总第24期)。
⑥ 王赓武撰、李原、钱江译:《没有帝国的商人:侨居海外的闽南人》,《海交史研究》1993年第1期(总第23期)。
⑦ 谢必震:《明赐琉球闽人三十六姓考述》,《华侨华人历史研究》1991年第1期;付朗、谢必震:《〈明实录〉中确有"洪武二十五年赐琉球闽人三十姓"的记载》,《海交史研究》1993年第1期(总第23期)。
⑧ 李少雄:《清代中国对琉球遭风船只的抚恤制度及特点》,《海交史研究》1993年第1期(总第23期)。
⑨ 杨彦杰:《台湾历史上的琉球难民遭风案》,《当代史学》第2卷第1期,1999年。
⑩ 姜清波:《入唐三韩人研究》,暨南大学博士学位论文,2005年。
⑪ 姜清波:《仕唐三韩人事迹考述》,陕西师范大学硕士学位论文,2002年。

国历史上的新罗奴问题始末》①、赵红梅的《从在唐新罗人看在唐新罗关系——以新罗人在唐聚居区为中心》②、王慧的《中国沿海地区新罗侨民历史遗迹研究》③。其中,姜清波的博士论文《入唐三韩人研究》最具学术价值,该论文系统论述了入唐三韩(高丽、百济、新罗)移民、入唐三韩使者以及在唐三韩各阶层的活动,填补了该专题研究的空白。

唐日人物往来方面,2004 年井真成墓志的发现④,引起中日学界极大关注。国内许多研究者撰文对井真成墓志进行考释,并对墓主入唐时间、在唐身份及其相关历史背景等问题进行了探讨。荣新江的《从〈井真成墓志〉看唐朝对日本遣唐使的礼遇》一文认为,井真成于开元二十一年(733)入唐,其身份是遣唐使团的请益僧,而井真成姓氏可能源自日本南河内藤井寺的"葛井"氏。⑤ 关于井真成入唐时间和入唐身份,马一虹的《日本遣唐使井真成入唐时间与在唐身份考》与荣新江观点基本一致,该文也认为,井真成入唐时间是公元 733 年,而非很多研究者所认为的 717 年,在唐身份并非一般的留学生,而是修持专门技能的请益生。⑥ 就井真成姓氏而言,王维坤的《关于唐日本留学生井真成墓志之我见》提出不同意见,作者推断,"井真成"应是墓主人入唐之后为自己起的中国姓氏。⑦ 韩昇的论文《井真成墓志所反映的唐朝制度》推断,井真成是唐开元二十一年日本遣唐使团的准判官,抵长安不久后故去,其墓志有助于研究唐代对外授官和赠官制度。⑧ 另外,王勇的《井真成墓志与唐国子监》一文认为,井真成应于 717 年随第 9 次遣唐使入唐,在唐 17 年。文章还查考了唐代国子监入学的年龄规定、身份资格,推测井真成早期应曾进入国子监所辖之四门学留学,接受过唐朝政府衣食资助,后又出仕为官。⑨

其他方面,金健人的《日本稻作民源于中国吴越地区》从航海条件、社会动因、地理认知、人种特征等方面展开分析,认为日本弥生时代的稻作民应来自中国的

① 姜清波:《中国历史上的新罗奴问题始末》,《暨南大学学报(哲学社会科学版)》2007 年第 5 期。
② 赵红梅:《从在唐新罗人看在唐新罗关系——以新罗人在唐聚居区为中心》,延边大学硕士学位论文,2003 年。
③ 王慧:《中国沿海地区新罗侨民历史遗迹研究》,中国海洋大学硕士学位论文,2007 年。
④ 贾麦明:《新发现的唐日本人井真成墓志及初步研究》,《西北大学学报(哲学社会科学版)》2004 年第 6 期;王建新:《唐代的日本留学生与遣唐使》,《西北大学学报(哲学社会科学版)》2004 年第 6 期。
⑤ 荣新江:《从〈井真成墓志〉看唐朝对日本遣唐使的礼遇》,《西北大学学报(哲学社会科学版)》2005 年第 4 期。
⑥ 马一虹:《日本遣唐使井真成入唐时间与在唐身份考》,《世界历史》2006 年第 1 期。
⑦ 王维坤:《关于唐日本留学生井真成墓志之我见》,《西北大学学报(哲学社会科学版)》2005 年第 2 期。
⑧ 韩昇:《井真成墓志所反映的唐朝制度》,《复旦学报(社会科学版)》2009 年第 6 期。
⑨ 王勇:《井真成墓志与唐国子监》,《日本学刊》2006 年第 2 期。

吴越地区。① 黄英湖的《唐宋时期福建与东北亚的交往和移民》专门论述了唐宋时期福建海商和手工匠师渡海前往高丽、日本的史实及其影响。② 李金明的《明代后期的海外贸易与海外移民》论及明代居留日本的华商对中日贸易的促进作用。③ 韩东育的论文《朱舜水在日活动新考》④和林俊宏的专著《朱舜水在日本的活动及其贡献研究》⑤全面深入地研究了朱舜水在日本的活动及其对近世日本的深远影响。

近年有关明代中国赴琉球移民的成果有:孙清玲的《论"闽人三十六姓"在中国海外移民史上的特殊性——东亚朝贡体制下的海外移民个案分析》⑥和吴永宁的《关于"闽人三十六姓"姓氏源流的探讨》⑦。其中,孙清玲的论文强调,与同时期中国朝贡体制下移往东南亚其他地区的华人相比,"闽人三十六姓"作为政治移民具有特殊性,这一移民群体在琉球政治、科学、教育、文化等领域发挥了重要作用。此外,东亚海域漂风难民研究方面的新出论文包括:刘序枫的《清代中国对外国遭风难民的救助及遣返制度——以朝鲜、琉球、日本难民为例》和《试论清朝对日本海难难民的救助与遣返制度之形成》⑧、孟晓旭的《1644 年越前国人的"鞑靼漂流"与清初中日关系》和《日本漂流民(1644—1871 年)与清代中日关系》⑨以及刘斐的论文《清代中日漂风难民问题之研究》⑩,等等。刘序枫、孟晓旭等人成果的推出,弥补了先前我国学界在清代日本、朝鲜漂风难民研究上的不足。

小　结

以上着重回顾了近 30 年来东亚海上丝绸之路研究的状况。东亚海上丝绸之路与涉及其他区域的海上丝绸之路存在着明显的不同,东亚海上丝绸之路不仅关

---

① 金健人:《日本稻作民源于中国吴越地区》,《浙江社会科学》2001 年第 5 期。

② 黄英湖:《唐宋时期福建与东北亚的交往和移民》,《华侨华人历史研究》2003 年第 3 期。

③ 李金明:《明代后期的海外贸易与海外移民》,《中国社会经济史研究》2002 年第 4 期。

④ 韩东育:《朱舜水在日活动新考》,《历史研究》2008 年第 3 期。

⑤ 林俊宏:《朱舜水在日本的活动及其贡献研究》,台北秀威资讯科技股份有限公司,2004 年。

⑥ 孙清玲:《论"闽人三十六姓"在中国海外移民史上的特殊性——东亚朝贡体制下的海外移民个案分析》,《福建教育学院学报》2006 年第 10 期。

⑦ 吴永宁:《关于"闽人三十六姓"姓氏源流的探讨》,《福建省社会主义学院学报》2010 年第 2 期。

⑧ 刘序枫:《清代中国对外国遭风难民的救助及遣返制度——以朝鲜、琉球、日本难民为例》,《第八回琉中历史关系国际学术会议论文集》,2001 年;刘序枫:《试论清朝对日本海难难民的救助与遣返制度之形成》《中日关系史论考》,中华书局 2001 年版。

⑨ 孟晓旭:《1644 年越前国人的"鞑靼漂流"与清初中日关系》,《历史教学》2008 年第 2 期;孟晓旭:《日本漂流民(1644—1871 年)与清代中日关系》,《上海行政学院学报》,2008 年第 2 期。

⑩ 刘斐:《清代中日漂风难民问题之研究》,宁波大学硕士学位论文,2009 年。

联着物质上的互通有无,更关联着精神文明的交流和传播。东亚海上丝绸之路联结的中、日、韩、朝诸国,均属汉字文化圈,共同拥有儒家文化传统。可以说,东亚海上丝绸之路成就并巩固了东亚传统文化的共性基础。因此,仍有不少学者认为"海上丝绸之路"概念难以突显东亚海域交流的内在性和丰富性,然而,无可否认的是,海上丝绸之路概念更有利于我们在全球体系中审视东亚海域交流的历史演变。迄今为止,我国东亚海上丝绸之路研究已经取得了诸多成果,今后,随着新生研究力量的成长以及国际学术交流的深化,东亚海上丝绸之路的历史景观将会更加清晰地展现在我们面前。

(本章作者:刘恒武,宁波大学人文与传媒学院历史系教授)

第六章　中国与东南亚及印度洋地区海上丝绸之路研究回顾

早在 2000 多年前,中国就与东南亚、印度洋地区建立了海上联系,这就是海上丝绸之路南海航线。在中国古代文献中,对于这条航线的记载最为丰富。许多学者还曾考证过东南亚及印度洋地区的史地问题。鸦片战争后,中国学者的研究进一步深入。在 20 世纪前期及中期的海上丝绸之路研究中,关于南海航线的研究最受重视,成果也最多。^① 从 20 世纪 80 年代开始,对于这条航线的研究依然受到学术界的高度关注。下面,我们对过去 30 年(1980—2010 年)中国学术界的相关研究作一回顾与评述。

一、关于海上交通线路、航海技术和主要港口的研究

1. 关于海上交通路线的研究

在汉武帝时代,海上丝绸之路南海航线就已经被开辟出来了。《汉书·地理志》对这条航线有明确的记载:"自日南障塞、徐闻、合浦,船行可五月有都元国,又船行可四月有邑卢没国,又船行可有二十余日,有谌离国,步行可十余日,有夫甘都卢国,自夫甘都卢国,船行可二月余,有黄支国,民俗略与珠崖相类。"虽然一代又一代的中国学者都曾考证过这段文字中所提到的海外国家及地区,但未能取得一致的意见。到了 20 世纪 80 年代,周连宽、朱杰勤等学者继续探讨《汉书·地理志》所记载的这条海外航线。

刚刚迈入 80 年代,就出现了两篇很有学术分量的论文。一篇是周连宽和张荣芳的《汉代我国与东南亚国家的海上交通和贸易关系》,^②该文再次论证了周连宽在 60 年代提出的观点,即《汉书·地理志》所说的"黄支"并非位于印度南端,而

---

① 参见本书上编。
② 周连宽、张荣芳:《汉代我国与东南亚国家的海上交通和贸易关系》,《文史》1980 年第 9 辑。

是在苏门答腊岛西北部。[①] 另一篇文章是朱杰勤的《汉代中国与东南亚和南亚海上交通路线试探》。该文认为,《汉书·地理志》所记载的航线大致如下:汉使从雷州半岛出发,船驶入南海,沿海岸行,经过越南、柬埔寨、泰国,入暹罗湾,到谌离上岸,步行到卑谬(夫甘都卢),坐船沿伊洛瓦底江入孟加拉国湾,西行至印度南端的黄支,最后到锡兰,然后回国。回国的路线是:由锡兰坐船到孟加拉国湾,过马六甲海峡,到南海,沿柬埔寨、越南海岸线回国。[②] 此后,其他学者曾讨论过这个问题,并且提出新的观点。例如,李成林把"有邑卢没"考定为"斯里兰卡"、把"黄支"考定为"安息"、把"夫甘都卢"考定为"安度罗",等等。[③] 汶江则对李成林的观点提出全面地质疑,认为其音韵考证方法不当,缺乏史料证据。[④]

中国通向东南亚、印度洋地区的海上丝绸之路南海航线并不是固定不变的,而是经历了发展变化的过程。陈高华对此有过非常全面、精辟地论述。[⑤] 他和吴泰等人合著的《海上丝绸之路》,更是研究海上丝绸之路航线变化的奠基之作。[⑥] 除此之外,张毅的《古代中国与亚非地区的海上交通》(四川省社会科学院出版社1989年版)、孙毅夫等人的《陆上与海上丝绸之路》(人民画报社1989年版)都比较全面地阐述过海上丝绸之路南海航线的变化问题。

更多的学者从不同的角度研究过南海航线在不同时代的特点。例如,卢茂村根据1984年马鞍山朱然墓中的出土文物,认为三国时的吴国已经开辟了海上丝绸之路,它不仅通达日本,还可能开辟了一条通往西亚东非的航线,此航线从蜀开始,顺长江到吴乘海船向南,经南海,到印度,再到大秦。[⑦] 陈炎认为,《汉书·地理志》中所载的航线,是汉代形成的航线。到了三国时期,孙吴政权派康泰、朱应出使扶南,同时探索新的航线,即从缅甸沿岸向西南进入孟加拉国湾,到印度恒河口,再向西行月余即到大秦。到东晋南北朝时,南海航路具体线路是:广州—爪哇—斯里兰卡—印度恒河口。还有一条路是:建康—广州—扶南—狼牙修(马来西亚的北大年)—印度。隋以前的南海航线基本以扶南为中心,南北朝时向马来半岛转移,隋以后开始转到苏门答腊岛。南海航线也开始以苏门答腊为中心进行

① 周连宽:《汉使航程问题——评岑、韩二氏的论文》,《中山大学学报》1964年第3期。
② 朱杰勤:《汉代中国与东南亚和南亚海上交通路线试探》,《海交史研究》1981年第3期。
③ 参见李成林:《公元前后的中西古航线试探》,《学术月刊》1980年第3期,但缺乏史料证据。许多著述中也提到这条航线,如陈新予主编:《中国丝绸史(专论)》,中国纺织出版社1997年版。
④ 汶江:《〈公元前后的中西古航线试探〉质疑》,《学术月刊》1981年第6期。
⑤ 陈高华:《中国海外交通史研究的回顾与展望》,《历史研究》1996年第1期。
⑥ 陈高华:《海上丝绸之路》,海洋出版社1991年版。
⑦ 卢茂村:《从朱然墓的出土文物谈吴国海上丝绸之路》,《海交史研究》1990年第2期。

了调整,中国与南海诸岛的联系加强了。[①]

　　唐代是中国历史上高度对外开放的时代,也是对外交往发生更大变化的时代。刘希为概括说,唐代对外交通的新态势是:从唐初重视陆上丝绸之路到唐末重视海上丝绸之路;海上丝绸之路的重心由东北亚航线转移到南方的广州通海夷道,从而将远洋航行事业推向一个新的顶峰,沟通了大唐和阿拉伯国家的交往。[②]朱少伟认为,汉代的航线到了唐代略有变化,唐代的主要航线("广州通夷海道")是:从广州出发,经越南东海岸、新加坡海峡到马六甲海峡,自此往南则经苏门答腊到爪哇,往西则出马六甲到斯里兰卡;然后沿印度半岛西海岸,到卡拉奇。在此又分为两条路:一条经霍尔木兹海峡进入波斯湾,沿东海岸到幼发拉底河的阿巴丹和巴士拉;一条沿波斯湾西岸出霍尔木兹海峡,经阿曼湾北的苏哈尔和南也门的席赫尔抵达亚丁。唐以后的航线更为发达和丰富了。[③]高伟浓则将唐宋两代中国通往东南亚的海上航路进行了综合考察。[④]刘成具体分析了登州港的对外航线,认为唐宋时代的登州有两条航线连接海外:一条是从登州经渤海、高丽到日本,另一条是经楚州、扬州到南方诸港;这两条贸易航线,促进了南北经济和中外贸易的发展。[⑤]

　　1980年前后,纳忠比较概括地描述了中世纪中国通往阿拉伯的海上航线:中国沿海港口—马来群岛—印度洋—霍尔木兹海峡—底格里斯河—巴格达。[⑥]此后,沈福伟对此航线作了更加详细的研究。他认为,唐代中国通往阿拉伯的海上航线可以分为前后两段,前段是广州—马六甲海峡—斯里兰卡—印度西海岸—阿曼湾—波斯湾—巴士拉—底格里斯河—巴格达;后段是亚丁湾南岸泽拉港—阿拉伯半岛南的席赫尔—阿曼的卡勒哈特、苏哈尔—波斯湾—巴林—奥波拉、巴士拉。这是中国航船在阿拉伯海区进行三角贸易的航线。宋代的航线则是:广州—三佛齐—古林—苏哈尔—麦加港。明时郑和更是开辟了多条航线,中阿往来频繁。[⑦]不久前,李金明对唐代中国与阿拉伯的海上交通路线进行了新的探讨。他依据阿

---

　　① 陈炎:《唐代以前中国和东南亚的海上交通——兼论中国丝绸从海路传入东南亚及其影响》,载中国东南亚研究会编:《东南亚史论文集》,河南人民出版社1987年版。类似观点也见王子今:《秦汉时期的东洋与南洋航运》,《海交史研究》1992年第1期;金秋鹏、杨丽凡:《中国与东南亚的交通与交流》,《海交史研究》1998年第1期。

　　② 刘希为:《唐代海外交通发展的新态势及其社会效应》,《海交史研究》1993年第1期。

　　③ 朱少伟:《海上丝绸之路》,《历史知识》1981年第6期。

　　④ 高伟浓:《唐宋时期中国东南亚之间的航路综考》,《海交史研究》1987年第1期。

　　⑤ 刘成:《唐宋时代登州港海上航线初探》,《海交史研究》1983年第5期。

　　⑥ 纳忠:《中世纪中国与阿拉伯的友好关系》,《历史教学》1979年第1期。

　　⑦ 沈福伟:《中国和阿曼历史上的友好往来》,《世界历史》1982年第1期。还可见沈福伟:《两汉三国时期的印度洋航业》,《文史》第26辑。

拉伯商人辑录的《中国印度见闻录》和中国史书《新唐书》等史料,明确提出:从阿拉伯到中国,由巴士拉出航,经波斯湾、阿拉伯海、孟加拉国湾、马六甲海峡到中国;中国到阿拉伯则从广州起航,经越南海域、马六甲海峡、孟加拉国湾、印度洋、波斯湾至巴士拉。无论是商人和高僧皆通过此航线往来。后来由于唐的衰落,中国与阿拉伯交往的中心不再是中国本土的广州,而是移至马来半岛。[①]

中华人民共和国成立后,对于元代海外交通航线的研究并不多,章巽的《元"海运"航路考》是其中比较重要的一篇文章。[②] 进入 80 年代,这方面的研究不断增多。其中陈高华、吴泰的《宋元时期的海外贸易》(天津人民出版社 1981 年版),可以说开启了宋元海上丝绸之路研究的新阶段。喻常森的《元代海外贸易》(西北大学出版社 1994 年版)集中地反映了这一时期的学术成就。关于元代海上丝绸之路的研究论文则更多,而且不乏新见。例如,汶江认为,元朝的政策是开放的,它有重商主义倾向,因此元朝的远洋航运很发达。它开辟了多条通往南亚、西亚、非洲的航线,其中具有代表性的是:从泉州出发,经爪哇,越孟加拉国湾,绕南亚次大陆,至波斯的航线。还有至非洲埃及亚历山大、摩洛哥的航线。[③] 申海田等人也对宋元时期的海上交通做了整体的考察。[④]

自 20 世纪 80 年代起,陆续有学者探讨过中国通往海外特定地区的海上航线。例如,赵和曼研究过古代中国与柬埔寨的海上交通。该文认为,中柬从汉朝就开始了海上交往,但相关史料比较缺乏。从唐朝开始,对这条航线有了比较清楚的文字记载,具体航线是:广州—屯门山—九州岛石—象石—占不劳山—陵山—门毒国—奔陀浪州(真腊水域)。元代的航线是:温州—海南岛西南—北部湾—占城国—真蒲—昆仑洋—查南—佛村—淡洋—吴哥。明代航线与元代相近。清代则有多条航线通柬,分别记录在《东西洋考》、《顺风相送》、《指南正法》中。[⑤] 再如,徐云根非常深入地考察了明清时期中国与爪哇的海上航线。他认为,明清时期是两国航线发展的最重要时期。明初由于局势还不稳定,统治者出台海禁政策,海上航线大受限制,到爪哇的只有一条航线:从太仓刘家港入海,经占城(越南归仁港)、灵山(越南华列拉角)、宾童龙(越南藩朗)、昆仑山(越南南部海中昆仑岛)、真腊(柬埔寨)、假里马丁(印度尼西亚卡里马塔群岛)、交栏山(加里曼丹岛西南格兰

① 李金明:《唐代中国与阿拉伯海上交通航线考释》,载李庆新主编:《海洋史研究》(第 1 辑),社会科学文献出版社 2010 年版。
② 章巽:《元"海运"航路考》,《地理学报》1957 年第 1 期。
③ 汶江:《元代的开放政策与我国海外交通的发展》,《海交史研究》1987 年第 2 期。
④ 申海田、张明峰:《宋元时期对外交通考析》,《山东师范大学学报(社会科学版)》1997 年第 2 期。
⑤ 赵和曼:《古代中国与柬埔寨的海上交通》,《历史研究》1985 年第 6 期。

岛)到爪哇。此航线基本沿袭元代路线,郑和亦是走此航线。到了明中期,海上私人贸易发展迅速,到爪哇的航线发展为东西两路。而每一路又有不同的支路。东路航线是从东南港口经越南占城,穿过越南至加里曼丹岛西海岸,循岸南行过爪哇海到爪哇东部各港。此路航线又分为三支,分别从广州港和漳州月港出发。西路航线是经越南占城,穿过暹罗湾,沿马来半岛东海岸行至苏门答腊,再经由巽他海峡到达西部各港口。西路航线也分为三条支线,都从月港出发。到清初去爪哇岛的航线就以西路为主,此外,清朝还开辟出一条从广州万山出发的航线。①

上面这些文章,都是以中国与东南亚、印度洋地区海上交通路线为主要研究对象。与此不同的是,周中坚在 80 年代前期发表过一篇比较独特的文章,重点探讨海外交通中心的历史变迁。周中坚认为,7 世纪之前,南海交通中心在扶南境内,到了 7 世纪,南海交通中心向马六甲海峡和巽他海峡地区转移。扶南在南海交通的中心地位被海峡地区的室利佛逝(苏门答腊岛)和诃凌(爪哇岛)取代。其原因是:(1)扶南的衰落,取而代之的真腊主要在陆地上发展,没有当年扶南的海洋控制权。(2)造船和航海技术的发展使船舶远洋能力增强,可直接到马六甲海峡,不再需要在扶南中转了。(3)室利佛逝和诃凌的兴起,可以保护马六甲的船舶安全;这里也是佛教东传的通道。②

2. 关于造船业和航海技术的研究

中国古代的造船业非常发达,但留下的历史文献却不多。20 世纪中期,朱杰勤等人曾根据历史文献研究过中国古代的造船技术。③ 20 世纪 70 年代,几个重大考古发现(例如浙江河姆渡新石器文化遗址中的木桨及陶舟,福建泉州的宋代沉船),为研究古代造船业提供了实物依据,同时有力地促进了相关研究的开展。

陈延杭不仅研究了河姆渡文化时期的造船技术,而且还探讨了古越人的航海技术,并且认为古越船与后来的沙船、福船、鸟船、广船等不同类型的中国木帆船都有一定的关系。④ 金秋鹏、郭育生通过剖析实例,说明了中国古人在造船技艺上的创造和发明:水密隔舱的优越性能;舵的广泛和深入使用;橹的发明;独具特色的硬帆等。⑤ 周连宽和张荣芳分析了汉代的造船业,认为当时已能建造在海上航

　① 徐云根:《明清时期我国与爪哇海上针路》,《海交史研究》1990 年第 2 期。

　② 周中坚:《古代南海交通中心的变迁》,《海交史研究》1982 年第 4 期。

　③ 朱杰勤:《中国古代海舶杂考》,原刊于《南洋学报》1948 年第 5 卷第 2 辑,修改后收入暨南大学历史系东南亚史研究室编:《东南亚史论论文集(第一集)》,暨南大学科研处,1980 年。

　④ 陈延杭:《古越族的舟船文化与中华木帆船的形成》,《海交史研究》1991 年第 2 期;《河姆渡舟船技术浅析》,《海交史研究》1997 年第 2 期。

　⑤ 金秋鹏、郭育生:《探求舟子技艺 展现古船风貌》,《海交史研究》1999 年第 2 期。

行的大船,而汉代的战船最为有名,其规模之大,可在船上建楼五层,被称为"楼船"。① 刘希为指出,唐时造船业已经达到很高水平,其特点是造船坊分布地域广、造船能量大、船工分工细、造船技术高、公私船并举;唐代的"海鹘船"等代表性船舶具有船身大、容积广、构造坚固、抗风力强等特点,这就为海外航行作了技术保证。②

古代中国表示船舶的计量单位是"料",但对于"料"的具体含义及大小,学者们有两种不同的看法。一种观点认为"料"是容积单位,③另一种观点认为"料"是重量单位。不过,这些学者对于"料"的实际重量也有不同的看法。有的学者认为一"料"等于一石,④有的学者则认为官料一料是半石,民料一料是一石。⑤ 陈希育对宋代商船的"料"进行了深入的研究,并且提出了独特的看法。他认为,"料"是表示龙骨长、面阔和舱深的一种船积单位。一般看来,一料的容积相当于2.5石。但这种计算方式也不是固定不变的。就宋代而言,大型商船可达8000料,其总长为19.28丈,面阔4.5丈,舱深1.35丈,载重20000石,可载人1000左右。民间大商船可达5000料,载重10000—12000石,可载人500—600名。如此大的船只为明代郑和航海宝船的制造奠定了坚实基础。⑥

对于元朝的航海业,陈高华进行过非常深入的研究。他发现杨枢、朱清、张瑄、蒲寿庚、沙不丁等家族之所以兴盛,和他们经营航海业并占有海运重要官职有关。正是家族发展和航海的良性互动,才把元代航海业推向了顶峰。⑦ 李增新认为元代造船技术、航海能力、组织能力及船队规模,已具备明代郑和下西洋时代的水平。遗憾的是,明政府的海禁政策削弱了航海业的发展,封闭了民间通往世界各国的航道。明初郑和下西洋之举,是元代航海业为之奠定了坚实基础,而明朝的内外政策,却扼杀了中国蓬勃发展的航海业。中国逐渐丧失了航海技术与海上贸易的世界领先地位。⑧

与20世纪前期及中期相比,1980年之后关于海上丝绸之路研究的一个突出亮点是,在古代航海技术及航海知识的研究方面取得了明显的进展。特别是韩振华,在许多方面都进行了开拓性的探讨。他考察了中国古代船舶上的水计时工具

① 周连宽、张荣芳:《汉代我国与东南亚国家的海上交通和贸易关系》,《文史》第9辑。
② 刘希为:《唐代海外交通发展的新态势及其社会效应》,《海交史研究》1993年第1期。
③ 管劲丞:《郑和下西洋的船》,《东方杂志》43卷1号。
④ 郑鹤声、郑一钧:《略论郑和下西洋的船》,《文史哲》1984年第3期。
⑤ 韩振华:《论中国船的船料及其计算法则》,《海交史研究》1988年第1期。
⑥ 陈希育:《宋代大型商船及其"料"的计算法则》,《海交史研究》1991年第1期。
⑦ 陈高华:《元代航海世家澉浦杨氏 兼说元代其他航海家族》,《海交史研究》1995年第1期。
⑧ 李增新:《元代航海业述论》,《北京行政学院学报》2003年第6期。

及方法,并且认为 1974 年泉州宋船上出土的椰子壳实际上是沉碗型水时计器。① 他还研究了古代中国的火计时工具及方法,如刻灼(一般是蜡烛)、更香(烧香计时)、香篆(烟火沿篆字蜿蜒前进)与盘香、长明灯等。② 不过,华同旭对韩振华的观点提出过异议,认为泉州宋船上的椰子壳并不是用来计时的,而是一般的生活用具。③ 后来,王心喜对中国古代海船深水测量技术进行过探讨。④

　　1980 年,海洋出版社出版了章巽的《古航海图考释》,有力地推进了对古代航海图的研究。后来,朱鉴秋对中国古代航海图的发展做了全面梳理。他认为,唐以前还没有航海图,只是记载了一些航线,这些航线就是航海图的基础;到了唐宋则出现了航海图的记载,如贾耽所著的《海内华夷图》、傅墨卿所撰《宣和奉使高丽图经》等。但现存最早的古代航海图是明代的《海道指南图》,而最为系统的航海图是《郑和航海图》;清代航海图的代表则是"旧抄本古航海图"。⑤

　　其他一些学者从不同的角度研究了古代中国的航海知识。唐代民间科学家窦叔蒙所著的《海涛志》是中国现存最早的潮汐气象学专著,但很少有人对此书作过研究。1978 年,徐瑜发表了《唐代潮汐学家窦叔蒙及其〈海涛志〉》,⑥对这部中国古代十分重要的气象学著作进行了认真的研究。后来,陈占山探讨了《海涛志》在中国古代航海气象学发展史上的作用。⑦ 杨熺对明代航海著作《海道经》中记载的天气歌谣进行了校注和阐释,认为它是古代中国人在长期的航海实践中逐渐积累起来的,是古代航海气象知识的结晶。⑧ 在古代中国航海文化中,祈风与祭海仪式是非常独特的。但在 20 世纪前期和中期,相关的研究成果却很少,其中最为重要的是吴文良在 60 年代所做的一些研究。⑨ 到了 80 年代,李玉昆对此进行了更加深入的研究。⑩

　　20 世纪后期,还有学者探讨过中国古代航海技术与外国航海技术的关系问题。例如,戴开元认为,最迟到公元九、十世纪,广东已经开始建造缝合木船,其技术可能是唐代定居于广东的波斯人、阿拉伯人或印度人传入的。由于这种船成本

---

① 韩振华:《我国古代航海用的几种水时计》,《海交史研究》1983 年第 5 期。
② 韩振华:《我国古代航海用的几种火时计》,《海交史研究》1985 年第 2 期;王心喜:《中国古代海船深水测量技术考略》,《海交史研究》1995 年第 2 期。
③ 华同旭:《船用水时计及泉州出土椰壳等讨论》,《海交史研究》1987 年第 2 期。
④ 王心喜:《中国古代海船深水测量技术考略》,《海交史研究》1995 年第 2 期。
⑤ 朱鉴秋:《中国古代航海图发展简史》,《海交史研究》1994 年第 1 期。
⑥ 徐瑜:《唐代潮汐学家窦叔蒙及其〈海涛志〉》,《历史研究》1978 年第 6 期。
⑦ 刘希为:《唐代海外交通发展的新态势及其社会效应》,《海交史研究》1993 年第 1 期。
⑧ 杨熺:《〈海道经〉天气歌谣校注释理》,《海交史研究》1999 年第 2 期。
⑨ 吴文良:《泉州九日山摩崖石刻》,《文物》1962 年第 11 期。
⑩ 李玉昆:《试论宋元时期的祈风与祭海》,《海交史研究》1983 年第 5 期。

较低,所以在历史上长期沿用。① 陈占山研究了伊斯兰天文学对中国古代航海的影响问题。他把伊斯兰天文学在中国的传播过程分为四个阶段,即初级阶段(唐宋时期)、高潮阶段(蒙元时期)、典籍翻译和编译阶段(明初)、结束阶段(清末)。历史上,大量的天文人才来到中国,同时,伊斯兰历法和天文仪器制造技术也随之传入,许多天文典籍还被译成汉文。伊斯兰天文学不仅对中国天文学的发展作出了重大贡献,也对航海事业起到了推动作用。② 陈延杭则研究了中国与葡萄牙之间航海及造船技术的交流问题。他认为,中国三大发明(印刷术、指南针和火药传)于 13 世纪传入欧洲后,产生了深远的影响,推动了欧洲航海事业的发展。16世纪,欧洲人的造船技术后来居上,并开始传入中国,其中最为主要的是两种多桨快速战船(喇叭唬船和蜈蚣船)和一种火炮(佛郎机火炮),从而大大增强了战船的威力。③

江道源和陈美明从更加宏观的角度,对 15、16 世纪中西航海业进行过比较研究。他们认为,这一时期中国与西方在许多方面存在着完全不同的思想观念:价值取向上重农思想与重商主义的不同;功利追求上贵义贱利与逐财求利的不同;外域体认上西方夷邦与东方金地的不同;地理观念上地方说和地圆说的不同;交往气度上儒家风雅和宗教狂热的不同。在他们看来,正是由于思想观念上的这些差异,造成了中国与西方航海业不同的发展前景,最终导致中国的闭关自守和西方向资本主义的迈进。④ 后来,江道源部分修正了自己的观点,承认中国和西方在15、16 世纪同样追求商品经济和市场,中国并不缺少追求资本主义的经济动力。这样,江道源就从政治上去寻找中国与西方的差异,并且认为这种差异主要体现在以下几个方面:扬威与逐富、抑商与重商、禁海与拓海、缉盗与纵盗、守土与殖民等政策上。正是政治权力的不同作用导致了以后不同的航海业前景和历史格局。⑤

除了上述成果之外,还有许多著作也涉及造船业与航海技术问题,如金秋鹏的《中国古代的造船和航海》(中国青年出版社 1985 年版),陈佳荣的《中外交通史》(学津书店 1987 年版),中国航海学会彭德清主编的《中国航海史》(人民交通出版社 1988 年版),唐志拔的《中国舰船史》(海军出版社 1989 年版),孙光圻的《中国古

① 戴开元:《广东缝合木船初探》,《海交史研究》1983 年第 5 期。
② 陈占山:《伊斯兰天文学在中国的传播》,《海交史研究》1998 年第 1 期。
③ 陈延杭:《中国与葡萄牙的航海和造船技术交流》,《海交史研究》1999 年第 1 期。
④ 江道源、陈美明:《思想观念对 15—16 世纪中西航海业发展的影响》,《海交史研究》1994 年第 2 期。
⑤ 江道源:《政治权力与中世纪末的中西航海业——兼与"中国没有经济动力论"商榷》,《海交史研究》1996 年第 2 期。

代航海史》（海洋出版社 1989 年版），姚楠、陈佳荣、丘进的《七海扬帆》（香港中华书局 1990 年版），章巽等人的《中国航海科技史》（海洋出版社 1991 年版），辛元欧的《中国近代船舶工业史》（上海古籍出版社 1999 年版），席龙飞的《中国造船史》（湖北教育出版社 2000 年版），王冠倬的《中国古船图谱》（三联书店 2000 年版），杨槱的《帆船史》（上海交通大学出版社 2005 年版），等等。这些著作几乎都认为，中国是世界上主要的船舶发源地之一；中国帆船以长橹、舵升降舵、水密隔壁、车轮舟、木爪石碇、指南针等重大发明闻名于世；中国又领先应用铁钉连接、钉镘加固、拼接榫接、麻絮油灰捻缝、船底涂漆等造船技术，为世界造船技术的发展作出了重大贡献；中国帆船经过历代发展，其技术性能与生产规模到明代达到巅峰状态，郑和下西洋的宝船就是其优秀代表。

3. 关于主要港口的研究

(1)关于合浦港、徐闻港的研究

合浦、徐闻是汉代对外交通的重要港口，在《汉书》中就有记载，但长期以来很少有人对其进行研究。20 世纪后期，由于考古新发现的增多，同时也由于地方政府对海上丝绸之路的日益重视，这两个港口也越来越受到研究者的关注。更加重要的是，关于这两个港口的研究，还涉及中国海上丝绸之路最早始发港的问题。[①]

合浦现属广西壮族自治区北海市，濒临北部湾。主张合浦是中国海上丝绸之路最早始发港的学者认为，古合浦港东连广信、番禺，西控交趾，北连中原和长江流域，南通东南亚和印度洋，是中国出入东南亚最近最便捷的海上通道。按行政区域来说，汉代的合浦郡下辖徐闻（今广东海康县）、高凉（今广东茂名、电白一带）、合浦（今北海市、钦州市、防城港市、玉林市等）、临允（今广东新兴县）、朱卢（今海南琼山县境），其管理区域相当于今琼州海峡至防城北仑河口乃至越南部分海域的整个北部湾绝大部分岸线和海域，古合浦县则是当今的环北部湾地区。无论是地理位置、考古发现，还是历史记载，都表明合浦港是汉代南海丝路最早最繁

---

①　韩湖初、杨士弘：《关于中国古代"海上丝绸之路"最早始发港研究述评》，《地理科学》2004 年第 6 期。

荣的始发港和贸易中心。① 2004 年 12 月，北海市人民政府联合其他单位在合浦举办了"海上丝绸之路研究：中国·北海合浦海上丝绸之路始发港理论研讨会"，邀请了几十位专家从不同的角度论证了合浦是中国海上丝绸之路最早的始发港。会上还讨论了古合浦港的具体地点、合浦港的保护、开发和利用等问题。②

徐闻位于广东省雷州半岛上。经考证，徐闻古港位于现在湛江市徐闻县的三墩港一带，正是在那里发现了 200 多座汉墓，出土文物近 600 件。③ 不少学者认为，汉代徐闻港应当是中国海上丝绸之路的最早始发港。④ 2001 年，由广东省人民政府参事室、广东省文史馆、湛江市人民政府、中国海外交通史研究会和广东珠江文化研究会等有关各方组织召开了"海上丝绸之路与中国南方港学术研讨会"，并到徐闻县进行实地考察，会后出版了《"海上丝绸之路与中国南方港"学术研讨会论文集》，作为《岭南文史》2002 年的增刊。

除此之外，也有一些学者认为，汉代的合浦、徐闻都是中国海上丝绸之路的最早始发港，因为它们在汉代本属一郡，商人及航海者完全可以根据自身的实际需

---

① 梁旭达、邓兰：《汉代合浦郡与海上丝绸之路》，《广西民族研究》2001 年第 3 期；陆露、张居英：《西汉合浦港口考辩》，《广西民族研究》2007 年第 1 期；梁炳猛：《汉唐时期的合浦与北部湾海上丝绸之路》，《创新》2010 年第 1 期；覃主元：《汉代合浦港在南海丝绸之路中的特殊地位和作用》，《社会科学战线》2006 年第 1 期。持同样观点的文章还有：周家干：《合浦乾体港是汉代海上丝绸之路的始发港》，《岭南文史》2002 年增刊；张九皋：《合浦港在古代"海上丝绸之路"中的地位》，《岭南文史》2002 年增刊；蒋廷瑜、彭书琳：《汉代合浦及其海上交通的几个问题》，《岭南文史》2002 年增刊；韩湖初、杨士弘：《关于中国古代"海上丝绸之路"最早始发研究述评》，《地理科学》2004 年第 6 期；北海市海上丝绸之路始发港课题组：《合浦是最早海上丝绸之路始发港的研究与开发》，《经济与社会发展》2004 年 10 期；邓家倍：《再论合浦是中国汉代海上丝路始发港》，《广州社会主义学院学报》2004 年第 4 期；邓家倍：《合浦与徐闻在海上丝路始发港地位与作用比较研究》，《中国地方志》2005 年第 10 期；合浦县政府、北海市地方志办公室联合编纂：《北海合浦海上丝绸之路史》，广西人民出版社 2008 年版；廖国一：《汉代合浦郡与东南亚等地的"海上丝绸之路"及其古钱币考证》，《广西金融研究》2005 年增刊二；廖国一：《汉代环北部湾货币流通圈与海上丝绸之路——以环北部湾地区中国与越南汉代墓葬出土钱币为例》，《广西金融研究》2006 年增刊。

② 吴传钧：《海上丝绸之路研究：中国·北海合浦海上丝绸之路始发港理论研讨会论文集》，科学出版社 2006 年版。

③ 广东省文物考古研究所、湛江市博物馆、徐闻县博物馆：《广东徐闻县五里乡汉代遗址》，《文物》2000 年第 9 期；阮应祺：《汉代"海上丝绸之路"始发港——徐闻港考察》，《湛江文史资料》1984 年第 2 期；阮应祺：《汉代徐闻港在海上丝绸之路中的历史地位》，《岭南文史》2000 年第 4 期；陈立新：《海上丝路话徐闻》，《岭南文史》2000 年第 4 期；阮应祺：《海上丝绸之路航线上雷州半岛主港概述》，《湛江师院学院学报（哲学社会科学版）》2002 年第 2 期。

④ 黄启臣：《徐闻是西汉南海丝绸之路的出海港》，《岭南文史》2000 年第 4 期；阮应祺：《汉代徐闻港在海上丝绸之路中的历史地位》，《岭南文史》2000 年第 4 期；张荣芳、周永卫：《汉代徐闻与海上交通》，《中山大学学报（社会科学版）》2002 年第 3 期；黄强：《论汉代"海上丝绸之路"文化及其开发价值》，《岭南文史》2002 年增刊；邓开朝、吴凯：《徐闻汉代海上丝绸之路文物的发现和研究》，《岭南文史》2002 年增刊；陈立新：《论汉徐闻港在海上丝绸之路史上的地位和作用》，《岭南文史》2002 年增刊；司徒尚纪、李燕：《汉徐闻港地望地理历史新探》，载黄鹤、秦柯编：《交融与辉映——中国学者论海上丝绸之路》，广东旅游出版社 2001 年版；王元林：《从徐闻、合浦到广州对外贸港口的变迁》，《岭南文史》2002 年增刊。

要选择其中的任何一个港口。① 我们认为,在讨论中国海上丝绸之路最早始发港时,应当根据汉代的历史背景,而不能从现代的行政区划及思想观念出发,否则会使研究视野局限于地方利益的狭小范围之中,甚至将这种研究引入歧途。

(2)关于泉州港的研究

泉州在南北朝时期已成为对外交通的重要港口,唐五代时更加突出,到了宋代对外贸易和文化交流非常活跃,进入元代达到了顶峰。元以后开始衰落,渐渐失去了昔日的辉煌。

20世纪前期,学术界就开始研究泉州的海外交通问题了,此后一直不断。即使是在十年"文革"期间,也没有中断。特别是由于1974年宋代沉船发现,使泉州成为中国海上丝绸之路研究的焦点。1980年之后,出现了研究泉州的新高潮,以致出现了"泉州学"的提法。

1990年,联合国教科文组织启动了"丝绸之路综合考察"活动。多国学者乘坐"和平方舟"号考察船从意大利威尼斯出发,途经古代海上丝绸之路的主要港口,于1991年2月到达泉州,并在泉州召开了以"中国与海上丝绸之路"为题的国际学术讨论会。这一活动有力地肯定了泉州在古代海上丝绸之路中的重要地位。1997年,国外有人声称发现了一部13世纪意大利人的手稿《光明之城》。1999年2月,泉州海交馆专门召开了"《光明之城》手稿的发现及其研究"的座谈会,并发表了系列文章。② 虽然黄时鉴等学者有力地证明了《光明之城》是部伪作,③但此书客观上引发了泉州研究的新一轮热潮。

总体上说,20世纪80年代对于泉州的研究,主要集中在以下几个方面:①沉

① 司徒尚纪:《海上丝绸之路与我国在南海传统疆域形成》,《岭南文史》2002年增刊;陈佳荣:《西汉南海远航之始发点》,载黄鹤、秦柯编:《交融与辉映——中国学者论海上丝绸之路》,广东旅游出版社2001年版;邓瑞本:《广州港市形成与海上丝绸之路的关系》,载黄鹤、秦柯编:《交融与辉映——中国学者论海上丝绸之路》,广东旅游出版社2001年版。张泽南、弟增智:《走向海洋的中国》,载黄鹤、秦柯编:《交融与辉映——中国学者论海上丝绸之路》,广东旅游出版社2001年版;梁炳猛:《汉唐时期的合浦与北部湾海上丝绸之路》,《创新》2010年第1期。

② 戴维·塞尔邦:《我和〈光明之城〉》,丁毓玲译,《海交史研究》1998年第2期;王连茂:《〈光明之城〉与南宋刺桐史实杂谈》,《海交史研究》1999年第1期;叶恩典:《泉州史学问题的新焦点——〈光明之城〉手稿的发现及其研究座谈会概述》,《海交史研究》1999年第1期;杨志玖:《〈光明之城〉三题》,《海交史研究》2000年第2期;陈延杭:《中世纪欧亚繁荣的海上商贸信道——读雅各〈光明之城〉有关航路的叙述》,《海交史研究》2000年第2期;金秋鹏:《从科技史的视角看〈光明之城〉——中国古代的造船能力及航海术》,《海交史研究》2001年第1期;杨丽凡:《〈光明之城〉真伪考》,《海交史研究》2001年第1期;陈丽华:《〈光明之城〉若干译文浅析》,《海交史研究》2001年第1期;陈少牧:《读〈光明之城〉,思历史名城保护》,《海交史研究》2001年第1期;傅宗文:《宋代江山犹有一枝俏——〈光明之城〉所展示的世界大贸易港刺桐图卷》,《海交史研究》2001年第1期;陆芸:《我对〈光明之城〉中几个问题的看法》,《海交史研究》2001年第2期。

③ 黄时鉴:《〈光明之城〉伪书考》,《历史研究》2001年第3期。

船研究,包括对沉船的结构、工艺、材料及船上商品的研究;①②海外贸易研究,包括海外贸易兴盛的原因、外贸商品、外贸规模等;②③外贸制度与外贸管理的研究,包括市舶司制度、"蕃坊"问题等;③④对外文化交流研究,主要集中在古代泉州的伊斯兰教与天主教问题;④此外,还有人物研究。⑤

90 年代对泉州的研究,在广度与深度上都有所拓展,代表性的文章有曾丽民的《泉州与琉球的民俗关系》(《海交史研究》1994 年第 2 期),韩振华的《宋元时代传入泉州的外国宗教古迹》(《海交史研究》1995 年第 1 期),李金明的《明初泉州港衰落原因新论》(《海交史研究》1996 年第 1 期),韩振华的《宋代泉州伊斯兰的清净寺》(《海交史研究》1997 年第 1 期),李玉昆的《宋元时期泉州的香料贸易》(《海交史研究》1998 年第 1 期),理查德·皮尔逊和李旻的《泉州及其海外贸易的考古学探究》(《海交史研究》1998 年第 1 期),王连茂的《泉州学与海交史研究刍议》(《海交史研究》1999 年第 2 期),叶恩典的《獭窟港在泉州海外交通贸易史上的地位与作用》(《海交史研究》1999 年第 2 期),林德民的《泉州东门窑产品及其外销》(《海交史研究》1999 年第 2 期),李玉昆、李秀梅的《中斯友好与泉州锡兰王裔》(《海交史研究》1999 年第 2 期)等。

进入 21 世纪,泉州市积极开展海上丝绸之路世界文化遗产的申报工作,连续召开了学术会议,并且出版了《泉州港与海上丝绸之路》第一至三辑(中国社会科学出版社,2002—2005 年),以及《泉州文化与海上丝绸之路》(社会科学出版社

---

① 陈鹏、刘志成:《略论泉州法石出土的西班牙银币》,《海交史研究》1981 年第 3 期;杨榈:《对泉州湾宋代海船复原的几点看法》,《海交史研究》1982 年第 4 期;林禾杰:《泉州湾宋代海船沉没环境的研究》,《海交史研究》1982 年第 4 期;陈振端:《泉州湾出土宋代海船木材鉴定》,《海交史研究》1982 年第 4 期;章文贡:《泉州湾宋代海船中乳香的薄层色谱鉴定》,《海交史研究》1982 年第 4 期;王慧芳:《泉州湾出土宋代海船的进口药物在中国医药史上的价值》,《海交史研究》1982 年第 4 期;中国科学院自然科学研究所、福建省泉州海外交通史博物馆联合试掘组:《泉州法石古船试掘简报和初步探讨》,《自然科学史研究》1983 年 2 卷 2 期等。

② 如陈高华、吴泰:《宋元时期的海外贸易》,天津人民出版社 1981 年版;周海宇:《泉州海外交通史新咏(续)》,《海交史研究》1980 年第 2 期;天柱:《泉州外销瓷学术座谈会侧记》,《海交史研究》1980 年第 2 期;庄为玑:《泉州三大外销商品——丝、瓷、茶》,《海交史研究》1981 年第 3 期;黄天柱、陈鹏:《泉州古代丝织业及其产品的外销》,《海交史研究》1982 年第 4 期;蒋颖贤:《真德秀与泉州海外贸易》,《海交史研究》1982 年第 4 期;史秀:《中世纪的东方贸易港——泉州》,《国际贸易》1982 年第 3 期;沈玉水:《宋元明的泉州港》,《历史教学》1983 年第 5 期;李仲均:《晋江海岸变迁与泉州港的衰落》,《海交史研究》1985 年第 1 期;许在全:《泉州港与"海上丝路"》,《海交史研究》1991 年第 1 期;刘文波:《唐末五代泉州对外贸易的兴起》,《泉州师范学院学报》2003 年第 3 期。

③ 廖大珂:《谈泉州"蕃坊"及其有关问题》,《海交史研究》1987 年第 2 期;付宗文:《宋代泉州市舶司设立问题探索》,《福建论坛》1983 年第 3 期等。

④ 海博:《宋元时代的泉州清真寺》,《海交史研究》1980 年第 2 期;庄为玑:《泉州摩尼教初探》,《世界宗教研究》1983 年第 3 期;杨钦章、何高济:《对泉州天主教方济各会史迹的两点浅考》,《世界宗教研究》1983 年第 3 期;陈国强:《郑和与泉州回族》,载《郑和与福建》,福建教育出版社 1988 年版等。

⑤ 如庄炳章:《泉州海交史上的人物》,《海交史研究》1985 年第 1 期;庄为玑:《郑和航海与福建的关系》,载于《郑和与福建》,福建教育出版社 1988 年版等。

2007 年版)等论文集。这些论文集,反映了 21 世纪泉州港研究的新进展。

(3)关于广州港研究

与其他几个港口相比,广州港的最大特点是从秦汉开始一直是中国古代对外贸易的主要港口,没有中断过。18 世纪中期,清政府实行"广州一口通商",使广州成为官方唯一指定的对外通商港。鸦片战争的爆发,又与广州有着密切的关系。广州在海上丝绸之路发展史上有着非常独特的地位,所以,20 世纪的中外学者一直比较重视对广州的研究。1980—2000 年,学术界对广州港的研究更是持续升温,所探讨的问题可以分为以下几个方面:

①对广州港历史地位的研究。朱非素根据考古资料认为,广州(番禺)是在汉代开始成为丝绸之路上的一颗明星的,尽管当时广州只是一个"都会",而不是正式港口。到了魏晋南北朝时期,广州不仅成了中国对外贸易的第一大港,还是佛教文化交流的中心,僧侣往来皆从广州港出入。到了唐宋时期,以广州为中心的东西方贸易更加频繁。中国陶瓷等商品大多通过广州港运往东南亚、南亚、波斯湾和北非等地。随着阿拉伯和波斯商人大量来到广州,广州伊斯兰文化也兴盛起来。贸易的发达致使唐政府在广州设置了市舶使,宋政府设置了市舶司,元政府沿用宋制。到清代时,广州是少数几个被指定进行贡舶贸易的港口之一。乾隆年间,广州更成了中国唯一的外贸港口。直到鸦片战争以后,这种贸易局面才发生改变。广州港的兴衰反映了中国文明的发展轨迹,这也正是广州港的重要地位之表现。[①]

张难生、叶显恩认为,广州确立在南海交通中的枢纽地位,应是在吴晋南朝时期,此后,广州港的重要地位逐渐凸现出来,到唐宋时达到顶峰。[②] 程浩探讨了港口与城市之间的关系,认为广州港促进了广州的对外开放、推动了广州的经济发展、加快了广州的城市建设、提升了广州的都市文明。[③]

有些论者努力论证广州(番禺)才是中国海上丝绸之路的始发港。他们为此列举了种种理由,例如:番禺区位优越,腹地巨大,具备优良自然条件;番禺地区古越族有纺织传统,秦汉时种桑、养蚕、缫丝,丝织业发达;古越族的造船技术先进,所造的海船备舵和帆;古越族习水行舟,有远航和外贸传统;番禺城在公元前 878 年至公元前 111 年,一直是岭南区域首府,是区域政治、文化和经济中心;考古发

---

① 朱非素:《南海"丝绸之路"考古发现浅析》,载北京大学考古学系编著:《"迎接二十一世纪的中国考古学"国际学术讨论会论文集》,科学出版社 1998 年版。

② 张难生、叶显恩:《海上丝绸之路与广州》,《中国社会科学》1992 年第 1 期。

③ 程浩:《论广州港在广州历史上的地位和作用》,《海交史研究》1995 年第 1 期。

现表明,公元前 122 年之前由广州往西方的海上丝绸之路就已开通了。[1]

②对广州海外贸易制度的研究。这方面的研究成果主要有余思伟的《广州市舶司的历史沿革及其在对外贸易中的作用和影响》(《海交史研究》1983 年第 5 期)、邓端本的《广州港史:古代部分》(海洋出版社 1986 年版)、顾卫民的《广东通商制度与鸦片战争》(《历史研究》1989 年第 1 期)、蔡鸿生的《清代广州的荷兰会馆》(载《广州与海洋文明》,中山大学出版社 1997 年版)、彭益泽的《清代"广州体系时期"中外商人之间的竞争》(《历史研究》1992 年第 5 期)、杨国桢的《洋商与大班:广东十三行文书初探》(《近代史研究》1996 年第 3 期),等等。这些论文涉及的内容非常广泛,而且在许多方面都取得了突破性成果,在此无法一一介绍。这里仅以李龙潜的《明代广东三十六行考释——兼论明代广州、澳门的对外贸易和牙行制度》为例,[2]说明进入 80 年代后海上丝绸之路研究的新进展。

在广州的对外贸易制度中,一个非常重要的内容就是十三行。1937 年,梁嘉彬在其名作《广东十三行考》中提出,明代广东三十六行具有牙行性质,可代替市舶司长官提举官主持海外贸易。三十六行行商们都是在官府控制下从事对外贸易的官商。所以,明代广东三十六行就是清代广东十三行的前身和源头。[3] 80 年代初,李龙潜对此提出了不同看法。他认为,明代广东三十六行是组织手工业生产、并将产品非法出口的手工业和对外贸易相结合的行业,它不具有牙行的性质,和清代广东的十三行也没有社会的和历史的必然联系。明代三十六行无论在对外贸易的垄断权上、经营的独立性上、行政外交权上和官方代理程度上都比不上清代广东十三行。

③对广州港海外贸易情况的研究。古代广州海外贸易兴盛,自 1980 年起,学术界对此问题的研究也很多,而且不乏新见。例如,陈坚红对传统上所说的唐代广州外贸规模与发达程度提出过质疑。他认为,尽管唐代广州港比较繁荣,但每年来此停泊的外国船舶不可能多达四千余艘,在广州居住的外商人数也不可能是

---

① 赵焕庭:《广州是华南海上丝绸之路最早的始发港(Ⅰ)》,《热带地理》2003 年第 3 期;赵焕庭:《广州是华南海上丝绸之路最早的始发港(Ⅱ)》,《热带地理》2003 年第 4 期。相关论述也可见邓炳权《海上丝绸之路的东方发祥地》,载黄鹤、秦柯编:《交融与辉映——中国学者论海上丝绸之路》,广东旅游出版社 2001 年版。同样的观点还见邓炳权:《海上丝绸之路上的几处中国南方港口》,《岭南文史》2002 年增刊;刘亦文:《海上丝绸之路与广州十三行》,《岭南文史》2002 年增刊。黄淼章先生也持此观点,见黄淼章:《广州"海上丝路"文物建筑的保护和开发》,《岭南文史》2002 年增刊。

② 李龙潜:《明代广东三十六行考释——兼论明代广州、澳门的对外贸易和牙行制度》,《中国史研究》1982 年第 3 期。

③ 梁嘉彬:《广东十三行考》,广东人民出版社 1999 年版。持类似观点的还有吴仁安:《明代广东十三行初探》,《学术研究》1980 年第 2 期。

有十二万或二十万之众。[①] 王元林认为,唐代广州港实际上分为扶胥港等外港和广州城等内港。扶胥港是中外商舶进出广州的必经之地,人们在此停泊一般是去参拜南海神庙,所以扶胥港在中外商贸活动中作用有限,但在护卫中外商贸交通、保证海上丝路畅通方面却发挥了重大作用。而广州对外贸易的繁荣主要依赖于广州城等内港。广州城港不仅可利用珠江与广大腹地相连,而且直接与海外交通。而广州城内外的相关官署和海阳等馆驿大都位于沿城南、城西的水滨,都便利了海外贸易的进行。他还发现,唐代中后期历任广州地方官员的贪廉对外贸的发展有一定的影响。[②] 李庆新对唐代广州的对外贸进行了全面的考察,包括对外贸易的发展阶段、市舶管理机构的创设、不同时期外贸形式的变化、政府对外国侨民的管理,等等。[③]

李庆新还对明代广州外贸情况进行过研究。他把明代广州对外贸易分为贡舶贸易和商舶贸易两种形式,洪武至隆庆改元为贡舶贸易时期,隆庆改元后至明朝灭亡是商舶贸易时期。他认为明代广州对外贸易促进了社会经济的发展与资本主义因素的萌芽,促进了中外经济文化的交流,加快了南洋的开发。[④] 李龙潜同样高度评价明代广州的对外贸易,认为这种贸易有助于冲破自然经济,走向货币经济和市场经济。[⑤]

此外,还有许多学者研究了广州的茶叶贸易和丝绸贸易,如李真锦的《清代广州独口对外通商及其影响》(《广东社会科学》1986年第2期)、黄启臣的《清代前期海外贸易的发展》(《历史研究》1986年第4期)、杨仁飞的《清前期广州的中英茶叶贸易》(《学术研究》1997年第5期)、郭丹英的《从有关茶叶内容的外销画看十九世纪初广东的茶叶对外贸易》(《农业考古》2002年第2期)。这方面的主要著作有范金民、金文的《江南丝绸史》(农业出版社1993年版),张晓宁的《天子南库——清前期广州制度下的中西贸易》(江西高校出版社1999年版),黄启臣的《广东海上丝绸之路史》(广东经济出版社2003年版),等等。

① 陈坚红:《关于唐代广州港年外舶数及外商人数之质疑》,《海交史研究》1987年第2期。
② 王元林:《论唐代广州内外港与海上交通的关系》,《唐都学刊》2006年第6期。
③ 李庆新:《论唐代广州的对外贸易》,《中国史研究》1992年第4期。
④ 李庆新:《明代广州对外贸易试探》,《广东社会科学》1988年第1期。类似的文章还有李萍:《明代海上"丝绸之路"与广州对外贸易》,《岭南文史》2000年第1期;刘志伟:《试论清代广东地区商品经济的发展》,《中国经济史研究》1988年第2期;黄启臣:《清代前期广东的对外贸易》,《中国经济史研究》1988年第4期;黄启臣:《明代广东商帮》,《中国社会经济史研究》1992年第4期等。相关著作有关履权:《宋代广州的海外贸易》,广东人民出版社1994年版;徐德志、成有江等:《广东对外经济贸易史》,广东人民出版社1994年版;陈伯坚、黄启臣:《广州外贸史》,广东人民出版社1994年版;黄启臣、庞新平:《明清广东商人》,广东经济出版社2001年版;关其学、朱慧强主编:《广东对外贸易研究》,华南理工大学出版社1992年版;等等。
⑤ 李龙潜:《明代广东的海外贸易》,《文史哲》1982年第2期。

（4）关于宁波（明州）港的研究

宁波港位于中国大陆海岸线的中部，向上可达日本、朝鲜半岛，向下可与海上丝绸之路南海航线相连。但在 20 世纪前期与中期，学术界对于宁波港的研究并不多。1980 年之后，研究宁波港的论著逐渐增多。特别进入 21 世纪后，随着海上丝绸之路申报世界文化遗产工作的开展，对宁波港的研究得到了政府的高度重视，有力地推动了相关研究的开展。

在对宁波港的研究中，林士民的成果最为引人注目。他在一系列论著中，对宁波港的历史变迁、宁波港在海上丝绸之路中的作用进行了认真的研究，并且全面介绍了宁波的考古发现与文物古迹。① 林浩概述了不同时期宁波港在海上丝绸之路中的地位与特点。② 袁元龙等人探讨过宁波港的形成、宁波造船业和航运业等问题。③ 还有一些人则对宁波港的兴衰原因进行过分析。例如，周百鸣认为，宁波港兴盛的主要原因是港口腹地经济的迅速发展、交通路线的开辟和畅通、商品经济的活跃与海外贸易。④ 张锦鹏认为，明州港的区位条件、海外贸易的发展、江南地区商品经济的发展和近海市场扩张，导致了南宋时期明州港的兴盛。⑤ 周中夏认为，导致宁波港在进入清朝之后逐渐衰落的原因主要有两个：一是海禁和闭关政策的影响，二是商品、交通、口岸的变化和局限。⑥

宁波的古代外贸管理机构，是学者们讨论的一个重点。20 世纪 80 年代初，林瑛比较详细地考察了宁波外贸管理机构的演变历史，从唐朝市舶司一直讲到清朝海关行署。该文同时展示了宁波与东南亚、南亚、西亚、非洲及欧洲广泛的海外联系。⑦ 此后，其他学者也对宁波的市舶司的设立时间和地点进行过持续的探讨，并

---

① 林士民的主要著作有：《海上丝绸之路的著名海港——明州》，海洋出版社 1990 年版；《万里丝路——宁波与海上丝绸之路》，宁波出版社 2002 年版。他的论文收录在他的论文集《再现昔日的文明》（上海三联书店 2005 年版）中。此外，还可见林士民：《郑和"航海外交"与宁波港》，《南方文物》2005 年第 3 期。

② 林浩：《关于宁波"海上丝绸之路"各个时期特点的探讨》，《东方博物》2005 年第 2 期。

③ 袁元龙、洪可尧：《宁波港考略》，《海交史研究》1981 年第 3 期。相关的文章还有盛观熙：《海上丝绸之路与明州港》，《内蒙古金融研究》2003 年增刊第 3 期等。

④ 周百鸣：《商港城市明州兴起原因探析》，《浙江学刊》1989 年第 2 期。

⑤ 张锦鹏：《南宋时期明州港兴盛原因探讨》，《华中科技大学学报（社会科学版）》2007 年第 1 期。

⑥ 周中夏：《宁波港历史上的衰落》，《海交史研究》1985 年第 1 期。

⑦ 林瑛：《明州市舶史略》，《海交史研究》1981 年第 3 期。

且提出了不同的观点。①

忻鼎新、高汉玉等人探讨过古代宁波的丝绸外贸历史，认为宋元时期宁波输往海外的丝绸种类多达 20 余种，充分表明了宁波在海上丝绸之路中的重要性。② 周庆南则根据文物资料认为，尽管宋代明州造船业在全国领先，但海外贸易的规模依然不如广州和泉州。③ 林士民等人对宁波的外销瓷器进行过专门的研究，为宁波瓷器外销主要从唐代开始，到了宋元时期更加繁荣，经宁波港出口的瓷器东南亚及印度洋地区。还有人认为，古代宁波港堪称"瓷器之道"。④

（5）关于福州港、月港等港口的研究

在过去的 30 年中，还有不少学者分别讨论过与海上丝绸之路南海航线相关的中国其他外贸港，特别是福建的贸易港口。例如，廖大珂专题研究了唐代福州的对外交通航线，认为唐代福州港虽不如广州重要，但也比较兴盛，从福州港出发，开辟了多条通往东南亚、南亚甚至阿拉伯的航线。⑤ 此外，王铁藩等人探讨过古代福州的市舶管理机构，陈存洗根据出土文物研究过神州的海外贸易，肖忠生介绍了福州与郑和下西洋有关的遗迹，刘锡涛考察了福州的福船文化。⑥

---

① 林萌:《关于唐、五代市舶机构问题的探讨》,《海交史研究》1982 年第 4 期;王冠倬:《唐代市舶司建地初探》,《海交史研究》1982 年第 4 期;周庆南:《御笔碑和宋代明州造船业及外贸》,《海交史研究》1983 年第 1 期。施存龙:《唐五代两宋两浙和明州市舶机构建地建时问题探讨(上)》,《海交史研究》1992 年第 1 期。宁志新:《唐代市舶使设置地区考辨》,《海交史研究》1996 年第 2 期;方祖猷、俞信芳:《五代宋明州市舶机初建时间及演变考》,《海交史研究》1996 年第 2 期;熊燕军:《南宋沿海制置司考》,《浙江大学学报(人文社会科学版)》2007 年第 1 期。

② 忻鼎新、高汉玉:《明州港的丝绸外贸与技术交流》,《海交史研究》1982 年第 4 期。

③ 周庆南:《御笔碑和宋代明州造船业及外贸》,《海交史研究》1983 年第 1 期。

④ 林士民:《试论明州港的历代青瓷外销》,《海交史研究》1983 年第 5 期;《从明州古港(今宁波)出土文物看景德镇宋元时的陶瓷贸易》,《景德镇陶瓷》1993 年第 4 期。虞浩旭:《从宁波出土长沙窑瓷器看唐时明州港的腹地》,《景德镇陶瓷》1996 年第 2 期;《试论唐宋元时期明州港的瓷器外销及地位》,《景德镇陶瓷》1999 年第 4 期。徐规:《宋代浙江海外贸易探索》,《商业经济与管理》1982 年第 3 期。徐明德:《明代宁波港的海外贸易及其历史作用》,《浙江师院学报》1983 年第 3 期;《试论明代浙江的海外贸易》,《杭州商学院学报》1983 年第 1 期。何鸿:《陶瓷之路"上的越窑瓷器》,《佛山陶瓷》2002 年第 5 期。朱爱武:《宋代明州海外贸易发展对政治和社会生活的影响》,《宁波大学学报(人文科学版)》2009 年第 1 期。李小红、谢兴志:《海外贸易与唐代明州社会经济的发展》,《宁波大学学报(人文科学版)》2004 年第 5 期。王列辉:《内向化与外向化——开埠前后上海、宁波两港不同的发展态势》,《史林》2009 年第 3 期。李英魁:《宁波港及其海外贸易》,载《多元视野中的中外关系史研究——中国中外关系史学会第六届会员代表大会论文集》,2005 年。孙进已:《对海上丝绸之路研究的几点拙见》,载《宁波与"海上丝绸之路"国际学术研讨会论文集》,2005 年。李英魁:《"海上丝绸之路"宁波文化遗存界定之管见》,载《宁波与"海上丝绸之路"国际学术研讨会论文集》,2005 年等。

⑤ 廖大珂:《唐代福州的对外交通和贸易》,《海交史研究》1994 年第 2 期。

⑥ 王铁藩:《福州明代福建市舶司衙署考》,《海交史研究》1986 年第 2 期;沈玉水:《略论福建市舶司的迁司问题》,《海交史研究》1988 年第 1 期。陈存洗:《福州刘华墓出土的孔雀蓝釉瓶的来源问题》,《海交史研究》1985 年第 2 期。肖忠生:《郑和下西洋在福州的遗迹》,《郑和研究》2010 年第 2 期。刘锡涛:《福船文化:福州独特的海洋文化因子》,《中国海洋大学学报》2009 年第 4 期。

福建漳州的月港,也是古代的重要贸易港口。进入 80 年代,月港研究就受到了学者们的重视。1982 年冬,福建历史学会厦门分会在厦门召开了月港研究学术讨论会。1983 年,学者们在会上提交的论文被收录在《月港研究论文集》中。这部论文集还收录了"近年来报刊上发表的有关文章,并选入新中国成立前和国外发表的有一定学术价值的文章"。① 韩国磐为这部论文集写了前言。可惜这部论文集没有公开出版,影响不广。好在有些论文后来也发表在其他刊物上,例如谢方的《明代漳州月港的兴衰与西方殖民者的东来》(《中外关系史论丛》1985 年第 1辑),使读者得以了解其学术见解。1983 年之后关于月港的文章主要有:陈自强的《月港督饷制度述要》(《海交史研究》1988 年第 1 期),陈尚胜的《论明朝月港开放的局限性》(《海交史研究》1996 年第 1 期),陈榕三的《明代海商集团与漳州月港兴衰》(《现代台湾研究》2002 年第 2 期),陈自强的《月港研究回顾与〈漳州港〉评介》(《海交史研究》2002 年第 2 期),黄涛的《从月港兴衰看明代海外贸易》(《福建史志》2006 年第 2 期),冯之余的《明代"隆庆开放"与海上贸易发展》(《社科纵横》2008 年第 2 期),郑有国、苏文菁的《明代中后期中国东南沿海与世界贸易体系——兼论月港"准贩东西洋"的意义》(《福州大学学报》2009 年第 1 期),李金明的《闽南文化与漳州月港的兴衰》(《南洋问题研究》2004 年第 3 期),等等。

进入 21 世纪后,对于福建沿海外贸港口的研究更趋活跃。例如,唐晓对福建的古代海外贸易港口进行过全面的分析,魏献策将泉州港与福州港做了对比研究,徐晓望探讨了明代的厦门港。② 这些成果预示着,对古代福建海外贸易港的研究将会更加兴盛。

二、关于海外贸易管理制度及海外贸易史的研究

通过海上丝绸之路,中国与海外各国进行了不同形式的贸易往来。为了管理海外贸易,中国古代王朝制定了越来越细致、越来越严格的政策和制度。这些政策和制度,直接影响了海外贸易的发展,影响了海上丝绸之路的兴衰。随着时代的变化,从 1980 年开始,学者们以更加开放的胸怀、更加开阔的视野,对古代中国的海外贸易管理制度与海外贸易发展历史进行了更加深入的探讨。

1. 关于海外贸易管理制度的研究

中国古代政府关于海外贸易的管理制度问题,实际上可以归结为闭关还是开

---

① 中共龙溪地委宣传部、福建历史学会厦门分会:《月港研究论文集》,编后语,1983 年,非正式出版。
② 唐晓:《福建古代主要对外贸易港的特点》,《福建史志》2011 年第 1 期。魏献策:《明代泉州港与福州港的比较研究》,《福建教育学院学报》2006 年第 8 期。徐晓望:《论明代厦门湾周边港市的发展》,《福建论坛》2008 年第 7 期。

放的问题。这样,研究古代的海外贸易管理制度,就与研究者本人所处的时代有着密切的关系。1978 年之后中国大陆兴起的思想解放与改革开放热潮,为研究古代海外贸易管理制度注入了全新的活力,并且结出了丰硕的成果。主要研究论文就有:郑世刚的《宋代海外贸易的官方经营问题——兼与蔡美彪、朱瑞熙等同志商榷》(《学术月刊》1980 年 12 期),林萌的《关于唐、五代市舶机构问题的探讨》(《海交史研究》1982 年第 4 期),王冠倬的《唐代市舶司建地初探》(《海交史研究》1982 年第 4 期),汪敬虞的《论清代前期的禁海闭关》(《中国社会经济史研究》1983 年第 2 期),漆侠的《宋代市舶抽解制度》(《河南大学学报》1985 年第 1 期),王守稼的《明代海外贸易政策研究——兼评海禁与弛禁之争》(《史林》1986 年第 3 期),怀效锋的《嘉靖年间的海禁》(《史学月刊》1987 年第 6 期),汶江的《元代的开放政策与我国海外交通的发展》(《海交史研究》1987 年第 2 期),刘成的《论明代的海禁政策》(《海交史研究》1987 年第 2 期),晁中辰的《论明代的海禁》(《山东大学学报(哲学社会科学版)》1987 年第 2 期),李映发的《元代海运兴废考略》(《四川大学学报》1987 年第 2 期),黄盛璋的《明代后期海禁开放后海外贸易若干问题》(《海交史研究》1988 年第 1 期),朱江的《唐代扬州市舶司的机构及其职能》(《海交史研究》1988 年第 1 期),邓端本的《论明代的市舶管理》(《海交史研究》1988 年第 1 期),晁中辰的《论明代实行海禁的原因》(《海交史研究》1989 年第 1 期),顾卫民的《广东通商制度与鸦片战争》(《历史研究》1989 年第 1 期),韦庆远的《论康熙时期从禁海到开海的政策演变》(《中国人民大学学报》1989 年第 3 期),邓端本的《试论元代的海禁》(《海交史研究》1990 年第 1 期),苏松柏的《论明成祖因循洪武海禁政策》(《海交史研究》1990 年第 1 期),李金明的《明代后期部分开放海禁对我国社会经济发展的影响》(《海交史研究》1990 年第 1 期),陈尚胜的《明代后期筹海过程考论》(《海交史研究》1990 年第 1 期),廖大珂的《宋代牙人牙行与海外贸易》(《海交史研究》1990 年第 2 期),陈克俭、叶林娜的《明清时期的海禁政策与福建财政经济积贫问题》(《厦门大学学报(哲学社会科学版)》1990 年第 1 期),陈尚胜的《明代海防与海外贸易——明朝闭关与开放问题的初步研究》(载《中外关系史论丛》第三辑,世界知识出版社 1991 年版),孙光圻的《论明永乐时期的"海外开放"》(载《中外关系史论丛》第三辑,世界知识出版社 1991 年版),晁中辰的《论明代海禁政策的确立及其演变》(载《中外关系史论丛》第三辑,世界知识出版社 1991 年版),李金明的《明代后期海澄月港的开禁与都饷馆的设置》(《海交史研究》1991 年第 2 期),喻常森的《元代官本船海外贸易制度》(《海交史研究》1991 年第 2 期),连心豪的《中国海关起源刍议》(《海交史研究》1992 年第 1 期),彭益泽的《清代"广州体系时期"中外商人之间的竞争》(《历史研究》1992 年第 5 期)，王贞平的《唐代的海外贸易管理》(载王利器、常思春主编的《稽古拓新集——屈守元教授八秩华诞纪念》，成都出版社 1992 年版)，王玉祥的《明代海运衰落原因浅析》(《中国史研究》1992 年第 4 期)，李少雄的《清代中国对琉球遭风船只的抚恤制度及特点》(《海交史研究》1993 年第 1 期)，沈定平的《明代南北港口经济职能的比较研究》(《海交史研究》1993 年第 1 期)，王杰的《中国最早的海外贸易管理官员创置于汉代》(《海交史研究》1993 年第 2 期)、《唐岭南市舶使人选补正》(《中国史研究》1993 年第 4 期)，廖大珂的《略论宋元时期的纲首》(《海交史研究》1993 年第 2 期)，李金明的《清代经营海外贸易的行商》(《海交史研究》1993 年第 2 期)，徐明德的《论十四至十九世纪中国的闭关锁国政策》(《海交史研究》1995 年第 1 期)，万明的《明前期海外政策简论》(《学术月刊》1995 年第 3 期)，陈尚胜的《论明朝月港开放的局限性》(《海交史研究》1996 年第 1 期)，宁志新的《唐代市舶使设置地区考辨》(《海交史研究》1996 年第 2 期)、《试论唐代市舶使的职能及其任职特点》(《中国社会经济史研究》1996 年第 1 期)，黄挺的《海禁政策对明代潮州社会的影响》(《海交史研究》1996 年第 1 期)，杨国桢的《洋商与大班的广东十三行文书初探》(《近代史研究》1996 年第 3 期)，傅宗文的《中国古代海外贸易的管理传统与早期海关》(《海交史研究》1997 年第 1 期)，郭成康的《康熙之际禁南洋案探析——兼论地方利益对中央决策的影响》(《中国社会科学》1997 年第 1 期)，李庆新的《唐代市舶使若干问题的再思考》(《海交史研究》1998 年第 2 期)，黎虎的《唐代的市舶使与市舶管理》(《历史研究》1998 年第 3 期)，廖大珂的《试论宋代市舶司官制的演变》(《历史研究》1998 年第 3 期)、《元代官营航海贸易制度述略》(《中国经济史研究》1998 年第 2 期)，李庆新的《明代市舶司制度的变态及其政治文化意蕴》(《海交史研究》2000 年第 1 期)，喻常森的《试论朝贡制度的演变》(《南洋问题研究》2000 年第 1 期)，陈伟明的《清朝粤闽海商的海上营运架构》(《海交史研究》2000 年第 1 期)，郭孟良的《清代前期海外贸易管理中的具结现象》(《中国边疆史地研究》2002 年第 2 期)，章深的《市舶司对海外贸易的消极作用——兼论中国古代工商业的发展前途》(《浙江学刊》2002 年第 6 期)，袁巧红的《明代海外贸易管理机构的演变》(《南洋问题研究》2002 年第 4 期)，廖大珂的《宋代市舶税利的抽收、分割与市舶本钱》(《中国史研究》2003 年第 4 期)，陈尚胜的《明前期海外贸易政策比较——从万明〈中国融入世界的步履〉一书谈起》(《历史研究》2003 年第 6 期)，庄国土的《明朝前期的海外政策和中国背向海洋的原因——兼论郑和下西洋对中国海洋发展的危害》(载杨允中主编的《郑和与海上丝绸之路》，香港城市大学出版社 2005 年版)，薛国中的《论明王朝海禁之害》

（《武汉大学学报（人文科学版）》2005 年第 2 期），李宪堂的《大一统秩序下的华夷之辨、天朝想象与海禁政策》（《齐鲁学刊》2005 年第 4 期），李金明的《论明初的海禁与朝贡贸易》（《福建论坛（人文社会科学版）》2006 年第 7 期），尚畅的《从禁海到闭关锁国——试论明清两代海外贸易制度的演变》（《湖北经济学院学报（人文社会科学版）》2007 年 10 期）等。

从这些文章的内容来看，基本集中在两大问题上：一是市舶使和市舶司问题，二是海禁问题。下面我们介绍一些有代表性的文章。

黎虎的《唐代的市舶使与市舶管理》，[①]对唐代市舶使及相关问题进行了非常全面而深入的探讨。他认为，唐代市舶使始置于开元二年，而不是贞观十七年或显庆六年；唐代市舶使主要设置于广州、安南，后来常驻广州，而泉州和扬州则没有派驻；唐代市舶使的人选经历了一个变化过程，总的说来是以宦官为主，亦偶有朝官，从而否定了单一的宦官说或地方长官说或节度使幕僚说；唐代市舶使起初是临时的，后来才逐渐固定下来；虽然朝廷向地方派出了市舶使，但市舶管理之大权却掌握在地方长官手中；岭南节度使并不兼任市舶使，而是兼任押蕃舶使；押蕃舶使不是有些学者如桑原骘藏[②]、王杰[③]等所认为的是市舶使之另一称呼；[④]市舶使的设置和演变过程，反映了岭南海外贸易越来越成为朝廷重要的财政来源。

廖大珂在《试论宋代市舶司官制的演变》一文中认为，宋代市舶司官制的演变可以划分为三个阶段。第一个阶段是宋初至元丰三年的"州郡兼领"时期，第二个阶段是元丰三年至崇宁初的"漕臣兼领"时期，第三个阶段是崇宁初至南宋末的"专置提举"时期。该文通过分析每个阶段的特点、利弊、后果，澄清了宋代市舶司体制曲折的发展过程。文章指出，宋代市舶司的三次大变动，体现了封建政权对海外贸易的管理逐渐完善、逐渐正规化的过程。但由于封建政权自身的原因，最终总不免束缚这一专职机构的发展。[⑤]

廖大珂还考察过元代的官营航海贸易制度。他认为，元代有三种官营航海贸易制度，即使臣贸易、斡脱贸易和官本船贸易制度。使臣奉旨出海贸易，其任务就是为皇室采购搜罗各种海外珍奇异产。其对社会经济发展毫无益处可言，而且使臣贸易是由朝廷一手操办，官本官办，与政治特权紧密结合在一起，加强了朝廷对海外贸易的垄断，从而必然压制了民间的航海贸易活动，阻碍海外贸易的正常发

①　黎虎：《唐代的市舶使与市舶管理》，《历史研究》1998 年第 3 期。
②　桑原骘藏：《蒲寿庚考》，陈裕菁译，中华书局 1954 年版。
③　王杰：《唐岭南市舶使人选补正》，《中国史研究》1993 年第 4 期
④　黎虎：《唐代的市舶使与市舶管理》，《历史研究》1998 年第 3 期。
⑤　廖大珂：《试论宋代市舶司官制的演变》，《历史研究》1998 年第 3 期。

展。斡脱是元代一种特殊的商人,主要替官府和蒙古贵族经商或放债营利,元朝政府也利用斡脱商人为朝廷从事航海贸易。斡脱贸易是元代所特有的一种官本商办的经营形式。官本船贸易是元代官营海外贸易的一大创举,断断续续地推行了 40 多年。这种贸易的形式是实行官商合办的制度:船为官造,本自官出,由官府选择海商为政府出海从事贸易,回来后利润按七三开分成。在廖大珂看来,元朝推行大规模的官营航海贸易制度,对中国航海贸易事业的发展起了一定的积极作用,但官方高度垄断海外贸易,必然会压制私人海商资本的发展,也阻碍海外贸易的正常进行。在封建政治之下,任何的官营航海贸易制度最后终不免沦为扰民伤财的弊政。① 廖大珂在其他一些文章中,也表达了对官方垄断贸易的批判态度。② 在他看来,无论一种海外贸易制度如何规范和完善,在封建集权统治下,都会变成一种弊政。

和廖先生不同的是,有的学者则认为元代贸易政策是开放的。③ 不过,多数学者都和廖大珂的观点接近,认为元代的贸易政策是官本位的,这就形成了其独特的海禁政策,即一方面禁止私人海外贸易,另一方面实行政府垄断的"官本船"贸易制度。④

李庆新在研究明代海外贸易制度时,也持类似的观点。他认为,明初的制度以朝贡贸易为特征,其中起主导作用的还是政治因素。郑和数次下西洋,可视为这一体制的高潮。这些远航活动都是由政府主导的,并不适应当时经济发展的需求。在地方上,主要运作的贸易制度是市舶司。总之,在明代占主导地位的贸易制度是朝贡贸易制度,它即便容许私人贸易,其空间也十分有限。⑤

郑有国在新近出版的著作中,不仅考察了市舶机构、职官的设置及其职能的变迁,而且将市舶制度置于不同历史时期的经济、政治的整体背景中进行考察。他认为,由于时代背景的不同,历代统治者的市舶管理方式也是不同的。如唐代奉行互市原则,推行朝贡贸易和市舶贸易并行的方式;宋代侧重于经济利益的考

---

① 廖大珂:《元代官营航海贸易制度述略》,《中国经济史研究》1998 年第 2 期。

② 在其《略论宋元时期的纲首》(《海交史研究》1993 年第 2 期)一文中也一样,他关注的依然是官方垄断贸易形式。在他看来,"纲"就是封建政权从事的或组织的官物运输和官方贸易,而在宋元时期,"纲"又是封建政权经营和控制航海贸易的组织形式。无论是"官纲"还是"客纲",都是政府控制航海贸易的形式,只不过"官纲"的纲首是各种政府官吏,"客纲"的纲首是拥有私人资本的官方商人。在谈到宋时的牙人和牙行时,他依然强调的是其对官府的依赖性和封建政权对海外贸易的垄断性,见廖大珂:《宋代牙人牙行与海外贸易》,《海交史研究》1990 年第 2 期。

③ 如汶江:《元代的开放政策与我国海外交通的发展》,《海交史研究》1987 年第 2 期等。

④ 喻常森:《元代官本船海外贸易制度》,《海交史研究》1991 年第 2 期,邓端本:《试论元代的海禁》,《海交史研究》1990 年第 1 期。

⑤ 李庆新:《明代海外贸易制度》,社会科学文献出版社 2007 年版。

虑,倾向于鼓励市舶贸易,以缓解财政压力;元代则出于军事扩张的目的,推行"官本船"贸易;明代出于政治统治稳定的需要,加强朝贡贸易,强化中央对贸易的控制。由此,郑有国得出结论:市舶制度经过各个朝代的发展,在制度条例上越是细密和完善,其总体呈现出的是却是不断倒退的趋势。因为其贸易原则和贸易精神日益保守和封闭。其观点和主流观点也是接近的。[①]

对于海禁问题,晁中辰、李金明、陈尚胜、万明、庄国土、黄盛璋等人都做过深入的探讨。晁中辰认为,所谓海禁,就是禁止海外贸易,主要是禁止民间海外贸易,同时官方贸易也受到严格限制。在明代以前,要么是官方派船出海,要么是经官方许可后,私人船只出海进行贸易,从未有所谓海禁一说。而朱元璋建立明朝后实行海禁,既不许私人船只出海,也不派官方船只出海贸易,外国商船亦不许来华,中外物品交换被严格限制在规模甚小的朝贡贸易范围内。这实际上是对宋元以来海外贸易发展的反动。永乐年间海禁政策有所松弛,并出现了郑和下西洋,私人海外贸易在暗中渐有发展。正德年间始行抽分制,使明廷在海外贸易中有了真正的税收。这是一个令人瞩目的重要转变。再加上自正德以后西方殖民者陆续东来,私人海外贸易得到较快发展。嘉靖二年"争贡之役"发生后,嘉靖帝再次申严海禁,使迅速发展的私人海外贸易受到遏制。海商们组成大大小小的海商团,进行走私贸易,对明廷的海禁政策进行激烈的反抗。倭寇与海商相结合,形成了嘉靖时期的"倭患"。隆庆帝即位后在漳州月港部分开放"海禁",私人海外贸易合法化,出现了郑芝龙等海商集团。此时白银大量内流,银本位制得以确立,国内商品经济得到较快发展,社会生活中出现了许多引人注目的新因素。商贸的发展促使中国商民移居东南亚,形成了华人华侨社会的基础。[②]

万明、陈尚胜等人则主要探讨了明代前期的海外政策。万明将朝贡贸易和海禁作为明代海外贸易政策的两大支柱进行综合考察,认为两者相辅相成,同盛同衰。她还将明清两代的海外贸易进行了比较分析,认为明代的海洋政策基本是开放的,无论是朝贡贸易还是海禁政策,都没有完全否定海外贸易的存在,而清前期的海禁政策却是完全地禁止海外贸易,包括官方贸易,这就形成了完全不同的结局:明朝出现封建统治的松动和向商品经济和近代化的转化倾向,而清政府却形成了闭关锁国的封闭政策,使明朝出现的近代转向断裂,代之以循环的封建统治,

---

① 郑有国:《中国市舶制度研究》,福建教育出版社 2004 年版。
② 晁中辰:《明代海禁与海外贸易》,人民出版社出版 2005 年版。

使中国错失近代化的机遇。①

    陈尚胜对万明的观点提出了不同的看法。他认为,清朝在处理涉外事务时在实际上已经摒弃了明朝二祖在海外世界扮演"天下共主"的理想,而专注于自身的边疆稳定和安全,使其封贡体系具有周邻性和边疆防御体系的突出特征。清朝将周邻诸国的朝贡事务分别安排于礼部和理藩院两个不同机构进行管理,反映了清朝统治者对朝贡事务所做的制度安排,一定程度上结合了相关国家和部落的民族特质,体现了清人处理涉外事务的针对性和灵活性。从海外贸易贸制度来看,明清两代在官方出海贸易政策、海外国家朝贡贸易政策、本国商民出海贸易政策、外商来华贸易政策、关税政策等方面都大体一致,没有理由说明代是开放的,而清代是封闭的,在某些领域清代反而更进步。②

    陈尚胜还从文化的角度来解释明清海禁政策的本质及其结果。他认为,中国传统对外关系的基本理念是由先秦时期儒家等学派的四种观念形态(天下观、王霸观、华夷观和义利观)构成的。天下观支配了中国封建王朝在华夷关系网络中所扮演的角色观念,使封贡关系成为涉外关系的基本模式;王霸观影响了他们处理华夷关系的基本方式,采取"以理服人"而不是"以力服人"的涉外方针;华夷观使中国封建士大夫们乐意于向外输出中国文化,但却妨碍了他们对于域外文化的认识和吸收;而义利观则导致了中国封建君臣轻视国际贸易利益的倾向。③ 因此,无论如何强调明朝的开放、清朝的封闭,或强调清朝的灵活和进步,都无法得出它们能够走入近代化的结论,因为它们的观念基本上都是传统的。陈尚胜的研究,对于跳出"闭关"或"开放"的循环,具有深刻的启迪意义。此外,何芳川、谢必震、黄国盛、吴建雍、张彬村等海内外学者都对中国历史上的"开放"及"闭关"问题表

    ① 万明:《明前期海外政策简论》,《学术月刊》1995 年第 3 期;《中国融入世界的步履——明与清前期海外政策比较研究》,社会科学文献出版社 2000 年版。

    ② 陈尚胜:《也论清前期的海外贸易》,《中国经济史研究》1993 年第 4 期;《明前期海外贸易政策比较——从万明〈中国融入世界的步履〉一书谈起》,《历史研究》2003 年第 6 期;《试论清朝前期封贡体系的基本特征》,《清史研究》2010 年第 2 期。类似的观点也可见黄启臣:《清代前期海外贸易的发展》,《历史研究》1986 年第 4 期;朱雍:《不愿打开的中国大门》,江西人民出版社 1989 年版。

    ③ 陈尚胜:《闭关与开放》,山东人民出版社 1993 年版;《"闭关"或"开放"类型分析的局限性——近 20 年清朝前期海外贸易政策研究述评》,《文史哲》2002 年第 6 期;《试论中国传统对外关系的基本理念》,《孔子研究》2010 年第 5 期。

达过自己的看法。① 目前,对此问题的讨论还在继续。

与万明和陈尚胜不同的是,庄国土对明清海禁政策进行了全面的批判。他认为,明代前期朝廷厉行海禁和敌视海外移民的政策,实际上是明朝抑商和严厉控制人民居留政策的体现,是内政在海外的延续。东南沿海商民的海外开拓,在极端专制的明清政府看来,是游离于朝廷控制的不安定因素,必须予以打击。至于沿海人民的生计,则必须为中央政权的大计而牺牲。郑和则是实施明初海外政策的执行者,其结果是中国背向海洋,毁灭了宋元时期中国走向海洋大国的机遇。郑芝龙海商集团的崛起是中国海洋发展史上的第二次机遇。但清人入主中原后,建立同样的极端专制统治,基本上继承明代的内外政策,葬送了明末清初中国海洋发展的第二次机遇。在明清数百年东南沿海商民面向海洋和朝廷背向海洋的抗争中,强大的中央政权都是最后的胜利者。②

黄启臣在分析清代前期的海外贸易政策时则认为,不能笼统地说清代前期的海外贸易是实行闭关锁国政策,因为,在清代前期的 196 年中,比较严格的海禁总计不过 39 年,其余 157 年的海外贸易基本上是开放的。即使在禁海期间,也没有完全断绝与外国的贸易往来。所以,清代前期实行的乃是开海设关、严格管理贸易的政策,并不是单一的闭关锁国。而且其海外贸易额比宋、明两朝是有发展的。黄启臣还驳斥了"广州一港通商"就是闭关锁国的观点,其理由是:(1)清政府规定海外贸易在当时中国最大的港口广州进行,本身就是一种开放,只不过是没有全面开放全国的港口而已。(2)当时所谓的"只许在广东收泊贸易",主要是对欧美各国而言,特别是英国和荷兰等国。至于南洋地区的欧洲殖民地国家,仍许到闽、浙、江海关贸易。(3)中国商人不受所谓"只许在广东收泊贸易"之限,依然可从四海关出海贸易。因此,即使是一港通商时期,清朝也没有完全闭关锁国,清代前期的海外贸易额实际上超过宋明两朝。③

---

①　何芳川:《"华夷秩序"论》,《北京大学学报(哲学社会科学版)》1998 年第 6 期;向玉成:《清代华夷观念的变化与闭关政策的形成》,《四川师范大学学报(哲学社会科学版)》1996 年第 1 期;郭蕴静:《试论清并非闭关锁国》,载中外关系史学会编:《中外关系史论丛:第 3 辑》,世界知识出版社 1991 年版;谢必震、黄国盛:《论清代前期对外经济交往的阶段性特点》,《福建论坛(文史哲版)》1992 年第 6 期;吴建雍:《清前期对外政策的性质及其对社会发展的影响》,《北京社会科学》1989 年第 1 期;张彬村:《明清两朝的海外贸易政策:闭关自守?》,载吴剑雄编:《中国海洋发展史论文集:第 4 辑》,中央研究院中山人文社会科学研究所,1991 年。

②　庄国土:《明朝前期的海外政策和中国背向海洋的原因——兼论郑和下西洋对中国海洋发展的危害》,载杨允中主编《郑和与海上丝绸之路》,香港城市大学出版社 2005 年版;类似观点也见庄国土:《论中国海洋史上的两次发展机遇与丧失的原因》,《南洋问题研究》2006 年第 1 期;徐明德:《明清时期的闭关锁国政策及其历史教训》,载《中外关系史论丛》第 3 辑,世界知识出版社 1991 年版;徐明德:《论十四至十九世纪中国的闭关锁国政策》,《海交史研究》1995 年第 1 期等。

③　黄启臣:《清代前期海外贸易的发展》,《历史研究》1986 年第 4 期。

面对着如此复杂的问题,有些学者努力转换视角,对中国古代海外贸易管理制度进行新的审视。例如,郭成康通过考察自康熙五十五年至乾隆七年的禁止南洋贸易个案,剖析了清政府政策决策机制的特点及其缺陷。他指出,专制主义中央集权制政治体制的核心是至高无上的皇权,由此而注定中央决策活动缺乏法制化、民主化和科学化;禁南洋贸易案中所反映出来的中央决策的随意性、专断性和缺乏科学性,表明清代专制主义中央集权制已开始暴露出其制约中国历史进步的体制上致命的缺陷;专制主义中央集权的极端化发展,使这一延续千年之久的政治体制走向反面,从根本上丧失了活力。从这个意义上讲,禁南洋案集中反映了中国社会内部从传统走向现代的变革中所遇到的最大障碍及其可能的出路。[①] 此外,韦庆远的《论康熙时期从禁海到开海的政策演变》(《中国人民大学学报》1989年第3期)也是一篇很有见地的文章,值得研究者关注。

2. 关于海外贸易史的研究

从20世纪80年代至今,对于海外贸易史的研究可谓繁荣兴旺,成果丰硕。主要论文有:周连宽、张荣芳的《汉代我国与东南亚国家的海上交通和贸易关系》(《文史》1980年第9辑),冯先铭的《中国古代瓷器的外销》(《海交史研究》1980年第2期),冯先铭的《元以前我国瓷器销行亚洲的考察》(《文物》1981年第6期),叶文程、徐本章的《畅销国际市场的古代德化外销瓷器》(《海交史研究》1980年第2期),吴泰的《试论汉唐时期海外贸易的几个问题》(《海交史研究》1981年第3期),傅衣凌的《从一篇史料看十七世纪中国海上贸易商性质》(载傅衣凌著的《明清社会经济史论文集》,人民出版社1982年版),叶文程的《宋元时期中国东南沿海地区陶瓷的外销》(《海交史研究》1984年第6期),张莲英、林金枝的《浅谈明代的中菲贸易》(《海交史研究》1984年第6期),彭友良的《宋代福建海商在海外各国的频繁活动》(《海交史研究》1984年第6期),卢苇的《宋代海外贸易和东南亚各国关系》(《海交史研究》1985年第1期),马文宽的《大津巴布韦与中国瓷器》(《海交史研究》1985年第2期),钱江的《1570—1760年中国和吕宋贸易的发展及贸易额的估算》(《中国社会经济史研究》1986年第3期),粟明鲜的《清代前期中暹民间贸易》(《海交史研究》1986年第2期),叶文程、芮国耀的《宋元时期龙泉青瓷的外销及其有关问题的探讨》(《海交史研究》1987年第2期),张浦生、程晓中的《略述明代青花瓷器的外销》(《海交史研究》1987年第2期),杨琮、林蔚文译的《东南亚的中国

---

① 郭成康:《康熙之际禁南洋案探析——兼论地方利益对中央决策的影响》,《中国社会科学》1997年第1期。

贸易陶瓷器》（《海交史研究》1987 年第 2 期），沈定平的《论 16 至 18 世纪中国与东南亚的贸易关系》（《学术研究》1987 年第 3 期），陈炎的《唐代以前中国和东南亚的海上交通——兼论中国丝绸从海路传入东南亚及其影响》（载中国东南亚研究会编的《东南亚史论文集》，河南人民出版社 1987 年版），陈希育的《清朝海关对于民间海外贸易的管理》（《海交史研究》1988 年第 1 期），林仁川的《明代中琉贸易的特点与福建市舶司的衰亡》（《海交史研究》1988 年第 1 期），李金明的《试论明代海外朝贡贸易的内容与实质》（《海交史研究》1988 年第 1 期），汶江的《唐代的开放政策与海外贸易的发展》（《海交史研究》1988 年第 2 期），夏秀瑞的《唐宋时期中国同马来群岛各国的友好贸易关系》（《海交史研究》1988 年第 2 期），钱江的《清代中国与苏禄的贸易》（《海交史研究》1988 年第 2 期），马文宽的《非洲出土的中国钱币及其意义》（《海交史研究》1988 年第 2 期），张铠的《晚明中国市场与世界市场》（《中国史研究》1988 年第 3 期），陈尚胜的《明代海外贸易及其世界影响——兼论明代中国在亚太地区贸易上的历史地位》（《海交史研究》1989 年第 1 期），陈柯云的《关于明清（鸦片战争前）海外贸易的几个问题》（《海交史研究》1989 年第 1 期），莫任南的《中国药物西传考》（《海交史研究》1990 年第 1 期），韩振华、李金明的《明代福建的海外贸易》（《东南文化》1990 年第 3 期），陈希育的《清代的海外贸易商人》（《海交史研究》1991 年第 2 期），林仁川的《宋元明时期福建与台湾的贸易关系》（《福建论坛》1991 年第 1 期），陈学文的《万历时期的中菲贸易》（《中国史研究》1991 年第 1 期），黄赞雄的《我国古代丝绸生产技术的外传》（《海交史研究》1992 年第 1 期），王棣的《海上丝绸之路与中药外传的宋代中药海道外传路线考述》（《广东社会科学》1992 年第 2 期），李金明的《清代经营海外贸易的行商》（《海交史研究》1993 年第 2 期），喻常森的《元代海外贸易发展的积极作用与局限性》（《海交史研究》1994 年第 2 期），秦大树的《埃及福斯塔特遗址中发现的中国陶瓷》（《海交史研究》1995 年第 1 期），郑国珍的《中琉历史商贸交往在"海上丝绸之路"中的地位及作用》（《海交史研究》1996 年第 2 期），李金明的《试论明代海外贸易港的兴衰》（《中国经济史研究》1997 年第 1 期），金秋鹏、杨丽凡的《中国与东南亚的交通与交流》（《海交史研究》1998 年第 1 期），李玉昆的《宋元时期泉州的香料贸易》（《海交史研究》1998 年第 1 期），庄国土的《鸦片战争前福建外销茶叶生产和营销及对当地社会经济的影响》（《中国史研究》1999 年第 3 期），周玉英的《从文契看清代福建市场流通的外币》（《海交史研究》2000 年第 1 期），戴显群的《唐代福建海外交通贸易史述论》（《海交史研究》2000 年第 2 期），栗建安的《从水下考古的发现看福建古代瓷器的外销》（《海交史研究》2001 年第 1 期），李世龙的《试论中国古代的海外贸易》（《河南大学学报(社会科学版)》2003年第1期),陈尚胜的《清初"海禁"期间海外贸易政策考》(《文史》2004年第3辑),史志宏的《明及清前期保守主义的海外贸易政策形成的原因及历史后果》(《中国经济史研究》2004年第4期),霍贺的《浅析宋代的对外贸易》(《青海社会科学》2006年第1期),陈尚胜的《海外穆斯林商人与明朝海外交通政策》(《文史哲》2007年第1期),黄启臣的《广东开放海外贸易两千年——以广州为中心》(《深圳大学学报(人文社会科学版)》2007年第2期),邱旺土的《清代前期海外贸易商的构成》(《中国社会经济史研究》2007年第4期),闫彩琴的《17、18世纪华商在越南海贸领域的经营及影响》(《东南亚研究》2009年第2期),晁中辰的《明代隆庆开放应为中国近代史的开端——兼与许苏民先生商榷》(《河北学刊》2010年第6期),温翠芳的《汉唐时代印度香药入华史研究》(载刘新成主编:《全球史评论》,第三辑,中国社会科学出版社2010年版)等。

这一时期的主要著作有:陈高华、吴泰的《宋元时期的海外贸易》(天津人民出版社1981年版),沈光耀的《中国古代对外贸易史》(广东人民出版社1985年版),李金明的《明代海外贸易史》(中国社会科学出版社1990年版),林仁川的《福建对外贸易与海关史》(鹭江出版社1991年版),陈信雄的《宋元海外发展史研究》(甲乙出版社1992年版),陈柏坚、黄启臣的《广州外贸史》(广东人民出版社1994年版),喻常森的《元代海外贸易》(西北大学出版社1994年版),李金明、廖大珂的《中国古代海外贸易史》(广西人民出版社1995年版),陈尚胜的《中国海外交通史》(台北文津出版社1997年版),高荣盛的《元代海外贸易研究》(四川人民出版社1998年版),王川的《市舶太监与南海贸易——明代广东市舶太监研究》(香港天马图书有限公司2001年版),中国广西壮族自治区博物馆、中国广西文物考古研究所、越南国家历史博物馆编著的《海上丝绸之路遗珍——越南出水陶瓷》(科学出版社2009年版)等。

以上这些论著,从不同的角度出发,对中国古代各个时代海外贸易史作了全面而深入的研究,同时在史料发掘、史实考证、纠误辨谬、学术创新等方面都有重要的进展。这里,特地选择几种20世纪80年代初的论著略作介绍,以说明中国学术发展的曲折历程,并展示过去的学者们所作的贡献。

陈高华和吴泰的《宋元时期的海外贸易》涉及的内容非常广泛,包括海外贸易经营者的类型及组织情况、海外贸易管理机构的具体情况、各贸易港口的贸易状况、造船和航海技术的发展状况、海外贸易对社会经济的影响及其对中外文化交流的促进作用等。这部著作,不仅展示了宋元海外贸易的全貌,而且为后人的研究打下了扎实的基础。

　　周连宽和张荣芳在《汉代我国与东南亚国家的海上交通和贸易关系》一文中指出,汉代尤其是汉武帝时期,中国开始探索到东南亚和西亚的海上丝绸之路,并已经开展海洋贸易。其海外贸易分为官营和私营两种。海外各国对汉朝的贸易也可分为两种,一种是外国商人到番禺等地进行贸易;一种是外国官方使团向汉朝皇帝"贡献",以此获得"赏赐",这就是后来朝贡贸易的前身。周连宽等人还对番禺、合浦和徐闻港进行了考察,认为这是汉代对外贸易的重要港口。[①]

　　冯先铭考察了宋元及此前的中国瓷器外销问题。他认为,瓷器在唐代就已经出现了,也有部分出口,但大规模的生产和外销时期则是宋元时期。当时输出瓷器的主要集中在四个地区:福建、浙江、河南、江西。宋代出口瓷器骤增原因是:(1)中国瓷器在国外大受欢迎;(2)宋重视海外贸易;(3)宋政府奖励对外贸易;(4)东南沿海航海业、造船业发达;(5)宋制瓷业蓬勃发展。出土文物证明,宋元时期瓷器除了主要销往日本、朝鲜外,菲律宾、文莱、印度、巴基斯坦、马来西亚、伊朗、伊拉克、埃及等国家和地区都曾和唐政府或宋元政府进行过瓷器贸易。[②]

　　叶文程在探讨宋元时期中国东南沿海地区的陶瓷外销问题时认为:(1)宋元时期东南沿海陶瓷主要是通过广州、泉州、杭州和明州等外贸港口而输往海外各国的。(2)南宋是中国陶瓷外销的发展时期,因为政府为了增加财政收入而大力鼓励海外贸易,这样,陶瓷便成为对外贸易的重要商品,与丝绸并驾齐驱。元代是陶瓷外销的极盛时期,陶瓷外销的范围更加扩大,陶瓷输出的数量不断增加。(3)宋元两代中国东南沿海地区陶瓷的外销,不只是把中国的陶瓷器、丝绸等商品运销到世界各国去,也把中国烧制陶瓷的技术和中国古代的创造发明传播到海外。与此同时,珍珠、香料、犀象等海外特产也由海路输入中国,丰富了中国人民的生活。(4)宋元之际的海上"陶瓷之路",促进了中国与海外国家的文化交流。[③]

　　马文宽考察了在津巴布韦共和国的大津巴布韦遗址出土的中国瓷器,认为这些分别属于宋元明清时期的中国瓷器,很可能是由阿拉伯印度商人通过索法拉运到了津巴布韦的。中国瓷器深受津巴布韦人的喜欢,而津巴布韦的象牙和黄金也曾大量输入我国。大津巴布韦出土的中国陶瓷,是古代中津友好交往的有力见证。[④]

　　这些发表于80年代前期的论著,涉及的领域很广,在许多方面都有突破。此

　　① 周连宽、张荣芳:《汉代我国与东南亚国家的海上交通和贸易关系》,《文史》1980年第9辑。
　　② 冯先铭:《中国古代瓷器的外销》,《海交史研究》1980年第2期;《元以前我国瓷器销行亚洲的考察》,《文物》1981年第6期。
　　③ 叶文程:《宋元时期中国东南沿海地区陶瓷的外销》,《海交史研究》1984年第6期。
　　④ 马文宽:《大津巴布韦与中国瓷器》,《海交史研究》1985年第2期。

后近 30 年的海外贸易史研究,正是建立在这一扎实的基础之上的,并且呈现出蓬勃的发展态势。上面所列举的主要论著的标题,就从一个侧面反映了到 2010 年为止海外贸易史研究在广度与深度上的拓展。

三、关于政治关系、文化交流与海外移民的研究

1. 关于政治关系与文化交流的研究

20 世纪 80 年代起,研究中国与东南亚及印度洋地区政治、文化交流的著作主要有季羡林的《中印文化关系史论文集》(生活·读书·新知三联书店 1981 年版),常任侠的《海上丝绸之路与文化交流》(海洋出版社 1985 年版),蒋维锬编校的《妈祖文献资料》(福建人民出版社 1990 年版),朱亚非的《明代中外关系史研究》(济南出版社 1993 年版),陈尚胜的《闭关与开放:中国封建晚期对外关系研究》(山东人民出版社 1993 年版),李露露的《妈祖信仰》(学苑出版社 1994 年版),陈炎的《海上丝绸之路与中外文化交流》(北京大学出版社 1996 年版),陈尚胜的《"怀夷"与"抑商":明代海洋力量兴衰研究》(山东人民出版社 1997 年版),徐晓望的《妈祖的子民——闽台海洋文化研究》(学林出版社 1999 年版),黄盛璋的《中外交通与交流史研究》(安徽教育出版社 2002 年版)等。

这一时期的相关论文则更多了,主要围绕以下几个方面展开研究:

(1)中外之间的友好往来

如陈造福的《十九世纪以前中国和印度尼西亚关系考略》(《历史研究》1980 年第 3 期),邹启宇的《中泰关系史上的一个疑案》(《历史研究》1980 年第 5 期),许道勋、赵克尧、范邦瑾的《汉唐时期中国与师子国的关系》(《复旦学报(社会科学版)》1980 年第 6 期),陈高华的《印度马八儿王子孛哈里来华新考》(《南开学报》1980 年第 4 期),尚芳的《也谈素可泰国王来访问题》(《历史研究》1981 年第 1 期),宋岘的《七世纪中大食进兵阿姆河北的年代》(《历史研究》1981 年第 3 期),张俊彦的《中古时期中国和阿拉伯的往来——兼论中国和阿曼的关系》(《北京大学学报(哲学社会科学版)》1981 年第 3 期),沈福伟的《中国和阿曼历史上的友好往来》(《世界历史》1982 年第 1 期),江醒东的《明代中国与菲律宾的友好关系》(《中山大学学报》1981 年第 1 期),彭友良的《宋元时期中国和柬埔寨的友好关系》(《海交史研究》1982 年第 4 期),张莲英的《明代中国与泰国的友好关系》(《世界历史》1982 年第 3 期),周中坚的《中柬友好关系史上的第三次高潮》(《印支研究》1982 年第 2 期),郭应德的《中古时期中国和阿拉伯之间的文化联系》(《阿拉伯世界》1982 年第 1 期),赵和曼的《古代中国与柬埔寨的海上交通》(《历史研究》1985 年第 6 期),陈

炎的《中国同缅甸历史上的文化交流》(上、中、下)(《文献》1986 年第 3、4 期,1987
年第 1 期),沈立新的《中国古代和阿拉伯国家的文化交流》(《阿拉伯世界》1987 年
第 1 期),余定邦的《中国和东南亚各国在历史上的友好往来》(载中国东南亚研究
会编的《东南亚史论文集》,河南人民出版社 1987 年版),冯兴盛的《苏禄国王访明
的几个问题》(《历史研究》1991 年第 2 期),陈炎的《海上丝绸之路与中、菲、美之间
的文化联系》(《海交史研究》1991 年第 1 期),陈铁凡、傅吾康的《〈西山杂志〉节文
质疑——据〈文莱国宋墓考释〉》(《海交史研究》1991 年第 2 期),林少川的《渤泥
"有宋泉州判院蒲公之墓"新考》(《海交史研究》1991 年第 2 期),龚延明的《文莱国
宋墓"判院蒲公"索解——兼评〈西山杂志〉(手抄本)的史料价值》(《海交史研究》
1991 年第 2 期),莫任南的《刘宋时遣使来华的迦毗黎国在南亚何处》(《海交史研
究》1992 年第 1 期),许永璋的《关于层檀国使者访华次数问题》(《海交史研究》
1994 年第 2 期),陈炎的《海上丝绸之路与中泰两国的文化交流》(《海交史研究》
1996 年第 1 期),林悟殊的《潮汕善堂文化及其初入泰国考略》(《海交史研究》1997
年第 2 期),傅伯模的《唐以来我国浙江海上与阿拉伯的交往》(《阿拉伯世界》1997
年第 4 期),宋岘的《唐代中国文化与巴格达城的兴建——(唐)杜环〈经行记〉新证
之一》(《海交史研究》1998 年第 1 期),谢方的《也谈文莱〈蒲公碑〉与〈西山杂志·
蒲厝〉的关系》(《海交史研究》1998 年第 1 期),李玉昆、李秀梅的《中斯友好与泉州
锡兰王裔》(《海交史研究》1999 年第 2 期),钟小武的《洪武年间明朝与东南亚的使
者往来》(《海交史研究》2000 年第 2 期),傅亦民的《唐代明州与西亚波斯地区的交
往》(《海交史研究》2000 年第 2 期),宁荣的《〈中国印度见闻录〉考释》(《阿拉伯世
界》2006 年第 2 期),万明的《从诏令文书看明初中国与越南的关系》(《东南亚南亚
研究》2009 第 4 期),迪茹茜、吕宁、阎晶宇的《试论古代中国与斯里兰卡的关
系——以文献及相关文物为中心资料》(《博物馆研究》2010 年第 2 期),石云涛的
《南朝萧梁时中外互动关系述略》(载刘新成主编:《全球史评论》,第三辑,中国社
会科学出版社 2010 年版)等。

(2)科学技术的交流

如黄盛璋的《关于中国纸和造纸法传入印巴次大陆的时间和路线问题》(《历
史研究》1980 年第 1 期),宋大仁的《中国和阿拉伯医药交流》(《海交史研究》1980
年第 2 期),潘吉星的《阿格里柯拉〈矿冶全书〉在明代中国的流传》(《海交史研究》
1981 年第 3 期),林更生的《古代从海路外传的植物与生产技术初探》(《海交史研
究》1988 年第 2 期),夏秀瑞的《唐宋时期中国同马来群岛各国的友好贸易关系》
(《海交史研究》1988 年第 2 期),宋岘的《对〈回回药方〉中的古医人姓氏的考

证——〈回回药方〉研究之一》(《西北民族研究》1991 年第 2 期),宋岘、冯今源的《论古代阿拉伯医方书与〈回回药方〉的剂量关系》(《回族研究》1991 年第 4 期),林乃燊的《略论中外饮食文化交流》(《海交史研究》1992 年第 2 期),宋岘、宋莉的《对〈普济方〉和〈本草纲目〉中的回回医方的考证》(《回族研究》1992 年第 2 期),陈伟明的《明清时期农业科学技术文化交流》(《海交史研究》1993 年第 1 期),宋岘的《论大食国药品——无名异》(《中华医史杂志》1994 年第 3 期),宋岘的《从红白莲花看〈本草纲目〉与伊斯兰(回回)医药的关系》(《中国民族医药杂志》1998 年第 1 期),宋岘的《〈本草纲目〉与伊斯兰(回回)医药的关系》(《西北民族研究》1998 年第 2 期)等。

(3)宗教文化的传播

蒋颖贤的《印度婆罗门教及其传入泉州》(《海交史研究》1980 年第 2 期),黄秋润的《浅谈伊斯兰教传入泉州》(《海交史研究》1980 年第 2 期),朱江的《伊斯兰教文化东渐扬州始末(下)》(《海交史研究》1980 年第 2 期),杨钦章的《试论泉州聂斯脱里派遗物》(《海交史研究》1984 年第 6 期),马通的《香料之道上的伊斯兰史迹》(《海交史研究》1984 年第 6 期),黎小明的《广州与古代僧人的海外往来》(《海交史研究》1986 年第 1 期),陈达生的《宋元时期泉州穆斯林祈风祭海之踪迹》(《海交史研究》1986 年第 1 期),泉州海交史博物馆的《天妃史迹的初步调查》(《海交史研究》1987 年第 1 期),杨钦章的《海神天妃的故事在明代的西传》(《海交史研究》1987 年第 1 期),杨强的《天妃信仰之属性及其他》(《海交史研究》1987 年第 1 期),刘南强著、林悟殊译的《华南沿海的景教徒和摩尼教徒》(《海交史研究》1987 年第 2 期),陈国强的《泉州回族与伊兰教、阿拉伯人》(《海交史研究》1988 年第 2 期),金秋鹏的《天妃信仰与古代航海》(《海交史研究》1988 年第 2 期),陈长城的《莆田涵江发现摩尼教碑刻》(《海交史研究》1988 年第 2 期),周梦江的《从苍南摩尼寺的发现谈温州摩尼教》(《海交史研究》1990 年第 2 期),曾丽民的《泉州与琉球的民俗关系》(《海交史研究》1994 年第 2 期),吴廷璆、郑彭年的《佛教海上传入中国之研究》(《历史研究》1995 年第 2 期),韩振华的《宋元时代传入泉州的外国宗教古迹》(《海交史研究》1995 年第 1 期),盛利、于澎的《佛教海上传入述评》(《海交史研究》1997 年第 1 期),韩振华的《宋代泉州伊斯兰的清净寺》(《海交史研究》1997 年第 1 期),廖大珂的《"亦思巴奚"初探》(《海交史研究》1997 年第 1 期),王荣国的《简论近代福建佛教向东南亚的传播》(《海交史研究》1997 年第 2 期),韩振华的《元末泉州伊斯兰的"番佛寺"》(《海交史研究》1998 年第 1 期),林翠如、庄景辉的《泉州伊斯兰教圣墓年代及其墓主人身份的考证》(《海交史研究》2000 年第 1 期),吴平的《近代

海上的对外佛教文化交流》(《海交史研究》2000 年第 1 期),廉亚明的《中国东南摩尼教的踪迹》(《海交史研究》2000 年第 2 期),陆芸的《14 世纪中国东南沿海伊斯兰教墓碑石研究札记》(《海交史研究》2000 年第 2 期),蓝达居、林元平的《论闽东南港市海洋人文的研究》(《海交史研究》2000 年第 2 期),陈尚胜的《论 16 世纪前中外文化交流的发展进程和基本特点》(《文史哲》2000 年第 4 期),朱天顺的《妈祖信仰的起源及其在宋代的传播》(《厦门大学学报(哲学社会科学版)》1986 年第 2 期)、《清代以后妈祖信仰传播的主要历史条件》(《台湾研究集刊》1986 年第 2 期),李少园的《论宋元明时期妈祖信仰的传播》(《福建论坛(文史哲版)》1997 年第 5 期),伊能嘉矩、林蔚文的《台湾的天妃及其他海神之信仰》(《东南文化》1990 年第 3 期),陈高华的《元代的天妃崇拜》(载《澳门妈祖信俗历史文化研讨会论文集》,1998 年),黄静的《天妃信仰的起源、属性、传播及其历史文化背景》(《广东史志》1999 年第 2 期),蒋维锬的《"天后"、"天上圣母"称号溯源》(《莆田学院学报》2004 年第 1 期),蒋维锬的《明永乐至宣德间的太监外交与天妃崇拜》(《莆田学院学报》2004 年第 2 期),时平的《郑和航海与天妃信仰史料的补遗及考释》(《南洋问题研究》2005 年第 1 期),王元林的《天妃、南海神崇拜与郑和下西洋》(《暨南学报(哲学社会科学版)》2005 年 6 期),游建西的《郑和下西洋与妈祖崇拜在海外的传播》(《中国道教》2007 年 4 期),郑丽航的《明代国家祭祀体系中的天妃考述》(《中国海洋大学学报》2009 年第 4 期)等。

在上述论著中,不乏视野开阔、见解独到的佳作,下面试举几例。关于中外之间的友好往来,我们特地挑选 80 年代前期的几篇文章作一介绍,以了解学术发展的基础。

陈造福详细考察了 19 世纪以前中国和印度尼西亚的关系。他认为,中国和印尼在汉代就建立了朝贡关系,到了南北朝隋唐宋时期,两国交往更加频繁;元初由于忽必烈派兵远征印尼,中印导致两国关系恶化;明代中印尼关系重续前缘,且更加密切,郑和七下西洋,多次在印尼停留,印尼也多次遣使朝贡;16 世纪以后,印尼被欧洲殖民者相继占领,中国和印尼关系也受到影响,但这时另外一种因素又加强了两国的友谊,这就是在印尼的华侨。自唐以后,中国人不断移民到印尼,但大规模的移民则是 17 世纪到 18 世纪中期荷兰人侵印尼以后,因为殖民者需要大量劳工。中国移民为印尼的政治经济发展作出了重要贡献。不仅如此,华侨还和印尼人一起共同反抗荷兰殖民者,多次组织联合起义,华侨还一度建立了自治政权——兰芳大总制。反抗殖民者的斗争,更加巩固了华侨和印尼人的友谊。①

赵和曼考察了古代中国和柬埔寨的关系。柬埔寨古称扶南,曾是海上交通的要塞和枢纽。东汉章帝时,扶南第一位国王就开始遣使来朝。3 到 6 世纪中叶是扶南的强盛时期,中柬海上交通有了新的发展,吴王孙权曾派朱应、康泰出使扶南。唐贞观时,扶南被真腊所灭,此时虽然南海交通的中心已转到室利佛逝(今苏门答腊),但中柬关系并未中断,来华使者级别越来越高,甚至王子和副王亲自率团来,贸易规模也扩大了。宋元时期中柬交流更加密切,贸易也更频繁。明代早期和中期,中柬关系达到最高峰,真腊平均每两年就遣使来华一次进行朝贡贸易。15 世纪末、16 世纪初,中柬两国都发生政治危机,双方关系逐渐中断,但民间往来继续发展,即使在 19 世纪依然如故。在中柬交往中,至少从宋代起,中国人开始定居柬,逐渐形成了众多定居柬埔寨的华侨。②

陈炎对古代中国和缅甸的海上交往进行过比较系统的探讨。他认为,缅甸在青铜器时代晚期和铁器时代早期就受中国青铜文化的影响。中缅海上关系是从汉代南海航道开通后开始的,南北朝时唐代高僧多从水路经缅甸到印度;宋代中缅海上交往更加密切,缅甸蒲甘朝积极发展和宋的朝贡贸易,两国间的佛教文化交流也很活跃。③ 中缅之间的官方关系在元代虽然经历了冲突和曲折,但民间海上贸易却有新的发展,中国海商常以丝绸、瓷器、乐器、金银、铜铁去换取缅甸的象牙、胡椒、稻米等特产,元代货币在缅甸流通较广。明代中缅贸易比前代更加繁荣,规模空前;缅甸玉石风行中国,中国瓷器不仅传入缅甸,而且还在缅甸转口或在当地仿制出口。清代发生永历入缅和清缅战争,使大量的中国移民来到缅甸,为当地社会经济的发展作出了重要贡献。清缅战争后不久,两国恢复邦交关系,中缅文化交流又进入兴盛时期,一直延续到殖民者入侵之后。④

张俊彦对中国和阿拉伯的关系进行了研究。他认为,从东亚到西亚的陆上交通线在汉代已经打通,至迟在公元 5 世纪,中国的商船已经到达波斯湾头。公元 6 世纪,中国的商船则可以直航阿曼、西拉甫、巴林、俄波拉、巴士拉等港,而以上各地的船只也可直航中国。唐高宗时期大食第一次正式派使节到中国来,中阿之间的官方往来由此而始。唐代广州、扬州、泉州是阿拉伯商人聚集的地方,长安也有阿拉伯商人居留。随着中阿关系的发展,伊斯兰教也开始在中国传播。宋、元两

---

① 陈造福:《十九世纪以前中国和印度尼西亚关系考略》,《历史研究》1980 年第 3 期。
② 赵和曼:《古代中国与柬埔寨的海上交通》,《历史研究》1985 年第 6 期。
③ 陈炎:《中国同缅甸历史上的文化交流》(上),《文献》1986 年第 3 期。
④ 陈炎:《中国同缅甸历史上的文化交流》(中),《文献》1986 年第 4 期;《中国同缅甸历史上的文化交流》(下),《文献》1987 年第 1 期。

代,中阿之间的海上往来更加通畅,文化交流更加繁荣。明代的郑和下西洋使中阿关系进入黄金时期,阿拉伯国家许多使节随船入华。但此后的闭关锁国政策,则削弱了中国的航海事业和对外交流。①

陈高华对印度王子孛哈里来华进行了深入考证,并且详细描述了印度马八儿国王子孛哈里在华的经历:孛哈里仰慕中国文化,主动遣使入贡,并表示愿意归附,在元至元二十八年竟抛弃妻子产业,携部属百人随元使来朝,世祖赐其妻蔡氏,他遂留居泉州。成宗时期,感其义举,特授其为中书左丞商议福建行省事。这充分证明了元的兴盛及其强大的对外吸引力,也反映了中印之间密切的友好关系。②

在这一时期还出现了对"蒲公墓"的考证和争论。德国教授傅吾康于1972年在文莱发现"蒲公墓"后,受到了海内外学者的重视,但关于墓主蒲公之谜一直没有解开。进入90年代,在这一问题上似乎有了突破。1990年,庄为玑教授根据最新发现的清代文献《西山杂志》,认为这个蒲公名为蒲宗闵,是为南宋通判,奉西洋转运使出使安南、文莱等国,乃蒲寿庚的先世。③ 庄为玑教授的这一观点引发了关于蒲公的研究热潮。傅吾康、陈铁凡首先提出质疑:首先是《西山杂志》所载官职与宋官职名号不符;其次蒲宗闵奉使时间过长,不符合宋惯例;再次《西山杂志》的作者蔡文兼并不可靠。④ 龚延明认为庄为玑教授对官职的考证问题不大,但是蔡文兼有可能误记,因为在宋代文献中确实记有一位蒲宗闵,但和《西山杂志》记载的大相径庭。⑤ 林少川则为庄为玑教授辩护,认为《西山杂志》的记载虽有瑕疵,但大体可信,陈、傅等人的质疑不足推翻此证据。⑥ 几年后,谢方提出:蒲宗闵可能是误记,而"西洋转运使"一官职则莫名其妙,对蒲寿庚的记载也不符合史实,《西山杂志》很可能不是蔡文兼一人所作,而是经过多人多代的续写,其真实性和可靠性令人怀疑。⑦ 目前蒲公的身份仍是未定之谜,期待学界的进一步探索。

关于宗教文化的传播问题,内容很广,包括外来的佛教、伊斯兰教、摩尼教,以

---

① 张俊彦:《中古时期中国和阿拉伯的往来——兼论中国和阿曼的关系》,《北京大学学报(哲学社会科学版)》1981年第3期。关于中阿关系的研究还有沈福伟:《中国和阿曼历史上的友好往来》,《世界历史》1982年第1期;宋岘:《唐代中国文化与巴格达城的兴建——(唐)杜环〈经行记〉新证之一》,《海交史研究》1998年第1期等。

② 陈高华:《印度马八儿王子孛哈里来华新考》,《南开学报》,1980年第4期。

③ 庄为玑:《文莱国泉州宋墓考释》,《海交史研究》1990年第2期。

④ 陈铁凡、傅吾康:《〈西山杂志〉节文质疑——据〈文莱国宋墓考释〉》,《海交史研究》1991年第2期。

⑤ 龚延明:《文莱国宋墓"判院蒲公"索解——兼评〈西山杂志〉(手抄本)的史料价值》,《海交史研究》1991年第2期。

⑥ 林少川:《渤泥"有宋泉州判院蒲公之墓"新考》,《海交史研究》1991年第2期。

⑦ 谢方:《也谈文莱〈蒲公碑〉与〈西山杂志·蒲厝〉的关系》,《海交史研究》1998年第1期。

及中国本土的妈祖文化。下面所介绍的各类文章,分别发表于不同的时代,以说明学术发展的历程。

按照传统的说法,佛教最先是由陆路传入中国的。但吴廷璆和郑彭年提出了不同的观点:佛教最早是由海路输入中国的,至迟在后汉初年就已传播到江淮地区。他们的主要理由是:①史书上"楚王诵黄老之微言,尚浮屠之仁祠"之记载是可信的,而楚王英被贬的彭城一带则是佛教传播的发源地。②由于当时与西域交通已经断绝,而南海航路已经开通,使者往返频繁,所以楚王英所信之佛教不是经由西域诸国,而是直接从印度由海路传来的。③佛教最早由陆路传入中国的文物和遗迹至今没有发现,即使在文献上也没有丝毫轨迹可寻;佛教由陆路传入的可靠记载最早不过 2 世纪末叶即后汉末年。相反,在中国沿海发现过许多时代很早的与佛教相关的文物古迹,例如山东沂南北寨村发现了公元 190 年受佛教影响的画像,刻于后汉末年的连云港市孔望山摩崖石像。④印度佛教分为南、北两宗。而中国南方佛教(长江下游教派)传承南宗,北方佛教(洛阳教派)传承北宗,海道传南宗,陆道传北宗,海道在先,陆道在后,故中国佛教的传播是自南而北。⑤汉代通往西方的南海贸易路线,也是佛教传入中国的路线,佛教僧侣与商人结伴而行,沿此航线来到中国;中国佛教史上第一个经典翻译家安世高极可能就是通过海上航线于后汉桓帝初年来到中国的。① 虽然这篇文章将佛教由海路传入中国的可能性推到了最大程度,但能否最终成立,还需进一步的研究和更多的考古发掘。

还有一些学者研究过伊斯兰教、摩尼教等在中国的传播问题,研究的重点则是泉州、扬州。例如,韩振华写了一系列文章来考证宋元时期泉州的伊斯兰教和其他宗教的遗迹。② 杨钦章则对泉州聂斯脱里派遗物进行了考证;③陈达生、黄秋润等对伊斯兰教传入泉州的过程进行了考察;④朱江考察了伊斯兰教在扬州的传

---

① 吴廷璆、郑彭年:《佛教海上传入中国之研究》,《历史研究》1995 年第 2 期。韩振华:《宋元时代传入泉州的外国宗教古迹》,《海交史研究》1995 年第 1 期;盛利、于澎:《佛教海上传入述评》,《海交史研究》1997 年第 1 期。

② 韩振华:《宋元时代传入泉州的外国宗教古迹》,《海交史研究》1995 年第 1 期;韩振华:《宋代泉州伊斯兰的清净寺》,《海交史研究》1997 年第 1 期;韩振华等:《元末泉州伊斯兰的"番佛寺"》,《海交史研究》1998 年第 1 期等。

③ 杨钦章:《试论泉州聂斯脱里派遗物》,《海交史研究》1984 年第 6 期。

④ 陈达生:《泉州"回历 29 年"墓碑辨》,《阿拉伯世界》1982 年第 1 期;陈达生:《泉州伊斯兰史略》,《宁夏社会科学》1986 年第 4 期;陈达生:《明朝至民国时期泉州穆斯林后裔的改宗与复叛》,《宁夏社会科学》1990 年第 3 期;陈达生:《论中国东南沿海古代阿拉伯、波斯文碑铭之研究》,《回族研究》1991 年第 1 期;黄秋润:《浅谈伊斯兰教传入泉州》,《海交史研究》1980 年第 2 期等。

播；①林悟殊、廉亚明等对摩尼教在中国东南的传播进行了研究。②

对于妈祖文化的研究是近年来开始兴起的，虽然时间不长，但成果不菲。蒋维锬编校的《妈祖文献资料》辑录了近 400 篇史料，共 30 多万字，是迄今为止收集最广泛、内容最丰富、最完整的妈祖史料集之一。这些史料按宋、元、明、清四个朝代进行汇编，并进行了认真的考订、校勘，为其他学者的研究提供了资料基础。

朱天顺研究了妈祖信仰的起源及其传播过程，认为这种民间信仰的确立，与海上经商活动的发展有着密切的关系。③ 金秋鹏考察了天妃信仰与古代航海之间的关系。④ 陈高华专门探讨了元代妈祖庙在全国的分布状况。⑤ 王元林研究了天妃信仰和郑和下西洋之间的关系，认为由于天妃在郑和下西洋过程中备受崇敬，导致了天妃崇拜的更加兴盛。⑥ 游建西分析了郑和下西洋对妈祖崇拜在海外传播的推动问题。⑦ 李露露介绍了妈祖信仰在南北方、台湾以及向海外的传播情况。⑧ 杨钦章对明代天妃故事在西方流传情况进行了研究。⑨

2. 关于海外移民的研究

海外移民研究也是近来兴起的一个热点，涌现了不少研究成果，主要论文有：张莲英的《明代中暹的贸易关系及华侨对暹罗经济发展的作用》(《中国社会经济史研究》1982 年第 2 期)，张莲英、林金枝的《明代的中菲贸易与华侨对中菲经济文化交流的作用》(《南洋问题研究》1983 年第 1 期)，张莲英的《明清时期中菲两国农

① 朱江：《伊斯兰教文化东渐扬州始末(下)》，《海交史研究》1980 年第 2 期。

② 林悟殊：《摩尼教入华年代质疑》，《文史》第 18 辑(1983)；林悟殊：《宋元时代中国东南沿海的寺院式摩尼教》，《世界宗教研究》1985 年第 3 期；林悟殊：《泉州摩尼教墓碑石为景教碑石辨》，《文物》1988 年第 8 期；林悟殊：《景教在唐代中国传播成功之我见》，载饶宗颐主编《华学》第 3 辑，中山大学出版社 1998 年版；《摩尼教研究之展望》，载王元化主编《学术集林》，卷 14，远东出版社 1998 年版；廉亚明：《中国东南摩尼教的踪迹》，《海交史研究》2000 年第 2 期；陈长城：《莆田涵江发现摩尼教碑刻》，《海交史研究》1988 年第 2 期；周梦江：《从苍南摩尼寺的发现谈温州摩尼教》，《海交史研究》1990 年第 2 期；程德鲁：《莆田涵江又发现摩尼教残碑》，《海交史研究》1991 年第 1 期等。

③ 朱天顺：《妈祖信仰的起源及其在宋代的传播》，《厦门大学学报(哲学社会科学版)》1986 年第 2 期；朱天顺：《清代以后妈祖信仰传播的主要历史条件》，《台湾研究集刊》1986 年第 2 期。类似的还有李玉昆：《妈祖信仰的形成与发展》，《世界宗教研究》1988 年第 3 期；李少园：《论宋元明时期妈祖信仰的传播》，《福建论坛(文史哲版)》1997 年第 5 期等。

④ 金秋鹏：《天妃信仰与古代航海》，《海交史研究》1988 年第 2 期。

⑤ 陈高华：《元代的天妃崇拜》，《元代的天妃祭祀》，《元史论丛》第 7 辑，江西教育出版社 1999 年版。

⑥ 王元林：《天妃、南海神崇拜与郑和下西洋》，《暨南学报(哲学社会科学版)》2005 年 6 期；朱天顺：《妈祖信仰的起源及其在宋代的传播》，《厦门大学学报(哲学社会科学版)》1986 年第 2 期；朱天顺：《清代以后妈祖信仰传播的主要历史条件》，《台湾研究集刊》1986 年第 2 期。

⑦ 游建西：《郑和下西洋与妈祖崇拜在海外的传播》，《中国道教》2007 年第 4 期。

⑧ 李露露：《妈祖信仰》，学苑出版社 1994 年版。

⑨ 杨钦章：《海神天妃的故事在明代的西传》，《海交史研究》1987 年第 1 期。

业交流与华侨》(《农业考古》1985 年第 2 期)，张莲英的《明清时期福建华侨对中菲经济文化交流的作用》(《福建论坛（文史哲版）》1984 年第 3 期)，林金枝、张莲英的《论明代华侨对中菲社会经济发展的作用》(《中国社会经济史研究》1986 年第 1期)，杜蔚文的《明代福建华侨史略》(《东南文化》1987 年第 2 期)，庄国土的《论清朝舰队巡历海外华埠》(《海交史研究》1990 年第 1 期)，王连茂的《明清时期两个家族的人口移动》(《海交史研究》1990 年第 2 期)，克罗蒂娜·苏尔梦的《十九世纪印尼泗水地区围绕福建功德祠的礼俗之争》(《海交史研究》1991 年第 2 期)，陈学文的《明清时期华侨对菲律宾发展的贡献》(《海交史研究》1992 年第 1 期)，范金民的《郑和下西洋与南洋华侨》(《海交史研究》1987 年第 1 期)，郑甫弘的《明末清初南洋华人移民与中国商业文明的传播》(《南洋问题研究》1992 年第 2 期)，郑甫弘的《十六十七世纪南洋华人移民与生产技术的传播》(《南洋问题研究》1993 年第 1期)，王赓武著，李原、钱江译的《没有帝国的商人：侨居海外的闽南人》(《海交史研究》1993 年第 1 期)，廖楚强的《论华侨的形成与发展》(《海交史研究》1994 年第 2期)，陈衍德的《试论菲律宾华人的宗教组织》(《海交史研究》1996 年第 1 期)，陈伟明的《十六至十八世纪闽南华侨在菲律宾的经济发展与历史贡献》(《海交史研究》1997 年第 1 期)，蓝达居的《论闽东南与东南亚之间的海洋人文互动》(《海交史研究》1998 年第 1 期)，詹冠群的《新马华人神庙初探》(《海交史研究》1998 年第 1期)，黄挺的《移民与潮汕和东南亚的文化交流》(《海交史研究》1998 年第 1 期)，庄国土的《东南亚各土著政权对华人的政策和态度》(《海交史研究》1998 年第 2 期)，廖楚强的《东南亚客家社会的回顾与展望》(《海交史研究》1998 年第 2 期)，连心豪的《近代海港检疫与东南亚华侨移民》(《海交史研究》1998 年第 2 期)，詹冠群的《论沙捞越"橡胶经济"与福州籍移民》(《海交史研究》1999 年第 1 期)，冷东的《潮汕地区的海外移民与地方社会研究述论》(《海交史研究》2000 年第 2 期)，曾少聪的《闽南的海外移民与海洋文化》(《广西民族学院学报（哲学社会科学版）》2001 年第 5 期)，李金明的《明代后期的海外贸易与海外移民》(《中国社会经济史研究》2002 年第 4 期)等。

关于移民研究的著作有：朱杰勤的《东南亚华侨史》(高等教育出版社 1990 年版)，林远辉、张应龙的《新加坡、马来西亚华侨史》(广东高等教育出版社 1990 年版)，朱国宏的《中国的海外移民史——一项国际迁移的历史研究》(复旦大学出版社 1994 年版)，林悟殊的《泰国大峰祖师崇拜与华侨报德善堂研究》(淑馨出版社1996 年版)，葛剑雄主编的《中国移民史》(福建人民出版社 1997 年版)，曾少聪的《东洋航路移民——明清海洋移民台湾与菲律宾的比较研究》(江西高教出版社

1998 年版),郭梁教授的《东南亚华侨华人经济简史》(经济科学出版社 1998 年版),杨国祯、郑甫弘、孙谦的《明清中国沿海社会与海外移民》(高等教育出版社 1998 年版),李安山的《非洲华侨华人史》(中国华侨出版社 2000 年版)等。

上述论著,讨论的内容十分广泛。例如,张莲英、陈伟明等人考察了华侨对暹罗和菲律宾经济发展所起的作用。陈衍德考察了菲律宾华人的宗教组织及其社会作用。黄挺、廖楚强等人研究了中国移民在语言、民间艺术、生活习俗等方面对东南亚社会的影响。蓝达居通过分析福建东南海洋文化的特点,探讨了它与东南亚海洋文明之间的互动关系。范金民研究了郑和下西洋开对海外移民的积极作用。庄国土的《东南亚各土著政权对华人的政策和态度》一文分析了东南亚各土著政权对华人的政策和态度,并将其政策分为三大类:一是在政治上允许华人社会自治;二是以官爵诱惑华人精英参与社会管理;三是在经济发展和产业开发上利用华人。还需要介绍的是杨国桢等人的《明清中国沿海社会与海外移民》。该书把海外移民活动看做是中国海洋社会经济的一个重要组成部分,认为海外移民是和海洋经济同步发展的,两者互相促进、互相融合,形成了独特的中国"侨民"文化;中国海外移民从未同母国真正脱离过,他们实际上充当了中外经济文化交流的中介,推动了中国沿海社会的转型。

综观过去 30 年关于海外移民的研究成果,可以总结出这样一些特点:(1)文章和著作的数量明显增多,且研究的水平和质量都有极大提高;(2)所探讨的论题不断扩大,不仅研究移民的经济、政治、文化等活动,而且也探讨土著社会对中国移民的态度与政策,并且开始注意移民活动所产生的双向作用;(3)大量吸收海外研究成果,在研究方法上重视比较研究、跨学科研究和整体研究。

四、关于郑和下西洋的研究

郑和下西洋是古代海上丝绸之路研究中最为重大的事件,一直受到学者们的重视。20 世纪 80 年代以后,随着中国改革开放的启动与深入,郑和研究出现了前所未有的兴盛局面,并且取得了许多新的突破。

1983 年,在北京成立了全国纪念郑和下西洋 580 周年筹备委员会。1985 年在南京召开了"纪念伟大航海家郑和下西洋 580 周年大会暨学术研讨会"。1986 年南京郑和研究会宣告成立,同时创办了会刊《郑和研究》和《郑和研究简讯》。1992 年昆明郑和研究会成立,并且举行了纪念郑和下西洋 587 周年大会。1994 年郑和航海研究基金会成立。1995 年福州、长乐、南京等地都召开了纪念郑和下西洋 590 周年大会。1996 年江苏省郑和研究会成立。2005 年前后,纪念郑和下西洋 600 周年的各类活动在中国许多地方隆重举行,从而将郑和研究推向了高潮。在这种形势下,郑和研究成果如雨后春笋般涌现,在此时期发表的学术论文达到 600 多篇,远远超过是以前 80 多年郑和研究的总和。[①] 限于篇幅,我们只能对这 30 年来的研究进行概述式的回顾。

1. 综合研究

进入 20 世纪 80 年代后,许多学者从世界现代化的角度出发,重新审视郑和下西洋的历史意义,努力为中国的改革开放提供正面的借鉴和反面的教训。这一倾向在 80、90 年代尤为突出,而且大部分成果都对郑和航海活动持惋惜或否定态度,其中具有代表性的是何芳川、罗荣渠、赖进义、陆儒德等人的研究。

何芳川将郑和与达·伽马、哥伦布进行了对比。他认为,尽管郑和的远航在历史背景上与后两者有相似之处,而且在航海时间、规模、交往范围上都优于后两者,但在航海的深层动因、与对象交往的性质、航海的影响和后果上却有着巨大差异。在他看来,郑和的航海动因是皇权对威望和声誉的追求,其政治考虑压倒了经济考虑;而达·伽马和哥伦布的航海则在很大程度上是受经济利益的刺激。郑和的目的是要和海外各国搞好关系,确立以中华帝国为中心的朝贡体系;而达·伽马和哥伦布则表现出赤裸裸的暴力掠夺,这是资本原始积累的必然结果。郑和的航海活动强调"厚往薄来",增加了财政负担,甚至还抑制了国内的经济发展;而达·伽马和哥伦布的活动则直接刺激了资本主义的发展,为以后西方超越东方奠定了物质基础。何芳川的结论是:西方新航路的开辟,是奏响了资本主义时代的序曲,而郑和的远航,不过是东方封建制度的绝唱。[②]

罗荣渠的《15 世纪中西航海发展取向的对比与思索》,表达了更强的现实感。此文认为,虽然从表面上看郑和下西洋在时间、规模、技术上远胜西方,但实际上

① 范金民:《二十世纪的郑和下西洋研究》,《九州学林》2004 年秋季 2 卷 3 期。

② 何芳川:《十五世纪中西三大航海活动比较初探》,《北京大学学报》1983 年第 6 期。其他学者也对郑和下西洋的保守性质有所论述,如范金民先生认为,郑和航海不是为了寻找建文帝,也不是为了"耀兵异域",亦不是为了发展贸易,而是为了内外稳定,是要通好他国,怀柔远人,即是为了政治上的需要。见范金民:《郑和下西洋动因初探》,《南京大学学报》1984 年第 4 期。冯尔康先生也认为郑和下西洋是封建主义皇权至上的政治产物,见冯尔康:《郑和下西洋的再认识——兼论下西洋同封建专制政治的关系》,《南开史学》1980 年第 2 期。田培栋先生也认为郑和下西洋的性质是朝贡贸易的继续和发展,但他又说郑和这种贸易行为是开放性质的,为明政府带来的不是负担,而是巨大财富。这让人感觉有些自相矛盾。见田培栋:《郑和下西洋的性质与所获财富的估计》,《郑和研究》第 9 期。李金明先生表面上看是在强调郑和下西洋的经济动因,但最终他认为这种经济行为不过是助长了统治阶层的奢侈腐化,它仍然没有突破传统经济体制,未能在海外建立市场和殖民地,也未能促进私人贸易和国内经济的发展,反而增加了国库负担,最终被停止。见李金明:《郑和下西洋的动因、终止与历史回顾》,载范金民主编:《走向海洋的中国人》,海潮出版社 1996 年版。万明也持同样的观点,她认为郑和下西洋促进了贸易的发展,但这一贸易形势与封建朝贡体制不相容,最终被抛杀。见万明:《郑和下西洋与明初海上丝绸之路——兼论郑和远航目的及终止原因》,《海洋交通史》1991 年第 2 期。

东西方的航海在性质上是完全不同的。郑和下西洋依然是王权朝贡制度、册封制度的表现,其活动完全受制于政治,其组织形式也是劳民伤财的国家组织形式,这样的航海活动不可能使中国走向海洋文明,走向资本主义。而西方航海活动是重商主义潮流的产物,国家支持私人进行海上开拓和探险,其组织形式更具有主动性和民间性,由此揭开了西方全社会的资本主义殖民和开拓时代。罗荣渠的最后结论是:航海行为的性质是由政治体制决定的,作为政治决策者,应该把握历史机遇,勇于开拓,与时俱进,而不应固守旧制;假如古代中国的决策者足够英明,那么郑和航海活动完全可以变成推动中国现代化的巨大动力。①

如果说罗荣渠先生惋惜政治精英痛失政治革新的机遇的话,赖进义则痛惜统治者没有保持明成祖的大战略构想,从而失去了曾经到手的海权。他认为,明成祖派郑和下西洋是基于一种大战略考虑,即联合海上诸国围堵或牵制帖木儿帝国的攻势。正是这一次次的下西洋活动,才确立了中国在印度洋上的霸权。但这霸权只是昙花一现。一是因为经济原因。国库负担太重,而郑和远航又不是以经济利益为重,所以越来越没有维持霸权的物质力量。二是统治者本身的政治眼光短浅,没能继承成祖大略。所以,在郑和下西洋过程中出现的海权就没能如西方近代海权一样,将经济利益与海上霸权紧密结合起来,形成长盛不衰的局面。② 陆儒德也谈到了海权问题,而且谈得更现实。他认为,郑和已经具有了近代海权意识,认识到海洋的重要性。只是封建统治者故步自封,只看到自然经济和农本社会的优越性,排斥商业文明和海洋文明,最终导致海权的丧失,也丧失了近代化的机会。③

在八九十年代,中国正在热火朝天地进行现代化建设,出现上述倾向是完全可以理解的。到了 20 世纪 90 年代后期及 21 世纪初,现代化的弊端开始显现,有些人转而希望从传统文化中寻求某种治疗现代病之良方,于是出现了对郑和航海活动的颂扬。对郑和下西洋作出正面评价的方式有三种:一种是凸显郑和航海中表现出的优于西方的特征;一种是将郑和的活动还原到历史情境中,凸显其独特的价值或中国传统文化的特质,而不再将其与现代化进行挂钩;一种是将郑和航海的价值提升到和西方航海同样的高度。

---

① 罗荣渠:《15 世纪中西航海发展取向的对比与思索》,《历史研究》1992 年第 1 期。

② 赖进义:《郑和远航的战略原因》,载江苏郑和研究会编:《睦邻友好的使者——郑和》,海潮出版社 2003 年版。时平先生也同样强调海权观念同郑和远航的关系,力图突出海权的重要性。他认为,郑和远航就是明代统治者海权意识的产物,也是明朝平天下观念的海外延伸。它体现了统治者的世界眼光,他们敏锐感觉到了其自身的安全与外部世界息息相关,闭关自守并不是长远之计。郑和远航就是积极的出击和防御。这也为中国后来的海权意识发展奠定了基础。见时平:《元明时期的海权观念与郑和下西洋》,《郑和研究》1988 年第 7 期。

③ 陆儒德:《浅论郑和海权观的形成与对当今经略海洋的意义》,《郑和研究》1992 年第 15 期。

　　关于第一种评价,何芳川的转变最具代表性。21 世纪初,何芳川一反先前对郑和下西洋的批判态度,转面表彰其正面价值。在《文明视角下的郑和远航》一文中,他用大半篇幅来颂扬郑和下西洋,尤其是突出其所代表的和平精神,并将批判的矛头指向西方文明的暴力和野蛮。然而,在何芳川文章中可以看到一种十分矛盾的心态:他不喜欢西方现代文明的野蛮和暴力,但又对其物质文明和政治文明充满向往。在这种矛盾的心理下,他将郑和远航看做是人类文明史上一个前所未有的高标,而将西方航海事业及其近代文明看做是人类文明的更高的一个高度。①我们似乎可以隐隐猜出何芳川的潜台词:如果西方近代文明能够吸收中国传统文化中的和平精神,那就尽善尽美了。

　　第二种评价以陈尚胜、赵令扬等人为代表。陈尚胜认为,郑和下西洋的原因是明成祖巩固自己政治权威的需要。为了证明自己是"真命天子",他必须"遣使四方招徕",以塑造自己有德天子的形象。为此,明成祖才不计较物质利益的得失,只为笼络海外人心。而这一切都是受中国传统文化的影响。因此,郑和下西洋依然是中国传统文化的产物。② 这就意味着,郑和下西洋与现代化是风马牛不相及的。赵令扬则从明清统治者和知识分子的世界观着手来探讨郑和下西洋的意义。他发现,明朝很长时间内,占主流地位的世界观就是朱元璋的"华夷有别,四海一家"观念。赵令扬认为,这种看似矛盾的观念其实是一致的,因为这句话包含着两层含义。第一是政治上的含义。"华夷有别"是针对北方的蒙古人而言的,当时蒙古人被视为汉族的最大威胁。"四海一家"是针对海外各国而言的,目的是为了联合它们共同应对蒙古人的威胁。第二是文化精神上的含义。"华夷有别"是为了重塑汉族文化的精神,这也是"四海一家"的前提。"四海一家"就是儒家秩序的重建,即在中国文化的基础上实现天下一统。在这种世界观的指导下,出现了郑和下西洋。③ 因此,无论是政治上的原因,还是文化上的动机,郑和远航都与近代资本主义无关。陈尚胜和赵令扬的文章,还从一个侧面解答了罗荣渠提出的问题,即郑和到底有没有可能将中国带进现代社会。陈尚胜和赵令扬的研究表明,在当时的中国人看来,儒家文化及其生活方式无疑是世界上最先进的,根本无

　　① 何芳川:《文明视角下的郑和远航》,《北京大学学报》2004 年第 6 期。
　　② 陈尚胜:《中国传统文化与郑和下西洋》,《文史哲》2005 年第 3 期。陈尚胜的另一篇文章也表达了类似的观点,即郑和下西洋是为了整体海防,如果说太祖是以消极的海禁来巩固海防的话,成祖就是以积极的远航来维护海防安全。见陈尚胜:《明初海防与郑和下西洋》,《南开学报》1985 年第 5 期;冯尔康先生也看到了朱棣支持下西洋是为了稳固地位的需要,但他的近代立场过于明显,偏重于强调这一政策的消极方面,而陈尚胜则从客观角度肯定了这一政策的合理性。见冯尔康:《"郑和下西洋"的再认识——兼论下西洋同封建专制政治的关系》,《南开史学》1980 年第 2 期。
　　③ 赵令扬:《明初之世界观及郑和下西洋的时代意义》,《郑和研究》2004 年第 3 期。

需他求。所以,想让郑和下西洋活动滋生出近代精神,完全是现代人的一厢情愿。

第三种评价以万明为代表。万明勾画出了郑和下西洋所造成的世界一体化图景,认为郑和航海活动就和西方航海家开辟新航路一样,促进了全球物质文化的交流,为世界文明作出了巨大贡献;在此过程中,中国也从陆地走向了海洋,由相对封闭走向了开放,由一隅走向了世界。[①] 这无疑是在说,郑和已经完满完成了开拓世界市场、贸易近代化的任务,留给人们的只是如何维持和经营这一市场的问题。这样的郑和依然是西方视野下的郑和。

这一时期还有一本海外郑和研究著作在国内掀起了波澜,此即英国人加文·孟席斯的《1421:中国发现世界》。在书中,孟席斯对郑和航海之辉煌业绩描述得无以复加,并且将一系列的头衔从西方人的头上摘下来,冠于郑和头上:郑和于1421 发现美洲大陆,早于哥伦布 70 年;先于库克船长 350 年,发现澳洲;郑和首次完成环球航行,比麦哲伦的出生早一个甲子;郑和船队解决了计算经度的问题,远远领先欧洲三个世纪等。[②] 此书一出,舆论哗然。这无疑是一枚重磅炸弹,如果其属实的话,足以颠覆我们以往某些固有的航海常识。这也令华夏子孙倍感自豪、无限荣光。但是,对此书的评价并不如作者想象的那样,出现一边倒的颂扬之声,反而是质疑之声不绝于耳。有人还将海内外的评价专门编辑成刊,如台湾海洋大学的苏明阳先生所编的《郑和研究与活动简讯——评介〈1421 年:中国发现世界〉特刊》。在该刊中,收集了海内外多家权威媒体和有名学者对孟著的反应。他们几乎都持怀疑态度。苏明阳先生的结论是,这是一部商业哗众取宠之作,不具有历史研究的客观性和严谨性。[③] 葛剑雄先生也指出这一著作的不实之处,认为其绝大部分论据皆有待商榷和考证。[④] 因此,我们在感到激动的同时,也要冷静思考,这种自豪是不是真实的? 当然,我们也可以借助孟氏的这一著作扩大我们在世界上的影响,但是我们自己内心要有一个清醒的定位。孟氏这种无度地肯定和颂扬有些不负责任,他似乎依然是以一种把玩中国历史和文化的心态来写作的,

---

① 万明:《从西域到西洋》,《河北学刊》,2005 年第 1 期。辛元欧的观点和万明接近,他将郑和航海看成是具有近代特征的伟大活动:是世界航海事业的巅峰之作;是近代生物科学考察的先导;构筑了东南亚经济圈;留下了"开海开放"的兴海精神。而明清海禁政策则违背了郑和创造的兴海近代精神,致使中国以后与西方竞争中败落。所以,只有坚持郑和精神,才能顺利进行中国的现代化事业。郑和称得上是中国的海洋之父。见辛元欧:《气势恢宏的世界蓝色文明的探索与实践》,载江苏郑和研究会编:《郑和与海洋》,中国农业出版社 1999 年版。辛先生的观点离"郑和是中国的资本主义之父"已经不远了。

② [英]加文·孟席斯:《1421:中国发现世界》,师研群译,京华出版社 2005 年版。

③ 苏明阳:《郑和研究与活动简讯》,2003 年第 10 期。http://proj. ncku. edu. tw/chengho/newsletter/no10. html。

④ 葛剑雄:《评〈1421:中国发现世界〉——兼论真实史料的重要性》,中华经济学习网,http://jingji. 100xuexi. com/HP/20100727/DetailD1289171. shtml。

这就不是真正的理解和尊重。出于商业的炒作，故意哗众取宠，自欺并且欺人，最终可能只是昙花一现而已。

　　抛开事实上的牵强附会不说，孟席斯所持有的历史观和万明先生依然是一样的，是西方中心论的另一种翻版。他评价郑和的标准显然是西方近代标准，即以技术等物质力量作为唯一的标准。他对郑和的推崇也就不外乎其航海技术的高超、航海范围的广大。他没有考虑在物质技术力量背后的东西，如精神观念、意识形态等。郑和航海首要考虑的不是物质利益，也不是技术进步，而是一个道德宇宙的稳定。哥伦布等人航海则是为了利益和征服。如果说郑和是以道德价值来统驭物质技术，哥伦布等则是为物质利益而使用和发展物质技术。对物质技术的不同态度才是郑和航海与哥伦布、达伽马的航海区别之所在，所以，即使证明郑和航海比哥伦布等早近百年甚至更多，郑和的航海技术高出西方，也没有多大意义。郑和航海的物质技术力量超过西方，早就有学者论述，但这并没有改变东西方走上不同道路的命运。从这个角度看，孟氏的行为不过是画蛇添足。郑和航海的时间再如何早，也不会开出资本主义追逐物质的世界来。两种完全不同意识世界的活动，不能以简单的对比来评价其优劣。以近现代的标准来评价古人，对古人似乎是不公平的。列文森的论断至今仍有效力，他说，中国人与物质技术或科学的问题，"不是能不能，而是愿意不愿意的问题"①。也就是说，中国人并不缺少创造高超技艺和发展物质力量以及追逐物质利益的能力，问题是中国人不愿意将其放在首位，这是中国传统文化独特的道德追求所决定的。儒家君子小人之辩或义利之辩贯穿始终，在其看来，成为一个将道德修养放在首位的君子，远比成为一个唯利是图的小人活得更像一个人。正是对人的这种设想使郑和等航海家们没有做出西方殖民者所做出的血与火之残酷行为。用列文森的话说，不是他们不能，而是不愿。而这在现代人眼中看来，就是落后和保守之行为了，这显然是草率之论断。古代社会的价值观和现代社会的价值观，到底孰优孰劣，现在下结论还嫌尚早。现代社会的弊端已经开始呈现，现代社会（受西方价值观主导的社会）将人类最低级的问题——即生存及其技艺——抬升为最高的问题，对于真正的高层次的问题，即人之何以为人的问题，反而束手无策。而传统社会中对人之核心问题——道德问题却是最有发言权的。所以，传统文化是否过时也有待考察。就现在来看，它反而能治疗某些现代病，这就是何芳川等学者不愿完全否定郑和航海精神的原因所在。有些学者，如陈尚胜等，也已经开始关注传统社会某些遗产的

---

① ［美］列文森：《儒教中国及其现代命运》，郑大华、任菁译，中国社会科学出版社 2000 年版，第 12 页。

宝贵价值了。

总之,指导孟氏进行研究的依然是西方中心史观,它崇尚物质决定论或技术决定论,是胜者为王之丛林法则的集大成者。在无论是赞颂还是批评孟氏的观点中,多少也受这种历史观的影响。只有跳出西方中心主义或东方主义的现代价值观之循环,才能对其著作有更完整的认识。

在上述诸种修正倾向中,我们依然会看到其理论上的缺陷和困境。其一是矫枉过正。这就是在批判现代化的某些缺陷的时候拒绝所有现代的成就,并开始无条件地赞颂古代。但这种赞颂却又时常以现代价值为标准。其二是西方理论的困扰。我们在批判现代化和接受后现代的时候,使用的依然是西方的理论,因此,我们就依然是在西方的影子下生活。无论东方主义的诱惑力多大,也不过是西方人自己反思的结果,并不是我们自发自觉地对自身价值的发掘和认可。我们依然没有自己的独立性和真实性,我们始终在借助西方的标准来调整自己。这样,具体在郑和下西洋研究上,无论我们批判郑和还是赞颂郑和,都不是对郑和本身价值的客观探索,而是以西方价值标准进行的衡量,如此,郑和下西洋的真正价值就依然没有显现。

令人欣喜的是,有些学者已经对此有所察觉,他们开始以一种超越东西方的眼光来看待郑和航海的价值。如南炳文先生在 2004 年的一篇文章,力图结合前两大类极端表现而产生一种折中之论或超越之论。他站在整个人类文明的高度,不仅批判郑和航海及其所代表的中国古代文明,更批判西方航海及其代表的近代文明;这样,15—16 世纪中西航海所代表的外交模式皆不可取。在他看来,理想的外交模式应当是"互利"的。[①]

而上述陈尚胜、赵令扬的文章也有这样的一种倾向,尤其是陈先生。他已经开始从文化的角度来理解郑和下西洋的活动了。[②] 这表明,陈先生已经意识到,如果不了解儒家精神或东方精神的深层特征,是无法对郑和航海等行为进行深刻而客观的理解的。他发现的中西"以理服人"和"以力服人"的不同外交价值观,是解开中西走向不同道路之谜的关键所在。这说明陈先生已经逐渐摆脱西方中心主义的影响,从更客观的角度来对比两种价值观。这同时也说明,对郑和航海价值进行客观定位是可能的。

---

①　南炳文:《关于 15—16 世纪世界性大航海的几点浅见》,《吉林大学学报》2004 年第 6 期。

②　陈尚胜:《中国传统文化与郑和下西洋》,《文史哲》2005 年第 3 期;陈尚胜:《郑和下西洋与东南亚华夷秩序的构建——兼论明朝是否向东南亚扩张问题》,《山东大学学报(哲学社会科学版)》2005 年第 4 期;陈尚胜:《论 16 世纪前中外文化交流的发展进程和基本特点》,《文史哲》2000 年第 4 期等。

2. 关于郑和船队、航海路线的研究

进入 80 年代，关于郑和船队的研究成为焦点之一。首先是关于宝船规模真实性的问题，学者们的观点可分为两种：一种是质疑其真实性的，如杨槱、唐志拔等；一种是肯定其真实性的，如席龙飞、庄为玑、郑鹤声、郑一钧、洪长倬等。

杨槱等人认为，史书上关于宝船规模的记载可能有误，若改为十八丈长四丈四广就合理了。[①] 唐志拔也认为，无论从技术、材料，还是时间上看，明代人都无法造出那样大的船。[②] 席龙飞、何国卫则认为，史书上关于宝船规模的记载是合理可信的，因为宝船可能是福州船型，这类古船长宽比例皆偏小，而不是比例偏大的沙船船型。根据当时的技术，完全可以造长四十四丈的大船。[③] 庄为玑、庄景辉也认为，建造这样的大船是可能的，也是必需的。[④] 郑鹤声、郑一钧以更丰富的史料说明了郑和宝船的真实性。[⑤] 洪长倬通过实地考察论证了宝船的真实性，认为当时的技术和设备是可以造出如此规模的大船的。[⑥] 金秋鹏则依据《天妃经》卷首插图断定，郑和宝船不一定完全由南京宝船厂制造，它具有福船的特征。[⑦]

其次是关于郑和船队上的装备和设施的研究。唐志拔经过考证，认为郑和宝船上装备着各种兵器，大致可分为三类：冷兵器，如弓、弩、标枪、砍刀、镖等；燃烧性火器，如火球、火药箭、火枪、火蒺藜等；金属管型火器，如铜制或铁制大中型铳炮、铜制手铳等。[⑧]

20 世纪 80 年代之后，对郑和船队航线和《郑和航海图》的研究出现了高潮。沈福伟对郑和船队在东非南印度洋的航线进行了考证。他认为，从第三次下西洋

① 杨槱、杨宗英、黄根余：《略论郑和下西洋的宝船尺度》，《海交史研究》1981 年第 3 期。杨槱先生在后来一直坚持自己的观点，认为当时的技术不可能造这样大的船，也无需造这样大的船。见杨槱：《郑和下西洋所用的船舶》，载纪念伟大航海家郑和下西洋 580 周年筹备委员会编：《郑和下西洋论文集》（第 1 集），人民交通出版社 1985 年版。

② 唐志拔：《贰仟料郑和宝船的复原研究》，载《郑和下西洋与福建》，福建人民出版社 2004 年版。

③ 席龙飞、何国卫：《试论郑和宝船》，《武汉水运工程学院学报》1983 年第 3 期。

④ 庄为玑、庄景辉：《郑和宝船尺度的探索》，《海交史研究》1983 年第 5 期。

⑤ 郑鹤声、郑一钧：《略论郑和下西洋的船》，《文史哲》1984 年第 3 期。同样的观点也见丘克：《郑和宝船尺寸记载的可靠性》，《文史哲》1984 年第 3 期；文尚光：《郑和宝船尺度考辨》，《武汉水运工程学院学报》1984 年第 4 期。

⑥ 洪长倬：《宝船厂遗址及宝船尺度问题》，载纪念伟大航海家郑和下西洋 580 周年筹备委员会编：《郑和下西洋论文集》（第二集），南京大学出版社 1985 年版。后来席龙飞先生也到南京宝船厂进行考察，经过精心测量和考证，其结论同洪先生一样，认为长四十四丈宽十八丈宝船可以在那里造成。见席龙飞：《从南京宝船厂遗址的发掘成果看郑和宝船》，《社会观察》2005 年特刊。

⑦ 金秋鹏：《迄今发现最早的郑和下西洋船队图像资料——〈天妃经〉卷首插图》，《中国科技史料》2000 年第 1 期。

⑧ 唐志拔：《试论郑和船队的兵器》，《船史研究》1997 年第 11、12 期；唐志拔：《贰仟料郑和宝船的复原研究》，载《郑和下西洋与福建》，福建人民出版社 2004 年版。

开始,郑和船队不仅进入了索马里南部的贝纳迪尔沿海,而且深入到坦桑尼亚的基尔瓦苏丹国和莫桑比克境内。自基尔瓦·基西瓦尼以北直到瓜达富伊角的东非沿海各地,都在郑和宝船定期航行范围内。据他考证,郑和船队到东非的主要航线,以摩加迪沙为中心分为南北两大系统,北区航线以埃尔、瓜达富伊角和亚丁为目的港,南连马尔代夫,东通科泽科德;南区航线以摩加迪沙、布腊瓦、蒙巴萨、基尔瓦·基西瓦尼为目的港,南通莫桑比克海峡,东接马尔代夫。具体航线多达 7 条。① 万明也对郑和的航线进行了研究,她认为郑和七次下西洋,开辟了诸多新航线。据统计,其出航点有 20 多处,所用航线达 42 条之多。其特殊贡献是开辟了通过印度古里和溜山直达阿拉伯半岛红海沿岸及东非海岸各港口的多条远距离横渡印度洋的航线。可以说,郑和的远航贯通了太平洋和印度洋的海上丝绸之路。② 廖大珂认为,郑和及其船队去过澳洲。他说,早在宋元时期中国海船就到达过澳洲西北海岸,而文献记载中的“女人国”就是澳大利亚北部沿海地区的女权制社会。根据《郑和航海图》,可以看到郑和船队曾穿过异他海峡到达澳洲西北角。③

　　还有学者对西洋的地理范围进行了考证。陈高华等学者认为,东西洋分界应在马六甲海峡西口。④ 李金明则认为,明代东西洋分界不能仅仅依据贸易路线,还要考虑航向、风向、洋流等要素。开往东洋的船只朝东南航行,开往西洋的船朝西南航行,受季候风影响,两者都难以逾越文莱。因此,加里曼丹北岸和西岸之间的地带就是东西洋的分界线。⑤ 陈佳荣也强调加里曼丹西岸是元明时期东西洋的分界标。⑥ 刘迎胜认为,虽然“东洋”、“西洋”的地理范围并不是一成不变的,但是它们基本上是按照航线进行划分的。自唐、五代、宋元以来,形成了两条航线:一条

　　① 沈福伟:《郑和宝船的东非航程》,载纪念伟大航海家郑和下西洋 580 周年筹备委员会编:《郑和下西洋论文集》(第一集),人民交通出版社 1985 年版。

　　② 万明:《郑和下西洋与明初海上丝绸之路——兼论郑和远航目的及终止原因》,《海洋交通史》1991 年第 2 期。

　　③ 廖大珂:《从郑和航海图谈早期中国人对澳洲的认识》,载江苏郑和研究会编:《郑和与海洋》,中国农业出版社 1999 年版。

　　④ 陈高华、吴泰:《宋元时期的海外贸易》,天津人民出版社 1981 年版;陈高华、吴泰、郭松义:《海上丝绸之路》,海洋出版社 1991 年版;洪建新:《郑和航海前后东、西洋地域概念考》,载纪念伟大航海家郑和下西洋 580 周年筹备委员会编:《郑和下西洋论文集》(第 1 集),人民交通出版社 1985 年版;孙光圻:《中国古代航海史》,海洋出版社 1989 年版。

　　⑤ 李金明:《明代“东西洋”分界考》,《中国东南亚研究会通讯》1988 年第 3、4 期。

　　⑥ 陈佳荣:《郑和航行时期的东西洋》,载《走向海洋的中国人:郑和下西洋 590 周年国际学术研讨会论文集》,海潮出版社 1996 年版。还见陈佳荣:《东西洋考释》,《中国东南亚研究会通讯》1981 年第 2 期;陈佳荣:《宋元明清的东西南北洋》,《海交史研究》1992 年第 1 期。持类似观点的还有沈福伟:《东西洋区划考源》,《中华文史论丛》1986 年第 2 期;沈福伟:《郑和时代的东西洋考》,载纪念伟大航海家郑和下西洋 580 周年筹备委员会编:《郑和下西洋论文集》(第二集),南京大学出版社 1985 年版。

是从福建、广东沿大陆海岸线出发向南向西航行,其所经诸地(东南亚、印度)皆称为"西洋",此航线可称为"大陆航线";另一条是横渡台湾海峡到琉球(台湾),或横渡南海北部至吕宋诸岛,然后沿菲律宾列岛南下,以西太平洋岛弧的南部诸岛为参照物,所经诸地皆称为"东洋",此航线可称为"岛屿航线"。总的说来,"东洋"指南海以东地区,"西洋"指南海以西地区。东洋的尽头就是西洋。[①] 因此,学术界对于古代东西洋的界限实际上有两种不同的意见。一种观点以马六甲海峡为界,另一种观点是以加里曼丹西岸为界。

还有学者对郑和船队的航海技术及方法进行了研究。谢海泉从风信、航行方位、天文航海、测天定位法等方面说明郑和航海方法的多样性,并且说明了当时人们表现在航海上的聪明才智。[②] 武定国对郑和船队的队形、航行方法、定位方法和导航方法进行了研究,认为郑和船队在队形上组成了一个统一的编队;在航行和定位方法上采用了推算航法、风流压差修正法、对景定位、测深定位、天文定位等方法;在导航方法上使用了按导标航行、过门航法、测深导航、天文导航等方法。因此,郑和船队具有高超的航海技术。[③]

关于《郑和航海图》的研究也出现很多成果。刘南威等学者详细剖析了《郑和航海图》中的天文学成就——牵星术。牵星术就是通过观测星辰(主要是北极星)的海平高度(仰角)来确定海上船舶在南北纬度上所处位置的一种方法。正是借助于这种牵星术,郑和在航海途中详细记录了其航线。郑和船队使用的牵星术及其所体现的天文导航水平,在当时世界上处于领先地位。[④] 朱鉴秋等人对郑和航海图进行了深入的研究,并将其与西方同时期的航海图(波特兰图)进行了对比,认为《郑和航海图》地理范围较大,内容丰富,实用性强,但数学精确性不够,比例尺也不科学。而波特兰图则具有很强的数学精确性。[⑤] 孙光圻、陈鹰重点探讨了郑和牵星术中的阿拉伯天文航海因素。他们发现,无论是其牵星术中使用的技术

① 刘迎胜:《"东洋"与"西洋"的由来》,载南京郑和研究会编:《走向海洋的中国人:郑和下西洋590周年国际学术研讨会论文集》,海潮出版社1996年版。

② 谢海泉:《郑和下西洋舰队之海上航法》,《航运季刊》1983年5月。

③ 武定国:《郑和下西洋在航海上的伟大成就》,《中国与海上丝绸之路》,福建人民出版社1991年版。

④ 刘南威、李启斌、李竞:《我国最早记载牵星术的海图》,载《郑和下西洋论文集》(第一集),人民交通出版社1985年版。

⑤ 李万权、朱鉴秋:《〈郑和航海图〉的综合研究》,载《郑和下西洋论文集》(第一集),人民交通出版社1985年版。朱鉴秋:《〈郑和航海图〉与同时期西方海图的比较》,载南京郑和研究会编:《郑和研究论文集》(第一集),大连海运学院出版社1993年版。

（牵星板），还是术语（"指"、"角"），都明显地带有阿拉伯天文因素。[①] 李金明考察了《郑和航海图》中"石星石塘"、"石塘"和"万生石塘屿"的地理范围，从而证明南海诸岛一直是中国的领土。[②] 刘铭恕对新版《郑和航海图》的绘制方法及特点给予了解释和说明，认为其基本忠实于历史。[③]

3. 关于郑和下西洋时期中外政治经济文化交流的研究

郑和下西洋，促进了中国与海外各国在政治、经济及文化上的交流。许多学者对此问题进行过研究。洪焕椿全面介绍了郑和与亚非国家的友好往来。据统计，郑和下西洋过程中所交往的国家多达 34 个，这些国家同明朝建立了友好的政治、经济和文化关系，其中具有代表性的是真腊、暹罗、满剌加、锡兰、古里、天方等国。[④] 施子愉通过对三种文献的解读展示了郑和对外交往过程中所采取的和平宽容外交政策，这一政策促进了明朝与西洋各国的友谊。[⑤] 晁中辰认为郑和下西洋将中国和亚非国家的友好关系推到了一个新的高度，其标志是使节往来频繁、来访级别提高、官方往来范围扩大。晁中辰概括了郑和与亚非国家政治和经济交往的准则：在政治上是礼尚往来、友好共处；在经济上是公平交易、平等互利。[⑥] 季士家考证了渤泥国（文莱）与明朝的友好关系，指出虽然郑和船队没有到过渤泥国，但其来朝也是郑和下西洋外交活动的产物。[⑦] 另一个与郑和船队没直接关系的国家是古麻剌朗国（库马拉朗），徐作生对其与明朝的友好关系作了考察。[⑧] 陈公元研究了郑和与中非国家的交往过程，认为郑和四次造访非洲，加强了中国与中非国家的友谊。[⑨] 孔志远通过考察印度尼西亚三宝垄的三宝庙文化，讨论了郑和对

① 孙光圻、陈鹰：《试论郑和牵星术中的阿拉伯天文航海因素》，载南京郑和研究会编：《郑和研究论文集》（第一集），大连：大连海运学院出版社，1993 年版。持类似观点的还有金秋鹏：《略论牵星板》，《海交史研究》1996 年第 2 期。

② 李金明：《〈郑和航海图〉中的南海诸岛》，载江苏郑和研究会编：《郑和与海洋》，中国农业出版社 1999 年版。

③ 刘铭恕：《再读〈郑和航海图〉》，《海交史研究》1999 年第 1 期。

④ 洪焕椿：《明初对外友好关系与郑和下西洋》，载《郑和下西洋论文集》（第二集），南京大学出版社 1985 年版。

⑤ 施子愉：《从有关郑和下西洋的三项文献看明代的对外政策和舆论》，《郑和研究》1995 年第 3 期。

⑥ 晁中辰：《敦睦邦交，强不凌弱——郑和下西洋对亚非友谊的贡献和启示》，《睦邻友好的使者——郑和》，海潮出版社 2003 年版。

⑦ 季士家：《渤泥国王墓与渤泥国诸问题研究》，载《郑和下西洋论文集》（第二集），南京大学出版社 1985 年版。类似的文章还有杨新华：《中渤交往备忘录》，载南京郑和研究会编：《郑和研究论文集》（第 1 集），大连海运学院出版社 1993 年版。

⑧ 徐作生：《古麻剌朗国及其王陵研究》，《东南亚研究》1988 年第 1 期。类似的还有谢方先生对侯显出使榜葛剌（孟加拉国）的研究，他得出与其他学者不同的观点，认为侯显并不属于郑和航海的一部分。见谢方：《侯显出使榜葛剌考——兼论费信、马欢抵榜葛剌的年代》，《郑和研究》2004 年第 1 期。

⑨ 陈公元：《郑和下"西洋"与中非友谊》，《海交史研究》1981 年第 3 期。

中印两国友谊作出的贡献。[1] 施存龙研究了郑和与马六甲的友好交往历史，并且指出，明朝政府中断下西洋活动后，使中国丧失了海上优势，便利了西方殖民者的扩张。[2]

还有学者对郑和下西洋过程中的武力活动进行了探讨。例如，美国学者刘易斯·莱瓦塞斯提出，郑和挑起了锡兰战役，在此战役中被郑和俘虏的是国王维阇耶巴忽六世，而不是亚烈苦奈儿。时平对此观点进行了辩驳，认为亚烈苦奈儿是锡兰国王，正是他挑起了这场战役，后他被俘获至中国。[3]

对于郑和与海外诸国的经济往来，学者们也较为关注。田汝康发现，郑和下西洋期间的胡椒贸易对中国和亚非各国都产生了重要影响。对中国的影响是：胡椒从珍品变为常物；政府的垄断价格措施导致胡椒成了折俸物品，暂时缓解财政危机，而折俸又加剧了胡椒的常物化。对亚非国家的影响则是胡椒贸易拉动了它们经济的发展。[4] 何平立对胡椒贸易的研究和田先生很接近，只不过他对胡椒贸易的影响多加了一条：刺激了私人海上贸易活动的兴起。[5] 还有学者对郑和的贸易政策进行了研究。例如罗宗真认为，1995 年发现的明初官窑瓷实际上是为郑和第四次下西洋而专门生产的；郑和下西洋过程中的外销瓷器，说明当时的统治者不仅限于经营封建农业经济，也开始关注海外贸易；海外贸易的发展也加强了中国与各国政治文化的交往。[6]

关于郑和下西洋对中外文化交流的影响，也是学者们感兴趣的话题。陈炎高度赞扬了郑和对伊斯兰世界文化的影响和贡献，认为郑和开拓的丝瓷之路不仅改善了当地人民穿衣、饮食用具的问题，还丰富和美化了他们的生活，并拉动了当地经济、文化的发展。[7] 王介南从物质、制度、精神三个层面考察了郑和下西洋对于促进中国与东南亚之间友好关系的积极影响。[8] 颜夏梅探讨了郑和下西洋在推动中外医药交流上的贡献。[9] 陈公元研究了郑和下西洋与中非之间的历史友谊。[10]孔

① 孔远志：《印度尼西亚三宝垄的三保庙与华人》，载昆明郑和研究会编《郑和、历史、现实论文集》，云南人民出版社 1995 年版。

② 施存龙：《郑和下西洋与马六甲和平友好交往》，《水运科文研究所学报》2004 年第 4 期。

③ 时平：《锡兰山战役新考》，《海交史研究》1999 年第 1 期。

④ 田汝康：《郑和海外航行与胡椒运销》，《上海大学学报》1985 年第 2 期。

⑤ 何平立：《郑和下西洋与明代香料贸易》，载南京郑和研究会编：《郑和研究论文集》（第一集），大连海运学院出版社 1993 年版。

⑥ 罗宗真：《从明初官窑的发现论"郑和下西洋"的贸易政策》，《郑和研究》1996 年第 1 期。

⑦ 陈炎：《郑和下西洋对伊斯兰世界文化的影响和贡献》，《郑和研究》1992 年第 15 期。

⑧ 王介南：《郑和下西洋与中国东南亚文化交流》，《郑和研究》1994 年第 4 期。

⑨ 颜夏梅：《郑和下西洋与中外医药交流》，载范金民主编：《走向海洋的中国人》，海潮出版社 1996 年版。

⑩ 陈公元：《郑和下西洋与中非友谊》，《海交史研究》1981 年第 3 期。

远志总结了郑和在海外的影响和意义。[①]

　　还有学者看到了郑和下西洋对中国社会的贡献。万明认为郑和航海并不仅是封建社会的绝唱,而是对中国从封建社会向近代化转型起到了积极的推动作用,这种转型具体表现为:(1)朝贡贸易的衰落与民间私人海外贸易的兴起;(2)官营手工业的衰落与民间手工业的兴起;(3)大明宝钞的衰落与银的普遍使用;(4)社会整合的下降与海外移民的兴起;(5)政治的腐败与奢侈之风的兴起;(6)理学的没落与新思想的兴起。这些转变都和郑和下西洋有着密切的关系。[②] 万明还对郑和下西洋停止的原因作了全新的探讨。她认为,明代下西洋被禁不是由于海禁政策的复苏,也不是由于国库的匮乏,而是由于郑和航海对国内和国际作出了重大贡献。她从两个方面论证了这一观点。第一是郑和航海带来了巨大的国库收益,但却损害了官员的利益。因为香料的大量涌入导致其急剧贬值,而政府依然以官价来将其折俸给官员,致使官员俸禄飞速下降,生活日益困窘。因此官员们都反对再下西洋,当年幼的英宗继位后,大臣们的意见便占了上风。第二是郑和下西洋促进了南洋海上贸易的兴盛,造就了马六甲这一盛极一时的国际贸易中心,这样,中国人不必再去西洋,所有贸易都可以在马六甲得以实现,下西洋因此显得多余。[③]

　　郑一钧认为,郑和下西洋对中国海洋科技的发展作出了重要贡献,主要表现在:推动了造船技术的发展;建立了完备的医疗制度;掌握了高水平的、实用的海洋气象观测技术;掌握了高超的针路测定技术;创造性地使用了"过洋牵星"航海术;收集了丰富的太平洋、印度洋的地理知识;标绘出南海诸岛的地理位置;开辟了诸多通往印度、西亚、东非的航线;获得了关于海外各国的地理、风俗、物产和气候知识;等等。[④]

　　在过去的30年中,对于海上丝绸之路南海航线的研究可谓欣欣向荣,硕果累累。随着全球化、现代化的进一步推进,中国学者的研究热情也将与日俱增,并将取得更加辉煌的成就。

（本章作者：贾庆军，宁波大学人文学院历史系副教授）

---

　　①　孔远志:《再论郑和在海外的影响及意义》,《世界文明与郑和远航》,北京大学出版社 2005 年版。

　　②　万明:《郑和下西洋与明中叶社会变迁》,《明史研究》第 4 辑,黄山书社 1994 年版。

　　③　万明:《走出郑和下西洋认识的误区——下西洋终止相关史实考辨》,载杨允中主编:《郑和与海上丝绸之路》,香港城市大学出版社,2005 年版。

　　④　郑一钧:《郑和下西洋对我国海洋科学的贡献》,载《郑和下西洋论文集》(第一集),人民交通出版社 1985 年版。

第七章　中国与欧洲海上丝绸之路研究回顾

中国与欧洲的陆上交通,可以上溯到遥远的史前时代,至少在公元前 6 世纪,中国丝绸已经传到了欧洲,[①]但是,中国与欧洲之间海上丝绸之路的开通,则是从 16 世纪开始的。中国与欧洲之间的海上交往,直接影响了中国的近代转型,影响了中国现代化的启动。

早在 19 世纪后期,中国学者就开始探讨中国与欧洲之间的海上丝绸之路。到 20 世纪中期,出现了一批优秀的研究成果,为后来的学术研究奠定了坚实的基础。中华人民共和国成立后,特别是 20 世纪 60 年代以后,由于受到极"左"思想的影响,有关中国与欧洲之间海上丝绸之路的研究并未得到足够的重视,研究成果不多。20 世纪 80 年代之后,在解放思想、实事求是思想路线的指导下,大陆学术界对此问题的研究越来越热烈。一些老课题的研究日益深入,新的研究领域不断拓展。特别是 20 世纪末香港、澳门的回归,有力地推动了相关研究。而中国与世界的密切交往,则为中国学者的研究提供了良好的条件。

中国与欧洲的海上丝绸之路研究,从区域上来说包括中国与葡萄牙、西班牙、荷兰、英国、法国等欧洲国家的历史关系,从内容上来说包括航海贸易、使团往来、宗教传播、文化交往、人员迁徙等。从 1978 年开始到 2010 年,学者们从不同的视角出发,对上述这些问题进行了深入的研究,并且在深度和广度上都取得了重要的进展。下面按几个专题,对过去 30 年的研究情况作一总结与评述。

一、关于早期中葡关系史的研究

1497 年,葡萄牙国王命令达·伽马率领船队前往印度。这年年底,他的船队

---

① 龚缨晏:《关于东亚远古人类与史前文化交流的讨论》,《中国史研究动态》2000 年第 5 期;《西方早期丝绸之路的发现与中西文化交流》,《浙江大学学报》2001 年第 5 期。

绕过好望角,于 1498 年 5 月来到印度西海岸的商业中心卡利库特城。达·伽马发现了从大西洋越过非洲直达印度的新航线,此后,一批又一批的葡萄牙人沿着这条新航线来到印度,并不断向东开拓。1511 年,葡萄牙人攻占了马六甲,开启了通向中国的海上门户。此后,一些葡萄牙人沿海路来到了中国。1517 年 8 月,葡萄牙国王派出的一个外交使团来到中国广州。这样,葡萄牙就成了第一个通过海上丝绸之路与中国发生联系的西欧国家。不过,葡萄牙人在中国的早期活动过程并不是非常清楚,由此,就产生了关于早期中葡关系史的几个焦点问题。

1. 关于 Tamāo 的讨论

根据葡萄牙人的历史记载,明代葡萄牙人在入据澳门之前曾在广东沿海的一些地方活动过,其中最为重要的是 Tamāo。对于这个地点的考证,一直受到学者们的关注。19 世纪初,瑞典人龙思泰在其所著《葡萄牙人在华居留地史纲》一书中首先提出,Tamāo 就是广东沿海的上川岛。20 世纪初,葡萄牙人杰萨斯在《历史上的澳门》一书中认为 Tamāo 是下川岛。20 世纪 30 年代日本学者藤田丰八在《葡萄牙人占据澳门考》的长文中,通过将中西文史料进行对比,主张 Tamāo 就是中国古代文献所说的"屯门海澳"。我国学者周景濂的《中葡外交史》、张天泽的《中葡早期通商史》等都采用了此说。张维华先生在《明史欧洲四国传注释》一书中,也反对"上川说",认为"屯门为东莞县之海岛,葡人初来中国时之停泊地也"。[①] 葡萄牙学者白乐嘉则另倡新说,认为"Tamāo 可能就是伶仃岛"。[②]

进入 20 世纪 90 年代,学者们对此问题进行了新的探讨。赵立人在《葡萄牙人在广东沿海早期活动的地点》一文中,评价了 19 世纪之后出现的五种不同观点,即"上川说"、"伶仃说"、"屯门说"、"舵尾说"和"大屿山说",并且总结说:"上川说、舵尾说、大屿山说都各有其理由,然目前证据不足,有待继续探讨。而至今尚流行于国内的'屯门岛'和'伶仃'二说,前者根本不存在,后者基本上是臆测,不宜再视为定论了。"[③]

施存龙的《葡萄牙人早期在广东活动地 Is. Tamāo 应为我国何岛?》一文,通过追溯各种观点的渊源,认为已经提出的种种观点"都欠中肯",主张 Tamāo"就是珠江口外南头岛"。[④]

① 张维华:《明史欧洲四国传注释》,上海古籍出版社 1982 年版,第 7 页。
② 白乐嘉:《葡萄牙先驱者的"Tamāo"》(J. M. Braga,The "Tamāo" of the Portuguese Pioneers),转引自《Tamāo:在上川岛还是在屯门澳——Tamāo 考订研究的学术回顾》,《海交史研究》2006 年第 2 期。
③ 赵立人:《葡萄牙人在广东沿海早期活动的地点》,《海交史研究》1993 年第 2 期。
④ 施存龙:《葡萄牙人早期在广东活动地 Is. Tamāo 应为我国何岛?》,《海交史研究》1999 年第 1 期。

　　1995 年，汤开建在《学术研究》上发表了《上、下川岛：中葡关系的起点——Tamāo 新考》一文。汤开建通过考察曹学佺《广东名胜志》、胡宗宪《筹海图编》、郭棐《广东通志》、《明一统志》、《粤大记》以及利玛窦《中国札记》等中外文献，认为"葡人将上川岛称之为贸易岛是有充分依据的"，认为"Tamāo 一词在葡文史料中所表示的是一中国地名，但在中文中所应表示的原始意义却应有二：一是大澳、一是屯门，其译音均为 Tamāo。巴罗斯《亚细亚》一书中记载了四次葡人使团到达 Tamāo，前三次即 1514 年的 Jorge Alvares，1517 年的 Fernao Perez Andrade 及 1518 年的 Simao de Andrade，这三人所到之 Tamāo，均是上川岛西北之大澳。1521 年葡人使臣 Diego Calvo 第四次来中国时，由于被中国政府拒绝而遭驱逐，没有进入广州，遂退泊 Tamāo，而这一 Tamāo，即是中国文献中的"东莞南头"或"屯门"，最后在屯门澳中葡之间爆发了一场战争，葡人被赶出屯门"。因此，他认为"中国与葡萄牙最先接触的地方是在上、下川岛"。[①] 这样，到了 20 世纪即将结束时，半个多世纪以来屡遭质疑的"上川岛"说被重新提出，并且引发了新一轮的学术讨论。

　　施存龙在 2002 年、2005 年先后发表了《中葡关系起点不应在上下川岛当在南头岛——〈中葡关系的起点：上、下川岛——Tamāo 新考〉辨析》和《葡人初来地"贸易岛"或"屯门岛"应是南头岛再考》两篇文章，除了重申"西方文献记载葡人在 Tamāo 活动的情节与中国明清文献记载葡人在南头岛屿或屯门海澳活动的情节相符合"，还对他所倡导的"南头岛说"展开进一步的论证。[②] 2006 年，张廷茂在《Tamāo：在上川岛还是在屯门澳——Tamāo 考订研究的学术回顾》一文中，对相关学术争论进行了比较系统的评析，并且认为："此一研究经历了两个阶段：纠正上川岛之误和确定 Tamāo 为屯门澳内何岛；对上川到说提出质疑，是 Tamāo 考订研究的重要进展，将考察的目光由上川岛转向南头福建的屯门海澳，使此一研究沿着正确的思路发展。"[③]

　　目前，关于 Tamāo 问题的争论还在继续。要彻底解决这一学术难题，有待更多中外文新史料的发现。

　　① 汤开建：《上、下川岛：中葡关系的起点——Tamāo 新考》，《学术研究》1995 年第 6 期。
　　② 施存龙：《中葡关系起点不应在上下川岛当在南头岛——〈中葡关系的起点：上、下川岛——Tamāo 新考〉辨析》，《文化杂志》中文版第 45 期，澳门文化局，2002 年；施存龙：《葡人初来地"贸易岛"或"屯门岛"应是南头岛再考》，《文化杂志》中文版第 54 期，澳门文化局，2005 年。
　　③ 张廷茂：《Tamāo：在上川岛还是在屯门澳——Tamāo 考订研究的学术回顾》，《海交史研究》2006 年第 2 期。

2. 关于 Liampo、双屿的研究

1522 年,明军在新会西草湾打败葡萄牙人,并将其逐出广东沿海。葡萄牙人沿海北上,16 世纪中叶在浙江沿海建立了一个被他们称为 Liampo 的走私贸易居贸地。16 世纪末,有两个葡萄牙人对 Liampo 作了比较详细的记载。一个是平托(Fernao Mendes Ponto),他在《远游记》中将 Liampo 描绘成"整个亚洲"规模最大的葡萄牙人居留地。[①] 另一个是克路士(Gaspat da Cruz),他在《中国志》中讲述了葡萄牙人在 Liampo 的贸易情况。[②] 20 世纪中期,方豪通过将中外文史料进行比较研究,有力地证明了葡萄牙人所说的 Liampo,就是中国史书所说的"双屿",[③]位于浙江宁波沿海(现在属于舟山市)。嘉靖二十七年(1548),明朝军队在朱纨的指挥下,捣毁了双屿,并以木石填塞港口。此后,双屿港逐渐湮没,并且消失在人们的视野中。

方豪虽然将 Liampo 考定为双屿,并且认为葡萄牙人的居留地位于佛肚山(今佛渡岛)与六横岛之间,但由于这一带的岛屿情况比较复杂,所以实际上并没有确定双屿港的具体地点。20 世纪 80 年代之后,不断有学者对此问题进行讨论。[④]

徐明德根据方豪的说法,在《论 16 世纪浙江双屿港国际贸易市场》一文中提出:"双屿指今六横岛和佛渡岛",其理由是"因为佛渡和六横岛是悬于东海之滨的两座较大的对峙岛屿,所以朱纨、品笃统称它们为"双屿"。[⑤] 龚缨晏指出,这种说法是不能成立的,因为"中文'屿'字,是指小岛。而六横岛是舟山群岛中仅次于舟山本岛的第二大岛,面积 90 多平方公里,佛渡岛的面积也超过 7 平方公里。这样的两个大岛,显然不能被称为'屿'";"明代的嘉靖《定海县志》把佛渡、六横与双屿并称,这说明双屿并不是指佛渡岛和六横岛。他还认为也不可能是与'双屿'名称相符的那两个小岛,主要是由于那两个岛屿狭小荒芜,从来无人居住,根本不可能是葡萄牙人的贸易据点"。[⑥]

施存龙在《葡人私据浙东沿海 Liampo——双屿港古今地望考实》一文中提出,现在六横岛的涨起港应当就是明代的双屿港,其理由包括:"涨起港之名出于海湾游积成路段,形成今日的农田村庄";"在其口门左右有上峙山、下峙山,与当年朱纨奏折所说的'两小山如门障蔽'相符";由于港口门有两小屿,在未淤连前的朱纨

① 费尔南·门德斯·平托著,金国平译:《远游记》,澳门基金会,1999 年,第 192—194、699—701 页。
② 博克舍编,何高济译:《十六世纪中国南部行纪》,中华书局 1998 年版,第 64、133 页。
③ 方豪:《十六世纪浙江国际贸易港 Liampo 考》,《方豪六十自定稿》,学生书局 1969 年版。
④ 龚缨晏、杨靖:《近年来 Liampo、双屿研究述评》,《中国史研究动态》2004 年第 4 期。
⑤ 徐明德:《论 16 世纪浙江双屿港国际贸易市场》,《海交史研究》1987 年第 1 期。
⑥ 龚缨晏、杨靖:《近年来 Liampo、双屿研究述评》,《中国史研究动态》2004 年第 4 期。

年代,地形成分汊水口及立与航门中央的双屿,也形成水口,必然有人把守,这又与朱纨所述"各水口贼人昼夜把守"相符;"该湾底有一条来自六横山上流下的小溪诸如,这也同平托所描述的'又有风景优美的小溪,溪水味甘,源出高山'情景相合";"有古港和涉外的蛛丝马迹"。①

王慕民认为"当年葡萄牙人屯据的双屿港实为双屿水道内的一个支港,它位于水道北部,野佛肚岛以东,即六横岛西部的大麦坑和张起港之间"。② 他还进一步推测,"大麦坑与张起港之间的棕榈外湾和棕榈湾所组成的单一港口,可能就是16世纪那个闻名于世的国际海商贸易基地"。③

对于双屿港的规模和繁华程度,平托在他的《远游记》中曾这样写道:"至1540年或1541年,葡萄牙人已在双屿建屋千余所","殖民地有居民约三千人,其中葡萄牙人一千二百名,其余为来自别国的基督徒。每年贸易总额在三百万克鲁札都(Lruzado s)以上","岛上还有两所医院和一所恤孤院,每年费用为三万多达卡。市政厅的租金则每年高达六千达卡。所以人们总是说,这是葡人在东方所有殖民地中人口最多,也最富有的一块殖民地"。王慕民根据中外文史料认为,"《游记》关于双屿殖民地的记述,完全是平托以里斯本、果阿和澳门等城市为蓝本而编造出来的"。王慕民认为:"从总体上来看,《游记》只是一部充满玄想和虚幻的小说,而不是严肃的历史著作。虽只是一部故事小说,但并不全是平托头脑中的虚幻想象,确切地说,它是一部以某些史实为基础而又加以创作的小说。""我们可以将《游记》作为研究的参考,但决不能将它当做史料而随意引用,否则就会将研究引入歧路,从而得出与实际相违的结论。"④廖大珂认为,"葡萄牙人在双屿主要从事中国沿海的走私贸易,后发展成在日本、闽浙和满剌加之间从事三角贸易";随着走私贸易的发展,双屿形成了一个具有相当规模的葡萄牙人居留地;"平托的游记在某些细节上或许有夸大杜撰之嫌,但就其对重大史实的描述而言,是相当准确的,并为其他中外记载所验证,决不能一概视为妄言"。⑤

廖大珂还探讨过朱纨捣毁双屿港对东亚贸易体系的影响问题。在他看来,明代中后期东亚海上贸易有四种彼此竞争的主导势力:明朝政府、中国私人海商、日本人和葡萄牙人。"葡萄牙人的到来,不仅受到沿海居民的欢迎,而且也被早在这里活动的中日海商集团视为'羽翼',得到他们的帮助",这样,"双屿成为联结东南

---

① 施存龙:《葡人私据浙东沿海Liampo——双屿港古今地望考实》,《中国边疆史地研究》2001年第2期。
② 王慕民:《十六、十七世纪葡萄牙与宁波之关系》,《澳门研究》1999年第10期。
③ 王慕民:《明代双屿国际贸易港址研究》,《宁波大学学报》(人文科学版)2009年第5期。
④ 王慕民:《评葡人平托所撰之〈游记〉》,《世界历史》2000年第4期。
⑤ 廖大珂:《葡萄牙在浙江沿海的通商和冲突》,《南洋问题研究》2003年第2期。

亚、中国东南沿海、日本大三角贸易市场的中心",而这一局面,无疑严重威胁到了明朝政府的朝贡贸易体系,是明王朝所不能容忍的。廖大珂进而指出,"朱纨事件是近代的与古代的两种贸易体系之间对立和冲突的产物";"朱纨事件最直接的影响莫过于嘉靖倭患的发生和葡萄牙人占据澳门"。[①]

进入 21 世纪,对于双屿港的研究出现了新的动态。例如,龚缨晏根据中国古地图资料(特别是明代范涞《两浙海防类考续编》中的宁波沿海地图),"推测被明军所填的双屿港,很可能位于青江岭的西北侧"。[②] 再如,有关部门开始进行考古调查,希望能够找到解决这个问题最可靠的依据。[③] 2011 年 7 月,在舟山召开了"郑和航海既双屿港国际论坛",会议编印的《舟山双屿港国际论坛文集》,比较集中地反映了最近的研究动态与成果。

3. 关于澳门史的研究

80 年代后,澳门史的研究进入了一个新阶段。投入到澳门史研究中的学者大增,研究成果非常丰硕,主要专著有:费成康的《澳门四百年》(上海人民出版社 1988 年版)和《澳门:葡萄牙人逐步占领的历史回顾》(上海社会科学院出版社 2004 年版),元邦建、袁桂秀的《澳门史略》(香港中流出版社 1988 年版),黄文宽的《澳门史钩沉》(澳门星光出版社 1987 年版),黄鸿钊的《澳门史》(福建人民出版社 1999 年版)、《澳门史纲要》(福建人民出版社 1991 年版)和《澳门简史》(福建人民出版社 1999 年版),黄启臣的《澳门历史(自远古—1840)》(澳门历史学会,1995 年)和《澳门通史》(广东教育出版社 1999 年版),郑炜明和黄启臣合著的《澳门宗教》(澳门基金会,1994 年),邓开颂《澳门历史(1840 至 1949)》(澳门历史学会,1991 年),邓开颂和谢后和合著的《澳门历史与社会发展》(珠海出版社 1999 年版),吴志良的《澳门政制》(澳门基金会,1995 年)和《澳门政制发展史》(上海社会科学院出版社 1999 年版),汤开建的《澳门开埠初期史研究》(中华书局 1999 年版),韦庆远的《澳门史论稿》(广东人民出版社 2005 年版),刘景莲的《明清澳门涉外案件司法审判制度研究》(广东人民出版社 2007 版)等。这些著作对原有史料进行了新的考释,并且发掘了许多新史料,特别是注意将中西文史料结合起来进行比较分析。进入 80 年代后所发表的论文则更多了,除了见诸众多学术刊物外,还汇录在一些重要学术会议的论文集中,例如 1993 年在澳门召开的"澳门东西方文化交流国际学术研

---

① 廖大珂:《朱纨事件与东亚海上贸易体系的形成》,《文史哲》2009 年第 2 期。

② 龚缨晏:《中国古地图上的双屿》,《文化杂志》2009 年秋季号(中文版第 72 期)。

③ 相关调查情况可见舟山市文化广电新闻出版局 2007 年编印的《蓝色宝藏》(非公开出版),以及 2011 年编印的《舟山双屿港国际论坛文集》(非公开出版)。

讨会"的论文集《东西方文化交流》(吴志良主编,澳门基金会,1994 年),《澳门历史文化国际学术研讨会论文集》(黄晓峰等主编,澳门基金会,1995 年)。总的说来,80 年代后期涌现出来的众多论文,总体特点是:论题广泛,视野开阔,新见迭见。我们在下面会对一些论文略作介绍。

特别值得一提的是,在 20 世纪后期,一大批中文和葡文的档案文献资料被相继整理出版,主要有黄启臣、邓开颂编《澳门港史资料汇编》(广东人民出版社 1991 年版)和《中外学者论澳门历史》(澳门基金会,1994 年),中国历史第一档案馆、澳门基金会、暨南大学古籍所合编的《明清时期澳门问题档案汇编》(人民出版社 1999 年版),中国历史第一档案馆编的《澳门问题明清珍档荟萃》(澳门基金会,2000 年),刘芳楫、章文钦较的《清代澳门中文档案汇编》及金国平、吴志良主编的《粤澳公牍录存》(8 卷)[1],等等。这些档案资料的整理出版,为更加深入地研究早期中葡关系史及澳门史提供了宝贵的资料,有力地推动了相关研究的开展。

上述这些论著,集中讨论了葡萄牙人入据澳门的由来、明清政府对澳门的管理、澳门对外贸易史、澳门在中西方文化交流中的地位等热点问题。

虽然葡萄牙人入据澳门的历史整整有 400 年,并且对中国产生过重大影响,但中外学者却一直不清楚葡萄牙人入据澳门的原因、时间及经过。例如,对于其入据澳门的时间,有 1535 年说、1553 年说、1557 年说。[2] 对于其入据的原因,明清时代中国人普遍认为,葡萄牙人是通过向明朝官员行贿而得以在澳门居住下来的。国外则有许多人认为,由于葡萄牙人协助中国剿捕海盗有功,明朝政府于是将澳门赏赐给他们居住。20 世纪 50 年代,戴裔煊发表了《关于澳门历史上所谓赶走海盗问题》一文,对这种说法进行了严厉的驳斥。[3] 80 年代之前,中国学者普遍认为,葡萄牙人通过行贿等手段而强行霸占了澳门。

进入 80 年代,学者们对于葡萄牙人入据澳门问题进行了非常热烈的讨论,并且各抒己见,形成了几种不同的观点。特别是汤开建,在一系列的论著中对葡萄牙人协助明朝政府剿灭海盗问题进行了新的论证。他在 20 世纪末就提出,"葡萄牙人帮助明清政府剿灭海盗正是他们采用的讨好明清政府而长期获得澳门居住权的一种手段。明清政府在当时的历史条件下,亦在一定意义上有意让葡人暂居澳门,借葡人的力量加强广东地区的海防,以抵御倭寇、海盗";"由于葡人帮助剿

---

① 详见吴志良、金国平:《挖掘源文件文献,重现澳门历史原貌》,《史学理论研究》2000 年第 4 期。
② 金国平:《澳门源考》,收入吴志良等主编《澳门史新编》第一册,澳门:澳门基金会,2008 年。
③ 戴裔煊:《关于澳门历史上所谓赶走海盗问题》,《中山大学学报》1957 年第 3 期。

盗及大笔贿赂两个方面的原因,葡萄牙人获得澳门的居住权"。[1] 进入 21 世纪后,汤开建又根据收录在韩霖的《守圉全书》中的《委黎多报效始末疏》进一步阐述了自己的观点。《委黎多报效始末疏》作于明崇祯元年,是居澳葡人呈送给明朝廷的中文奏章,也是研究早期澳门史的重要史料,其所载内容均为《明史·佛郎机传》所缺。通过详细考证这份历史文献,汤开建认为,早期葡人学者所主张的葡人在帮助明政府驱逐盘踞在澳门的海盗后才得以侨居澳门的说法是成立的。[2]

其他学者研究过另外几种关于葡萄牙人入据澳门的观点。例如,中国正史《明史·佛郎机传》记载:"嘉靖十四年,指挥黄庆纳贿,请于上官,移之濠镜,岁输课二万金,佛郎机遂得混入。"丁顺茹在《明季葡萄牙殖民者占据澳门缘由管见》一文中认为,与其他几种关于葡人入据澳门的说法相比,《明史》用"混入"两字描述佛郎机进入濠镜澳的方式,显然更准确,更符合历史实际。[3] 但费成康在《澳门四百年》中则指出:"同意这些至少是身份不明的外国人前来贸易……这决不是仅因汪柏个人收受了重贿,而且必定有更重要的原因。"[4]朱亚非也不同意由于明朝官员汪柏受贿而答应让葡萄牙人在澳门居住的说法,他说:"汪柏断不敢置官职和身家性命不顾而私下将国土划为外人,即便发生此事,明政府也难以批准,并要采取果断措施如同正德年间那样将葡人驱赶出去。"在朱亚非看来,葡萄牙人在福建、浙江的武力活动失败后,吸取教训,对明朝官员采取恭顺态度,而明朝官员也认识到沿海贸易对于增加政府财政收入以及他们的自身利益上均有好处,同时还想利用葡人的力量来对付倭寇、海盗与造反的农民,因而同意葡萄牙人居留澳门。[5] 颜广文《再论明政府允许葡人租借澳门的原因》一文认为,明政府允许葡人租借澳门主要出于政治、军事的考虑。在政治上,这是明政府推行"以夷制夷"政策的需要,符合明政府对外关系的总构思;在军事上,也是中西方两股力量初次交锋后的结果。此外,葡人以卑恭的态度迎合了明朝统治者虚妄自大的心理,对允许葡人租澳也起到了重要的推动作用。[6] 吴志良在《〈关于葡萄牙居留澳门的备忘录〉葡萄牙寻找澳门主权论据的过程》一文中对"征服让与说"的产生原因及形成过程进行了分析,指出"征服让与说"是妄图使澳门成为其海外殖民地得到"法律上的承认"

① 汤开建:《佛朗机助明剿灭海盗考》,载汤开建所著《澳门开埠初期史研究》,中华书局 1999 年版。
② 汤开建:《葡人驱逐海盗入据澳门说新史料》,澳门《文化杂志》2004 年夏季刊;《委黎多〈报效始末疏〉笺正》,广东人民出版社 2004 年版。
③ 丁顺茹:《明季葡萄牙殖民者占据澳门缘由管见》,《学术研究》1999 年第 6 期。
④ 费成康:《澳门四百年》,上海人民出版社 1998 年版,第 20 页。
⑤ 朱亚非:《明代中葡关系及澳门之地位》,《史学集刊》1995 年第 4 期。
⑥ 颜广文:《再论明政府允许葡人租借澳门的原因》,《中国边疆史地研究》1999 年第 2 期。

而蓄意炮制的。[①]

近年来,吴志良、金国平考察了龙涎香与澳门起源之间的关系,提出了全新的观点:由于嘉靖皇帝的急切需求,海外奇香龙涎香"成为宫廷寻觅的第一香",这样,明朝官员就同意贩卖龙涎香的葡萄牙人在澳门居住,"龙涎香是汪柏允许葡人居澳的尚方宝剑",龙涎香贸易与葡人居澳之间"有着直接的历史联系"。[②] 这一新见,值得重视。

澳门自 16 世纪后,在中葡关系史上起着举足轻重的作用。研究澳门,必须要涉及中葡关系。关于澳门与早期中葡关系史的文章主要有朱亚非的《明代中葡关系与澳门之地位》(《史学集刊》1995 年第 4 期)、黄庆华的《澳门与中葡关系》(《中国边疆史地研究》1999 年第 2 期)、张廷茂的《从汪柏与索萨议和看早期中葡关系的转变》(《安徽史学》2007 年第 2 期)等文章。此外,一些著作也讨论了澳门与中葡关系史的问题,例如万明的《中国融入世界的步履》(社会科学文献出版社 2000 年版),金国平的《西力东渐:中葡早期接触追昔》(澳门基金会,2000 年)、《中葡关系史地考证》(澳门基金会,2000 年)、《过十字门》(澳门成人教育学会,2004 年)。

关于明清政府对澳门的管理问题,首先涉及澳门居留地的性质。学者们一般认为,澳门是因通商而特许划定的外人居留地,且须缴纳租金。王东峰的《清前期澳门地租沿革考》一文,结合中葡文献,具体探讨了清代前期澳门地租的数额沿革和征收情况。[③] 郑永福认为,鸦片战争前,中国政府对澳门基本上可以行使一切主权。即使在《中葡条约》签订后,澳门仍完全属于居留地性质,之所以清政府没有坚持让澳方交纳租金,是因为葡方承担协助征收鸦片税的金额要比五百两租金大得多的缘故。[④] 费成康详细分析了《中葡和好通商条约》订立的缘由和主要内容,明确提出:澳门并未割让给葡萄牙,仍是中国领土。中国于 1887 年并未"割让"澳门,也未"永租"给葡萄牙。[⑤]

20 世纪后期对澳门问题研究日益深入的一个重要反映是,学者们深入考察了明清政府在澳门行使主权的历程与具体形式。黄鸿钊指出,葡人居澳以后,从1753 年起至 1849 年止,这 300 年间一直都向中国政府交纳地租,这是它承认中国

① 吴志良:《〈关于葡萄牙居留澳门的备忘录〉葡萄牙寻找澳门主权论据的过程》,《近代史研究》1996 年第 2 期。

② 金国平、吴志良:《龙涎香与澳门》、《葡人入据澳门开埠历史渊源新探》,均见《早期澳门史论》,广东人民出版社 2007 年版;《澳门源考》,收入吴志良等主编《澳门史新编》第一册,澳门:澳门基金会,2008 年。

③ 王东峰:《清前期澳门地租沿革考》,《岭南文史》1999 年第 1 期。

④ 郑永福:《历史上的澳门问题》,《河南大学学报》1987 年第 1 期。

⑤ 费成康:《关于 1887 年〈和好通商条约〉订立》,《上海社会科学院学术季刊》1988 年第 2 期。

对澳门的主权、接受中国管辖的一个基本标志。此外,中国还在澳门设官、驻军、收租征税、审理案件,等等。只是到1849年澳门事件后,我国对澳门的主权开始遭到破坏,到1887年清政府被迫承认葡人对澳门的管理权,从此,澳门主权与治权长期分离。① 邓开颂则将葡萄牙占领澳门的过程分为入据、"租居"、侵占和扩张四个阶段。他认为1887年的《中葡和好通商条约》使葡萄牙获得了"永居管理澳门"的地位,使中国丧失了对澳门的管辖权;但条约规定,未经中国允许,葡萄牙不得将澳门让与他国。因此,称澳门"割让"给葡萄牙的说法不正确。② 陈尚胜在《澳门模式与鸦片战争前的中西关系》一文中,分析了明朝、清前期两个不同时期中葡关系的变化,认为澳门性质在这两个时期并不一致:在明朝,澳门只是明政府准许葡萄牙人栖息的一个贸易场所;而在清前期,澳门实际上是清政府设置的西方诸国在华侨民的"蕃坊"。③ 吴志良的《生存之道——论澳门政治制度与政治发展》一书考察了澳门政治制度的发展历程,强调了中国内部政治经济变化在西方文明碰撞过程中所起的重要作用,提出"双重效忠"是葡萄牙人在澳门的生存之道。他写道:"明清政府一直视澳门葡人社群为一个特殊的蕃坊,是唐宋以来泉州、广州等地蕃坊的延续。而居澳葡人亦奉行双重效忠:一方面循葡萄牙中世纪的市政传统,组织议事会依葡萄牙法律和风俗习惯进行内部自治;另一方面,他们声明对天朝帝国的依赖性,遵守中国律例,对广东当局,特别是直辖他们的香山县政府恭顺臣服,并缴交地租,在澳门半岛上也基本上能够与华人和平共处,甚至通婚生子。这一经济海防的互利性及葡人政治双重效忠的灵活变动原则,正是澳门长期生存和发展的根本。"④张海鹏在《居澳葡人"双重效忠"说评议》一文中指出:"澳门议事会接受中葡二元化领导,更多地倾向接受中国政府的领导,长期奉行双重效忠原则的观点有违历史事实";"澳门议事会是未经中国官方同意、擅自在租赁于中国的土地上组织的政府,它与唐宋时期的蕃坊从形式到实质都有区别;它并非'自发'建立,而是适应了葡萄牙政府扩大在华权益的需要。明清政府在澳门享有主权并掌握着治权,但这种'享有'和'掌握'一直遭到澳葡当局的侵蚀;他们始终致力于侵夺中国的主权,组建军队、为葡萄牙国王征税,这些都无法说明澳门议事会奉行的是'双重效忠'的原则,实际效忠的是葡萄牙政府"。⑤

　　黄启臣的《澳门主权问题始末》一文,宏观地审视了从嘉靖三十二年(1553年)

---

① 黄鸿钊:《鸦片战争前中国政府对澳门的管理》,《中国边疆史地研究》1991年第2期。
② 邓开颂:《葡萄牙占领澳门的历史过程》,《历史研究》1999年第6期。
③ 陈尚胜:《澳门模式与鸦片战争前的中西关系》,《中国史研究》1998年第1期。
④ 吴志良:《生存之道——论澳门政治制度与政治发展》,澳门成人教育学会,1998年。
⑤ 张海鹏:《居澳葡人"双重效忠"说评议》,《近代史研究》1999年第6期。

葡萄牙人进入澳门至今 400 多年来澳门主权问题的历史轨迹,指出明清时期的中国政府对澳门一直行使着主权,直到光绪十三年(1887 年)中葡《和好通商条约》签订并于次年生效后,中国政府对澳门的主权才遭到破坏,由"葡国永驻管理澳门及其澳属之地",但葡萄牙"管理澳门"并不等于对澳门行使主权,澳门的主权仍掌握在中国手中。[①] 他的另外一篇文章《明至清前期中国政府对澳门行使主权》,则从葡澳行政结构、土地主权、军事主权、行政主权、司法主权、海关主权等方面入手,全面分析明至清前期中国政府对澳门行使主权的各种表现。[②] 朱亚非认为澳门与香港不同,澳门并非葡萄牙人采取武力手段取得的,而是采取行贿、欺骗和讹诈的方法从明清政府手中逐渐取得的;从澳门的行政管理权、立法权、司法权、关税权来看,直到鸦片战争时期,澳门主权仍控制在中国政府手中。《天津条约》、《北京条约》只是允许葡人"永居管理",并非割让给葡。[③] 万明考察了明代澳门的治理形态,指出这是明朝地方行政管理的一个特殊形态。具体而言,是中国地方政府为主,居澳葡人自治机构为辅,"既是中国传统地方行政的延续,又加入西方城市自治因素";但"在澳门这块中国领土上,中国的主权和治权从未分离,居澳葡人的自治机构是作为中国地方政府的下属存在的,换言之,葡人自治是存在于中国地方政府管辖之下的有限自治"。[④]

葡萄牙人来到澳门后,澳门成为一个重要的国际贸易港口,是海上丝绸之路的重要枢纽,对中国与世界都曾产生过重大影响。澳门贸易史研究,是海上丝绸之路研究的一个重要组成部分。20 世纪 80 年代开始,史学家对澳门贸易史进行了非常广泛、深入的讨论。

黄启臣和邓开颂在《明嘉靖至崇祯年间澳门对外贸易的发展》一文认为,明代社会经济的发展,内外水路交通便利,嘉隆时期的"倭寇"活动及明政府的海禁政策等因素导致了澳门对外贸易的不断发展。该文通过考察澳门—果亚—里斯本,澳门—长崎,澳门—马尼拉—墨西哥三条航线,说明了澳门对中国、东南亚、美洲及西欧殖民主义国家的重要影响。[⑤] 郑德华在《清朝迁海时期澳门考略(1661—1683)》一文中认为,在清初实行大规模迁海时期,澳门之所以免于迁徙,主要是由于清朝官员"防夷"心态和因循明代的政策所致;这个时期澳门海上贸易是以私人

① 黄启臣:《澳门主权问题始末》,《中国边疆史地研究》1999 年第 2 期。
② 黄启臣:《明至清前期中国政府对澳门行使主权》,《中国史研究》1993 年第 1 期。
③ 朱亚非:《明清时期澳门主权之演变》,《山东师范大学学报》1999 年第 5 期。
④ 万明:《试论明代澳门的治理形态》,《中国边疆史地研究》1999 年第 2 期。
⑤ 黄启臣、邓开颂:《明嘉靖至崇祯年间澳门对外贸易的发展》,《中山大学学报》1984 年第 3 期。

贸易为主,广东官商集团从中扮演了重要角色。[1] 郭小东在《19 世纪前期澳门经济特征论略》一文中指出,经过清中叶,特别是乾隆朝的演化,澳门在 19 世纪已明显地被纳入到广州对外贸易管理体制之中,而随着这一体制的形成,澳门也完成了它整体经济地位的转化,"即从原来的与特殊优惠条件结合的国际贸易转口港,演化为以广州为中心的中国对外贸易管理体系中一个组成部分,成为黄浦港的外港"。[2] 张廷茂的《明清时期澳门海上贸易史》一书,充分利用中外文献等,以历史空间为经,以地理空间为纬、以贸易内容为时空内涵,对澳门贸易历史、贸易体制、世界市场的格局等问题进行了非常认真的分析,并且提出了许多独到的见解。[3]

由于葡萄牙长期侵占澳门,所以 1949 年之后大陆史学界对澳门历史地位的评价并不是很高。我们在 80 年代前期的一些文章中还是可以读到这类论述。例如,黄启臣等人认为:由于开埠和海外贸易的发展,澳门始终操纵在葡萄牙等殖民国家的手中,而且主要是用来进行掠夺性和野蛮性的贸易,使中国不能通过澳门的海外贸易积累足够的货币资本,从而妨碍了中国资本主义的发展。同时,由于葡萄牙殖民者控制了澳门的海外贸易,大大加重了中国商人借助澳门进行海外贸易的困难和危险,使中国的海外贸易不能发展或者发展缓慢,给中国封建社会经济带来严重后果。[4]

随着学术研究的不断发展,特别是随着澳门的回归,学术界逐渐改变了原先的观点,转而强调澳门在历史上的独特地位与作用,普遍认为澳门曾是中外海上贸易的中转枢纽,是中国连接世界的门户,是中西文化交汇的桥梁。例如,黄启臣在《16—19 世纪中国政府对澳门的特殊方针和政策》一文中写道:"事物总是一分为二。明清政府对澳门葡萄牙人实行特殊的方针与政策,在客观上产生了积极的影响",第一是"促进了中国社会商品货币经济的进一步发展",第二是"促进了中西科学技术和文化交流"。[5] 20 世纪后期积极评价澳门历史地位的论著很多,主要有:黄启臣的《澳门是最重要的中西文化交流桥梁:16 世纪中叶至 19 世纪中叶》(香港天马出版公司 2010 年版)和《十六至十七世纪中西文化的交汇:兼论澳门是文化交汇的桥梁》(《社会科学战线》1991 年第 1 期),韦庆远的《澳门在清代康熙时

① 郑德华:《清朝迁海时期澳门考略(1661—1683)》,《学术研究》1988 年第 4 期。
② 郭小东:《19 世纪前期澳门经济特征论略》,《中山大学学报》(社会科学版)1994 年第 4 期;《打开"自由"通商之路》,广东人民出版社 1999 年版。
③ 张廷茂:《明清时期澳门海上贸易史》,澳亚周刊出版公司 2004 年版。
④ 黄启臣、邓开颂:《明清时期澳门对外贸易的兴衰》,《中国史研究》1984 年第 3 期;《明清时期西欧殖民主义国家对澳门贸易的争夺》,《广东社会科学》1986 年第 3 期。
⑤ 黄启臣:《16 至 19 世纪中国政府对澳门的特殊方针和政策》,《学术论坛》1990 年第 6 期。

期的特殊地位和作用》(《中国史研究》1992 年第 1 期),朱亚非、刘文涛的《东西方
经济文化交流的枢纽与门户——论 16—18 世纪澳门的历史地位》(《世界历史》
1999 年第 6 期),彭顺生的《试论鸦片战争前 300 年澳门在中西文化交流中地位与
贡献》(《史学月刊》1999 年第 5 期),等等。此外,1995 年 2 月澳门基金会还出版了
章文钦的论文集《澳门与中华历史文化》,收其 80 年代论文 13 篇。以上这些论著,
从不同的角度出发,广泛地探讨了澳门在中西经济文化交流上的特殊贡献。韦庆
远全面地列举了康熙时期澳门的特殊地位和作用:(1)它是引进西方科学技术及
其人才的入口处;(2)是清朝对外贸易的特别渠道,又是"禁通南洋"期间的缓冲
区;(3)在"禁通南洋"期间,澳门成为被勒令归国华人的转运站;(4)在中西"礼仪
之争"时期,它又是双方信使往来的交接点和取得情报讯息的来源地。[1] 朱亚非、
刘文涛认为,中国澳门作为被葡萄牙殖民主义者租占的通商口岸,在沟通全球贸
易、发展东西方文化交流方面起到了特殊的枢纽与门户作用。对中国而言,通过
澳门这个外贸枢纽,在一定程度上弥补了由于明清两代推行海禁和闭关政策所造
成的损失,增加了政府的财政收入,起到了促进澳门及广东沿海地区经济发展的
作用;澳门对外贸易对葡萄牙、西班牙等欧洲国家早期资本主义经济的发展及其
美洲殖民地经济的发展都起到了相当大的作用。西方传教士是通过澳门初步认
识和了解中国的;16—18 世纪,澳门成为西方文化典籍进入中国的主要途径,从澳
门输入的这些反映西方先进科技的书籍,推动了中国科学技术的发展。自 16 世
纪下半叶开始,澳门还是中国文化传入欧洲的重要途径。此外,他们还认为研究
澳门 16—18 世纪重要历史地位的时候,不应低估西方人在其中所起的作用,但更
要看到内地各阶层人民的共同努力。[2] 刘重日也评价说:"撇开政治因素和影响不
说,由于葡人对澳门的经营,一是打破了东方传统海上丝绸之路的旧格局,将海上
丝绸之路拓展至世界各主要国家,形成新的内容形式构成的新格局;二是由于葡
人的经营和澳门的繁荣,促进了明中后期中国商品的出口和大量白银的流入,对
中国社会经济的发展具有一定的积极意义。"[3]

　　还有一些文章明确地将澳门置于海上丝绸之路的视野下进行考察。例如,陈
炎在《澳门港在近代海上丝绸之路中的特殊地位和影响——兼论中西文化交流和
相互影响》一文中认为,澳门曾是中国通往世界各国的海运中心,是中国对外贸易

---

① 韦庆远:《澳门在清代康熙时期的特殊地位和作用》,《中国史研究》1992 年第 1 期。

② 朱亚非、刘文涛:《东西方经济文化交流的枢纽与门户——论 16—18 世纪澳门的历史地位》,《世界历史》
1999 年第 6 期。

③ 刘重日:《明代海上丝绸之路与澳门》,《东岳论丛》1999 年第 5 期。

的重要港口,海上丝绸之路的变化对澳门港的兴衰起着决定性的作用。[①] 类似的文章还有杨仁飞的《明清之际澳门海上丝绸之路贸易述略》(《中国社会经济史研究》1992 年第 1 期)等。万明在《明代澳门与海上丝绸之路》一文中指出,"不能把当时的海上丝绸之路完全简单地视为西方海外扩张的工具"。这篇文章的独特之处在于,不是从西方历史的角度,而是从中国历史的角度出发来考察澳门的历史地位。作者写道:"澳门是作为中国商品输出世界的辐射地兴起和发展起来的,中国商品对当时正在形成中的世界市场起了重要推动作用";"澳门是中国的领土,作为国际贸易重要中转港的澳门,其兴起和发展自一开始就是中国商民与居澳葡萄牙人共同努力的结果";"通过澳门,海上丝绸之路再度辉煌,中国积极参与了一个整体世界的历史,并且起了重要的作用"。[②] 这篇文章对于摆脱欧洲中心论的误区、全面地认识澳门的历史贡献,有着重要的启发意义。

二、关于中国与欧洲之间海上贸易史的研究

16 世纪葡萄牙人来到中国沿海后,中国与欧洲之间直接的海上贸易也就开始了。此后,西班牙人、荷兰人、英国人、法国人等陆续来到中国进行贸易,中国与欧洲之间的海上贸易日益兴盛,并且对中国及世界都产生了巨大的影响。20 世纪 30 年代,张德昌、梁方仲等人对中国与欧洲之间的海上贸易史进行过非常出色的研究。1949 年之后,这一研究处于停滞状态。1978 年"文革"结束后,对于这个课题的研究重新起步。虽然 80 年代的研究成果在数量上来说并不多,但有些学者已经开始打破思想禁区,摆脱僵硬的思维模式,以新的观点重新审视这个问题。

杨翰球在《十五至十七世纪中西航海贸易势力的兴衰》一文中,将中西航海贸易的发展置于 15 至 17 世纪中叶欧亚大陆先进国家封建生产方式解体、资本主义生产方式萌芽的宏大历史背景下进行比较研究,认为 15 至 17 世纪是欧洲航海贸易进入印度洋及太平洋,全世界在经济上开始连接成一个整体的时期,这客观上刺激了中国对外贸易的进一步发展,同时,由于中国资本主义萌芽也要求进一步扩大国内市场,因此 16 世纪后中国航海贸易发展到一个新阶段。但这一时期在世界航海贸易中占主导地位的已经是欧洲人,而中国的航海贸易则由优势转为劣势,由主动变为被动。文章最后认为,中国私人贸易在本国政权和西欧航海势力的双重压力下得不到充分发展,也就不能促进资本主义萌芽成长,这是中国社会

[①]　陈炎:《澳门港在近代海上丝绸之路中的特殊地位和影响——兼论中西文化交流和相互影响》,《海交史研究》1993 第 2 期。

[②]　万明:《明代澳门与海上丝绸之路》,《世界历史》1999 年第 6 期。

发展从 16 世纪起开始落后于西欧的一个重要原因。①

吕坚在《谈康熙时期与西欧的贸易》一文中,具体论述了康熙时期同西欧的贸易状况。文章认为,康熙继位后,延续了海禁政策。海禁期间,清朝与西欧的贸易并未断绝,但贸易数量不大。清朝平定台湾后,1685 年清政府在广东、福建、浙江、江南四省设立海关,清朝与西欧的贸易有了明显的变化,主要表现是:"清朝与西欧等地贸易逐渐增长";"西欧输往中国的商品,主要是来自南亚、南洋地区的各种香料、药材、硬木、棉花等转口产品,以及西欧地区的毛布纺织物、自鸣钟、仪器、玻璃镜等工艺产品";"清朝对于西欧的贸易是处于绝对的出超地位"。② 杨国桢、黄福才在《道光前期中西贸易的变化及其影响》一文中认为,清代道光朝是中国社会急剧变动的时期,也是中西贸易发生重大变化的关键时期,"贸易关系在道光前期由原来东印度公司与广州十三行为主,扩展到英美自由商人与广州行外商人之间。在贸易商品结构上,不仅中国原有一些重要输出品失去了优势,更主要是鸦片走私渐渐发展,并在中西贸易中占据了最主要的位置。在贸易方式和性质上,非法走私取代了正常贸易,从道光初年开始,走私贸易迅速发展,其活动由广州黄浦口转移到伶仃洋面,到十九世纪三十年代又扩展到东南沿海。而这一切变化都笼罩鸦片的黑影,鸦片走私的激增成为中西贸易各种变化的关键"。他们还进一步分析了中西贸易的种种变化对中国社会经济产生了深刻的影响。③

陈尚胜在《明代海外贸易及世界影响——兼论明代中国在亚太地区贸易上的历史地位》一文中,着重探讨了欧洲人航海贸易扩张对于明朝海外贸易的强烈影响。他认为,欧洲殖民者所推行的世界贸易,促进了明朝海外贸易方式及贸易性质的变化,明朝的朝贡贸易逐渐为葡萄牙等国所经营的西方对华贸易所取代,同时,"也造成了中国东南沿海的一些无名的港口迅速兴起,如广东,有香山县的澳门港,在福建有漳州月港,在浙江有宁波的双屿港";欧洲殖民者的东来,还促进了明王朝海外贸易管理制度的改革。尽管明朝后期中国在东亚及太平洋地区的海上贸易中仍然占有重要的地位,但"明政府并未充分利用这良好时机开拓下去,相反在世界贸易中逐步落伍,最终遭到西方殖民列强用武力打开中国的大门"。④

沈定平在《明清之际几种欧洲仿制品的输出——兼论东南沿海外向型经济的初步形成》一文中,比较全面地考察了明清之际几种专门为外销欧洲而生产的仿

① 杨翰球:《十五至十七世纪中西航海贸易势力的兴衰》,《历史研究》1982 年第 5 期。
② 吕坚:《谈康熙时期与西欧的贸易》,《历史档案》1981 年第 4 期。
③ 杨国桢、黄福才:《道光前期中西贸易的变化及其影响》,《中国社会经济史研究》1989 年第 1 期。
④ 陈尚胜:《明代海外贸易及世界影响——兼论明代中国在亚太地区贸易上的历史地位》,《海交史研究》1989 年第 1 期。

制品,包括天鹅绒、锦缎、斗篷、瓷器、佛郎机炮等商品。在他看来,这些按照西方工艺及式样而生产出来的产品,表明当时中国的生产技术水平与欧洲相比较并不落后,"多年以来在国内外史学界流行的一种观点,即以为中国自明代以后生产发展水平已远远落后于西方的看法,未必是言之有据的"①。在 80 年代的历史背景下,这篇文章具有很强的创新意义。

80 年代的其他论文还有郭蕴静的《浅论康乾时期的对外贸易》(《求是学刊》1984 年第 4 期)、《清代前期海外贸易的发展》(《历史研究》1986 年第 4 期),李刚、徐文化的《16 世纪以来中外贸易通商与中国资本主义萌芽》(《中国社会经济史研究》1987 年第 4 期)等。

到了 90 年代之后,随着整个社会学术思想的进一步活跃,出现了一批视域广阔、资料丰富、观点新颖的佳作,主要有陈希育的《鸦片战争前西方对中国的贸易》(《南洋问题研究》1991 年第 4 期)、李刚的《论鸦片战争前中西经济关系的发展阶段——兼论中国闭关政策的历史作用》(《西北大学学报》1994 年第 2 期)、庄国土的《鸦片战争前 100 年的广州中西贸易(上、下)》(《南洋问题研究》1995 年第 2、4期)、吴建雍的《18 世纪的中西贸易》(《清史研究》1995 年第 1 期),等等。其中,李刚的《论鸦片战争前中西经济关系的发展阶段——兼论中国闭关政策的历史作用》一文,以 1780 年为界将鸦片战争前的中西关系区分为两个阶段。前一阶段是西欧的资本原始积累时期,西方以海盗式掠夺或转运贸易等形式进行对华通商,西方商人以其殖民地的原料来换取中国的丝、茶等物产。后一阶段是西方产业革命后的资本积累时期,西方各国试图将中国变为它们的商品倾销市场和原料产地,努力向中国推销它们的棉毛纺织品等工业制品,以换取中国的农产品原料,并且企图通过"求赏码头,自由贸易"的方式来打开中国市场。② 吴建雍在《18 世纪的中西贸易》一文中指出:18 世纪以广州为中心的中西贸易格局,对当时中国经济是十分有利的。但在优势之下,也潜伏着危机,例如在进出口货物的运输方面,清朝完全处于被动;中国对东南亚的贸易,已处于西方殖民者的阻遏下,日渐缩小。因此,总体上"18 世纪中国的经济还是比较活跃的,但它始终没有突破性的发展,反证了清朝对外贸易政策的失败"③。

20 世纪后期,学者们还就一些问题进行过争鸣。例如,黄启臣在《清代前期海

---

① 沈定平:《明清之际几种欧洲仿制品的输出——兼论东南沿海外向型经济的初步形成》,《中国经济史研究》1988 年第 3 期。

② 李刚:《论鸦片战争前中西经济关系的发展阶段——兼论中国闭关政策的历史作用》,《西北大学学报》(哲学社会科学版)1994 年第 2 期。

③ 吴建雍:《18 世纪的中西贸易》,《清史研究》1995 年第 1 期。

外贸易的发展》一文中提出,在清代开放性的海外贸易政策之下,清代的海外贸易不断发展,其主要表现为:一是贸易港口的扩大和贸易国的增多;二是商船的数量不断增加;三是进出口商品数量繁多;四是商品流通值的增加。因此,清朝前期的海外贸易,无论是贸易规模还是海上贸易总值都超过了宋朝和明朝。[①] 陈尚胜对此提出了不同的看法。他认为,依靠清前期海关关税额除以关税率来推算其海外贸易的总额,这种方法并不可靠,因为清前期的关税率是一个变量,并且实际上它是在不断增长的。清代海外贸易的发展,主要是通过欧美等西方国家来华贸易的增长来实现的,因为这时中国商民的出海贸易实际上是在不断萎缩。[②] 再如,李刚等人提出,从 16 世纪到 19 世纪初,中国对西方及南洋的海外贸易,客观上刺激了东南沿海诸省商品经济的发展,增加了国内金属货币量的供应,促进了资本主义萌芽的发展。[③] 李明根则认为,16 世纪以后大量银元流入中国,实际上是西方国家对中国进行不平等金银贸易的结果,因为从海外流入中国的是劣质银元,而从中国流出的优质金银;外国商人还利用中国与欧洲金银比价的不同以银元换取中国黄金;因此,中国与欧洲之间海上贸易的发展,虽然刺激了东南沿海诸省商品经济的发展,但不可能"增加了国内金属货币量的供应,为资本主义萌芽的产生和发展准备了前提条件"[④]。

　　进入 21 世纪,宏观地研究中国与欧洲之间贸易关系的论著更多,研究范围更广,学术水平更高。有的文章视角新颖,见解独到,分析深刻。例如,李金明对 17 世纪的全球贸易进行了总体的考察。他认为,17 世纪初世界贸易形式发生了巨大变化,东来的欧洲殖民者为贩运中国的丝绸等产品,以澳门、马尼拉和台湾为贸易基地,在东亚海域展开了激烈的商业竞争;中国凭借其大量生产的丝织品和瓷器,成为全球贸易的中心,把包括欧洲殖民者在内的全球贸易商都吸引到亚洲来;17 世纪初全球贸易对欧洲社会转型造成巨大影响,并对欧洲和拉美各地制造业的发展亦带来一定影响。[⑤] 庄国土则对海外华商经贸网络的历史演变进行了全面的透视,并将华商网络的形成与欧洲殖民者的东来结合起来进行分析。他认为,"从明初到鸦片战争前期,海外华商网络经历了摧毁、重建、武装、渗透等恢复和发展阶段","清初郑氏集团之后,没有清帝国保护的华商网络与华人移民相互依存,从商

① 黄启臣:《清代前期海外贸易的发展》,《历史研究》1986 年第 4 期。
② 陈尚胜:《也论清前期的海外贸易——与黄启臣先生商榷》,《中国经济史研究》1993 年第 4 期。
③ 李刚、徐文化:《16 世纪以来中外贸易通商与中国资本主义萌芽》,《中国社会经济史研究》1987 年第 4 期。
④ 李明根:《十六世纪以来外国银元大量流入中国原因新探——与李刚、徐文华同志商榷》,《中国社会经济史研究》1989 年第 3 期。
⑤ 李金明:《17 世纪初全球贸易在东亚海域的形成与发展》,《史学集刊》2007 年第 11 期。

贸向产业、从沿海向内陆渗透,海外华人社区成为华商网络的商品生产和加工地"。[①]

中国与欧洲之间的海上贸易往来,涉及众多货物。丝绸自古以来就是中国输往海外国家的代表性货物,16世纪之后,中国丝绸依然通过海上丝绸之路大量外运。在80年代后期,一些学者对此问题进行过更加深入的研究,例如李金明在《十六世纪后期至十七世纪初期中国丝绸的国际贸易》一文中详细考察了我国丝绸运销日本、东南亚、印度、欧洲、拉丁美洲等地的情况。[②] 不过,在16世纪之后的中国与欧洲海上贸易中,瓷器与茶叶的重要性日渐突出,成为最主要的商品。有学者甚至将"海上丝绸之路"称之为"陶瓷之路"或"茶叶之路"。20世纪后期,中国学术界对这两种商品在中欧之间的贸易情况进行了广泛深入的研究。

1980年,朱杰勤发表了《十七、八世纪华瓷传入欧洲的经过及其相互影响》一文。这篇文章是"文革"结束后重新启动此项研究的开篇之作,也是80年代大陆学术界研究该问题的代表作。朱杰勤在文中介绍了17、18世纪华瓷传入欧洲的经过,以及欧洲社会掀起的追求中国陶瓷的热潮,指出华瓷的西传,一方面推动了欧洲陶瓷业的兴起,另一方面也促进了中国陶瓷制造业的发展、范围的扩大和在制法上的推陈出新。文章最后还分析18世纪中国陶瓷对欧贸易衰落的原因。[③]

自此之后,研究华瓷西传的文章不断增多。近期的主要文章有李金明的《明清时期中国瓷器文化在欧洲的传播与影响》(《中国社会经济史研究》1999年第2期)、孙锦泉的《华瓷西传对欧洲的影响》(《四川大学学报》2001年第3期)、李国清等人的《中国德化白瓷与欧洲早期制瓷业》(《海交史研究》2004年第1期)、刘洋的《明代青花瓷外销分期研究》(《明史研究论丛》2007年第七辑)、詹嘉等人的《明清时期景德镇瓷器在欧洲文明进程中的作用》(《中华文化论坛》2008第4期)。这些文章从不同的角度,探讨了中国瓷器的西传及其对东西方社会的影响问题。

20世纪80年代以后,中国学者开始走出国门,亲自考察欧洲所藏中国古陶瓷,了解学术信息,掌握了丰富的研究资料。例如,1981年,夏鼐发表了《瑞典所藏的中国外销瓷》一文,介绍了瑞典哥德堡历史博物馆收藏的一批来自中国江西景德镇和福建德化窑的18世纪中国外销瓷,并对输入这种瓷器的瑞典东印度公司也作了简单的介绍。[④] 2000年,叶喆民发表了《意大利所藏中国古陶瓷考察记略》

---

① 庄国土:《论15—19世纪初海外华商经贸网络的发展》,载中外关系史学会编:《中西初始》二编,大象出版社2002年版。
② 李金明:《十六世纪后期至十七世纪初期中国丝绸的国际贸易》,《南洋问题研究》1991年第4期。
③ 朱杰勤:《十七、八世纪华瓷传入欧洲的经过及其相互影响》,《中国史研究》1980年第4期。
④ 夏鼐:《瑞典所藏的中国外销瓷》,《文物》1981年第5期。

一文,介绍了意大利帕尔马中国艺术博物馆、米兰国际文物展览中心、佩萨罗市立博物馆等 8 个博物馆所收藏的中国古陶瓷,并对这些藏品中的典型器物进行了品评。① 故宫博物院还编辑出版了《瑞典藏中国陶瓷精品》(紫禁城出版社 2005 年版),使中国广大读者得以欣赏这些收藏在异国的陶瓷精品。金国平、吴志良在《流散于葡萄牙的中国明清瓷器》一文中,将文献记载与实物资料相结合,重点介绍了收藏在葡萄牙的中国外销瓷,特别是葡萄牙在华定制的"纹章瓷",并且探讨了澳门在华瓷西传过程中的重要作用。② 不久前,万钧探讨了欧洲各国东印度公司在购销华瓷过程中所起的重要作用。③

茶叶是中国通过海上丝绸之路销往欧洲的另一种主要商品。20 世纪 80 年代,对于茶叶外销欧洲问题的研究并不多。到了 90 年代,这个问题受到了高度重视。黄时鉴的《茶传入欧洲及其欧文称谓》是一篇具有开拓意义的佳作。此文考察了中国茶的信息经由海路传入欧洲的早期过程:1559 年,意大利人拉木学(Ramusion)从一位波斯人那里闻知作为药用的中国茶,并将其写入他的著作《航海与旅行》中;1556 年,葡萄牙人加斯帕·达·克路士(Gaspar da Cruz)在中国沿海一带游历,他将在中国所见茶叶写入《中国志》一书。文章还指出,葡萄牙人虽然是最早接触到中国茶叶的欧洲人,但他们并没有将茶的饮用传入欧洲;荷兰人大约在 1601 年将茶输入欧洲,并开始饮茶。特别重要的是,这篇文章还详细考释了欧洲人对于各种茶叶的不同写法,为研究茶叶的西传问题打下了扎实的基础,尤其是为中国学者翻译欧洲文献中关于茶叶的种种称谓提供了极大的方便。④ 对于那些主要依据西方文献撰写文章的人来说,黄时鉴的这篇文章还以生动的实例说明了什么才是真正的学术研究。

对于中西茶叶贸易的研究文章则更多,其中比较引人注目的是庄国土,他就此问题发表了一系列的论文。例如,他在《18 世纪中国与西欧的茶叶贸易》一文中,追溯了中国茶叶输往欧洲的历史,并以荷兰和英国为例,估算 18 世纪欧洲各国商船运走的中国茶叶应当在 800 000 0 担以上,并且认为,"18 世纪中国与西欧贸易格局基本上是西欧各国用白银、丝织品、欧人殖民地土产品换中国的茶、丝、瓷、布等产品";从 18 世纪 20 年代到鸦片战争前夕,茶叶是中国最重要的出口商品,也是欧洲人在华购买的主要商品。大量茶叶输往西欧是中国同期贸易顺差的最

---

① 叶喆民:《意大利所藏中国古陶瓷考察记略》,《故宫博物院院刊》2000 年第 3 期。
② 金国平、吴志良:《流散于葡萄牙的中国明清瓷器》,《故宫博物院院刊》2006 年第 3 期。
③ 万钧:《东印度公司与明清瓷器外销》,《故宫博物院院刊》2009 年第 4 期。
④ 黄时鉴:《茶传入欧洲及其欧文称谓》,载王元华主编《学术集林》卷五,上海远东出版社 1995 年版。

重要组成部分,也是 18 世纪白银内流的最重要的源泉。[①] 他在《茶叶、白银和鸦片:1750—1840 年中西贸易结构》一文中,进一步探讨了由于白银交换茶叶而产生的中西贸易结构失衡问题,从国际贸易的角度揭示了鸦片战争爆发的原因。他认为,"18 世纪中西贸易的基本结构,是西方国家以其殖民地产品,主要是白银、棉花、胡椒等交换中国的茶、丝、瓷器等";通过这样的国际贸易结构,西方获得了巨额利润;到了 19 世纪前期,由于白银短缺及中国政府严厉查禁鸦片,这样的国际贸易结构难以维持均衡,中国与西方的贸易发生重大转折,结果西人诉诸武力,导致鸦片战争爆发。[②] 他的另外一篇文章《从丝绸之路到茶叶之路》,着重探讨了茶叶在国际贸易中的重要地位,以及茶叶贸易对于中国社会近代转型的重大影响。他写道:"18 世纪前期,沟通东西方经济文化的传统海上丝绸之路已成为海上茶叶之路。茶叶成为中国占支配地位的出口商品。寻求茶叶也是西方贸易公司打开对华通商门路的主要目的","茶叶成为世界贸易网络形成后最重要的国际贸易商品之一";"茶叶出口带来的白银流入中国成为 18 世纪后中国通货革命的基础";"当西方不能继续用白银交换中国茶叶时,他们强迫中国接受鸦片,鸦片战争的爆发彻底改变了中国社会发展的方向"。[③]

此外,还有不少学者研究过中国与西方之间的茶叶贸易。例如,吴建雍在《清前期中西茶叶贸易》一文中,将鸦片战争前的中西茶叶贸易历史分为三个阶段,并且认为,欧洲各国东印度公司围绕茶叶贸易而展开的激烈竞争,客观上为中国提供了一个日益扩大的海外市场,此后,无论茶叶出口数量还是种类的变化,都与国际市场的规模及需要紧密相关。[④] 陶德臣在《论清代茶叶贸易的社会影响》一文认为,茶叶贸易给中西双方政府、茶商都带来了巨额利益;茶叶贸易的开展,极大地促进了中国茶业的发展,促使茶农、茶商对制茶技术进行改进,使某些地区的区域经济繁荣起来;茶叶贸易是外交和军事斗争的重要砝码;茶叶大量输入西方后,使人们的饮食习惯、娱乐方式、礼仪等方面有了很大变化。[⑤] 最近,仲伟民在《茶叶与鸦片:十九世纪经济全球化中的中国》一书中,将中国与欧洲之间的贸易关系置于全球化的背景下进行了综合考察,并且提出了发人深省的结论:"在 18 和 19 世纪,成瘾性消费品在全球流行和蔓延,并极大影响了历史的进程和人们的日常生活。其中与中国有关的两种成瘾性消费品是茶叶和鸦片,正是这两种主要商品使中国

① 庄国土:《18 世纪中国与西欧的茶叶贸易》,《中国社会经济史研究》1992 年第 3 期。
② 庄国土:《茶叶、白银和鸦片:1750—1840 年中西贸易结构》,《中国经济史研究》1995 年第 3 期。
③ 庄国土:《从丝绸之路到茶叶之路》,《海交史研究》1996 年第 1 期。
④ 吴建雍:《清前期中西茶叶贸易》,《清史研究》1998 年第 3 期。
⑤ 陶德臣:《论清代茶叶贸易的社会影响》,《史学月刊》2002 年第 5 期。

卷入了全球化大潮之中。然而，茶叶在西方的命运与鸦片在中国的命运截然不同。……英国工业革命与饮茶盛行的时间几乎重叠，可能不是偶然。与此形成鲜明对比的是，这个时期的中国人痴迷于鸦片而不能自拔，不仅耗费了大量财富，而且严重损害了中国人民的身体健康，中国人成了真正的'东亚病夫'，也直接导致了中国 19 世纪的危机。"[①]

中国与欧洲之间的商品贸易，无论是丝绸、瓷器、茶叶，还是其他商品，都是由各国商人贩运的。中国与欧洲的海上贸易，是通过中国与欧洲各国之间具体的贸易往来而实现的。抽象的中西贸易或中西关系并不存在。因此，要研究中国与欧洲的海上贸易，就必须探讨中国与欧洲各国的历史关系。20 世纪 80 年代以后，关于中国与欧洲各国历史关系的研究不断加强，这是中国大陆海上丝绸之路研究繁荣的一个重要表现。中国与欧洲主要国家历史关系的研究继续受到重视，例如中国与法国历史关系的研究。1980 年，张芝联发表了《历史上的中法关系》一文，简明而生动地介绍了中法两国早期交往的历史及中国在文化艺术上对法国的影响。文章回顾了法国第一次遣使来华及 1698 年法国第一艘商船"昂菲德里特"来华的过程，指出中国和法国之间的真正关系是从 17 世纪开始的。作者在评价 17、18 世纪法国来华传教士及其影响时认为："十七、十八世纪来华的法国耶稣会士在传教方面的活动收效很小，但他们在沟通中法两国文化方面却起了不少作用。"[②]后来，耿昇在《从法国安菲特利特号船远航中国看 17—18 世纪的海上丝绸之路》一文中，对"安菲特利特号船"来华的缘起、过程及贸易情况进行了深入的探讨。[③]不仅如此，学者们还对中国与欧洲一些小国家之间的历史关系也进行了研究，而此项研究在 1980 年之前极少有人论及过，基本上是空白。例如，1981 年，夏鼐发表了《中国、瑞典友好关系的历史》（《外国史知识》1981 年第 8 期）、王禁声发表了《中国瑞典交往史话》（《人民日报》1981 年 9 月 6 日）。此后陆续有文章发表，如章文钦的《清代广州的瑞行》（《历史大观园》1990 年第 6 期）、蔡鸿生的《清代瑞典纪事及广州瑞行商务》（《中山大学学报》1991 年第 2 期）、龚缨晏的《哥德堡号沉船与18 世纪中西关系史研究》（黄时鉴主编：《东西交流论谭》，上海文艺出版社 1998 年版）。中国与葡萄牙历史关系的研究在前面已经作过回顾，中国与英国历史关系的研究在下面有专门一节，中国与西班牙历史关系的研究可见本书下编第四章，

---

① 仲伟民：《茶叶与鸦片：十九世纪经济全球化中的中国》，三联书店 2010 年版，第 337 页。
② 张芝联：《历史上的中法关系》，《历史教学》1980 年第 3 期。
③ 耿昇：《从法国安菲特利特号船远航中国看 17—18 世纪的海上丝绸之路》，《汉学研究》第 4 集，中华书局 2000 年版，又见《西北第二民族学院学报》2001 年第 2 期。

这里主要介绍一下 1980 年之后关于中国与荷兰历史关系的研究情况。

荷兰是继葡萄牙、西班牙之后来到中国的欧洲主要国家。17 世纪的荷兰是个航海大国，被称为"海上马车夫"，掌握了东西方海上贸易的主导权。当时，荷兰还占领过台湾。这样，对于中国学者来说，荷兰与中国的关系就更加重要了。1978 年之前，大陆学术界的研究，主要围绕荷兰殖民者对中国的侵略以及中国人民的反侵略而进行的。进入 80 年代后，学者们的研究领域不断扩大，研究深度不断拓展。

80 年代初，学者们开始关注清荷联盟攻台这一以往被忽略的问题。康熙年间，在清朝统一台湾的过程中，荷兰殖民者曾多次派遣舰队，打着"支援大清帝国"的旗帜来华。胡又环在《康熙初年荷兰舰队来华目的》一文中对荷兰人的真实目的进行了分析。[①] 邓孔昭在《1662—1683 年清荷关系探讨》一文中认为，清廷在利用荷兰殖民者的军事力量攻打台湾时，还是意识到让西方殖民者卷入中国内战所可能导致的危险，所以对荷兰人保持了一定的警惕。[②]

80 年代，学者们也开始研究中荷之间的海上贸易问题。例如，陈小冲在《17 世纪上半期荷兰东印度公司对华贸易扩张》一文中考察了 17 世纪中荷之间的海上贸易，指出：这一时期"中国贸易已经成为荷兰殖民者开拓远东贸易的重心所在，打开对华贸易之门是荷兰殖民者努力追求的一个重要目标"。作者以 1624 年为界，将 17 世纪荷兰对华贸易的历史分为前后两个阶段。前期是走私或转贩等方式的间接贸易，商品来源不稳定，数量也不太大；后期是与中国的直接贸易，台湾成了一个重要的中转站；前期荷兰要同葡、西竞争，后期要与郑氏海商集团竞争。所以荷对华贸易的过程，也就是排斥、打击对手以图建立自己商业优势的过程。这也反映了 17 世纪西方殖民者相继东来后远东贸易的一个突出特点。[③]

20 世纪 90 年代后，关于中荷早期历史关系的研究进一步受到重视，研究队伍迅速壮大，研究成果大量涌现。

黄谷在《康熙朝中荷官方交往》一文中通过分析康熙时期的中荷两国官方关系，认为自康熙至道光朝不到 200 年间，中西方力量的对比经历了此消彼长的过程，然而清廷对此毫无察觉。这个历史的遗憾，不能不归结为清初对外决策的失误。[④] 蔡鸿生对清代广州的荷兰馆进行了深入的研究，认为广州荷兰馆作为清朝

---

① 胡又环：《康熙初年荷兰舰队来华目的》，《南京大学学报》1985 年第 2 期。
② 邓孔昭：《1662—1683 年清荷关系探讨》，《台湾研究集刊》1983 年第 2 期。
③ 陈小冲：《17 世纪上半期荷兰东印度公司对华贸易扩张》，《中国社会经济史研究》1986 年第 2 期。
④ 黄谷：《康熙朝中荷官方交往》，《清史论丛》1993 年。

前期唯一的驻华机构,不仅从事贸易活动,而且在外交事务和文化交流中也发挥了独特作用。该文将清代史籍中关于荷兰馆的诗文作了梳理和整理,不仅为研究者提供了资料,而且还使读者真切地体会到当时的中国人对荷兰馆的看法。① 章文钦的《明清时代荷兰与广州口岸的贸易和交往》一文以明末、顺康、雍乾、嘉道四阶段考察明清时代荷兰与广州口岸的贸易和交往情况。②

李金明在《明代海外贸易史》一书中考察了荷兰殖民者在中国沿海一带活动,并强调其骚扰、屠杀的行径对明代海外贸易的消极影响。③ 聂德宁的《明末清初中国帆船与荷兰东印度公司的贸易关系》一文,考察了明末清初中国商船与荷兰东印度公司之间的关系,并且提出了富于启迪意义的新解:"东印度公司与中国商船的贸易关系,向来是以牺牲中国商船的生命财产为前提的。对中国商船来说,摆脱被欺凌的唯一途径,就是建立起强大的海上武装,与荷兰人相抗衡","在东南沿海坚持抗清的郑成功及其海上武装力量,成为中国商船海外贸易利益的主要保护者,为了使中国海商免遭欺凌和榨取,郑成功不惜与荷兰殖民者抗争,先是对荷兰东印度公司实行贸易禁运的制裁,继而举兵将荷兰殖民者逐出台湾,收复了被荷兰侵占 38 年之久的失地",郑成功不仅是中国海商利益最重要的保护人,而且更是反抗西方殖民侵略,维护祖国完整的伟大历史人物。④

进入 21 世纪后,荷兰人在台湾海峡的活动依然是研究的热点。李金明分析了 17 世纪前期荷兰人在台湾与澎湖设立据点的背景,考察了荷兰人所从事的对日本及欧洲的贸易情况。⑤ 徐晓望探讨了 17 世纪荷兰殖民者与福建商人围绕着台湾海峡控制权而展开的争斗,颇有见地。⑥ 林仁川的《评荷兰在台湾海峡的商战策略》一文,从商战策略层面研究了荷兰人在台湾海峡的商业贸易活动,角度非常新颖。作者认为,荷兰人来到台湾海峡时,各国海商集团已经群雄鼎立,各自占有一定的市场份额;为了打破已有的贸易格局,荷兰人采取了和战结合、各个击破、海上拦截等一系列商战策略,力图在东亚贸易网络中占一席之地,但终未如愿,"最后在郑成功部队围攻的炮声中,于 1662 年灰溜溜地退出台湾海峡,结束了东亚商业霸主的美梦"⑦。李蕾在前人研究的基础上,利用大量的荷兰文献,勾勒出

① 蔡鸿生:《清代广州的荷兰馆》,载蔡鸿生主编:《广州与海洋文明》,中山大学出版社 1997 年版。
② 章文钦:《明清时代荷兰与广州口岸的贸易和交往》,载蔡鸿生主编:《广州与海洋文明》,中山大学出版社 1997 年版。
③ 李金明:《明代海外贸易史》,中国社会科学出版社 1990 年版。
④ 聂德宁:《明末清初中国帆船与荷兰东印度公司的贸易关系》,《南洋问题研究》1994 年第 3 期。
⑤ 李金明:《十七世纪初荷兰在澎湖、台湾的贸易》,《台湾研究集刊》1999 年第 2 期。
⑥ 徐晓望:《论 17 世纪荷兰殖民者与福建商人关于台湾海峡控制权的争夺》,《福建论坛》2003 年第 2 期。
⑦ 林仁川:《评荷兰在台湾海峡的商战策略》,《中国社会经济史研究》2004 年第 4 期。

17世纪台湾地区对外贸易网络的形态及建构过程。文章认为,17世纪20年代荷兰人占据台湾后,便开始积极介入以往由华商和日商建构的贸易线路,并将它与东南亚、南亚的贸易航路相联系,最后构筑起庞大复杂的商业网络。台湾的大员商馆在这个贸易网络中扮演了中转站的角色,成为荷兰东印度公司在远东不可或缺的贸易基地。此外,华人在这个贸易网络的构建进程中也起到了至关重要的作用。[①] 李德霞在《浅析荷兰东印度公司与郑氏海商集团之商业关系》一文中分析了荷兰东印度公司与郑氏集团之间既相互利用,又相互竞争的复杂关系。[②]

在17世纪的中荷海上贸易中,茶叶是最为重要的商品。在上述研究中国茶叶远销欧洲问题的论著中涉及这个问题。此外,还有些文章是专题研究了荷兰人在华茶西传过程中的作用,以及茶叶在中荷贸易中的重要地位。例如庄国土在《十八世纪中荷海上茶叶贸易》一文指出,荷兰人不但最早把中国茶叶介绍到欧洲,而且是18世纪70年代以前最重要的中国茶叶贩运国。[③] 张应龙在《鸦片战争前中荷茶叶贸易初探》一文中讨论了荷兰东印度公司运销中国茶叶的过程,中国帆船贸易在这一过程中所作的贡献,巴达维亚和广州这两个港口在中荷茶叶贸易所起的作用。[④]

需要指出的是,在中国内地的中荷关系史研究中,海外学术成果的译介产生了重要的影响。例如,1989年,荷兰的路口店出版社出版了荷兰学者包乐史(L. Blussé)的《中荷交往史1601—1989》,翻译者是庄国土、程绍刚。1989年,厦门大学出版社出版了《〈荷使初访中国记〉研究》,此书作者包乐史、庄国土对17世纪中期来华的荷兰人尼霍夫(Johan Nieuhof)所写的《荷使初访中国记》进行了翻译与研究。2010年,浙江大学出版社出版了包乐史的新作《看得见的城市——东亚三商港的盛衰浮沉录》,此书的翻译者是赖钰匀等人。包乐史在这部著作中,通过考察三个18世纪的重要港口城市(广州、长崎、巴达维亚),对中外海上贸易进行了新的探讨。不过,要更进一步研究中荷关系史,进一步研究中国与欧洲的海上贸易,就必须掌握与利用荷兰文献等欧洲原始资料。期待在不久的将来,中国能够培养出这方面的专业人才。

三、关于中英早期关系史的研究

在欧洲诸国中,对中国历史影响最大的无疑是英国。正是英国殖民者发动的

---

① 李蕾:《十七世纪中前期台湾地区对外贸易网络的展开——以荷兰大员商馆经营的贸易为中心》,《中国社会经济史研究》2003年第1期。

② 李德霞:《浅析荷兰东印度公司与郑氏海商集团之商业关系》,《海交史研究》2005年第2期。

③ 庄国土:《十八世纪中荷海上茶叶贸易》,《海交史研究》1992年第1期。

④ 张应龙:《鸦片战争前中荷茶叶贸易初探》,《暨南学报》(哲学社会科学)1998年第3期。

鸦片战争,使中国开始脱离原先的发展轨道,被迫踏上了向现代转型的艰难道路。早在19世纪中期,少数几个睁眼看世界的先驱者就着手探讨中国与英国之间的历史关系。魏源在其名作《海国图志》中这样写道:"故今志于英夷特详。志西洋正所以志英吉利也。"①此后,对中英关系的研究逐渐展开,直到"文革"期间才基本停滞下来。

"文革"结束后,学术界对早期中英关系史的研究重新兴起。尤其重要的是,早期中英关系史涉及开放与闭关的问题,而这一问题又与中国现实社会中的改革开放有着密切的联系。所以,研究早期中英关系,又具有强烈的现实意义。

1. 关于"闭关政策"与"洪仁辉事件"的讨论

1979年,中国改革开放的序幕刚刚拉开,戴逸以一个历史学家特有的时代敏锐性,在中国最重要的报纸《人民日报》上发表了《闭关政策的历史教训》一文。这篇文章只有5000字,但高屋建瓴,气势宏大,激情洋溢。文章首先点明:"世界范围内政治、经济、文化的频繁交往,是资本主义兴起以后的历史现象",同时勾画出当时中国的实际景象:"发展趋于停滞,社会生活的各个方面死气沉沉,封建统治阶级抱残守缺,夜郎自大,故步自封,自命为'天朝上国',不肯睁眼看看汹涌澎湃的世界历史前进的潮流"。面对着不可抗拒的历史潮流,清政府顽固地坚持闭关政策,这一政策的内容是"一方面限制中国人民出海贸易,或在外国侨居,禁止许多种货物出口;另一方面,对来华的外国人也作了种种苛细而不必要的限制和防范"。戴逸认为:"反动、落后的闭关政策带来了严重的恶果,几个世代的中国人民为此付出了惨重的代价","因为这种政策既不能改变侵略者的本性,又不能妨碍侵略国家力量的增长,只能作茧自缚,阻碍中国的发展,扼杀中国的生机和进取精神,使得中国和西方国家的差距越来越大。闭关政策是慢性自杀政策,对国家和民族有百害而无一利"。戴逸还以生动的历史事实说明,"闭关自守、夜郎自大的思想"并没有随着清政府在鸦片战争中的战败而结束,而是"流毒甚深,严重地阻碍着中国的进步"。文章最后的结论是:"重温一百多年前的这一段历史,接受教训,解放思想,继续破除闭关自守、夜郎自大的偏见,积极展开国际间的经济、文化交流,学习先进,赶超先进,是非常必要的。"②这篇充满真知灼见的文章,虽然写于30多年前,但依然散发出强烈的时代感。

戴逸的文章发表后,引起了持续的讨论。胡思庸虽然也对闭关政策进行了批

---

① 魏源著,陈华等点校注释:《海国图志》,卷三十七,岳麓书社1998年版,第1093页。
② 戴逸:《闭关政策的历史教训》,《人民日报》1979年3月13日。

判,指出:"闭关政策的特点是闭目塞听,孤立自己,落后挨打,祸国殃民,充分体现了封建统治者的反动和无能。"但也对戴逸的观点提出了异议。胡思庸认为,"闭关政策不同于通常的严格管制对外贸易的政策,而是一种封建主义的对内对外政策;这种政策不限于外贸的和外交的领域,而是在政治、经济、文化上都带有与世隔绝和盲目排外的倾向",因此,清政府实行的管理外贸办法并不是闭关政策。他这样写道:"人们把清政府对外国商人的严格限制当做闭关政策的主要内容,这是一种误解。如果是这样,那就可以说清朝基本上没有实行闭关政策,因为那些规定有些是合理的,即令有些过苛的规定,也只是一纸空文,基本上没有付诸实现;再退一步说,即令实现了一小部分,那也只是闭关政策的一个侧面,而且并非主要的侧面。"[①]后来有些学者进一步论证说,闭关政策并不存在于对外贸易领域,清朝的广州通商制度应该是在当时历史条件下维护国家独立主权的防御措施,对外通商活动的限制既不过分,也不特殊,更说不上是妨害外商的政策活动。闭关政策是清政府在处理中外关系时在政治和文化上所执行的一套闭关自守政策。[②]

虽然多数学者都认为清代存在着闭关政策,但也有一些学者否认清朝实行过闭关锁国政策。例如,郭蕴静认为,清初政府实行海禁令和迁海令只是权宜之计,不是既定国策,开海后又采取了积极的海外贸易政策,而此后虽然在对外贸易上实行了严厉限制政策,但那是统治者在行使自己的主权;严厉限制并没有断绝通商,关闭了一些口岸并没有影响对外贸易的进行。[③] 到90年代初,郭蕴静继续阐述了他的观点,认为"不能也不应该把禁海令与对外关系中的闭关政策等同起来"。[④] 严中平不承认在历史上中国封建政府曾经实行过什么"闭关自守"政策,并且认为"闭关自守"一词是西方殖民者对中国的攻击和污蔑,与中国实情不符。[⑤]黄启臣指出,"不能笼统地说清代前期的海外贸易是实行的闭关锁国政策",他认为"在清代前期196年中,只有顺治十二年(1655)至康熙二十二年(1683)实行了比较严格的海禁,康熙五十六年(1717)至雍正五年(1727)实行了部分比较严格的海

---

①　胡思庸:《清朝的闭关政策和蒙昧主义》,《吉林师范大学学报》1979年第2期。

②　相关论述可参见郭蕴静:《清代对外贸易政策的变换》,《天津社会科学》1982年第3期;张光灿:《论清朝前期的闭关政策》,《宁夏大学学报》1985年第2期;鲁尧贤:《明清闭关锁国的危害和教训》,《安庆师院学报》1985年第3期;田庸:《清代闭关政策的原因及教训》,《理论与实践》1986年第5期;黄磊:《"自卫作用"——清政府闭关政策的一种虚幻表象》,《贵州大学学报》1987年第4期;黄国强:《试论明清闭关政策及其影响》,《华南师范大学学报》1988年第1期;张之毅:《清代闭关自守问题辨析》,《历史研究》1988年第5期;吴建雍:《清前期对外政策的性质及其对社会发展的影响》,《北京社会科学》1989年第1期。

③　郭蕴静:《清代对外贸易政策的变化——兼谈清代并非闭关锁国》,《天津社会科学》1982年第3期。

④　郭蕴静:《试论清代并非闭关锁国》,载中外关系史学会编:《中外关系史论丛》,世界知识出版社1991年版。

⑤　严中平:《科学研究方法十讲》,人民出版社1986年版。

禁,总计不过三十九年,其余一百五十七年的海外贸易基本是开放的。即使在海禁期间,也没有完全断绝与外国的贸易往来";正是由于清代实行了开放性的海外政策,才使海外贸易得到不断发展,其贸易规模和贸易总值都超过了宋朝和明朝。① 夏秀瑞、樊百川等人也表达过类似的观点。②

汪敬虞认为,应当一分为二地看待清朝的海禁政策。他说,以禁海闭关为支柱的清王朝对外贸易政策,其目的有防止外国侵略的一面,从这一点看,可以说有它必要的一面。"当然,禁海闭关,对当时中国的经济发展而言,有其不利的一面,而且即使是对付外国侵略,也不是有效的手段,它纵能禁于一时,终究不能摒除侵略者于国门之外,从这一点看,单纯闭关政策,值得批判。"③胡绳在此前出版的名作《从鸦片战争到五四运动》中也主张,"清政府在 18 世纪开始实行限制外国商人的规定,就其主要部分来看,实在是当时中国方面所可能采取的必要的自卫措施。由于这种防范和限制暂时起了自卫作用,清朝统治者狂妄自大地认为这些外国商人都是来自渺不足道的蛮夷小国,而自命为高于万邦的'天朝';他们根本不想去认真了解这些究竟是什么样的国家,这种情形当然是封建统治者的落后性的表现"④。

20 世纪 90 年代以后对这一问题的讨论更加深入。许增纮在《对清朝前期"闭关主义"政策再思考》一文中写道:闭关政策是清政府所执行的一套严格限制中外交往的政策,它既包括经济方面的内容,也包含政治、军事、宗教、文化生活方面的内容。不过,因为当时中国与外国(特别是西方国家)尚无外交关系而言,政治、文化的交流仅占极次要的地位,因此闭关政策主要表现在商业贸易上。⑤ 还有一些学者认为,闭关政策是一种防范西方文化的基本政策。⑥ 徐明德将闭关政策的主要特点概括为:"闭关为了自守,锁国在于愚民。它一方面着重禁止大陆人民出海离境与海外各国进行贸易往来,以及其他任何联系;另一方面又严格限制和管理海外各国洋人来华贸易活动,妄图达到隔绝中外人民的任何联系与接触。"⑦

陈尚胜通过考察"闭关"与"开放"的概念,对这个问题进行了独到的分析。他

---

① 黄启臣:《清代前期海外贸易的发展》,《历史研究》1986 年第 4 期。

② 夏秀瑞:《清代前期的海外贸易政策》,《广东社会科学》1988 年第 2 期;樊百川:《中国轮船航运业的兴起》,四川人民出版社 1985 年版。

③ 汪敬虞:《论清代前期的禁海闭关》,《中国社会经济史研究》1983 年第 2 期。

④ 胡绳:《从鸦片战争到五四运动》上册,人民出版社 1981 年版,第 21—22 页。

⑤ 许增纮:《对清朝前期"闭关主义"政策再思考》,《福建论坛》(文史哲版)1992 年第 1 期。

⑥ 王先明:《论清代的"禁教"与"防夷"——"闭关主义"政策再认识》,《近代史研究》1993 年第 2 期;向玉成:《清代华夷观念的变化与闭关政策的形成》,《四川师范大学学报》(社会科学版)1996 年第 1 期。

⑦ 徐明德:《论十四至十九世纪中国的闭关锁国政策》,《海交史研究》1995 年第 1 期。

提出,不能单纯根据通商口岸、海关等因素来界定"闭关"或是"开放",而应将其置于15世纪西欧海外扩张后的大环境中去考察;界定"闭关"与"开放"的关键,是要考察政府在对外政策上是积极地利用外部因素来谋取自身政治经济实力的发展,还是消极地限制外部因素。根据他的分析,清前期海外贸易政策充分体现了闭关的性质。[①]

关于闭关政策形成的原因,80年代的文章一般论述得比较简单。例如戴逸认为,清政府奉行闭关政策的原因有两个,第一,"从根本上说,闭关政策是落后的封建经济的产物"。第二,"由于它和广大人民群众阶级矛盾的尖锐化"。[②]胡思庸则认为原因有有三条:"第一,它是重农抑商政策的延续","第二,它来自封建统治者妄自尊大的心理","第三,隔绝人民与外界的联系,以利于专制统治"。[③]

90年代以后,越来越多的学者认为,闭关政策形成的原因是非常复杂的,必须从更深的层面上进行分析。例如,陈尚胜认为,闭关政策是中国封建社会晚期政治、经济、社会、军事和文化因素相互作用的结果。明清时期封建政治体制的高度垄断性,决定了它必然要尽可能地阻断中外之间的民间联系。而中国领土的幅员辽阔,使控制技术更成为中国封建王朝建立有效统治的关键。它不像邦国林立的欧洲,生存中充满着与外部世界的联系和竞争。同时,中国经济的自给自足和国内市场的广阔,使中国可以不依赖于海外市场,又为封建统治者的闭关提供客观物质基础。文化上的华夷观,也限制了他们对于海外世界的视野,妨碍了海权观念的形成。北部边患的长期存在,制约着明清政府对于海防的建设,而海防的薄弱,反过来又迫使他们本能地通过闭关政策来进行自我保护。[④]更有一部分学者强调从思想和文化上去探求闭关政策产生的深层根源,认为封建社会大一统的"天下中心"观念,华夷观念、等级秩序的"礼法"等是清朝"闭关政策"生存的广阔土壤。[⑤]

还有学者主张,对闭关政策不能一概而论,要根据这一政策在不同时期的不同作用来进行评价。例如,李刚以1780年为界,将鸦片战争前的中西经济关系分为两个阶段,并且认为闭关政策在前一阶段具有民族自卫、反侵略、反掠夺的性

---

① 陈尚胜:《闭关与开放:中国封建晚期对外关系研究》,山东人民出版社1993年版。

② 戴逸:《闭关政策的历史教训》,《人民日报》1979年3月13日。

③ 胡思庸:《清朝的闭关政策和蒙昧主义》,《吉林师范大学学报》1979年第2期。

④ 陈尚胜:《也论清前期的海外贸易》,《中国经济史研究》1993年第4期;陈尚胜:《也论清前期的海外贸易》,《中国经济史研究》1993年第4期。

⑤ 向玉成:《清代华夷观念的变化与闭关政策的形成》,《四川师范大学学报》1996年第1期;王先明、靳迎春:《清代"闭关政策"与封建文化心理》,《山西大学学报》(哲学社会科学版)1992年第4期

质,在后一阶段则对中国社会经济发展起了阻挠和破坏的作用,具有落后性和反动性。[1]

虽然清代"闭关"与明朝的"海禁"存在着一定的历史联系,但长期以来,很少有人将这两者结合起来进行综合分析。八九十年代,只有少数学者对这种综合进行过尝试。例如蒋作舟、陈申如等人认为,明代在海禁的同时并未罢黜国外先进科学技术的传入,清代的"闭关"虽渊源于明代"海禁",但不同的是,清政府已放弃了明朝"海禁"政策中积极对外防卫的职能,而改变为消极排外的"愚民"政策,这种质变就决定了清朝"闭关"政策的落后和反动性。[2] 进入 21 世纪之后,关于明清两朝闭关政策的综合研究成了学者们关注的一个重点。万明把明与清前期的海外政策置于全球化的大格局中进行比较研究,其主要观点是:贯穿明朝海外政策的主线是开放的,因而其海外政策的实践较为成功;贯穿清朝海外政策的主线则是封闭的,因此严格意义的闭关政策是在清朝确立的,最终导致了近代国家民族的深重灾难。[3] 陈尚胜不同意万明的这一观点,并且从官方出海贸易政策、海外国家朝贡贸易政策、本国商民出海贸易政策、外国商民来华贸易政策、关税政策等五个方面进行分析,认为"清前期海外贸易政策中的不少内容都直接继承于明朝","清前期无论对于本国商民的出海贸易,还是对于外国商民的来华贸易,在具体待遇上都比明朝有很大的改善,它体现了清前期海外贸易政策的进步性,而非倒退性。[4] 对于这一问题的争鸣,还在继续。

前面较多地介绍了大陆学术界关于清朝闭关政策问题的研究进展,是因为这一问题直接关系到鸦片战争前的中英关系研究。早期中英关系史上的重大事件,如洪仁辉事件、马戛尔尼使华、中英海上贸易、鸦片战争爆发,都与闭关政策问题有着密切的关系。对于闭关问题的不同认识,直接影响对于这些重大问题的看法。先看关于洪仁辉事件的研究情况。

清政府于 1757 年将此前的多口通商改为"广州一口对外通商"后,英国商人洪仁辉(James Flint)于 1759 年驾船北上,向乾隆皇帝直接控告粤海关贪污克扣行为,引起了清政府的强烈反应,制定了更加严格的海外贸易管理制度。这就是"洪

① 李刚:《论鸦片战争前中西经济关系的发展阶段——兼论中国闭关政策的历史作用》,《西北大学学报》(哲学社会科学版)1994 年第 2 期。
② 蒋作舟、陈申如:《评明、清两朝的"海禁"、"闭关"政策》,《历史教学问题》1987 年第 4 期;李骏:《明清时期闭关自守政策及其历史教训》,《广西社会科学》1995 年第 5 期。
③ 万明:《中国融入世界的步履——明与清前期海外政策比较研究》,社会科学文献出版社 2000 年版。
④ 陈尚胜:《明与清前期海外贸易政策比较——从万明〈中国融入世界的步履〉一书谈起》,《历史研究》2003 年第 6 期。

仁辉事件"。对于这一事件与清朝闭关政策之间的关系,学术界有两种不同的观点。一种观点认为,洪仁辉的捣乱,强化了清朝的闭关政策。朱雍在《洪仁辉事件与乾隆的限关政策》一文中,考察了洪仁辉事件与乾隆限关政策的内在联系,认为"两广总督李侍尧认为洪仁辉事件爆发主要原因是'由于内地奸民教唆引诱,行商、通事不加管束,稽查所致'。为了'防范于未萌',他于 1759 年 12 月(乾隆二十四年十月)提出《防范外夷规条》,后经乾隆批准,成为清政府第一个全面管制外商的正式章程",至此,乾隆的强硬政策发展到了极点,限关政策的具体内容也正式完备起来。因此,洪仁辉事件与乾隆帝限关政策的强化有着直接的联系。①汪敬虞的《论清代前期的禁海闭关》、黄启臣的《清代前期海外贸易的发展》等文章都持这种观点。

另外一种观点则否认洪仁辉是清政府发布限令的主要原因。例如,陈东林、李丹慧在《乾隆限令广州一口通商政策及英商洪仁辉事件述论》一文中认为,"乾隆二十二年限令广州一口通商,主要是为了防范内地人民,要进一步切断其与外界的联系。洪仁辉事件不是清政府发布限令的主要原因,因为这一事件发生在限令颁布以后的第二年,尽管它又导致了清廷对广州一口通商的进一步限制"。他们还进一步指出:"清廷的闭关政策和西方资本主义侵略政策,是各自客观存在的两个方面。强调封建蒙昧,否定西方资本主义殖民活动和本质,是不正确的;否认在早期中外交往中,封建愚昧思想在造成中国与世隔绝的落后状况中所起的主导作用,甚至用西方的侵略来肯定这种思想,也是错误的。"②

上述这两种观点,都是在 80 年代形成的。值得注意的是,此后学术界对洪仁辉事件的研究并不多。其原因,可能是由于新资料的不足而无法突破已有的研究水平。

2. 关于马戛尔尼使团的研究

与"洪仁辉事件"相比,关于马戛尔尼使团的研究成果要丰富得多了。

1792 年,英国政府派出了以马戛尔尼(George Macartney)为首的庞大使团,以给乾隆皇帝祝寿为名,于 1793 年抵达北京,受到了乾隆皇帝的接见。在此过程中,双方为了觐见乾隆皇帝的礼节问题而发生了争执。最终,马戛尔尼使团也没有达到目的,无功而返。

马戛尔尼使华,是鸦片战争前中英关系史上的一件大事,也是 18 世纪东西方

---

① 朱雍:《洪仁辉事件与乾隆的限关政策》,《故宫博物院院刊》1988 年第 4 期。
② 陈东林、李丹慧:《乾隆限令广州一口通商政策及英商洪仁辉事件述论》,《历史档案》1987 年第 1 期。

关系史上的一件大事。早在 20 世纪 30 年代，朱杰勤等人已关注这一问题。①
1980 年，他发表了《英国第一次使团来华的目的和要求》一文，对马戛尔尼使团来
华的背景、目的和后果进行了更加深入的分析，并且认为："乾隆皇帝这样认真对
待英国使团是得体的合理的，在当时形势下，只有这样做才能在一定程度上维护
住中国的主权和领土完整"；"英国发动的两次鸦片战争并不是由于乾隆皇帝拒绝
英国使团的要求，维持对外通商制度引起的，而是英国资本主义发展的必然结
果"。② 朱杰勤的这篇文章，引发了大陆学术界更多的讨论。

朱雍的《不愿打开的中国大门——18 世纪的外交与中国命运》一书，是 80 年
代专题研究马戛尔尼使华问题的著作。此书根据 18 世纪的国际关系，分析了清
朝对外政策由缓和走向严厉的过程，叙述了马戛尔尼在中国遇到了一系列难题，
最后指出，乾隆帝限关自守政策是导致马戛尔尼使团访华失败的直接原因。③ 此
外，他在《论马戛尔尼访华失败的原因》一文中，除了详细分析马戛尔尼访华失败
的原因外，还探讨了马戛尔尼访华一些积极作用，例如在文化方面的收获，在维系
两国关系上的贡献。④ 戴逸也认为，"马戛尔尼使团要求与清政府建立外交和商业
联系的目的未能达到"，所以基本上是一次失败的出使。⑤

90 年代以后对马戛尔尼的研究更加热烈，论题扩大，涉及政治、经济、文化、心
理等方面。1993 年是马戛尔尼使华 200 周年，相关研究因此而得到推动。在承德
举行了"中英通史 200 周年国际学术讨论会"，后来出版了《中英通史二百周年学
术讨论会论文集》。⑥ 法国学者佩雷菲特的专著《停滞的帝国——两个世界的撞
击》(王国卿等译)也于 1993 年由三联书店出版。1996 年，中国第一历史档案馆编
纂出版了《英使马戛尔尼访华档案史料汇编》(国际文化出版公司 1996 年版)。

一些学者从新的角度探讨马戛尔尼使华失败的原因。例如，吴大康认为，马
戛尔尼使团的目的是为了解决中英之间不正常的外交和贸易，并兼有某种殖民因
素，其失败的主要原因在于中英两国文化背景与政治观念的不同，在于清王朝的
封闭性、腐朽性及狭隘的民族主义。⑦ 戴逸先生在《清代乾隆朝的中英关系》一文
中重申，清初实行的闭关政策是马戛尔尼失败的根本原因，这次失败使中国失去

---

① 朱杰勤：《英国第一次使臣来华记》，载于朱杰勤：《中外关系史论文集》，河南人民出版社 1986 年版。
② 朱杰勤：《英国第一次使团来华的目的和要求》，《世界历史》1980 年第 3 期。
③ 朱雍：《不愿打开的中国大门——18 世纪的外交与中国命运》，江西人民出版社 1989 年版。
④ 朱雍：《论马戛尔尼访华失败的原因》，《大庆社会科学》1988 年第 3 期。
⑤ 戴逸：《简明清史》二，中国人民大学出版社 1984 年版，第 533 页。
⑥ 张芝联、成崇德主编：《中英通史二百周年学术讨论会论文集》，中国社会科学出版社 1996 年版。
⑦ 吴大康：《马戛尔尼的使命——鸦片战争前中英关系再探》，《安康帅专学报》1999 年第 4 期。

了一次在 18 世纪融入世界的机会。①

1793 年 9 月 14 日，英国使臣马戛尔尼觐见了乾隆皇帝，不过，对于马戛尔尼觐见乾隆的具体礼仪，中外记载并不相同。英国方面的记载说：马戛尔尼是按照英国礼节（单腿跪地或鞠躬礼）觐见乾隆帝的。而清朝文献表明，英国使臣按照中国礼节向皇帝行了三跪九叩之礼。这样，关于马戛尔尼使团觐见乾隆皇帝的礼仪问题，成了国内外学者争论的一个焦点，20 世纪后期这个争论依然在继续。王开玺在一系列的研究中不仅认为中国方面的记载更加可靠，而且还指出："礼仪之争"虽不构成中外国家政治关系史的主要内容，但反映了极其鲜明的时代特征，清晰勾勒出中国由独立国家逐步沦为半殖民地国家的历史轨迹。② 刘凤云认为，马戛尔尼使团来华的礼仪之争，实质是东方第一强国与西方第一强国之间为维护本国尊严的一场较量。礼节冲突的实质是文化的冲突，这也是导致马戛尔尼外交失败的主要原因之一。③

20 世纪后期，关于马戛尔尼使团的其他一些问题也受到了学者们的关注。例如，黄兴涛探讨了马戛尔尼是否向清朝政府提出在华传教的问题，认为"英使没有提出过在华传教要求的观点，是基本可靠的"。该文同时又指出，由于传教士的参与和帮助，直接促成了英国使团的成行，从而使马戛尔尼使团"在实现总体目标失败的前提下"取得几点"难得的"收获。④ 林延清对马戛尔尼使团携带的大量"贡品"进行了详细的研究，认为这些"贡品"都是经过精心挑选的，品种丰富，质量上乘，简直可以说是英国工业产品的博览会，反映了英国工业革命的最新成果。英国人不远千里将这些"贡品"带到中国来的目的，是为了在政治上"讨得清朝皇帝及其官员的欢心，并让他们意识到英国的先进、强大和富有，为外交谈判奠定基础；在经济上希望通过输入新兴工业产品，引起中国人的消费欲望，为扩大英国的进口商品市场服务"⑤。黄宇蓝考察了中英双方对于这些"贡品"的不同看法。在中国官员看来，马戛尔尼使团带来的是"贡品"，而在英国人看来，他们送来的是"礼品"。由此也可看出，中英双方对于马戛尔尼使团在认识上的差异，而且双方都充满了自信，而未能充分地认识对方。⑥ 计秋枫专门分析了马戛尔尼使团访华

---

① 戴逸：《清代乾隆朝的中英关系》，《清史研究》1993 年第 3 期。
② 王开玺：《从清代中外关系中的"礼仪之争"看中国半殖民地化的历史轨迹》，《北京师范大学学报》1994 年第 2 期；《马戛尔尼跪谒乾隆帝考析》，《历史档案》1999 年第 2 期；《隔膜、冲突与趋同》，北京师范大学出版社 1999 年版；《清代外交礼仪的交涉与论争》，人民出版社 2009 年版。
③ 刘凤云：《谈马戛尔尼使团访华的礼节冲突》，《清史研究》1993 年第 1 期。
④ 黄兴涛：《马戛尔尼使华与传教士和传教问题》，《清史研究》1993 年第 3 期。
⑤ 林延清：《对马戛尔尼使团"贡品"的思考》，《历史教学》1998 年第 1 期。
⑥ 黄宇蓝：《从马戛尔尼送礼看中西方文化差异》，《广西师范大学学报》（哲学社会科学版）2005 年第 4 期。

所携带的英国国书译本(所谓"表文"),认为这份国书在译成中文时,被英国使团
所聘华人翻译作了有意的改动,从而沦为一份属国"表文",最终强化了清朝政府
对于英国及马戛尔尼使团的错误认识,"把事实上正在经历工业革命洗礼的而蒸
蒸日上的大英帝国继续当做微不足道的'蛮荒'番邦对待,更无意筹划如何应对未
来的挑战",并且在某种程度上还影响了此后几十年中英关系的发展。①

马戛尔尼使团最终并没有达到与中国建立外交关系的目的,从这个意义上来
说,这次出使是失败的。从 20 世纪后期开始,学者们开始探讨马戛尔尼使团对于
英国社会的积极影响。林延清认为,马戛尔尼使团访华虽然没有达到预期的目
的,但他们通过此行对中国社会有了一定了解和认识,并且使英国人对于中国的
看法发生了很大改变。② 欧阳哲生写道:马戛尔尼使团访华期间广泛搜集资料,并
且撰写了关于中国社会各个方面的大量著作,从而改变了"过去主要由传教士进
行传播'中国经验'的做法,开启了非神职人员主导欧洲'中国经验'的新局面";强
化了英国人的优越感和贬华倾向,并为英国发动两次鸦片战争提供了丰富的情报
资源。③ 侯强等人认为,马戛尔尼使团的对华外交策略是经过精心准备和周密策
划的,其意在推行强权政治,虽在当时的历史条件下,中英双方都不具备把自己的
意志强加于对方的条件,但他们的某些要求和行为还是带有明显的侵略性。马戛
尔尼使团利用娴熟的外交技巧,收集了有关中国经济、军事的大量情报,在一定程
度上完成了自己的使命,为英国人制定下一步的对华政策提供了依据。④

还有些学者从比较研究的角度探讨马戛尔尼使团。例如,赵世瑜通过把利玛
窦等传教士与马戛尔尼使团进行比较,分析了中国形象从 17 世纪到 19 世纪在英
国的变化,认为"两种异域文化的相遇或碰撞,有赖于双方对各自的历史、社会、文
化的全面、深入和长期的了解和理解。只有在长期的、全面的了解和理解的基础
上,正常的中西关系才有可能出现"⑤。张顺洪则将马戛尔尼和 1816 年出使中国
的阿美士德使团进行了比较,认为马戛尔尼在对中国进行批判与贬低的同时,也
表达了不少客观的赞赏性评价,这是由于他已经意识到根据欧洲标准来评价中国
是不妥当的;相比之下,阿美士德对中国的批判更多,其主要原因是由于英国社会

① 计秋枫:《马戛尔尼使华事件中的英吉利"表文"考》,《史学月刊》2008 年第 8 期。
② 林延清:《马戛尔尼使华与中英观念的变化》,《清史论丛》2007 年。
③ 欧阳哲生:《英国马戛尔尼使团的"北京经验"》,《北京社会科学》2010 年第 6 期。
④ 陆建洪、侯强:《马戛尔尼使团对华外交策略分析》,《海交史研究》2003 年第 2 期。侯强:《马戛尔尼使华
期间的外交收获》,《江西社会科学》2003 年第 5 期。
⑤ 赵世瑜:《从利玛窦到马戛尔尼(写在英使首次访华 200 周年之际)》,《北京师范大学学报》1994 年第
5 期。

经济的繁荣使英国人采用了不同的标准和价值观念来看待中国。[①] 这样的比较研究,是今后需要继续深入去做的。

3. 关于中英早期贸易史的研究

进入 18 世纪,英国成了中国与欧洲海上贸易的主角。1757 年之后,广州成为中国唯一对欧洲进行贸易的口岸,这样,英国与中国的海上贸易问题,又与广州的外贸管理体制紧密结合在一起。1949 年之前,梁嘉彬等学者对此进行过出色的研究。[②] 1949 年之后,除了彭泽益等人外,[③]这个问题并没有受到足够的关注。进入 80 年代,对于中英贸易史的研究迅速成为热点,并且涌现出了一批年轻的学者。

在清朝与欧洲各国的贸易中,广东十三行曾发挥了重要作用,清政府通过它来控制对欧贸易和限制欧洲商人在华活动。20 世纪 80 年代以来,对十三行的研究有了很大发展,如吴仁安的《明代广东三十六行初探》(《学术研究》1980 年第 2 期)、吴建雄的《1757 年以后的广东十三行》(《清史研究集》第 3 辑)、章深的《十三行与清代海外贸易的特点》(《中国社会经济史研究》1987 年第 1 期)、李金明的《清代经营海外贸易的行商》(《海交史研究》1993 年第 2 期)、庄国土的《广州制度与行商》(北京文献书目出版社 1996 年版)等。这些文章通过探讨十三行的由来、兴衰等问题,推进了相关研究。不久前,隋福民从新制度经济学理论出发,对广东十三行作了新的分析。[④]

在 20 世纪后期,对于中西贸易中"商欠"问题的研究很有特色。林延清的《试论清中期的"夷欠"问题》(《近代史研究》1985 年第 1 期)、章文钦的《清代前期广州中西贸易中的商欠问题》(《中国经济史研究》1990 年第 2 期)、吴义雄的《兴泰行商欠案与鸦片战争前夕的行商体制》(《近代史研究》2007 年第 1 期)等文章都是这方面的重要文章。其中,章文钦采用纵横研究、中西比较和计量分析的方法,探讨了商欠的产生原因及发展过程,分析了商欠所体现的行商、外商和官府三者之间的关系。该文认为,由于中国与西方生产体系和社会经济发展水平不同,西方商业资本在市场信用、资本构成、所得利润等方面都对中国封建商业资本占有压倒的优势,使外商经常处于债务人的地位,从而形成了商欠;商欠迫使中国行商从封建官商转变成为外商服务的工具,并且在破坏和摧毁清代广东洋行制度中起到了决

---

①　张顺洪:《马戛尔尼和阿美士德对华评价与态度的比较》,《近代史研究》1992 年第 3 期。

②　梁嘉彬:《广东十三行考》,蔡鸿生 1999 年版序,广东人民出版社 1999 年版。

③　彭泽益:《清代广东洋行制度的起源》,《历史研究》1957 年第 1 期。

④　隋福民:《清代广东十三行的贸易制度演化》,《社会科学战线》2007 年第 1 期。

定性的作用。① 吴义雄的《兴泰行商欠案与鸦片战争前夕的行商体制》一文,则具体考察了兴泰行商欠案始末,认为"兴泰行商欠案发生,除了自身的一些原因外,主要是 1830 年代中西贸易关系的变化和行商贸易体制自身的弊端所致"。作者分析了 1834 年英国东印度公司失去对华贸易垄断权后对中国行商所产生的严重后果,指出:"英国东印度公司的对华贸易垄断制度和中国行商的对外贸易垄断制度之间存在绝对的共生关系,但从对兴泰行商欠案的研究可以看出,由于二者之间的密切联系,前者的终结导致后者加速崩溃,则是毋庸置疑的。"②

鸦片战争前,清政府与西方国家尚无正式外交关系,在管理涉外事务方面,往往需要"大班"予以配合。黄国盛的《鸦片战争前粤海关当局与"大班"的关系及其演变》(《福建论坛》1998 年第 1 期),杨国桢的《洋商与大班:广东十三行文书初探》(《近代史研究》1996 年第 3 期)等文章着重考察了洋商和大班的问题。其中,杨国桢根据英国所藏清朝官方公文及广东十三行致英国东印度公司大班的信函等珍贵史料,考证了鸦片战争前清代中英贸易中的关键人物洋商与大班交往的若干史实,加深了对这一问题的研究。③

有些学者研究了鸦片战争前在广州的英国商人。例如李金明认为,英商在广州的贸易,事实上就是东印度公司与港脚商人之间的角逐。随着港脚贸易的扩大和港脚商人势力的发展,他们对东印度公司对广州贸易的垄断越来越不满,终于迫使英国议会于 1834 年 4 月 22 日终止东印度公司对华贸易的垄断权。而后,"这些自由商人为了维护鸦片贸易,继续从中攫取暴利,即极力煽动英国政府发动侵华战争,迫使清政府签订'南京条约',使中国人民从此沦入半殖民地的深渊"④。林庆元等人考察了英商洋行的起源与演变过程,指出:"英商洋行从经营港脚贸易到成为英国工业资产阶级的代理商,英国'自由商人'取代东印度公司的过程,对中华民族来说,意味着更大的灾难。英商洋行成了西方新兴工业资产阶级侵华的桥头堡,自由商人成为西方新殖民政策的实际谋划人。"⑤

在鸦片战争前的中英贸易中,茶叶是最重要的商品,垄断着中英茶叶贸易的英国东印度公司是茶叶贸易最大的主顾。萧致治等人详细地考察了 17、18 世纪中国与英国之间的茶叶贸易,分析了马戛尔尼使团与茶叶贸易之间的关系,探讨了茶叶贸易与鸦片贸易之间的关系,指出:"所有与茶叶贸易有关的人都对推广鸦

① 章文钦:《清代前期广州中西贸易中的商欠问题》,《中国经济史研究》1990 年第 2 期。
② 吴义雄:《兴泰行商欠案与鸦片战争前夕的行商体制》,《近代史研究》2007 年第 1 期。
③ 杨国桢:《洋商与大班:广东十三行文书初探》,《近代史研究》1996 年第 3 期。
④ 李金明:《鸦片战争前英商在广州的贸易》,《南洋问题研究》1994 年第 4 期。
⑤ 林庆元、黄国盛:《鸦片战争前广州英商洋行的起源与演变》,《中国社会经济史研究》1993 年第 1 期。

片贸易感到极大的兴趣"，鸦片贸易的发展，不断改变了白银的流向，给中国社会产生巨大的影响。[①] 杨仁飞考察了中英茶叶贸易中垄断和自由贸易之间的竞争，认为"由于清政府采取传统贸易手法从事中英茶叶贸易，使得清政府对外贸易政策显得过分保守，行商的经济力量得不到壮大。而与此同时，英国商人在华的势力日益膨胀，他们凭借雄厚的财力，在贸易中控制经济力量薄弱的十三行商人，从中获得最大的利益"[②]。不久前，张燕清对英国东印度公司在茶叶贸易中的垄断行为进行了进一步的探究。[③] 兰日旭等人考察了茶叶贸易对中英双方的影响。[④]

在中英贸易中，鸦片是一项非常有特色的商品。1840 年爆发的改变中国历史进程的中英战争，就是以"鸦片"命名的。早在鸦片战争前，就有中国人零星地考察过鸦片贸易问题。此后，该项研究一直没有中断过。20 世纪后期，对鸦片贸易的研究更加全面、深入，取得的成果也更加丰富。主要论文有徐健竹的《鸦片战争前英国对中国的鸦片贸易》（《历史教学》1980 年第 9 期）、林仁川的《清代福建的鸦片贸易》（《中国社会经济史研究》1985 年第 1 期）、张力的《英国殖民地时期印度的鸦片生产与对华贸易》（《四川大学学报》1985 年第 4 期）、邓开颂的《鸦片战争前澳门的鸦片走私贸易》（《学术研究》1990 年第 3 期）、何大进的《早期英美对华鸦片贸易比较研究》（《史学月刊》1998 年第 4 期）、郭卫东的《澳门与早期鸦片贸易》（《中国边疆史地研究》1999 年第 3 期）等。龚缨晏的《鸦片的传播与对华鸦片贸易》（东方出版社 1999 年版）是研究这一问题的重要著作，在许多方面都有进展。龚缨晏还根据中外文资料，纠正了一些错误的说法，认为"1840 年前输入中国的鸦片总量约为四十多万箱，价值约二亿两白银；1840 年前中国平均每年外流的白银最多的约为六百万两；鸦片战争前夕中国每年吸食鸦片的人数约为两百五十多万人"[⑤]。吴义雄后来对此问题作了更进一步的探讨，认为在鸦片战争爆发前 18 年中，平均每年有 1 万多箱鸦片输入和 1000 多万两白银被掠夺。[⑥]

1949 年之后，大陆学术界对于鸦片战争原因的解释一直比较简单，即认为这场战争的直接原因是由于英国保护鸦片贸易，阻挠中国人民禁烟而引起的。[⑦] 随着对中英贸易研究的深入开展，过去 30 年间对于鸦片战争的原因也进行了新的

---

① 萧致治、徐方平：《中英早期茶叶贸易——写于马戛尔尼使华 200 周年之际》，《历史研究》1994 年第 3 期。

② 杨仁飞：《清前期广州的中英茶叶贸易》，《学术研究》1997 年第 5 期。

③ 张燕清：《垄断政策下的东印度公司对华茶叶贸易》，《浙江学刊》2006 年第 6 期；《英国东印度公司对华茶叶贸易方式探析》，《中国社会经济史研究》2006 年第 3 期。

④ 兰日旭、徐生忠：《浅析英国东印度公司从事华茶贸易的双面影响》，《农业考古》1999 年第 2 期。

⑤ 龚缨晏：《1840 年前输入中国的鸦片数量》，《浙江大学学报》（人文社会科学版）1999 年第 8 期。

⑥ 吴义雄：《鸦片战争前的鸦片贸易再研究》，《近代史研究》2002 年第 2 期。

⑦ 姚薇元：《论鸦片战争的直接原因》，《武汉大学学报》1963 年第 4 期。

探讨。例如，顾卫民把广州通商制度同鸦片战争联系起来进行考察，认为"广州通商制度是鸦片战争前 80 余年中外贸易和邦交的唯一渠道，也是清政府锁国闭关的象征。它在战前引起中外日益频繁的摩擦和战后被彻底废除的事实，说明它与战端起因的必然联系"。在他看来，广州制度本质上代表了皇室、官吏和部分行商的私利，这种高度垄断性和单一性的制度势必要与西方资本主义的扩张发生纠纷与冲突；而体现在广州制度中清朝政治观念和邦交体制则是导致中英决裂的另一个重要因素。最后，顾卫民指出："广州制度在禁止鸦片走私时力不从心，而束缚中外正常贸易却绰绰有余。历史证明，正是因为代表皇室、官吏和官商私利的广州制度本身的腐败与落伍，使得近代中国无力抵抗外部西方的侵略，又不能从内部鼓励和促进本国经济的发展，从而越来越陷于消极被动的窘境，最终导致民生凋敝，国力衰弱的恶果。"①

后来，有更多的人探讨了鸦片战争的原因问题，如高茂兴的《试论英国发动鸦片战争的历史原因》（《江西师范大学学报》1990 年第 3 期）、吴致谋的《"广州体系"与鸦片战争》（《民国档案》1997 年第 2 期）、丁顺茹的《鸦片战争前中英关系发展述评》（《广州师院学报》1998 年第 5 期）、刘存宽的《试论英国发动第一次鸦片战争的双重动因》（《近代史研究》1998 年第 4 期）、陈少牧的《关于鸦片战争爆发的原因再探》（《华侨大学学报》2003 年第 2 期）等。此外，茅海建的力作《天朝的崩溃》（三联书店 1995 年版）对此问题也有涉及。吴义雄在不久前出版的著作中，进一步研究了这个问题，并且提出：鸦片战争的原因，并不能简单地归结为鸦片问题，英国散商才是"1834 年后中英关系快速演变的决定性因素"，而"鸦片其实只是中英关系戏剧中的独特道具。对一些基督教传教士来说，鸦片贸易事关道德，但对鸦片商人而言，那纯粹与利益相关。作恶并非其目的所在，他们追求的是恶行带来的利益。资本的力量使鸦片这种毒品成为改变中西关系格局的媒介"。② 对鸦片战争原因的不同认识，正是中国学术进步的一个反映。

四、关于中国与欧洲之间文化交流的研究

1949 年之后，大陆学术界在讨论中国与欧洲的历史关系时，基本上是从西方对中国的侵略与中国人民的反侵略这个角度出发的，很少有人关注中国与欧洲之间的文化交流问题，而作为文化交流中介人的天主教来华传教士，则被认为是"西方殖民者配合其军事、政治、经济侵略的一支先遣队"。③80 年代之后大陆学术界

---

① 顾卫民：《广州通商制度与鸦片战争》，《历史研究》1989 年第 1 期。
② 吴义雄：《条约口岸体制的酝酿》，中华书局 2009 年版，第 557—558 页。
③ 萧萐父：《粉碎迷信洋人的伪科学》，《新建设》1958 年 9 月号。

的一个显著特点是,抛开偏见,尊重史实,不仅关注到西方殖民主义者侵略的一面,也重视中国与欧洲之间文化交流,包括肯定明清之际天主教传教士的历史贡献。在过去的30年间,对于中国与欧洲文化交流史的研究,成为大陆学术界的一个热点,呈现出一派繁荣的局面,而且在研究的广度与深度上,都突破了此前的水平。过去30年的研究成果非常丰富,本文难以进行详细的叙述,只能作鸟瞰式的回顾。1980年至1999年的研究成果,还可参考徐海松所编的《耶稣会士与中西文化交流论著目录》。①

1. 关于来华耶稣会士的研究

在明清之际的欧洲来华传教士中,耶稣会士人数最多,所起的历史作用也最大。对耶稣会士的研究历来为国内外学者所关注。"文革"结束后,对于耶稣会士的研究很快出现高潮,主要讨论两大问题。一是如何看待耶稣会士与西方殖民扩张者之间的关系,二是耶稣会士是否把西方最先进的科学技术传入中国。1979年,冯天瑜发表了《利玛窦等耶稣会士在华活动》一文,首次把利玛窦与鸦片战争后来华的传教士区别开来,指出:"纵观利玛窦在中国二十多年的活动,我们并未发现他与西方殖民主义海盗直接勾结的证据,并未发现他有侵犯中国主权的劣迹。利玛窦基本坚持了对中国政府和人民友好的态度,这是明末耶稣会士能够与中国人师友相处,并为中西文化作出贡献的关键所在。"②陈申如等人在《试论明末清初耶稣会士的历史作用》一文中指出:"建国三十多年来史学界对明末清初耶稣会士来华活动的历史,不是讳莫如深,噤若寒蝉,就是全盘否定,一笔抹杀。其实,这都不是马列主义实事求是的辩证唯物主义的态度。"文章认为,耶稣会士虽然"作为葡萄牙殖民主义者对外扩张的先锋队,首先进入中国的大门",但当时中国是一个独立的封建专制主义的大国,葡萄牙殖民主义"不可能形成对中国独立生存的威胁,因而耶稣会士也不可能起到鸦片战争后西方传教士在中国所起的侵略帮凶的作用"。③马雍通过具体分析马尔蒂尼(卫匡国)的生平事迹,认为:"虽然早期资本主义也从事一些向外扩张的殖民活动,但还没有发展到对中国进行侵略的地步。当时耶稣会士来华传教的宗旨,与所有其他宗教企图不断扩大其信仰范围的愿望相同,那是一种正当的传教活动";"十七世纪的耶稣会士大多是慕中华文明之名而来的。他们一面传教,一面传播西方科学知识,同时他们也在学习中国

---

① 徐海松:《耶稣会士与中西文化交流论著目录》,载黄时鉴主编:《东西交流论谭》第二集,上海文艺出版社2001年版。这个目录还被转登于"中国学术论坛"(http://www. frchina. netdatadetail. php? id=20)等。
② 冯天瑜:《利玛窦等耶稣会士的在华活动》,《江汉论坛》1979年第4期。
③ 陈申如、朱正谊:《试论明末清初耶稣会士的历史作用》,《中国史研究》1980年第2期。

的文化,传播中国的文化"。① 这些文章发表于拨乱反正时期,从理论与思想上为学术研究的深入开展扫清了障碍。此后,臧嵘的《明清之际来华耶稣会士的评价》(《北方论丛》1981 年第 4 期)、林金水的《利玛窦在中国的活动与影响》(《历史研究》1983 年第 1 期)、陈东林的《雍正驱逐传教士与清前期中西交往的中落》(《北京师范大学学报》1985 年第 5 期)、徐明德的《明清之际来华耶稣会士对中西文化交流的贡献》(《杭州大学学报》1986 年第 4 期)、朱维铮的《十八世纪中国的汉学和西学》(《复旦学报》1987 年第 3 期)等文章,从不同的角度论证了耶稣会士的历史作用。

不过,也有学者提出了不同的观点。例如张维华等人通过剖析 16 世纪耶稣会士在华传教政策演变的过程,认为耶稣会士是当时资本主义殖民活动的一个组成部分。他们为了进入中国后,为了从思想上征服中国人,不得不一再变换传教政策,直至最后实行知识传教。就客观效果而言,耶稣会士一方面帮助了西方殖民主义,这是主要的;另一方面也促进了中西方之间的文化交流。② 持类似观点的文章还有史静寰的《谈明清之际入华耶稣会的学术传教》(《内蒙古师范大学学报》1983 年第 3 期)、程维礼的《基督教与中西文化交流》(《复旦学报》1987 年第 1 期)等。

90 年代以后,更多的学者对来华传教士进行了研究,主要论文有康志杰的《也谈〈关于明清耶稣会士在华活动评介的几个问题〉》(《学术月刊》1993 年第 10 期)、许明龙的《试评 18 世纪末以前来华的欧洲耶稣会士》(《世界历史》1993 年第 4 期)、万明的《明代后期西方传教士来华尝试及其成败述论》(《北京大学学报》1993 年第 5 期)等。这些文章以新的角度对来华耶稣会士进行评价,例如万明认为,在明末来华耶稣会士中,一直存在着武力传教和学术传教这两种不同传教方式的冲突,前者是"'一手持圣经,一手握御剑以进中国'的西方殖民主义代表",后者是"把中国看作他们最后的栖身之地的西方宗教文化传播者";最后的结果是,"前者遭到惩罚,以妄想破灭而告终,而后者为中西文化交流作出的重大贡献,则至今为后人所纪念"。③ 宝成关认为,耶稣会士在华传播的西学是"新、古学"杂糅,起到了"功过参半的作用",作者同时指出,清统治者限制西学在中国的传播,使中国科学文化的发展受到了阻碍或滞迟。④

① 马雍:《近代欧洲汉学家的先驱马尔蒂尼》,《历史研究》1980 年第 6 期。
② 张维华、孙西:《十六世纪耶稣会士在华传教政策的演变》,《文史哲》1985 年第 1 期。
③ 万明:《明代后期西方传教士来华尝试及其成败述论》,《北京大学学报》1993 年第 5 期。
④ 宝成关:《明末西学东渐重评》,《学术研究》1994 年第 3 期;《清初西学输入的成就与局限》,《史学月刊》1995 年第 3 期。

明清时期来华耶稣会士人数众多,在过去的 30 年间,大陆学者对其中的主要人物进行了研究,其中对利玛窦的研究最为丰富,据粗略统计,仅从 2001 年至 2010 年 7 月,大陆地区出版的有关利玛窦的专著(含编、译著)共有 30 余种,发表论文 350 余篇。[①] 此外,关于卫匡国、艾儒略、金尼阁等人的研究也取得了很大的进展。许明龙主编的《中西文化交流先驱——从利玛窦到郎世宁》(东方出版社 1993 年版),对明清时期的重要传教士进行了介绍。张铠的《庞迪我与中国》(北京图书馆出版社 1997 年版)是对传教士个人进行专题研究的佳作。研究来华传教士的论文则更多,主要有:高冰原和《卫匡国(马尔蒂尼)的中国新图志》(《自然科学史研究》1982 年第 4 期),徐明德的《论意籍汉学家卫匡国的历史功绩》(《世界宗教研究》1995 年第 2 期),沈定平的《论卫匡国在中西文化交流史上的地位和作用》(《中国社会科学》1995 年第 3 期),许明龙的《本世纪中国学者对弥蒂尼(卫匡国)的介绍与研究》(《社会科学》1994 年 第 9 期),林金水、吴怀民的《试论艾儒略传播基督教的策略与方法》(《世界宗教研究》1995 年第 1 期),计翔翔的《金尼阁与中西文化交流》(《杭州大学学报》1994 年第 3 期),《明末在华天主教士金尼阁事迹考》(《世界历史》1995 年第 1 期),肖朗的《艾儒略与明清之际西方教育的导入》(《社会科学战线》2001 年第 4 期),吴伯娅的《蒋友仁与中西文化交流》(《清史论丛》2001 年卷),张西平的《清代来华传教士马若瑟研究》(《清史研究》2009 年第 2 期),等等。另外,还出版了不少翻译著作,例如爱德华·卡伊丹斯基的《中国的使臣卜弥格》(张振辉译,大象出版社 2001 年版)和魏若望主编的论文集《传教士·科学家·工程师·外交家南怀仁(1623—1688)》(社会科学文献出版社 2001 年版)等。郑德弟等人翻译的《耶稣会士中国书简集》(大象出版社 2001—2005 年版),耿昇翻译的《16—20 世纪入华天主教传教士列传》(广西师范大学出版社 2010 年版)、《法国中国学的历史与现状》(上海辞书出版社 2010 年版)和《明清间耶稣会士入华与中西汇通》(东方出版社 2011 年版)等译著,更为研究者提供了宝贵的资料和重要的学术信息。

欧洲传教士来到中国后,与中国社会各阶层发生了各种联系。学术界对此问题也进行了较为广泛的研究。刘潞的《康熙帝与西方传教士》(《故宫博物院院刊》1981 年第 3 期)、高振田的《康熙帝与西洋传教士》(《历史档案》1986 年第 1 期)、林钧均的《汤若望与顺治帝》(《清史研究通讯》1985 年第 1 期)、林金水的《试论南怀仁对康熙天主教政策的影响》(《世界宗教研究》1991 年第 1 期)、冯佐哲的《试论顺

---

① 林金水、代国庆:《利玛窦研究三十年》,《世界宗教研究》2010 年第 6 期。

康雍三朝对西方传教政策的演变》(《世界宗教研究》1991 年第 3 期)、安双成的《康熙与西洋传教士》(《历史档案》1994 年第 1 期)、董建中的《传教士进贡与乾隆皇帝的西洋品味》(《清史研究》2009 年第 3 期)等文章,讨论了耶稣会士与中国最高统治者之间的关系。王春瑜的《大顺军与耶稣会士关系史初探》(《学术研究》1981 年第 2 期)、王薇的《张献忠与耶稣会士》(《文史知识》1984 年第 5 期)等文,关注并研究了耶稣会士同明末农民起义军的关系。此外,学者也关注了耶稣会士与明清士大夫的关系,主要论著有:邓建华的《天主教的输入与晚明士人的价值认同》(《湖北大学学报》1990 年第 5 期)、林金水的《艾儒略与福建士大夫的交游》(《基督教与近代文化》上海人民出版社 1994 年版)、龚缨晏的《明清之际的浙东学人与西学》(《浙江大学学报》2006 年第 3 期)等。

关于明清时期天主教传播情况的研究文章不多,主要有汤开建的《顺治时期天主教在中国的传播与发展》(《清史论丛》2001 年号)和《顺治朝全国各地天主教教堂教友考略》(《清史研究》2002 年第 3 期)。特别值得一提的是台湾学者黄一农在大陆出版的《两头蛇:明末清初的第一代天主教徒》(上海古籍出版社 2006 年版),可谓是中西文化交流史方面的一部别开生面的力作。此书在史料发掘、文献考证、研究方法等方面都有很多创新。此书通过考察明末清初第一代天主教徒的因缘、心态和经历,对中西文化的差异、碰撞、融合进行了精辟而独到的分析。

相比之下,关于来华耶稣会士传教策略的研究关注较多,主要论文有陈雪花的《浅议利玛窦"合儒"》(《浙江学刊》1991 年第 4 期)、陈典松的《浅论利玛窦"补儒"》(《孔子研究》1993 年第 2 期)、康志杰的《利玛窦论》(《湖北大学学报》1994 年第 2 期)、郭熹微的《试论利玛窦的传教方式》(《世界宗教研究》1995 年第 1 期)、曹雪稚的《利玛窦与"南昌传教模式"》(《江西社会科学》2007 年第 3 期)、王冬青的《明代耶稣会在华传教中的日本经验》(《云南社会科学》2008 年第 1 期)、吴莉苇的《从利玛窦和艾儒略的传教策略看晚明基督教与儒学对话机制的缺失》(《复旦大学学报》2009 年第 4 期)等文。其中,郭熹微的《试论利玛窦的传教方式》(《世界宗教研究》1995 年第 1 期)一文指出,利玛窦的传教士方式既合乎实际又不违背基督教精神,这种方式并不是利玛窦别出心裁的独创,而是与其所处的文化氛围及耶稣会创建的历史背景有关,受到了欧洲文艺复兴和宗教改革时代精神的影响。[①] 吴莉苇的《从利玛窦和艾儒略的传教策略看晚明基督宗教与儒学对话机制的缺失》一文,比较了利玛窦和艾儒略的传教方式,认为艾儒略的天主教本位主义更为突出。

---

① 郭熹微:《试论利玛窦的传教方式》,《世界宗教研究》1995 年第 1 期。

明清时期,欧洲许多天主教修会都曾派人到中国传教,但中国学术界一直比较重视对耶稣会的研究,而很少探讨其他几个修会在中国的活动。进入 21 世纪后,这种局面发生了改变。例如,汤开建在《明清之际方济各会在中国的传教》一文中,对方济各会在华活动的历史进行了探讨。[①] 此后,崔维孝对 16—18 世纪西班牙方济会在中国的活动进行了更加全面的研究,为后人打下了良好的基础。[②] 吴旻、韩琦等人则分析了巴黎外方传教会士与"礼仪之争"之间的关系。[③] 张先清等人研究了多明我会在福建等地的传教活动进行了研究,并且分析了多明我会与"礼仪之争"之间的关系。[④] 李天纲的《中国礼仪之争:历史·文献和意义》(上海古籍出版社 1998 年版)、张国刚的《从中西初识到礼仪之争》(人民出版社 2003 年版)、张铠的《中国与西班牙关系史》(大象出版社 2003 年版)也都涉及明清时期不同的天主教修会。不过,总体上来看,对于天主教其他修会在中国的传教活动,还是研究不足,需要加强,特别是加强对中外文原始文献的发掘与利用。

2. 关于中西文化交流的研究

自 20 世纪 80 年代起,中国学术界出现了研究文化的热潮。在此背景下,关于中国与西方相互之间文化传播、交流、冲突及融合方面的研究显得格外突出,概述性的主要著作有:沈福伟的《中西文化交流史》(上海人民出版社 1985 年版)、周一良主编的《中外文化交流史》(河南人民出版社 1987 年版)、张维华的《明清之际中西关系简史》(齐鲁书社 1987 年版)、李亚宁的《明清之际的科学、文化与社会——17、18 世纪中西文化关系引论》(四川大学出版社 1992 年版)、陈卫平《第一页与胚胎——明清之际的中西文化比较》(上海人民出版社 1992 年版)、林仁川等人的《明末清初中西文化冲突》(华东师范大学出版社 1999 年版)、沈定平《明清之际中西文化交流史——明代:调适与会通》(商务印书馆 2001 年版)、张国刚等人的《中西文化关系史》(高等教育出版社 2006 年版),等等。这些著作,全面地勾画出了中西文化交流的历史过程,也是研究者必读的入门之作。

---

①　汤开建:《明清之际方济各会在中国的传教》,载卓新平主编:《相遇与对话:明末清初中西文化交流国际学术研讨会论文集》,宗教文化出版社 2003 年版。

②　崔维孝:《方济会士利安当与"中国礼仪之争"》,《汉学研究》第 8 集,2004 年;《明清之际西班牙方济会在华传教研究(1579—1732)》,中华书局 2006 年版。

③　吴旻、韩琦:《礼仪之争与中国天主教徒》,《历史研究》2004 年第 6 期。

④　张先清:《多明我会与明末中西交往》,《学术月刊》2006 年第 10 期;《多明我会士高琦入化史事考》,《文化杂志》(澳门)2007 年春季号;《多明我会士黎玉范与中国礼仪之争》,《世界宗教研究》2008 第 3 期;《官府、宗族与天主教》,中华书局 2009 年版。赵殿红:《西班牙多明我会士闵明我在华活动述论》,《暨南学报》2009 年第 5 期。周志明:《多明我会台湾开教原因初探》,《福建论坛(人文社会科学版)》2006 年专刊;《明清时期闽台多明我会关系的动态变迁》,《宗教学研究》2010 年第 1 期。

在中西文化史的研究中,许多学者将"西学东渐"作为重点。例如,徐海松的《清朝士人与西学》(东方出版社2000年版)一书,探讨了清初西方文化传入中国的背景与渠道,分析了清朝知识界对西方文化的各种反应,很有学术深度。吴伯娅的《康雍乾三帝与西学东渐》(宗教文化出版社2002年版)一书,剖析了康雍乾三帝的海外政策、三帝对西教与西学的认知和态度,并且涉及清代前中期中西关系史中的其他一些问题。何兆武的《明末清初西学之再评价》(《学术月刊》1999年第1期)一文,从文艺复兴以来世界历史的发展趋势、当时中国的社会特点、东渐西学的性质这三个方面着手,认为明末清初天主教传教士所输入的神学体系与当时中国的时代要求是相背离的,19世纪末的新教传教士则对中国的社会转型发挥了更大的推动作用。乔凌霄在《明清之际的文化心态与西学传播效应》(《安徽史学》1999年第2期)一文中提出,虽然晚明耶稣会士传入的西学并未包括当时西方最先进的科学成就,但在中国科学技术从中古走向近代的历程中打上了深刻的印记,作者甚至认为在西学的影响下,"中国学者也作出了一些近代科技性质的成就"。黄兴涛的《清代初中期西学影响经学问题研究述评》(《中国文化研究》2007年第1期)一文,比较系统地梳理了近百年来中国学术界关于西学对清代初中期经学影响问题的研究概况。

从哲学及思想史的角度来考察西学东渐,是学者们非常感兴趣的论题,成果也比较多。90年代,孙尚扬通过剖析徐光启、李之藻、杨廷筠等明末士大夫的思想,探讨了中西文化的差异,以及徐光启等人对西方文化的认识、吸收与融通。①进入21世纪,学者们继续探讨这个问题,主要论著有李天纲的《跨文化诠释:经学与神学的相遇》(新星出版社2007年版)、张晓林的《天主实义与中国学统》(学林出版社2005年版)、刘耕华的《诠释的圆环:明末清初传教士对儒家经典的诠释及其本土回应》(北京大学出版社2005年版)。这些著作从更深的层面研究了西方天主教与中国正统思想之间的关系。有些文章则重点考察明清时期中西两种异质文化之间的冲突,如蒋国保的《撞击、颉颃、拒斥——明末清初中西文化之争论纲》(《浙江学刊》1991年第5期、杨建华的《明清之际浙江地区中西文化的冲撞》(《浙江学刊》1991年第3期)、赵世瑜的《寺庙宫观与中西文化的冲突》(《中国史研究》1992年第4期)、许序雅的《来华传教士对中西社会产生的不同影响及其原因》(《浙江师范大学学报》1993年第1期)、刘耘华《明末清初入教儒士的"新人"意识

① 孙尚扬:《明末天主教与儒学的交流与冲突》,文津出版社1002年版;《基督教与明末儒学》,东方出版社1994年版;《从利玛窦对儒学批判看儒耶之别》,《哲学研究》1991年第9期等。

及其文化意义》(《天津社会科学》2005 第 2 期),等等。这些文章通过分析中西文化之间的冲突,使人们加深了对中国文化本身的认识。

16 世纪欧洲天主教来到中国时,发源于印度的佛教早已在中国立足生根。一些学者考察了明清时期天主教与佛教的关系,并发表了许多文章,主要有孙尚杨的《利玛窦对佛教的批判及其对耶稣会在华传教活动的影响》(《世界宗教研究》1998 年第 4 期)、陈永革的《以儒辩天与以佛辩天:晚明佛教丛林对天主教义的论难》(《宗教学研究》2001 年第 4 期)、马晓英的《晚明天主教与佛教的冲突及其影响》(《世界宗教研究》2002 年第 4 期)、赵伟的《利玛窦对中国佛教早期传播经验的借鉴》(《天津社会科学》2006 年第 6 期)、戴继城的《对朱国桢〈达观始末〉一文的辩正——兼驳利玛窦对紫柏的有关评述》(《宗教学研究》2007 年第 1 期)、戚印平的《远东耶稣会士关于易服的天、释关系》(《浙江学刊》2003 年第 3 期)、林中泽的《从利玛窦书信和日记看晚明的天、释关系》(《学术研究》2009 年第 4 期),等等。此外,还有学者探讨过天主教与中国其他宗教之间的关系,从而拓宽了研究领域,如李琼的《明清之际民间宗教信仰对基督教在华传播的影响》(《甘肃理论学刊》2003 年第 9 期)、陈可培的《利玛窦的〈畸人十篇〉与道教思想》(《东方论坛》2007 年第 6 期),等等。

18 世纪,以中国康熙皇帝为一方,以罗马的天主教教皇为另一方,就是否允许中国天主教徒参加中国传统的祭祖与祭孔等仪式发生了激烈的冲突,这就是著名的"中国礼仪之争",并且一直延续到 20 世纪 30 年代。这场争论,不仅对当时的中西关系产生了巨大影响,而且"扩大到整个社会文化思想界,成为 18 世纪以来一个世界性的热门话题,可以说它是中外历史上空前规模的'中西文化大讨论'"。[①] 20 世纪后期,关于"中国礼仪之争"同样受到学者们的高度重视,研究成果颇丰,主要专著有:李天纲的《中国礼仪之争:历史·文献和意义》(上海古籍出版社 1998 年版)、顾卫民的《中国与罗马教廷关系史略》(东方出版社 2000 年版)、张国刚的《从中西初识到礼仪之争:明清传教士与中西文化交流》(人民出版社 2003 年版)、吴莉莉的《中国礼仪之争:文明的张力与权力的较量》(上海古籍出版社 2007 年版)等。主要论文有:陈钦庄等人的《中西文化的一次剧烈冲突:论明清时期的"中国礼仪之争"》(《浙江学刊》1992 年第 2 期)、林金水的《明清之际士大夫与中西礼仪之争》(《历史研究》1993 年第 2 期)、阮炜的《明末的名词、礼仪之争和士大夫基督教徒》(《世界宗教研究》1993 年第 3 期)、宝成关的《中西文化的第一次激烈冲突——明

---

① 李天纲:《中国礼仪之争:历史·文献和意义》,上海古籍出版社 1998 年版。

季南京教案文化背景剖析》(《史学集刊》1993 年第 4 期)、张垣的《敬祖与敬主：儒教与基督教一种文化功能的比较》(《贵州社会科学》1993 年第 1 期)，等等。前面已提及一些文章，如吴旻和韩琦的《礼仪之争与中国天主教徒》、张先清的《多明我会士黎玉范与中国礼仪之争》，则反映了进入 21 世纪之后中国学者对此问题的研究进展。

21 世纪学术界快速兴起的另一个热点是关于天主教传教士与汉学的研究，主要著作有吴孟雪的《明代欧洲汉学史》(东方出版社 2000 年版)、许明龙的《黄嘉略与早期法国汉学》(中华书局 2004 年版)、吴莉苇的《当诺亚方舟遭遇伏羲神农》(中国人民大学出版社 2005 年版)、张西平的《传教士汉学研究》(大象出版社 2005 年版)、张国刚的《欧洲早期汉学史：中西文化交流与西方汉学的兴起》(中华书局 2009 年版)、张国刚等人的《明清传教士与欧洲汉学》(中国社会科学出版社 2010 年版)、李向玉的《汉学家的摇篮：澳门圣保禄书院研究》(中华书局 2006 年版)等。主要论文有张西平的《西方汉学的奠基人罗明坚》(《历史研究》2001 年第 3 期)、张国刚的《明清传教士的当代中国史——以 16—18 世纪在华耶稣会士作品为中心的考察》(《社会科学战线》2004 年第 2 期)、吴莉苇的《明清传教士中国上古编年史研究探源》(《中国史研究》2004 年第 3 期)、陈辉的《耶稣会士对汉字的解析和认知》(《浙江大学学报》2007 年第 4 期)等。

20 世纪后期，随着大陆学术的复兴，少数几个学者也开始聚焦"中学西渐"问题。其中最有影响的是朱谦之的《中国哲学对于欧洲的影响》。这部著作可以说是中国学术曲折历程的一个缩影。朱谦之于 1940 年出版了《中国思想对于欧洲文化之影响》一书。1949 年之后，他对此书进行了补充与修订，完成了《中国哲学对欧洲的影响》，并交商务印书馆排版。但书还没有出版，就受到了批判。[①]"文革"结束后，福建人民出版社于 1985 年正式出版了这部著作。朱谦之在这部著作中，通过考察中国哲学对欧洲的影响，从一个侧面深入研究了中西方文化交流的历史过程，有力地说明了中国文化在欧洲社会巨变中所起的作用。范存忠于 1987 年完成的《中国文化在启蒙时期的英国》，[②]是非常难得的一部开拓之作。作者通过分析原始资料，以丰富的实例，生动地证明了中国文化对英国的影响，对于外国文学、比较文学、跨文化研究、中外文化交流史等学科都有积极的推动作用。此书于 1991 年由上海外语教育出版社首次出版，2010 年由译林出版社再次出版。许

① 朱谦之：《中国哲学对欧洲的影响》，河北人民出版社 1999 年版，黄心川序第 3 页。
② 范存忠：《中国文化在启蒙时期的英国》，译林出版社 2010 年版，林凤藻等序。

明龙于 1999 年出版的《欧洲 18 世纪"中国热"》(山西教育出版社 1999 年版)一书,
对于推动相关问题的研究起到了很好的作用。2000 年之后,关于"中学西渐"的研
究论著日益增多,主要有张西平的《中国与欧洲早期宗教和哲学交流史》(东方出
版社 2001 年版),朱仁夫的《儒学传播意大利》(《东方论坛》2005 年第 3 期),疏仁
华的《利玛窦与儒学西渐刍议》(《贵州师范大学学报》2005 年第 3 期),陈超的《明
末清初的"东学西渐"和中国文化对法国启蒙运动的影响》(《学术研究》2006 年第 5
期),许敏的《明清之际耶稣会传教士与中国社会生活的西传——西方人眼里中国
人的衣食住行》(《史学集刊》1992 年第 1 期)、《西方传教士对明清之际中国婚姻的
论述》(《中国史研究》1994 年第 3 期)等。不过,总的说来,关于"中学西渐"问题还
是显得比较薄弱,许多问题尚有待进一步探讨。特别需要指出的是,应当把中国
对欧洲的文化影响置于欧洲具体的历史背景下进行考察,而不能用现代人的观点
来想当然地看待这个问题,更不能脱离历史事实夸大中国文化对欧洲的影响。

　　3. 关于中西科技交流、早期新教传教士等问题的研究

　　明清之际的天主教传教士往往身兼传道者和科学家双重身份,他们在传教的
同时,也把欧洲的科学技术介绍到中国,而且,他们所介绍的西方科学技术涉及许
多领域,包括天文、地理、数学、化学、机械制造、医学等。同时,来华传教士也将中
国科学技术介绍到欧洲。80 年代,对于中西科技交流问题的研究就取得了很多的
成果,主要论文有赵璞珊的《西洋医学在中国的传播》(《历史研究》1980 年第 3
期)、潘吉星的《阿格里阿拉的〈矿冶全书〉及其在明代中国的流传》(《自然科学史
研究》1983 年第 1 期)、王庆余的《论徐光启引进西方科技中的几个问题》(《苏州大
学学报》1985 年第 2 期)、林金水的《利玛窦输入地圆学说的影响与意义》(《文史
哲》1985 年第 5 期)、舒理广的《南怀仁与中国清代铸造的大炮》(《故宫博物院院
刊》1989 年第 1 期)、蒋祖缘的《利玛窦在广东的传教与科学活动》(《广东社会科
学》1989 年第 2 期),等等。这些论文不仅讨论了西方传教士所输入的科学技术,
而且还研究了西方科学技术与中国传统的结合问题。例如王庆余在《论徐光起引
进西方科技中的几个问题》一文中认为,中国古代科技已形成一套独特的、完整的
体系,外来科技成果难以融入,因此,利玛窦只有与徐光启结合后,才对中西科技
交流起巨大的促进作用。

　　从 90 年代开始,江晓原、韩琦等学者对中西科技交流问题进行了更加深入的
探究,主要著作有樊洪业的《耶稣会士与中国科学》(中国人民大学出版社 1992 年
版),江晓原的《天学外史》(上海人民出版社 1999 年版)、《天文西学东渐集》(上海
书店出版社 2001 年版)、《欧洲天文学东渐发微》(上海书店出版社 2009 年版),韩

琦的《中国科学技术的西传及其影响》(河北人民出版社 1999 年版),张承友等人的《明末清初中外科技交流研究》(学苑出版社 2000 年版),尚智丛的《明末清初(1582—1687)的格物穷理之学》(四川教育出版社 2003 年版),韩琦等人的《中国和欧洲:印刷术与书籍史》(商务印书馆 2008 年版),等等。主要论文有朱亚宗的《科学的创造者与文化的迷失者——徐光启历史角色新探》(《自然辩证法通讯》1990 年第 2 期),陆敬严的《中德科技交流的先驱——汤若望》(《中国科技史》1993 年第 2 期),宝成关的《略论西学对晚明自然科学的影响》(《社会科学探索》1994 年第 2 期),张云台的《明末清初西方科技输入中国之管见》(《科学学研究》1995 年第 2 期),杨泽忠的《利玛窦中止翻译〈几何原本〉的原因》(《历史教学》2004 年第 2 期)、《利玛窦与非欧氏几何在中国的传播》(《史学月刊》2004 年第 7 期),汤开建等人的《明清之际自鸣钟在江南地区的传播与生产》(《史林》2006 年第 3 期),梅晓娟等人的《明清之际在华耶稣会士地理学汉文西书的天主教化倾向》(《安徽师范大学学报》2009 年第 2 期),等等。

在中西科技交流史的研究中,有关地图交流的研究很有特色,主要论著有曹婉如等人的《中国与欧洲地图交流的开始》(《自然科学史研究》1984 年第 4 期)、赵永复的《利玛窦〈坤舆万国全图〉所引用的中国资料》(《历史地理研究》第 1 集,1986 年)、黄时鉴等人的《利玛窦世界地图研究》(上海古籍出版社 2004 年版),等等。其中黄时鉴等人的《利玛窦世界地图研究》,以翔实的资料和广阔的视野,把相关研究推进到一个新的阶段。

1980 年之前,关于中国与西方在音乐绘画等方面的交流问题做得不多。20 世纪后期,这方面也有不少成果,主要有陶亚兵的《明清间的中西音乐交流》(东方出版社 2001 年版)、汤开建的《明清之际西洋音乐在中国内地传播考略》(《故宫博物院院刊》2003 年第 2 期)、史琳的《对利玛窦与中西音乐交流几个问题的探讨》(《郑州大学学报》2005 年第 4 期)、沈定平的《传教士马国贤在清宫的绘画活动及其与康熙皇帝关系述论》(《清史研究》1998 年第 1 期)、莫小也的《17—18 世纪传教士与西画东渐》(中国美术学院出版社 2002 年版)、汤开建等人的《明清之际天主教的传播与西洋宗教画的关系》(《安徽师范大学学报》2005 年第 6 期)、文铮的《偏见与宽容——利玛窦与中西美术的相遇》(《美术观察》2008 年第 8 期)等。

此外,有的学者还探讨了此前很少有人涉及的问题,例如施康里的《明清西方传教士的藏书楼及西书流传考述》(《史林》1990 年第 1 期)、康志浩的《论明清在华耶稣会士财务经济》(《史学月刊》1994 年第 3 期)、余迎《伊索寓言传入中国的时间应提前》(《史学月刊》2008 年第 10 期)等文章。可以预见,在未来的研究中,这些冷门的论题将会更加得到重视。

明清时期的欧洲天主教传教士是通过个人的努力而进入中国内地开展活动的,他们并不是像鸦片战争之后的传教士那样依仗着西方列强的刺刀保护而在中国的土地上横冲直撞。相比之下,19世纪初开始来到中国的基督教新教传教士则从一开始就与西方列强对中国的经济、军事侵略直接或间接地联系在一起。所以,1949年之后,大陆学术界很少有人讨论过这个问题,更不用说对其进行客观公正的评价了。[①] 20世纪后期,与来华天主教传教士的研究相比,学术界对于鸦片战争前西方来华新教传教士的研究仍然显得比较薄弱,不过表现出来的势头却非常强劲。比较全面研究这个问题的著作有顾长声的《从马礼逊到司徒雷登:来华新教传教士评传》(上海人民出版社1985年版)、《传教士与近代中国》(上海人民出版社1991年版),熊月之的《西学东渐与晚清社会》(上海人民出版社1995年版),顾卫民的《基督教与近代中国社会》(上海人民出版社1996年版),王立新的《美国传教士与晚清中国现代化》(天津人民出版社1997年版),吴义雄的《在宗教与世俗之间》(广东教育出版社2000年版),龚缨晏的《浙江早期基督教史》(杭州出版社2010年版)。

在对早期来华新教传教士的研究中,马礼逊是个重点。主要论著有卞湘川等人的《马礼逊与中西文化交流》(《史林》1988年第2期)、吕坚的《从新发现有关马礼逊梁发传教档案看新教的传入及影响》(《历史档案》1996年第4期)、谭树林的《马礼逊与中西文化交流》(中国美术学院出版社2004年版)、顾长声的《马礼逊评传》(上海书店出版社2006年版)、商颖的《论马礼逊学校西式教育模式及其对中国近代教育的影响》(《浙江学刊》2007年第5期)、贾永梅的《早期来华传教士的"非传教行为"研究——以第一位来华新教士马礼逊为例》(《山东师范大学学报》2010年第2期)等。2004年,广西师范大学出版社出版了《马礼逊回忆录》,为研究者提供了更多的原始资料。张西平的《马礼逊研究文献索引》(大象出版社2008年版),则为研究者提供了一本重要的工具书。2007年,是马礼逊来华200周年,为此,学术界也曾举行过一些纪念活动,相关论文收录在张西平等人所编的《架起东西方交流的桥梁》(外语教学与研究出版社2011年版)中。

除了马礼逊外,越来越多的学者开始关注更多的传教士,开始探讨更多的论题,如刘毛雅的《鸦片战争前来华基督教士的办报活动》(《历史教学》1990年第5

[①] 1949年之后关于基督教新教传教士的文章,最主要的是郑天挺的《马礼逊父子》,《历史教学》1954年第2期。

期)，何桂春的《明末至近代天主教和新教在华活动比较研究》(《福建师范大学学报》1991年第4期)，谭树林的《早期来华新教传教士与中国传统文化》(《北方论丛》1998年第4期)、《早期来华基督教传教士与近代中外文期刊》(《世界宗教研究》2002年第2期)，吴义雄的《基督教传教士在澳门的早期文化活动略论》(《学术研究》2002年第6期)，邹振环的《麦都思及其早期中文史地著述》(《复旦大学学报》2003年第5期)，汤开建等人的《英国循道公会澳门档案中的早期传教士活动》(《中国文化研究》2004年第3期)，吴宁的《早期基督教新教传教士夫人在澳门的活动》(《广西民族学院学报》2005年第5期)，郭红的《从幼童启蒙课本到宣教工具——1823年至1880年间基督教三字经的出版》(《史学集刊》2009年第11期)，司佳的《麦都思〈三字经〉与新教早期在华及南洋地区的活动》(《学术研究》2010年第12期)。这些论著表明，学术界对早期来华新传教士的研究正在广度与深度上不断拓展，并将成为一个新的热点。

在过去的30年中，经过众多学者们的辛勤努力，中国与欧洲海上丝绸之路的研究有了很大的进步，取得了可喜的成绩，呈现出了繁荣的局面。可以相信，在未来的岁月里，中国与欧洲海上丝绸之路的研究，一定会有更大的成就。

（本章作者：谷雪梅，宁波大学人文与传媒学院历史系副教授）

第八章　中国与美洲海上丝绸之路
研究回顾

　　古代中国与亚洲、非洲及欧洲的海上交流很早就开始了,相比之下,1840年之前中国与美洲地区的交流要少得多了。由于地理上的隔阂,古代美洲与中国之间的海上交往尚无确证。20世纪,学术界围绕着"慧深东渡扶桑"说、"殷人航渡美洲"说、"法显航达美洲"说等观点展开过热烈的讨论。近年来,新的观点更多,并且引起了大众传媒的浓厚兴趣,但依然缺乏可靠的证据。

　　新航路开辟后,欧洲人建立起世界性的海上贸易网络,把美洲与中国直接联系起来。尤其是西属美洲银矿的发现和开掘,为欧洲人的对华贸易提供了充足的支付工具,极大地推动了东西方贸易的发展。欧洲殖民国家是这一时期中国与美洲海上交往的中介,中国传统商品通过新开辟的墨西哥—菲律宾—中国海上丝绸之路,源源不断地运往美洲、欧洲等地,美洲白银则大量流入中国,促进了中国商品经济的发展,也使中国进一步卷入到世界经济体系中。此外,原产于美洲的农作物通过多条途径传入中国,对中国社会产生了深远的影响。中国与美洲的海上贸易、美洲白银的流入、美洲农作物的传入等问题,一直是学术界讨论的重点,并且取得了丰硕的成果。

　　到18世纪晚期,随着北美大陆上美利坚合众国的建立,中国与美洲的交流进入一个新时期。尽管新生的美国羽翼未丰,但雄心勃勃,在独立后第二年即派商船来华,开辟了中美直接通商的历史。中美关系以贸易往来为先导,在政治、经济、文化等方面迅速发展。到了20世纪初,美国最终取代英国成为与中国关系最为密切的国家,对此后的中国历史发展产生了重大而深远的影响。在1949年之后的很长一段时间内,由于中美处于敌对状态,大陆学术界对于中美关系的研究主要集中在揭露批判美帝国主义侵略中国的罪行上,研究资料也比较匮乏。20世纪70年代之后,随着中美关系的缓和与正常化,学术界对中美关系史的研究也日益升温,并且探讨了关于1840年之前中美海上交往的一些问题。

一、关于"古代中国人发现美洲"问题的讨论

关于古代中国与美洲之间的海上交往问题,一直受到国内外学术界的关注。早在 18 世纪后期,欧洲学术界就提出"古代中国人发现美洲"说,但处于封闭状态的中国学者对这类说法一无所知。鸦片战争之后,国门被打开,有关美洲史地的著述大量问世,但比较肤浅。民国以后,国内学术界对美洲历史的认识日趋深入,关于"中国人发现美洲"问题的讨论开始受到重视。新中国成立初期,尽管关于中国与美洲海上交往问题的研究处于非主流地位,但依然有零星但重要的文章发表,其中比较引人注目的是对于"慧深东渡扶桑"说的讨论。"文革"期间,学术界研究中断,直到 1978 年十一届三中全会之后才逐步恢复和发展。在此后的 30 年间,关于"古代中国人发现美洲"问题的讨论愈演愈烈,成为国内中国史和世界史研究领域非常引人注目的现象。

1."慧深东渡扶桑"说

1761 年,法国汉学家德·吉涅在向法国文史学院提出的研究报告《中国人沿美洲海岸航行及居住亚洲极东部的几个民族的研究》中,首次提出了"中国人最早发现美洲"说,欧洲汉学家们为此展开了热烈的争论。从 20 世纪初开始,针对德·吉涅等西方学者的观念,国内学术界展开了一场大讨论,直到 1941 年朱谦之的《扶桑国考证》一书出版,国内的讨论才告一段落。这一时期国内学者重视对史料的考订,并对"中国人发现美洲"说基本持肯定态度。20 世纪 60 年代初期,邓拓以马南邨为笔名,在《北京晚报》及其他学术刊物发表文章,力挺"慧深东渡扶桑"说,使这个问题重新引起学术界的关注。[①] 但也有不少学者提出质疑,代表人物为罗荣渠,他从地理位置、物产、社会组织和风俗、佛教和慧深、考古学和人类学的材料等五个方面论证了如下观点:"扶桑国"若确实存在的话,那么它也不可能距离中国太远,更绝不可能远在美洲,"估计这个国的地理方位大致是在北界不超过库页岛、东界不超过日本、西界不超过贝加尔湖这个地区范围之内"。[②]罗荣渠的文章史料翔实,其结论合乎逻辑,侧重从技术和自然条件层面对之前的"中国人发现美洲"说完全予以否定,引起了学术界的热烈反响。

20 世纪 80 年代后,由于不少人将美国加州海底发现"石锚"视为哥伦布以前中国沉船的遗物,使"慧深东渡扶桑"说再度兴起。景振国认为,扶桑应在美洲,绝

---

① 马南邨:《燕山夜话》(合集),北京出版社 1979 年版,第 101—110 页;朱谦之:《哥伦布前一千年僧人发现美洲考》,《北京大学学报(人文科学版)》1962 年第 4 期。

② 罗荣渠:《论所谓中国发现美洲问题》,《北京大学学报》1962 第 4 期。

非日本;慧深关于扶桑国的描述,基本上符合 5 世纪墨西哥的实际情况;墨西哥的特有作物具备了中国古籍所说的"扶桑木"特征;"五世纪的扶桑国正是墨西哥!"[1] 王家祐等认为,我国慧深和尚早在哥伦布一千年前就登上了美洲海岸,《梁书·诸夷传》和《山海经》等古籍记载中的扶桑和古代石刻中的扶桑,都是同一种粮食作物——玉米,早在上古"禅让"时期,地处峨山高原上的夏部落就开始种植玉米了。[2] 邓少琴通过分析印第安的月相、慧深所描述的扶桑国礼俗以及自殷至战国滨海之人所言海事,推断"古代中国人最先到达美洲,实非无可能"[3]。张维慎提出,扶桑国实当在美洲,其建立者是受殷文化渐染的中国貉族人。在有史可查的人物中,沙门慧深是"扶桑国"的最早发现者。[4] 这些文章,基本肯定"慧深东渡扶桑"说的真实性。

其他学者对这一观点进行了反驳。罗荣渠发表《扶桑国猜想与美洲的发现》一文,用新的方法和资料充实了他在 20 世纪 60 年代的论证,指出:《慧深年谱》有很大的"迷惑性","慧深说完全是曲解和割裂史料的产物";《梁书》有关扶桑国的记载"疑点甚多","扶桑国"子虚乌有,而"扬帆美洲三千年"则是一种"并无实现可能的航海可能论"。他判定,扶桑国传说只不过是西域游僧编造出来的海外奇闻,如确有其地,则应在中国之东,即东北亚某地离倭国不太远之处,"应在大陆而不在海上"。至于《梁书》中记载的"扶桑国"的重要物产"扶桑木",罗荣渠认为既不是墨西哥的特产"龙舌兰",不是美洲印第安人的基本粮食植物玉米,也不是棉花,而更接近于桑树或桑科植物如椿树等。[5] 罗荣渠的文章论述精到,结论颇具说服力。之后罗荣渠尽管把研究重心转移到现代化研究上,但对这个问题继续予以关注,在 20 世纪 80 年代和 90 年代初相继发表了相关的文章和专著阐述他的论点,进一步回答了"为什么不会有中国的哥伦布"这一问题,从不同侧面为"中国人发现美洲"问题做了总结,否认了这一学说。[6]

关于慧深和尚是否到过美洲及"扶桑国"问题因有关文献记载多矛盾难解之处、双方均没有充分证据而引发争论和辨析,至今没有定论。20 世纪 90 年代,随

①　景振国:《扶桑新释》,《南美洲丛刊》1981 年第 4 期。

②　王家祐、史岩:《玉米的种植与美洲的发现新探》,《社会科学研究》1982 年第 2 期。

③　邓少琴:《从北美印第安人之"月相"、慧深所说"扶桑国"之礼俗谈到古代中国人东渡美洲》,《重庆师院学报》1983 年第 3 期。

④　张维慎:《"扶桑国在美洲"再考》,《陕西师范大学学报》1998 年第 2 期。

⑤　罗荣渠:《扶桑国猜想与美洲的发现——兼论文化传播问题》,《历史研究》1983 年第 2 期。

⑥　罗荣渠:《"石锚"与中国人发现美洲之谜》,《海洋观察家》1984 年第 1 期;罗荣渠:《中国人发现美洲之谜——中国和南美洲历史联系论集》,重庆出版社 1988 年版;罗荣渠:《15 世纪中西航海发展取向的对比与思考》,《历史研究》1992 年第 1 期。

着学者们研究视野的扩大和美洲新文物的发现,"殷人航渡美洲"说及"法显航达美洲"说成为中心议题。

2."殷人航渡美洲"说

早在 1846 年,英国汉学家梅德赫斯特在翻译《书经》时,就曾经提出,公元前 1000 年左右可能有大批被周朝打败的殷人渡海逃亡,漂泊到美洲西海岸,甚至在墨西哥等地建立了国家,但此说一直没有引起学术界的关注。20 世纪 70 年代,香港和台湾的一些学者力主此说,但并未引起大陆学者的关注。到 20 世纪 80 年代后,这种说法在大陆也开始流传。

1981 年,房仲甫在《人民日报》发表文章,认为美国发现的"石锚"从形状到用途与我国古代船锭(锚)一致,"中国同美洲的传统友谊,很可能上溯到三千年前"。[①] 与此同时,委内瑞拉学者安东尼奥·莫雷诺·维亚弗兰卡的新观点也被介绍到国内。他认为,在印第安人定居美洲以后,公元前 1400 年和公元 700 年先后有两批亚洲移民进入美洲,他们的文化对美洲文化的发展曾起过重要的推动作用。根据他的研究,在公元前 1400 年左右(中国商朝),一批中国移民从黄河流域向东迁徙越过太平洋后在中美洲登陆,他们高度发展的文化在美洲传播的结果产生了前奥尔梅克和奥尔梅克文化。[②] 石钟健从太平洋两岸船锚的历史渊源关系、两者发现的地点、形状、资料、用途、重量、时代等方面加以比较,认为美国浅海中的圆圈石锚当源于我国并属于我国石锚发展的第二阶段,距今约有二三千年之久。而石锛的分布,可以看作越人往来于太平洋两岸间的重要的文物依据。石锛是继石锚之后又一个中国人最先到达美洲的物证。[③] 石钟健的论证使这场讨论更加丰富多彩,但殷商时期的越族先民并不是商的臣民,因此越人东渡与殷人东渡是两码事。

"殷人航渡美洲"说一经提出,就引起国内学术界的争论。张虎指出,仅仅根据石锚岩质与中国沿海地区所产石灰岩一样,而没有证明只有中国沿海地区才出产这种石灰岩,就不能断定这些石锚就一定产于中国;根据锰积聚率测定海底沉物年代是一种误差很大的参考方法,公认的最可靠的方法是碳 14 及同位素测定;我国的古籍没有关于"殷人东渡"的信实记载;商末周初也不存在殷人东渡的政治背景。他认为"石锚"更有可能是美洲早期印地安居民从事海上活动的遗迹。[④] 张

---

① 房仲甫:《扬帆美洲三千年——殷人跨越太平洋初探》,《人民日报》1981-12-25。
② 委历:《古代已有亚洲移民到美洲的新论证》,《世界历史》1981 年第 2 期。
③ 石钟健:《古代中国船只到达美洲的文物证据——石锚和有段石锛》,《思想战线》1983 年第 1 期。
④ 张虎:《石锚证物与殷人东渡辨析》,《南美洲丛刊》1982 年第 3 期。

铠也对"石锚"是殷人遗物的判断提出质疑,并且提出:既然"石锚"的产地"从地层学角度而言,环太平洋带(包括我国台湾)的新阿尔卑斯褶皱带各地都有可能",自然包括加利福尼亚一带;既然从事"石锚"研究的学者们排除了印第安人是石锚制造者的可能性,那么这些"石锚"很可能是从 1788 年起在北起阿拉斯加南至吉普特海峡从事捕鱼活动的华人的遗物。[①]

此后,房仲甫继续阐述他的观点:墨西哥古代文化与中国历代文化相似和相同的约有 20 多种,具有明显的商代文化特征的共有 7 处,即土墩、雕像、饕餮纹、祖石、虎神崇拜、四合院式建筑及与甲骨文相同的文字。例如美洲各地的祭祀土墩都是东偏 8 度,而安阳殷墓也是在正北偏东 5—12 度。美洲出土的古代雕像面型都像中国人。饕餮纹与玛雅人的蛇形面具十分相似。安阳殷人和墨西哥印第安人都供奉或崇拜"且"字形的祖先牌位或祖石。美洲的奥尔梅克文化、查比因文化和殷人都崇拜或祭祀虎神,都有半人半虎的石像。墨西哥山上的古墓至今还留有四合院式建筑,这是中国特有的建筑形式。墨西哥出土的一个陶圆桶和一块陶片上,分别刻有与甲骨文"凡"、"亚"完全相同的字。殷人东渡应是在周初周公二次东征、武庚叛乱失败之后。房仲甫推测,东渡走阿留申航线的可能性最大。[②] 但他的文章并没有对张虎等人的质疑作出解释,不过文章发表后,没有引起否定派的争论,"殷人航渡美洲"说似乎成为定论。

20 世纪 90 年代,随着哥伦布航渡美洲 500 周年的到来,"殷人航渡美洲"说再次引起学术界的关注。先是否定派发表了一系列文章,从根本上否定"殷人航渡美洲"说的依据。曾参与鉴定石锚岩样的安泰庠公布其鉴定结果,指出石锚的原料为灰岩,来自美国西海岸,也制于当地,它们不是殷人渡美的物证。[③] 张箭提出以下理由:第一,"海上交往的多种发现"是不堪鉴别的,例如在语言方面,汉语与其他语言中的一些词语都义同意似,且都不是外来词。第二,"墨西哥的商代文化遗迹"似是而非。例如在古文字方面,各民族独立创制的图画文字、象形文字完全会有某些相同或相似。再如虎神崇拜,美洲的是美洲虎,或译为美洲豹,而不是中国、亚洲的老虎。第三,人类的认识发展有一定的规律。独立发展的文明完全有可能具有某些相同或相近的特征,而且文明越古老越原始其相同相近的特征就越多越大。印第安人在创造自己的文明时,以他们带去的一万多年前的东亚物质精

---

①　张铠:《明清时代美洲华人述略——兼论中国古代文明在美洲的传播》,《南美洲丛刊》1983 年第 6 期。

②　房仲甫:《殷人航渡美洲再探》,《世界历史》1983 年第 3 期。

③　安泰庠:《石锚古生物学的研究与新大陆的发现》,《世界历史》1992 年第 4 期。

神文化为基础,使太平洋两岸的原始文化和早期古代文化呈现某些相似的成分。[①]
张箭后来进一步指出,我国的传统农具碌碡及其枣状或柱状石磙是南北朝时期才
出现的农具。碌碡移作船锚存在加工难度与坚固适用成巨大反比的重大问题。
中空有孔的石磙难以加工,又较易碰碎,还因自重减轻而影响定船效果。[②] 此外,
张箭还论证了商代和周之际,还没有帆、桅、舵、锯、铁和璇玑,并剖析了现代模拟
漂流试验中的概率和实例等问题,认为殷人没有航渡美洲的可能性。[③]

肯定派则努力寻找新证据来论证自己的观点,例如王大有和王双有兄弟在
《华声报》发表文章,认为在美洲奥尔梅克文化拉·文塔遗址中出土的六块玉版
上,用殷商文字铭刻着商代祖先的名号,由此可以证明殷末将领率众东渡美洲建
立家园,传播文明。[④] 但此说很快遭到龚缨晏的批评。他根据 1959 年英文版的
《1955 年拉·文塔发掘报告》认为,王氏兄弟把那些玉版上不完整的图案判定为完
整的殷商文字,并考释为殷商先祖名号,荒唐之极。龚缨晏运用体质人类学知识,
指出中美洲的印第安人几乎百分百的 O 型血,而东亚则是 B 型血出现频率最高的
地区。如果古代中国居民大规模地到达美洲,那么势必造成混血,但事实并非如
此。[⑤] 此外,龚缨晏还撰写相关文章,对各种古代中国人到达美洲说进行批驳。[⑥]

不过,肯定派并不就此偃旗息鼓,双方继续进行论战。1992 年年底,王氏兄弟
与宋宝忠出版了专著,其中第八章为"殷人航渡美洲",坚持之前的观点。该书提
出,牧野之战后有 25 万殷商军民分二十五部族五路东渡美洲,在中美洲重建家
园,定都拉·文塔。这些殷人后裔在美洲墨西哥形成殷福族,即印第安 Infubu 人,
他们至清末依然有华侨意识。而印加帝国即为殷人的一支后裔所建,意为"殷
家";殷移民念念不忘殷地安阳,相约见面问候"殷地安",此即"印地安"人名称的
由来。[⑦] 该书的论断颇具奇幻色彩。之后,作家冯英子在《人民日报》发表文章,认
为王氏兄弟的研究是国际史上的一个"重要发现"。[⑧]之后他又撰文介绍殷人东渡

① 张箭:《缺乏历史依据的推断——就"殷人航渡美洲"问题与房仲甫先生商榷》,《南美洲研究》1992 年第 6 期。
② 张箭:《从石锚辨殷人航渡美洲》,《文史杂志》1992 年第 6 期。
③ 张箭:《商代的造船航海能力与殷人航渡美洲》,《大自然探索》1993 年第 4 期。
④ 王大有、王双有:《古代美洲奥尔梅克玉圭殷文研究》,《华声报》1992-02-28。
⑤ 龚缨晏:《古代美洲奥尔梅克玉器匡谬》,《世界历史》1992 年第 6 期。
⑥ 龚缨晏:《关于古代中国与美洲的交往问题》,《世界史研究动态》1992 年第 12 期,《学术研究》1992 年第 6 期。
⑦ 韶华宝忠双、欧阳如水明:《中华祖先拓荒美洲》,黑龙江人民出版社 1992 年版。
⑧ 《人民日报》1992-06-10。

的状况,但基本是《中华祖先拓荒美洲》一文的缩写。[①] 此外,蔡培桂从"东"字字形的起源进行分析,认为此与殷人东渡美洲有直接关系。[②] 许辉通过对两者的历史年代、文物、宗教、文字符号及遗传基因等方面的对比介绍,揭示史前太平洋两岸文化的相似和相同绝非偶然。[③] 这一时期还有一些学者也认为殷人东渡美洲于史有证。[④]

进入 21 世纪,"殷人发现美洲"说依然得到国内部分学者的坚持。刘树人认为先民们迁徙到美洲与古海平面变迁,即第四纪晚期大陆冰川不断溶化,海平面不断上升有关。大约距今 14000 年,海平面回升到－100 米,从亚洲到美洲在白令海峡确实存在阿拉斯加陆桥;到了距今 12000 年最后一次冰期结束,海平面上升到－60 米时,该陆桥仍然存在;到了距今 9000 年左右,海平面上升到－25 米时,陆桥开始沉没,但水很浅,特别是冬季结冰,两岸迁徙也并非难事;到距今 7000 年以后,处于人类文明的前夜时,海平面至少比现在低 5～6 米,只要依靠简单工具如"筏"、"独木舟"就可以到达美洲,因此,中国许多先民从这时开始到达了美洲。刘树人的最终目的,是要说明中国很早以前也是一个航海大国。[⑤] 还有人提出,在美洲出土的文物中,有一片碧玉上的字符看起来与中国商代的象形文非常相像,因此是中国人最先发现了美洲,印第安人来自中国。[⑥]

3."法显航渡美洲"说

此说最早发轫自章太炎,但自他在民国初年提出后,并没有得到当时学界的响应。1949 年以后,"慧深东渡扶桑"说是学术界争论的焦点,此说基本上无人提及。20 世纪 80 年代初期,国内有学者开始对法显的生平及其著作《佛国记》展开

---

① 冯英子:《三千年前的大逃亡、大移民》,《中国文化》1994 年第 6 期;冯英子:《殷人东渡于史有据》,《方法》1998 年第 4 期。

② 蔡培桂:《说"东"——谈谈"殷人东渡美洲问题"》,《山东师大学报(社会科学版)》1996 年第 6 期。

③ 许辉:《商周文化与中美洲文明——试论史前泛太平洋文化的传播》,《上海社会科学院学术季刊》1999 年第 3 期。

④ 吴晨:《印地安人——亚洲人的后裔?》,《民族论坛》1998 年第 1 期;韶华、宝忠双:《中华文明与美洲古代文明亲缘关系图证(2)太极万象》,《寻根》1998 年第 2 期;韶华、宝忠双:《扶桑圭表——中华文明与美洲古代文明亲缘关系图证(3)》,《寻根》1998 年第 3 期;王大有、宋宝忠、王双有:《璋牙璇玑——中华文明与美洲古代文明亲缘关系图证(4)》,《寻根》1998 年第 4 期;嵇立群:《殷人是否远航到达美洲?》,《航海》1998 年第 5 期。

⑤ 刘树人:《早期华夏先民到达美洲的考究》,《地球信息科学》2004 年第 3 期。

⑥ 浦泳修:《究竟是谁先发现了美洲》,《世界科学》2000 年第 1 期;许辉:《美洲华缘又一证》,《殷都学刊》2000 年第 1 期;胡远鹏:《最早移民至美洲的印第安人来自何处——印第安人来自中国的考古证据(一)》,《化石》2000 年第 3 期;张启成:《美洲古文明与中华古文明之关系——兼述美洲远古时期的亚洲移民》,《贵州文史丛刊》2000 年第 6 期;胡远鹏:《中秘文化源远流长"基因""病毒"唯天可证——最早移民至美洲的印第安人来自何处?(五)》,《化石》2001 年第 3 期;王红旗:《古人能够乘冰山漂流到美洲吗——论乘冰山漂流世界的中国先民》,《文史杂志》2004 年第 6 期。

相关研究,出现了一批成果。① 20 世纪世纪 90 年代,此说开始盛行。1992 年,正值世界各国共同纪念哥伦布发现美洲 500 周年之时,连云山推出了《谁先到达美洲——纪念东晋法显大师到达美洲 1580 周年》一书。书中提出,从上古时代以来,中国和美洲就保持着密切的海上联系,古代中国代借助于又大又坚又好的海船,如履平地往返于太平洋两岸。连云山声称,最早发现美洲的不是哥伦布,而是生活于他之前 1000 多年的中国东晋僧人法显。② 此说得到国内多家媒体的重视,几篇长篇报道写道:法显才是美洲的真正发现者,哥伦布不过是"西方的法显"而已。③ 还有人发表论文,支持这一"石破天惊"的发现。④ 更有人对"法显航渡美洲"说的由来进行了梳理,指出,这种说法早在 20 世纪 30 年代就被提出了,只不过并没有引起别人的关注。⑤

不过,并不是所有的学者都同意"法显航渡美洲"说。张箭从航海技术和文化传播等方面出发,对连云山的"法显航渡美洲说"提出质疑。他认为,连云山书中所提出的中国古人横渡太平洋的航程其实是向壁虚构,法显的墨西哥—青岛之行也是破绽百出,耶婆提即墨西哥的阿卡普尔科之说更是穿凿附会,因此"法显航渡美洲"纯系子虚乌有,美洲古代文明发展与旧大陆各文明民族的文化传播毫无关系。⑥ 袁维学详细分析了法显在《佛国记》中的记述,认为连云山认定耶婆提乃是美洲之墨西哥的看法并不准确,耶婆提当是梵语的对音,是汉语翻译过来的地名,应是爪哇或苏门答腊;法显乘坐的也不是中国商船,理由有四:一是法显在《佛国记》中对船的归属无只字记载;二是法显离开耶婆提时,改乘另一条商船,船上大多是婆罗门;三是法显乘坐的并非是一个由三条海船组成的船队,而只是一条大船,后拖一条小船;四是如果法显乘坐的是中国船,为何不直接回国,而要在并不崇佛的耶婆提呆五个月?因此法显乘坐的是外国商船,法显所到的是亚洲,而非美洲。⑦ 薛克翘主张,耶婆提就是"爪哇岛"的音译;法显也不是第一个到达印度的

---

① 高事恒、王季深:《法显和尚航海归国记》,《航海》1981 年第 3 期;靳生禾:《试论法显》,《史学月刊》1981 年第 6 期;靳生禾:《〈佛国记〉多名和于阗佛事》,《史学月刊》1983 年第 6 期;刘进宝:《法显西行述论》,《社会科学》1987 年第 5 期。

② 连云山:《谁先到达美洲》,中国社会科学出版社 1992 年版。

③ 《谁先发现新大陆》,《解放军报》1994-04-09;《谁先到达美洲》,《中国青年报》1994-05-22。

④ 邱明全、连俊义:《石破天惊:中国人先到达美洲》,《西南民兵》1994 年第 6 期;《中国人先于哥伦布到达美洲》,《广西审计》1994 年第 4 期。

⑤ 祝注先:《法显〈佛国记〉和谁最先发现新大陆》,《中南民族学院学报(哲学社会科学版)》1995 年第 4 期。

⑥ 张箭:《"法显航渡美洲"说批判》,《中国历史地理论丛》1996 年第 1 期;张箭:《评"法显航渡美洲"说的理论和方法》,《史学理论研究》1997 年第 2 期;张箭:《论所谓"法显航渡美洲"说》,《世界历史》1997 年第 2 期;张箭:《法显乘船的国籍、数量、乘员和航经的海区》,《中国史研究》1997 年第 3 期。

⑦ 袁维学:《法显何曾到过美洲》,《东南亚》1994 年第 2 期。

中国人；法显是中外文化交流开宗人的提法亦似欠妥；法显也并没有到达过美洲。[①]

　　21 世纪之后，关于法显是否到达美洲的问题依然受到热议。2010 年，在纪念法显航渡斯里兰卡 1600 周年之时，此说更加受人瞩目。刘树人认为，根据《佛国记》的记载，法显于 412 年随中国商船队自锡兰返国，因遇大风穿越太平洋航行 105 天，到达名叫"耶婆提"的国家，可能系今天中美洲墨西哥南部到危地马拉一带，比哥伦布早 1080 年到达美洲。该船停靠 5 个月，补充粮、水等食物，返程时再次穿越太平洋航行 115 天，最后到达今青岛崂山登陆。还有一些学者认可了这种说法。[②]但更多的学者认为，法显所到达的是东南亚地区，而非美洲。刘宁认为，法显是中国佛教史上一位卓越的革新人物，是中国第一位到海外取经求法并返回的大师，对佛教事业和中外文化交流作出了重要贡献。法显在归途中所到达的地方是今天的印度尼西亚。郭永琴看法与此同样。[③]逄文昱认为，法显到过的"耶婆提国"即使不能确定其为爪哇或者苏门答腊，也当位于东南亚成熟的商业航线上，而绝不会在美洲。因此"法显航达美洲说"是对原始史料刻意误读而衍生出来的一个无中生有的虚妄之论。[④]

　　4."郑和首先环球航行发现新大陆"新说

　　进入 21 世纪，关于中国人发现美洲问题又出现了新的说法，即认为明代的郑和发现了美洲。2002 年，英国人加文·孟席斯[⑤]提出，郑和是世界上第一个进行环球航海的人，他率领的船队比哥伦布早 72 年发现新大陆，比麦哲伦先 100 年绕行世界一周，比达伽马领先一步到印度，比库克早到澳洲，其航线一度延伸到了南极。孟席斯的证据主要有四个方面：一是地理大发现时期欧洲首批探险家所依据的世界地图，实际上来源于郑和的环球航行；二是郑和在 7 次远航期间，记载并描绘了世界各大洲特有的动物，如印度的狮子和大象、非洲的斑马和长颈鹿、南美的

　　① 薛克翘：《法显赴美质疑》，《佛学研究》1994 年第 00 期。

　　② 刘树人：《法显比哥伦布早 1080 年到达美洲》，《地球信息科学》2002 年第 4 期；段保庆：《最先到达美洲的襄垣人——纪念法显横渡太平洋 1590 年》，《文史月刊》2002 年第 9 期；汪传华：《我国最早的地理学家晋僧法显》，《文史月刊》2003 年第 8 期。

　　③ 刘宁：《法显与〈法显行传〉》，《唐都学刊》2010 年第 1 期；郭永琴：《法显与中国古代中西交通》，《五台山研究》2010 年第 3 期。

　　④ 逄文昱：《"法显航达美洲"——一个无中生有的妄说》，《中国海事》2010 年第 6 期。

　　⑤ 加文·孟席斯，英国皇家海军退伍军官。退伍之后，他曾多次走访中国与亚洲各国，专注于中国明代郑和航海的调查与研究。于 2002 年 3 月在伦敦英国皇家地理学会演讲中提出"郑和首先环球航行发现新大陆"的"新说"，并于同年 10 月出版《1421 年：中国发现了世界》一书，引起了世界媒体的高度关注，并引发了全球性的"郑和旋风"。到 2005 年，此书已有英国版、美国版、中国台湾版、中国大陆版 4 个版本。

狄捺美洲豹和磨齿兽,而且郑和在许多国家和地区留下了刻有经度和纬度的石碑;三在美洲的居地民,有些体制与文化特征与中国人有关;四是在郑和船队可能到达的区域发现了有中国特征的沉船遗骸、瓷器、陶器等;此外,第一批到达美洲的欧洲人发现了一批中国"常见"的生产工具以及亚洲所特有动植物。① 加文·孟席斯的论点若成立,那么包括世界航海史在内在整个世界近代史都将被改写。

加文·孟席斯的观点提出后,引起了国内学术界、各类媒体、社会公众的强烈兴趣。有的报纸杂志认为他的"新说"客观上对郑和研究进一步走向世界起到了有力的推动作用,为研究郑和带来了新的活力,引发人们重新探索郑和航海史实、进一步审视郑和在世界航海史上的地位。② 加文·孟席斯本人曾应邀来华,先后参加了在南京举行的以"睦邻友好,全面开放"为主题的"2002 年郑和学术研讨会"和以"世界的郑和"为主题的"第二届昆明郑和研究国际会议",并且分别在南京、昆明、北京进行了 4 场学术报告和座谈,详细介绍他的"新见"。

在学术界,有部分学者对孟席斯的"新说"持肯定态度。毕全忠以新发现的明代冯梦龙和祝允明的记载为依据,支持孟席斯的观点。他说:"祝允明的记载为孟席斯的见解提供了重要佐证,问题解决了一半。问题的另一半是找到直接证据,尽管很难,但仍有蛛丝马迹可寻。"③马超群认为郑和船队进行首次环球航行的可能性很大,因为"明朝初期中国拥有强大的综合国力;郑和时代中国有世界一流的造船水平;郑和船队掌握当时最先进的航海技术"④。

但更多的学者对孟席斯的"新说"提出质疑,主要集中在两点:一是没有动因。当年哥伦布是为了前往东方而意外"发现美洲",而郑和下西洋主要是为了和亚洲西部伊斯兰国家建立友好睦邻关系。二是地图。中国人当时绘制地图的系统和西方人不同,比例尺也不一样,中国没有经度的概念。较早提出这种质疑的是宋正海。他认为孟席斯的许多观点实际上是他本人的主观推测,很难得到可靠材料的证实。如果郑和真的进行过环球航行,则必然会强烈冲击中国传统的地平大地观,但这种冲击现象在明清地球观中,特别是在西方地圆说传入中国后引发的两种地球观的激烈斗争中未见反映出来。宋正海写道,就郑和船队的规模、装备、技

① [英]加文·孟席斯著,师研群等译:《1421——中国发现世界》,京华出版社 2005 年版。
② 文舟:《欲改写世界航海史的英国老人》,《中国地名》2002 年第 3 期;朱大可:《孟席斯现象》,《新闻周刊》2002 年第 39 期;胡奎:《孟席斯:中国最先环球航行》,《新闻周刊》2002 年第 41 期;戴维·威尔逊、翟元堃:《郑和改写了历史——访问英国学者孟席斯》,《回族研究》2003 年第 1 期;康慨:《1421:业余研究?》,《新闻周刊》2003 年第 6 期;王健、陈显泗:《震动世界的孟席斯说》,《华夏人文地理》2005 年第 1 期;索占鸿:《海上丝绸之路 加文·孟席斯:"郑和首先环球航行发现新大陆""1421:中国发现世界"》,《大陆桥视野》2006 年第 11 期 。
③ 毕全忠:《有关郑和航海的几则史料》,《回族研究》2003 年第 1 期。
④ 马超群:《郑和船队首次环球航行的可能性》,《回族研究》2003 年第 1 期。

术等航海能力而论,确实比绕过好望角的达·伽马船队强得多了,但从理论上讲,郑和船队不可能进行环球航行。因为第一,从未发现有关郑和船队到达美洲和环球航行的线索;第二,郑和船队没有地理大发现的动因;第三,中国传统地平大地观从根本上否定环球航行及其东行西达、西行东达的可能性;第四,传统的小范围大比例尺制图系统没有经纬度和地图投影,无法消除地球曲率引起的制图误差,故很难绘制世界地图,也就无法指导美洲发现和环球航行。不过,他也提出不能排除郑和船队中一些离队船只到达过美洲。[①] 范金民通过对中文史料的考察,指出孟席斯所谓洪保、周满、周闻到达美洲的航线,看来只是凭空虚构出来的航线,并未真实存在过。迄今为止,也未发现任何可以支持孟席斯"新论"的文献或其他记载,孟席斯的"惊世之作"没有提供任何有说服力的新证据,因此孟席斯的新论对于郑和研究没有任何学术价值,根本不可能因此而改写郑和下西洋的历史。[②] 张施娟和龚缨晏深入分析了被孟席斯视作可以证明郑和船队绕过好望角的"最早、最关键的线索"《毛罗地图》,指出在这幅著名的地图中找不到与郑和船队有关的任何直接证据。[③] 廖大珂研究了孟席斯所依据的另一幅地图《罗兹地图》,认为这幅地图是欧洲地理大发现的产物,主要源于葡萄牙人的资料,地图上的"大爪哇"和"小爪哇"反映了当时欧洲人对爪哇岛和南方大陆的混乱认识,与郑和下西洋没有关系。[④]

总体上看,关于"中国人最先发现美洲"的种种说法都曾在学术界及社会公众中引起过热烈的讨论,但经过多次比较彻底的学术争论,反对说渐占上风。不过,在未来的岁月中,关于这一议题的争论将还会出现。

二、关于 1840 年前中国与拉丁美洲海上交往问题的研究

地理大发现时代,西班牙殖民者不仅侵占了拉丁美洲,而且还开辟了太平洋航线,从而使海上丝绸之路延伸到拉丁美洲地区。从 16 世纪后期起,中国与拉丁美洲之间的贸易往来逐渐频繁,丝绸、茶叶以及陶瓷等中国传统货物通过太平洋航线运送到拉丁美洲地区,而美洲的白银作为海上丝绸之路上的特殊货物,也开始大量流入中国。此外,美洲的农作物(玉米、番薯、马铃薯、烟草、花生等)也陆续传入中国。中国与美洲之间的海上丝绸之路,对中国与世界都曾产生了巨大的影响。

---

① 宋正海:《孟席斯的郑和环球航行新论初评》,《太原师范学院学报(社会科学版)》2002 年第 3 期。

② 范金民:《郑和第六次下西洋发现美洲了吗?》,《南洋问题研究》2004 年第 3 期。

③ 张施娟、龚缨晏:《〈毛罗地图〉与郑和船队——评孟席斯的〈1421 年:中国发现世界〉》,《史学理论研究》2005 年第 3 期。

④ 廖大珂:《〈罗兹地图〉中的"澳洲"之谜》,《世界历史》2005 年第 1 期。

国内关于拉丁美洲史的研究相对比较薄弱,在新中国成立后经历了曲折的发展。20世纪50年代中期到1966年"文革"开始,是拉丁美洲史研究的草创时期。50年代主要根据国内政治形势的需要,在高等院校开设世界史专业课程,其中亚、非、拉民族解放运动史是讲授的重要内容。但学术研究并不深入,所发表的各类文章主要介绍拉美人民反对帝国主义、争取民族解放的斗争。60年代初,在一些高校开设了专门研究拉丁美洲历史文化的课程,中国科学院哲学社会科学部还成立了拉丁美洲研究所,中国的拉美史研究逐渐步入正轨。不过,这一时期大陆学术界对拉丁美洲的研究主要以"革命"为主题、以阶级斗争为纲,研究深度不足,研究范围有限。"文革"时期,拉丁美洲史研究和其他学科一样遭受巨大挫折,研究中断,直到1978年十一届三中全会后才进入恢复和发展时期。

20世纪80年代起,国内关于拉丁美洲史的研究迅速发展,早期重要的著作是李春辉的《拉丁美洲史稿》。此书是中国学者撰写的第一部拉美通史,最早于1973年由商务印书馆出版,1983年出版了修订版。特别是1986年沙丁等人所著的《中国和拉丁美洲关系简史》,填补了国内拉美史研究的空白。全书共分8章,按时间顺序,分若干历史阶段阐述了中国和拉丁美洲从远古时期的文化接触、始于16世纪的早期贸易往来、清末中国和拉丁美洲国家正式建交、民国时期的经济和文化交流以及新中国成立后至1984年中国和拉丁美洲关系的发展进程。作者对中拉早期贸易往来进行了比较详细的描述,认为早期中拉贸易往来是一种"间接的"、"民间的"性质。作者同时也充分肯定了华工在早期中拉关系中的地位和作用,认为他们加速了美洲经济的开发,促进了拉美的繁荣。[1] 该书出版后,有些学者就书中某些观点提出了不同意见。[2]

20世纪80年代以来,大陆学术界关于1840年前中国与拉丁美洲之间海上往来的研究,主要集中在三个方面,即古代美洲白银与明清时期中国经济发展的研究、古代拉丁美洲与中国的贸易往来以及明清时期美洲农作物传入中国的研究。

1. 关于美洲白银输入中国以及中国与拉丁美洲早期贸易往来的研究

中国在汉代及之前,白银只作为工艺上的用途,东汉之后偶尔也用白银作为支付工具。自五代开始,使用白银逐渐增多,但一直到元代,白银还算不上真正的货币。明隆庆元年(1567)开放"海禁"、"银禁",白银才逐渐取代纸币作为主要货币参与社会流通。而当时中国国内银矿资源相对缺乏,开采也不足,明清时期白

① 沙丁、杨典求、焦震衡、孙桂荣:《中国和拉丁美洲关系简史》,河南人民出版社1986年版。
② 张振鲲:《〈中国和拉丁美洲简史〉有关"立约建交"若干问题的商榷》,《世界历史》1992年第5期。

银的大规模输入主要有三个渠道:通过马尼拉输入的美洲白银;通过中日贸易输入的日本白银;通过澳门输入的西洋白银。中国巨大的白银需求直接刺激了相关国家和地区的白银生产。南美洲白银资源丰富,西班牙殖民者来到这里后,开采银矿,设厂铸币。菲律宾被西班牙人占领后,成为中国和美洲海上丝绸之路的中转站,大量的美洲白银从墨西哥的阿卡普尔科港出发,横渡太平洋,经菲律宾马尼拉中转后运往中国福建、广东一带。与此同时,价廉物美的中国商品通过这条航线流向美洲,并转口到欧洲。

早在 20 世纪 30、40 年代,梁方仲等中国学者就研究过美洲白银的输入问题。[①] 1949 年之后,相关研究在大陆也没有中断。[②] 20 世纪 80 年代之后,对此问题的研究日益增多。特别是在新旧世纪交替之际,由于贡德·弗兰克《白银资本——重视经济全球化中的东方》一书的出版,使美洲白银的输入问题研究进入高潮。

20 世纪 80 年代,钱江利用丰富的中外文资料,对 1570—1760 年美洲白银流入中国的原因、数量及其对当时中国社会经济的影响进行了比较深入的探讨。他认为,美洲白银之所以源源不断地流入中国,主要有三方面的原因:首先,明代后期国内商品经济的迅速发展和白银的广泛流通,增大了对白银的需求;其次,由于中外金银比价的悬殊,使白银贸易可以获得巨大的利润;最后,由于明代中叶以后中国私人海外贸易活动的兴盛,把中国与菲律宾之间的贸易推向了高潮。[③] 后来,钱江对此问题进行了进一步的考察,指出 16—18 世纪世界白银通过以下五条渠道大规模地流向东方:(一)经由中日海上贸易渠道流入中国的日本白银,(二)经由阿卡普尔科—马尼拉—中国的海上贸易渠道输入中国的美洲白银;(三)经由维拉克鲁斯—西班牙—里斯布—果阿—澳门之渠道输入中国的美洲白银;(四)经由塞维利亚或加的斯—阿姆斯特丹—达巴维亚—中国之渠道而输入的美洲白银;(五)经由塞维利亚或加的斯—伦敦—印度—中国之渠道输入的美洲白银。[④]

后来,不断有学者从国际国内背景入手,对国际白银流入中国的原因和渠道进行探讨。例如晁中辰认为,明朝后期欧洲发生的"价格革命",刺激了欧洲人以

① 梁方仲:《明代国际贸易与银的输出入》,《中国社会经济史集刊》1939 年第 2 期。
② 张维华:《明代海外贸易简论》,第四、五、六章,学习生活出版社 1955 年版;傅衣凌:《明清时代商人及商业资本》,人民出版社 1956 年版;彭泽益:《清代广东洋行制度的起源》,《历史研究》1957 年第 1 期;李永锡:《菲律宾与墨西哥之间早期的大帆船贸易》,《中山大学学报》1964 年第 3 期;王士鹤:《明代后期中国—马尼拉—墨西哥贸易的发展》,《地理集刊》1964 年第 7 期,等等。
③ 钱江:《1570—1760 年西属菲律宾流入中国的美洲白银》,《南洋问题》1985 年第 3 期。
④ 钱江:《十六—十八世纪国际间白银流动及其输入中国之考察》,《南洋问题研究》1988 年第 2 期。

更多的白银来购买中国的物产;而隆庆之后海外贸易的开放,又为白银的流入创造了条件。① 梅育新认为,西方与中国的贸易逆差和套汇使白银大量流入中国。② 韩琦则强调,由于中国的白银价格要大大高于欧洲,所以商人们可在欧洲贱买到白银而贵卖到中国,从中套利。③ 张宁的《墨西哥银元在中国的流通》(《中国钱币》2003 年第 4 期)、李鹏飞的《浅析明代海外白银的流入》(《沧桑》2009 年第 6 期)等文章也分析过白银流入中国的原因问题。

对于流入中国的美洲白银数量,学者们意见不一,相差很大。梁方仲在 1939 年发表的论文中估计,自明万历元年(1573)至崇祯十七年(1644),流入中国的白银"应有二千一百三十万比索",约合 766.8 吨。④ 后来彭威信认为,"自隆庆元年(1567)马尼拉开港以来,到明末为止那七八十年间,经由菲律宾而流入中国的美洲白银,可能在六千万披索以上,约合四千多万库平两。"⑤ 王士鹤则说,自 1571 年至明朝灭亡(1644)的 70 多年间,经由菲律宾流入中国的美洲白银大约有 5300 万比索,合 3816 万两。⑥ 这些学者们估算出来的数量都不是很高,相对保守。

20 世纪 80 年代之后,随着相关资料的日益丰富,学者们估算出来的数字大大增加。严中平认为,从 1571 到 1821 年,从西属美洲运抵菲岛的四亿银元中,约有四分之一或二分之一流入中国。⑦ 钱江根据历年来赴菲贸易的中国商船数量,平均每艘中国商船的贸易额,以及西班牙大帆船赴中国口岸贸易记录,估算出 1570—1760 年间,经由菲律宾流入中国的美洲白银量共约二亿四千三百三十七万两千比索,折合库平银两为一亿七千五百二十二万七千八百四十库平两。⑧ 晁中辰认为,仅隆庆开放后的近 80 年间,流入中国的白银就有一亿两以上。⑨ 王裕巽估算,明代中国从马尼拉贸易中得到 11 700 万比索,合 8 775 万两。⑩ 庄国土更加细致,他分时期和地区对输入中国的白银进行估算,提出 1569—1636 年,葡萄牙人从欧洲输入中国 3350 万西班牙银元;1720—1795 年间,荷兰人从欧洲运送63442651 两白银到亚洲,其中 1/4 流入中国;1700—1823 年,英国东印度公司共输

① 晁中辰:《明后期白银的大量内流及其影响》,《史学月刊》1993 年第 1 期。
② 梅新育:《略论明代对外贸易与银本位、货币财政制度》,《学术研究》1999 年第 2 期。
③ 韩琦:《美洲白银与早期中国经济的发展》,《历史教学问题》2005 年第 2 期。
④ 梁方仲:《梁方仲经济史论文集》,中华书局 1989 年版。
⑤ 彭威信:《中国货币史》,上海人民出版社 1958 年版。
⑥ 王士鹤:《明代后期中国—马尼拉—墨西哥贸易的发展》,《地理集刊》1964 年第 7 期。
⑦ 严中平:《丝绸流向菲律宾,白银流向中国》,《近代史研究》1981 年第 1 期。
⑧ 钱江:《1570—1760 年西属菲律宾流入中国的美洲白银》,《南洋问题》1985 年第 3 期。
⑨ 晁中辰:《论明中期以后的海外贸易》,《文史哲》1990 年第 2 期。
⑩ 王裕巽:《明代国内白银开采与国外流入数额试考》,《中国钱币》1998 年第 3 期。

出 53875032 两白银到中国。1805—1840 年间,美商共运 61484400 两白银到广州。1719—1799 年,其他欧洲大陆国家运到中国的白银达 38536802 两。以上合计约为 19676 万两。①

进入 21 世纪之后,关于流入中国的美洲白银数量的估算分歧依然较大,并且提出一些新的看法。吴承明根据钱江提供的数据,推算出 17 世纪后期(1650—1699 年) 通过中菲贸易流入的白银为 1483.7 万两,18 世纪前期(1700—1759 年) 为 3120.8 万两,1650—1759 年为 4605 万两。② 万明提出了更高的数据,认为 1570—1644 年通过马尼拉一线输入中国的白银约 7620 吨,折合 20320 万两。③ 韩琦认为,殖民地时期西属美洲生产了大约 10 万至 13 万吨的白银,其中向美洲以外地区输出了大约 80% 以上,这些白银的近一半流入了中国。④ 刘军提出了不同于传统说法的新观点,认为在 16 世纪 40 年代至 19 世纪 20 年代的 280 年间,流入中国的白银数量约有 6 亿两。流入的日本白银约 2 亿两,其中约 1/3 通过中日直接贸易输入,2/3 通过转口贸易输入。流入中国的美洲白银共为 4 亿两左右,其中一半经由马尼拉流入,另一半经由欧洲及美国流入。他强调,流入中国的白银数量实际上尚少于清末对欧洲列强和日本的战争赔款总量,加上清末通过贸易和外国直接投资流出的白银,在整个明清时期,中国不但没有白银的净流入,反而有净流出。⑤

巨额白银流注入中国,对中国、欧洲乃至世界经济体系均产生了重大的影响。学者们从不同层面对这个问题展开了讨论。胡晏的《略论鸦片战争前的白银问题》,是大陆较早讨论白银流入对中国社会影响问题的文章。作者指出,乾隆朝前期,由于社会稳定,经济繁荣,更主要是对外贸易处于出超有利地位,中国不断从国外得到大量白银,政府白银库藏充裕而"银贱钱贵"。自乾隆以降至嘉庆以来,开始由"银贱钱贵"转为"银贵钱贱",白银始成为严重的社会经济问题。其原因除了田赋征银、制钱质劣等因素外,主要是由于西方资本主义势力通过对中国的"鸦片输入而引起的白银不断外流"。白银外流和"银贵钱贱"的后果是,不仅将清王朝的财政推向崩溃的边缘,而且动摇了大清"天朝"的龙座。⑥ 钱江认为,美洲白银的输入,对中国社会起了正反两方面的作用:一方面在很大程度上促进了当时中

① 庄国土:《16—18 世纪白银流入中国数量估算》,《中国钱币》1995 年第 3 期。
② 吴承明:《中国的现代化:市场与社会》,三联书店 2001 年版。
③ 万明:《明代白银货币化:中国与世界连接的新视角》,《河北学刊》2004 年第 3 期。
④ 韩琦:《美洲白银与早期中国经济的发展》,《历史教学问题》2005 年第 2 期 。
⑤ 刘军:《明清时期白银流入量分析》,《东北财经大学学报》2009 年第 6 期。
⑥ 胡晏:《略论鸦片战争前的白银问题》,《苏州大学学报》1984 年第 4 期。

国社会商品经济与货币经济的发展,缓解了银荒危机,增加了国家贵金属的储备量,从而为实物地租向货币地租的转化奠定了基础;另一方面,它也引起了物价水准在 18 世纪的猛烈上涨,带来了不可避免的副作用。[①] 钱江后来进一步论述国际间白银的流动对中国、欧洲及世界所带来的深刻影响。他指出:"正是通过白银在国际间的流动并源源不断地输往东方、流入中国,这些彼此独立的经济区域才逐渐密切地联系在一起,从而越来越明显地呈现出世界经济的整体性。"[②]

许多西方学者认为,由于 17 世纪西属美洲白银输入的大幅度减少,导致欧洲经历了一场"普遍危机",造成各国政治、社会的严重不稳定;同时,全球性的经济萧条也导致了明朝末年中国对外贸易的萎缩,出现了货币危机,从而成为明王朝灭亡的决定性因素。1990 年,倪来恩等人发表文章,对西方学者的这种观点提出异议。他们认为,17 世纪输入欧洲的美洲白银的减少,并不意味着当时的中国也曾发生过类似情况;事实上,明朝灭亡前的几十年,正是中国输入外国白银的顶峰时期,而且,在晚明输入的白银中,有相当一部分来源于日本。因此,明朝灭亡的主要原因,不可能是由于美洲白银输入的减少,而是要从中国内部去寻找。[③]

进入 20 世纪 90 年代,关于美洲白银对中外社会影响的问题继续得到重视。例如,晁中辰指出,明朝后大量白银的流入,产生了许多积极的后果,同时也带来了一些消极的影响,加剧了晚明社会的不稳定。不过,消极影响毕竟还是次要的。[④] 梅新育认为,白银的大量流入,从供给和需求两个方面推动了银本位的确立;一条鞭法的全面推行,表明明朝中央政府正式承认了白银的本位货币地位。[⑤] 张德明将考察的范围扩大到环太平洋地区,认为白银贸易的作用与影响大大超出了西班牙殖民帝国的范围,使原来互相隔离的太平洋东西两部分开始连在一起,不仅在经济上交往密切,而且带来了人员和宗教方面的往来。[⑥] 庄国土对 1750—1840 年期间的中西贸易结构进行考察,并且分析了这一结构的变化与鸦片战争之间的关系。[⑦]

20 世纪 90 年代后期,德国学者贡德·弗兰克出版了一部论述前资本主义时

---

① 钱江:《1570—1760 年西属菲律宾流入中国的美洲白银》,《南洋问题》1985 年第 3 期。
② 钱江:《十六—十八世纪国际间白银流动及其输入中国之考察》,《南洋问题研究》1988 年第 2 期。
③ 倪来恩、夏维:《中外白银与明帝国的崩溃——关于明末外国白银的输入及其作用的重新检讨》,《中国社会经济史研究》1990 年第 3 期。
④ 晁中辰:《论明中期以后的海外贸易》,《文史哲》1990 年第 2 期;晁中辰:《明后期白银的大量内流及其影响》,《史学月刊》1993 年第 1 期。
⑤ 梅新育:《略论明代对外贸易与银本位、货币财政制度》,《学术研究》1999 年第 2 期。
⑥ 张德明:《金银与太平洋世界的演变》,《武汉大学学报》(社会科学版)1993 年第 1 期。
⑦ 庄国土:《茶叶、白银和鸦片:1750—1840 年中西贸易结构》,《中国经济史研究》1995 年第 3 期。

代"中国中心论"的著作《白银资本——重视经济全球化中的东方》。他通过对白银周转的分析,认为明代中国处于当时世界的中心,中国对白银的巨大需求,不仅促进了世界白银的开采,而且主动使中国与世界联系起来,对中国固有的自给自足的小农经济也产生了强烈的冲击。[①] 此书一出版,引起中国学者的热议。众多学者对此书提出了严肃的质疑,认为此书依据不足,观点片面,缺乏对中国历史的足够了解。[②]

但不可否认的是,《白银资本——重视经济全球化中的东方》也更加推动了对美洲白银问题的研究。万明指出,从时间和动因上看,中国的社会需求曾直接影响了日本和美洲银矿的开发,中国积极参与了世界经济体系的初步建构,并为整体世界的出现作出了重要的历史性贡献。世界经济体系不是西方创造出来的,而是由世界各国共同创造的。[③] 万明后来又从白银货币化视角对明代赋役改革进行了分析,指出均平赋役是历史上无数次赋役改革的共同特征,统一征银则是明代赋役改革不同于历朝历代改革的主要特征。明代赋役改革呈现出三大不可逆转的进步趋向:一是实物税转为货币税;二是徭役以银代役;三是人头税向财产税转化。这三大趋向都与白银有着紧密联系。明代白银货币化,既是社会的进步,也是社会转型的重要标志之一。[④] 韩琦认为,明朝的灭亡和鸦片战争后中国的衰落同当时中国白银输入的减少甚至外流有直接的关系。可以说,美洲白银的生产与

①　[德]贡德·弗兰克著,刘北成译:《白银资本——重视经济全球化中的东方》,中央编译出版社 2001 年版,英文版于 1998 年出版。

②　王家范:《解读历史的沉重——评弗兰克〈白银资本〉》,《史林》2000 年第 4 期;琼岛:《贡德·弗兰克谈〈白银资本〉》,《史学理论研究》2000 年第 4 期;罗翠芳:《改变历史的固定思维——读贡德·弗兰克〈白银资本——重视经济全球化中的东方〉》,《扬州大学学报(人文社会科学版)》2000 年第 6 期;思再:《美国学者评弗兰克的〈白银资本〉》,《国外理论动态》2001 年第 3 期;江华:《〈白银资本——重视经济全球化中的东方〉——世界体系学派的一部新力作》,《国外社会科学》2001 年第 3 期;张国刚、吴莉苇:《西方理论与中国研究——从〈白银资本〉谈几点看待西方理论架构的意见》,《史学月刊》2002 年第 1 期;周立红:《弗兰克思想的转航与悖论——兼评〈白银资本〉及其在中国引发的争议》,《史学月刊》2002 年第 1 期;赵凌云:《历史视角的反转:全球化时代如何看待中国——兼评弗兰克·贡德的〈白银资本〉与"世界经济体系史观"》,《中华儿女》(海外版)2002 年第 10 期;安然:《对现代性的否定与自我否定——读贡德·弗兰克的〈白银资本〉》,《史学理论研究》2003 年第 1 期;李传利:《中国在 1500 年至 1800 年处于世界经济的支配地位吗?——〈白银资本〉读后》,《柳州师专学报》2003 年第 2 期;何维保:《周期理论与长时段——也谈〈白银资本〉》,《史学理论研究》2003 年第 3 期;黄一映:《"世界一体系",还是"世界体系"?——评弗兰克的〈白银资本〉》,《现代国际关系》2003 年第 7 期;汪洋:《关于〈白银资本〉的争论》,《社会科学论坛》2005 年第 2 期;叶书宗:《转换观察中国半封建、半殖民地百年史的视角——读〈白银资本〉》,《历史教学问题》2000 年第 6 期;陈金锋:《国内学者对〈白银资本〉的解读及其启示》,《大庆师范学院学报》2006 年第 6 期;胡小伟:《"银本位"的中国史——兼议对弗兰克〈白银资本〉的批评》,《晋中学院学报》2007 年第 4 期。

③　万明:《明代白银货币化:中国与世界连接的新视角》,《河北学刊》2004 年第 3 期。

④　万明:《白银货币化视角下的明代赋役改革(上)》,《学术月刊》2007 年第 5 期;万明:《白银货币化视角下的明代赋役改革(下)》,《学术月刊》2007 年第 6 期。

中国近代早期经济的发展密切相关。① 陈春声等人指出,16—18 世纪赋役制度的变革改变了朝廷与地方、官府与百姓的关系,使白银在国家的行政运作中占据了前所未有的重要地位,18 世纪中国的国家机器和官僚体制,要依赖白银的大量输入才得以正常运作。由于白银作为一种货币是在贡赋经济的背景下流通的,所以大规模的白银输入并没有引发明显的通货膨胀。② 韩毓海认为,通过美洲的白银贸易,中国已被深深地卷入了亚洲和世界经济体系中,白银货币经济从此确立起来了,但是国家的货币主权,恰恰从此付诸东流了。③ 此外,王花蕾、胡小伟也就美洲白银流入问题发表过意见。④

美洲白银输入中国,只是中国与拉丁美洲之间早期贸易的一个部分。学者们在讨论美洲白银输入中国问题时,实际上已经在探讨中国与拉丁美洲的早期贸易问题。此外,还有人专题研究过中国与美洲之间的海上贸易问题。80 年代早期,连续出现了几篇关于这个问题的重要文章。1981 年,张铠专题讨论了明清时期中国丝绸在拉丁美洲的传播及影响。他写道,中国丝绸自 16 世纪开始经菲律宾,横渡太平洋运抵墨西哥,行销于拉丁美洲广大地区,并传入西欧。从此,以中国为中心展开的国际丝绸贸易遍及全球,具有世界性的规模和意义。中国丝绸输入拉丁美洲后,部分满足了各社会阶层对工业品和其他生活必需品的需求;促进了拉丁美洲经济的发展和市场繁荣;中国的生丝支持了墨西哥新兴丝织业的发展,为广大手工匠人提供了就业的机会;中国丝绸输入拉丁美洲后沉重打击了西班牙的工业,从而加速了西班牙经济的衰退;中国丝绸和其他商品的输入对于打破西欧商品在拉丁美洲市场上的垄断地位起了积极作用,加深了中拉人民间的了解和友谊。⑤ 张铠还对明清时期美洲华人的行踪和作用进行过探析。他指出,从 16 世纪末到 19 世纪初的二百多年间,不断有华人搭乘从马尼拉出发的帆船踏上美洲的土地,并在美洲大陆的广阔土地上留下足迹。他们从事各种各样的劳动,包括经商、手工劳动、充任家仆等,为美洲文明的发展作出了不可磨灭的贡献。⑥ 不过,国

① 韩琦:《美洲白银与早期中国经济的发展》,《历史教学问题》2005 年第 2 期。
② 陈春声、刘志伟:《贡赋、市场与物质生活——试论十八世纪美洲白银输入与中国社会变迁之关系》,《清华大学学报》(哲学社会科学版)2010 年第 5 期。
③ 韩毓海:《白银战争》,《商界》(评论)2010 年第 7 期。
④ 王花蕾:《近代早期白银流入对中国经济的影响》,《山西财经大学学报》2005 年第 5 期。胡小伟:《"银本位"的中国史——兼议对弗兰克《白银资本》的批评》(《晋中学院学报》2007 年第 4 期),以及发表在《中外企业文化》上的多篇文章。王芳:《略论明清时期西洋银币之流入——中国国家博物馆藏清代西洋银币初探》,《中国历史文物》2005 年第 2 期。成玉玲:《略论明代白银货币化的进程及其影响》,《前沿》2006 年第 8 期。
⑤ 张铠:《明清时代中国丝绸在拉丁美洲的传播》,《世界历史》1981 年第 6 期。
⑥ 张铠:《明清时代美洲华人述略——兼论中国古代文明在美洲的传播》,《南美洲丛刊》1983 年第 6 期。

内学术界主要关注 19 世纪中叶后华人在美洲的状况,对于 1840 年前美洲华人问题研究得较少,[①]有待于学术界进一步的努力。

沙丁等人比较全面地探讨了中国和拉丁美洲之间的早期贸易关系。作者认为,中国和拉丁美洲贸易的产生,是在东方和西方平行展开的两个历史过程汇合的结果。在西方,西班牙殖民势力从西欧出发,横渡大西洋达到美洲,再以美洲为基地,跨过太平洋到达东方的菲律宾群岛。在东方,中国东南沿海地区从事海外贸易的商人从福建、广东航海到包括菲律宾群岛在内的南洋诸岛,于是原来在中菲之间进行的传统贸易经过西班牙人做中介迅即扩展到拉丁美洲,形成前所未有的早期中拉贸易网络。文章还总结了中拉早期贸易关系的特点和影响:首先,这是间接的、民间的、互利性质的贸易往来;其次,伴随着商品贸易而来的是生产技术的交流和重要作物的传播,对我国和拉丁美洲的经济起到了互相促进的作用;再次,这一贸易在中拉关系上不仅标志着彼此经济联系的开端,而且开了人民之间友好交往的先河;最后,中拉早期贸易在东西方贸易史上占有重要地位,对世界市场的形成起过推动作用,并对中拉关系的发展产生积极的影响。[②]该文资料翔实,论证全面,是这一时期关于早期中拉贸易研究的重要成果。作者在后来出版的专著中,进一步阐述了此文所提出的观点。[③]

罗荣渠考察了 16 世纪至 19 世纪初中国与拉丁美洲的经济文化联系。他认为,自哥伦布发现新大陆与达·伽马开辟通往亚洲的新航路之后,葡萄牙和西班牙的舰队分别从东、西两个方向经航行到东亚,欧洲与中国之间的交通主干道开始从大陆转向海洋,此前毫无联系的中国与美洲开始发生接触。因此,中国与美洲之间联系的形成,是欧洲殖民主义兴起的产物。阿卡普尔科(墨西哥)—马尼拉(菲律宾)—闽粤口岸的航线,是中国与拉美之间联系的主航线。这条航线的建立,是由于西班牙与中国双方面共同的经济需求。从马尼拉运载中国货物横渡太平洋至阿卡普尔科,是马尼拉大帆船贸易的关键航程,它完全处于西班牙殖民者的控制下。为了保护西班牙商人对美洲的贸易垄断,同时也为了防止美洲金银大量流向亚洲,西班牙殖民当局采取了种种措施,只有获得"特许证"的西班牙人才享有这种贸易特权,到后来只准许住在菲岛的西班牙人参与这一贸易。正由于这

①　罗荣渠:《十九世纪拉丁美洲的华工述略》,《世界历史》1980 年第 4 期;尚文:《秘鲁华工问题的若干史料简析》,《拉丁美洲丛刊》1981 年第 4 期;张铠:《十九世纪华工与华人对拉丁美洲的历史贡献》,《近代史研究》1984 年第 6 期;刘文龙:《近代拉丁美洲华人商业活动初探》,《拉丁美洲研究》1996 年第 5 期;刘文龙:《华夏文化在近代拉丁美洲》,《拉丁美洲研究》1998 年第 4 期。

②　沙丁、杨典求:《中国和拉丁美洲的早期贸易关系》,《历史研究》1984 年第 4 期

③　沙丁、杨典求、焦震衡、孙桂荣:《中国和拉丁美洲关系简史》,河南人民出版社 1986 年版。

是一种"特权贸易",所以中国与拉丁美洲之间的经济文化联系受到了重重限制。中国与拉丁美洲之间的经济文化联系内容很广,包括丝绸贸易、白银流入、作物传播、艺术影响,等等。① 此外,还有学者以通俗的文字向社会大众介绍了中国—菲律宾—墨西哥的"海上丝绸之路",以及往返于这条航线上的"中国之船"。② 还有人介绍说,许多中国商人和水手也乘坐大帆船来到墨西哥,他们大都信奉天主教,与当地妇女结婚,使用西班牙名姓。③

20世纪90年代后,尽管成果不多,但关于早期中拉贸易关系的研究进一步细化。例如,刘文龙认为,马尼拉帆船贸易不仅推动了太平洋东西两岸的物质文化交流,而且也促进了两地知识界的相互认识和了解,具有重要的意义。④ 廖大珂指出,在中国—菲律宾—墨西哥的大帆船贸易航路上,福建漳州月港是起点,马尼拉是中点,阿卡普尔科是终点,因此福建在中国与拉丁美洲的经济文化交流中发挥了桥梁作用。首先,大量的中国丝绸和瓷器通过福建输入拉美,同时,拉丁美洲的白银也大量流入中国,促进了两方经济的发展。其次,天主教传教士沿着大帆船贸易航路来到福建,扩大了双方的宗教文化交流。第三,福建移民移居拉丁美洲,将中国文化传入拉丁美洲。⑤ 李金明也指出,西班牙殖民者自1565年开辟了自菲律宾马尼拉至墨西哥阿卡普尔科的大帆船贸易航线后,把墨西哥银元载运到马尼拉,以换取由福建商船载运到马尼拉的中国丝绸等商品。这条航线前后维持了两个半世纪,为世界航海史上持续时间最长且经历最多艰难险阻的航线之一,促进了拉美社会的繁荣与发展。⑥

2. 关于明清时期美洲农作物传入中国研究的研究

中国是人口大国,粮食问题自古至今都是国家和社会非常关注的问题。到明清时期,由于人口急剧增长,耕地相对不足,出现粮食短缺的严重局面。自明朝中叶开始,美洲粮食作物(玉米、番薯、马铃薯)陆续被引入我国,使粮食压力有所缓和,同时也使我国粮食结构发生了新的变化。与此同时,原产美洲的一些经济作物如烟草、花生、辣椒等也开始传入中国,对中国的经济与社会生活发生了巨大的影响。1949年之后,大陆学术界就比较重视美洲作物在中国的传播问题,研究的

---

① 罗荣渠:《中国与拉丁美洲的历史联系(十六世纪至十九世纪初)》,《北京大学学报》1986年第2期;罗荣渠:《中国与拉丁美洲的历史文化联系》,参见周一良:《中外文化交流史》,河南出版社1987年版。
② 吴瑞根:《海上丝绸之路与"中国之船"》,《南美洲丛刊》1983年第1期。
③ 杨令侠:《中国与美洲的早期交往》,《历史教学》1988年第8期。
④ 刘文龙:《马尼拉帆船贸易——太平洋丝绸之路》,《复旦大学学报(社会科学版)》1994年第5期。
⑤ 廖大珂:《福建与大帆船贸易时代的中拉交流》,《南洋问题研究》2001年第2期。
⑥ 李金明:《联系福建与拉美贸易的海上丝绸之路》,《东南学术》2001年第4期。

重点是粮食作物。罗尔纲于 1956 年发表的《玉蜀黍传入中国》可以说是研究这个问题的肇始之作,他在文中推断玉米由东南海路传入我国。[①] 1958 年,胡锡文在研究明清农书和方志中的记载基础上,较为完整地讨论了番薯的来源、分布及栽培技术。[②] 1961 年《文物》上接连刊发四篇文章,掀起一场关于番薯是否为我国原有作物的争论。[③] 之后不久,万国鼎依据方志资料记载,推断玉米传入我国的时间为 1500 年前后。[④] 但这一时期受多方面条件所限,论文数量有限,研究范围比较狭窄,内容不够深入,结论也流于表面化。"文革"期间,没人讨论过这个问题。

从 20 世纪 80 年代开始,随着中国改革开放的推进,关于美洲粮食作物的研究开始蓬勃发展,研究方法以及研究领域也有较大突破。20 世纪 90 年代后,除了继续对美洲粮食作物的传播问题深入探讨外,越来越多的学者还讨论美洲烟草、花生等经济作物的传播问题。

(1)关于玉米引入中国问题的讨论

一般认为玉米原产美洲,1492 年哥伦布到达新大陆后,逐渐扩散到世界其他地方,并传入我国。但王家佑于 1982 年曾发表文章,认为玉米是中国本土作物,中国古籍中的"扶桑"指的就是玉米,我国早在上古"禅让"时期就可能已有玉米种植。[⑤] 胡昌钰对此说提出质疑,他从古农书记载、文物考古资料以及植物科学分类法等不同角度论证了"扶桑"绝不是玉米,认为我国的玉米确是由美洲传入。[⑥] 张鸣珂根据一件可能是汉代的出土文物——以玉米芯做内范烧制的陶鸟,怀疑我国的玉米可能并非由明代引进,而是早在汉代就已种植。[⑦] 咸金山则认为此物疑点甚多,尚需进一步证实,此说不足为信。[⑧] 1995 年,向安强再次提出,中国也是玉米的原产地之一,主要理由是:成书于 1476 年的《滇南本草》中已有关于玉米的记载,西南一些少数民族早已种植玉米,等等。[⑨] 针对向安强提出的论据,李晓岑进行了逐条考辨,认为这些论据不充分或根本不能成立;现有的证据表明,中国的玉

① 罗尔纲:《玉蜀黍传入中国》,《历史研究》1956 年第 3 期。
② 胡锡文:《甘薯来源和我们劳动祖先的栽培技术》,《农业遗产研究集刊》(第二册),中华书局 1958 年版。
③ 王家琦:《略谈甘薯和〈甘薯录〉》,《文物》1961 年第 3 期;夏鼐:《略谈番薯和薯蓣》,《文物》1961 年第 8 期;吴德铎:《关于甘薯和〈金薯传习录〉》,《文物》1961 年第 8 期;王家琦:《〈略谈番薯和薯蓣〉等二文读后》,《文物》1961 年第 8 期。
④ 万国鼎:《五谷史话》,中华书局 1964 年版。
⑤ 王家佑、史岩:《玉米的种植与美洲的发现新探》,《社会科学研究》1982 年第 3 期。
⑥ 胡昌钰:《"扶桑"与玉米考辨》,《农业考古》1983 年第 2 期。
⑦ 张鸣珂:《我国玉米的种植是明代从外国引进的吗》,《农业考古》1983 年第 2 期。
⑧ 咸金山:《从方志记载看玉米在我国的引进和传播》,《古今农业》1988 年第 1 期。
⑨ 向安强:《中国玉米的早期栽培与引种》,《自然科学史研究》1995 年第 3 期。

米引种自美洲。①

关于玉米的传入时间，学者们说法不一。20 世纪 50 年代罗尔纲认为，玉米传入我国的时间是明隆庆（1567—1572）前后，由东南海路传入福建。② 后有学者论证，被罗尔纲看作玉米的"畲粟"实为旱稻，并非玉米。③ 60 年代，万国鼎认为，国内有关玉米的最早文献记载是 1511 年安徽《颍州志》，由此推断玉米传入我国可能是在 1500 年前后，传入的途径为东南海路。④ 但是王毓瑚对此提出异议，认为哥伦布到达美洲后，仅仅十年的时间玉米就已经远涉重洋到达安徽北部，以当时的交通情况，这一说法不足信。⑤ 到 80 年代初，陈树平提出，"哥伦布到达美洲后，玉米陆续传播到世界其他国家，此后不久也辗转到我国"⑥。对于最早记载玉米的中国古籍，学者们先后提出了不同的说法，包括明代杭州人田艺蘅的《留青日札》（1573 年），嘉靖三十年河南《襄城县志》（1551 年）以及嘉靖三十九年《平凉府志》（1560 年）。⑦ 另有一种观点认为 1492 年哥伦布到达新大陆之前，玉米已经传入我国。游修龄根据 1476 年成书的《滇南本草》中"玉米须"的记载，认为 1476 年之前玉米已经传到了我国。⑧ 这一新观点冲击了传统说法，但至今还没有更多的相关证据支持这一观点。

对于玉米传入我国的途径，学者们的观点大体上可以分为两派：一派为单途径说，另一派为多途径说。在每一派中，对于具体传播路线的说法并不相同，而且分歧较大。归纳起来，主要有这样几种观点：①东南海路传入说（先从欧洲传到菲律宾，后由葡萄牙人或菲律宾等地经商的中国人经海路传入中国）。20 世纪五六十年代，罗尔纲和万国鼎提出这一观点。进入 20 世纪 80 年代后，更多的人认为，玉米由东南海路进入我国的可能性较大，但支持单一东南海路说法的学者不多。②西北陆路传入说（从西班牙传到麦加，再由麦加经中亚西亚引种到我国的西北地区）。此由西方学者首倡，曹树基力主此说，他根据嘉靖三十九年（1560）《平凉府志》中对玉米的植物学形态描述，认为玉米是 1560 年前从西北经陆路传入我国的。⑨ ③西南陆路传入说（先从欧洲传到印度、缅甸等地，再由印缅引种到我国的

---

① 李晓岑：《关于玉米是否为中国本土原产作物的问题》，《中国农史》2000 年第 4 期。
② 罗尔纲：《玉蜀黍传入中国》，《历史研究》1956 年第 3 期。
③ 佟屏亚：《试论玉米传入我国的途径及其发展》，《古今农业》1989 年第 1 期。
④ 万国鼎：《中国种玉米小史》，《作物学报》1962 年第 2 期。
⑤ 王毓瑚：《我国自古以来的重要农作物（下）》，《农业考古》1982 年第 1 期。
⑥ 陈树平：《玉米和番薯在中国传播情况研究》，《中国社会科学》1980 年第 3 期。
⑦ 郭松义：《玉米、番薯在中国传播中的一些问题》，《清史论丛》1985 年第 7 期。
⑧ 游修龄：《玉米传入中国和亚洲的时间途径及其起源问题》，《古今农业》1989 年第 2 期。
⑨ 曹树基：《玉米、番薯传入中国路线新探》，《中国社会经济史研究》1988 年第 4 期。

西南地区)。此说最早也是由西方学者提出,游修龄赞同这一观点,他详细论证了玉米由这一途径传入的可能性。[①] ④西南陆路及东南海路传入说。何炳棣提出了西南陆路和东南海路都有玉米传入的说法,结合当时的中缅贸易关系,论证了玉米从缅甸进入云南的可能性,并分析了河南较早出现玉米记载的原因。[②] ⑤西北、西南陆路传入说。梁家勉提出,玉米最早可能是从印度、缅甸传入云南,再从云南传到黄河流域。但也有可能从中亚细亚循着丝绸之路引进我国,然后传越河西走廊过平凉而进入中原。[③] ⑥西南、西北陆路及东南海路多途径传入说。陈树平、章楷、郭松义、咸金山等学者持类似观点。[④] 从历史上看,中国与周边地区联系广泛,中外交流渠道很多,玉米分多次通过多种途径进入我国的可能性较大。

(2)关于番薯引入中国问题的讨论

与玉米一样,学术界对番薯的观点也可分为土生说和传入说两派。20世纪60年代初,王家琦认为,三国西晋时期,海南岛和云南等地就已种植古"甘薯",并判定"它和山药及芋都不是同类",就是今日的番薯。这是较早提出番薯土生说的文章。[⑤] 20世纪80年代,土生说依然得到部分学者的支持。周源和在分析东汉杨孚《异物志》(1至2世纪)、晋嵇含《南方草木状》(304年)、陆耀《甘薯录》(1716年)、赵学敏《本草纲目拾遗》(1765年)等文献的基础上,论断甘薯是我国土生之物,自汉晋起就有种植。[⑥]

不过,多数学者持番薯传入说。早在20世纪20年代,就有学者提出这种观点。新中国成立初期,也有一些学者支持这种说法。20世纪80年代之后,越来越多的人赞同此说,认为我国原有薯蓣科的"甘薯"与后传入的旋花科番薯(亦称甘薯),实际上是"异科、异种的两种薯类植物",[⑦]番薯确是美洲原产作物,明代时期传入我国。

————————

① 游修龄:《玉米传入中国和亚洲的时间途径及其起源问题》,《古今农业》1989年第2期。

② 何炳棣:《美洲作物的引进、传播及其对中国粮食生产的影响》,《历史论丛》1985年第5期。

③ 梁家勉:《中国农业科学技术史稿》,农业出版社1989年版。

④ 陈树平:《玉米和番薯在中国传播情况研究》,《中国社会科学》1980年第3期;章楷、李根蟠:《玉米在我国粮食作物中地位的变化》,《农业考古》1983年第2期;郭松义:《玉米、番薯在中国传播中的一些问题》,《清史论丛》1985年第7期;咸金山:《从方志记载看玉米在我国的引进和传播》,《古今农业》1988年第1期。

⑤ 王家琦:《〈略谈番薯和薯蓣〉等二文读后》,《文物》1961年第8期。

⑥ 周源和:《甘薯的历史地理——甘薯的土生、传入、传播与人口》,《中国农史》1983年第3期。

⑦ 甘薯(Ipoma batata Lan)又名番薯,旋花科,甘薯属,甘薯种,草本蔓生性植物,少数品种为半直立型。其名称因地而异。闽南、广东一带称番薯。福州称金薯,是因万历甲午福州岁荒,巡抚金学曾教民种之而得名。明时福建也称朱薯。山东称地瓜。北京称白薯。江苏、安徽一带称山芋。湖南、四川称红薯、红苕。还有的地方称甜薯、香薯等。据《辞海》及较早的有关文献和农学家丁颖、戚经文先生考证,我国原有薯蓣科的"甘薯",与这由异地传入的旋花科番薯(亦称甘薯)是异科、异种的两种薯类植物。本文所述之甘薯是指出异地传入的番薯。它的学名正式定为甘薯,英文名为Sweet Potata。转引自公宗鉴:《〈金薯传习录〉及其它》,《福建史志》,1990年。

不过,对于番薯传入的时间和途径,则众说纷纭,难以定论。主要观点有这样几种:①由海路传入东南沿海地区。梁家勉等人在分析地方志记载的基础上,提出番薯传入的三条途径分别为:万历十年之前林怀兰将番薯从越南引种入广东电白;万历十年陈益从越南引种番薯至广东东莞;万历二十一年陈振龙从菲律宾引种番薯到福州长乐县。① 但除了陈振龙引种被认为是确有史实外,其他两条路线存在争议。杨宝霖认为陈益的引种为国内最早,李德彬则认为地方志中的记载有夸大的成分,对其真实性表示怀疑。② 章楷也持同样观点,他还提出了另外两条路线:周亮工《闽小记》记载的番薯由菲律宾引种到漳州;苏琰《朱蓣疏》记载的万历十二三年间,番薯从海外经"温陵洋舶"传入南澳、泉州。③ 此外,陈树平依据康熙五十六年《诸罗县志》的记载,提出另有一条路线是从文莱引入台湾,他认为台湾番薯的来源,既有闽粤移民带过去的,也有直接来自南洋(文莱)的,只是这条路线对中国本土影响不大。④ ②陆路传入西南边疆的云南。何炳棣依据嘉靖《大理府志》(1563 年)和万历《云南通志》(1574 年)中关于番薯的记载,推断番薯可能由缅甸传入我国,陈树平也从此说。⑤ 但这一说法遭到很多学者的质疑,李德彬、杨宝霖均认为,何文误把薯蓣之属当做番薯,况且缅甸当时是否有番薯的种植也很值得怀疑。③早于哥伦布到达美洲之前,番薯已经传入我国。李天锡依据民国三年所修的《朱里曾氏房谱》,并结合家谱、方志等文献资料,重新考证了番薯引进的时间,认为明洪武二十年(1387)番薯已引入我国。如果该史料确实真实可靠,则将番薯引种我国的时间提前了 180 余年。⑥

到 21 世纪之后,番薯的研究依然受到学术界的重视,但学者的研究视角有所扩大。如邵侃等以甘薯为例,从探究甘薯的来源及传入途径、性状和功用等入手,分析明清时期粮食作物引进的现实意义和深远影响。在肯定甘薯的引进对中国社会产生积极作用的同时也指出,新引进的物种凭借其生态适应能力强、繁殖能力强、传播能力强等特点抢夺其他生物的生存空间,破坏生态平衡,对当地生态环

① 梁家勉、戚经文:《番薯引种考》,《华南农学院学报》1980 年第 3 期。
② 杨宝霖:《我国引进番薯的最早之人和引种番薯的最早之地》,《农业考古》1982 年第 2 期;李德彬:《番薯的引进和早期推广》,《经济理论与经济史论文集》,北京大学出版社 1982 年版。
③ 章楷:《番薯的引进和传播》,《农史研究》(第二辑),农业出版社 1982 年版。
④ 陈树平:《玉米和番薯在中国传播情况研究》,《中国社会科学》1980 年第 3 期。
⑤ 何炳棣:《美洲作物的引进、传播及其对中国粮食生产的影响》,《历史论丛》1985 年第 5 期,陈树平:《玉米和番薯在中国传播情况研究》,《中国社会科学》1980 年第 3 期。
⑥ 李天锡:《华侨引种番薯新考》,《中国农史》1998 年第 1 期。

境造成了长期的不利影响。[①]

　　对于美洲原产作物传入中国后的影响问题,还有许多人作过论述。概括起来,这些影响主要体现在几个方面:第一是对农业生产的影响。何炳棣认为,"玉米、番薯等美洲作物的传入对中国土地利用和粮食生产确实引起了一个长期的革命"[②]。赵冈等人既分析了玉米番薯引进对我国粮食亩产增加的作用,同时也分析了由于玉米引种对环境破坏所造成的清后期粮食亩产下降问题。[③] 闵宗殿也讨论了海外作物传入对我国农业的影响。[④] 第二是对社会经济发展的影响。陈树平指出,玉米番薯的引进,不仅使粮食产量提高、耕地面积扩大,从而解决民食问题,而且还促进了经济作物的种植以及粮食商品化的发展,客观上又推动了手工业和商业的发展。[⑤] 蓝勇分析了美洲高产旱地农作物传入后,一方面使人口持续增长,另一方面也造成了亚热带山区的结构性贫困,制约了商品经济的发展。[⑥] 李映发以四川为个案,探讨了清初客家移民在传播玉米、甘薯中的作用。[⑦] 王思明认为,美洲作物的传播不仅满足了日益增长的人口生存需求,而且有利于提高农业生产效率。[⑧] 第三是对人口的影响。葛剑雄认为:"甘薯、玉米、花生、土豆等高产耐旱作物的引种等都曾大大提高了粮食产量,从而使人口有了新的增加。"[⑨] 王育民持类似观点,认为高产农作物引进是中国明清时期人口猛增的重要原因之一。[⑩] 姜涛也认为,"粮食作物品种的不断改良,尤其是美洲高产粮食作物的引进,无疑也是中国人口在明清两代得以大增长的重要条件"[⑪]。第四是对环境的影响。张建民认为,玉米、番薯等高产作物的引进是明清农业垦殖扩张的重要条件,但对生态环境的破坏作用不容忽视。[⑫] 张芳分析了玉米引种对环境的破坏,以及由此而导致的清朝后期粮食亩产的下降。[⑬] 佟屏亚探讨了玉米传入对中国近代农业生产的双

---

① 邵侃、卜风贤:《明清时期粮食作物的引入和传播——基于甘薯的考察》,《安徽农业科学》2007 年第 22 期。

② 何炳棣:《美洲作物的引进、传播及其对中国粮食生产的影响》,《历史论丛》1985 年第 5 期。

③ 赵冈、刘永成、吴慧、朱金甫、陈慈玉、陈秋坤编著:《清代粮食亩产量研究》,中国农业出版社 1995 年版。

④ 闵宗殿:《海外农作物的传入和对我国农业生产的影响》,《古今农业》1991 年第 1 期。

⑤ 陈树平:《玉米和番薯在中国传播情况研究》,《中国社会科学》1980 年第 3 期。

⑥ 蓝勇:《明清美洲农作物引进对亚热带山地结构性贫困形成的影响》,《中国农史》2001 年第 4 期。

⑦ 李映发:《清初移民与玉米甘薯在四川地区的传播》,《中国农史》2003 年第 2 期。

⑧ 王思明:《美洲原产作物的引种栽培及其对中国农业生产结构的影响》,《中国农史》2004 年第 2 期。

⑨ 葛剑雄:《中国人口发展史》,福建人民出版社 1991 年版。

⑩ 王育民:《中国人口史》,江苏人民出版社 1995 年版。

⑪ 姜涛:《历史与人口——中国传统人口结构研究》,人民出版社 1998 年版。

⑫ 张建民:《明清垦殖论略》,《中国农史》1990 年第 4 期。

⑬ 张芳:《明清时期南方山区的垦殖及其影响》,《古今农业》1995 年第 4 期。

重影响,在肯定其积极作用的同时,也指出了它对生态环境所造成的极度破坏。[①] 这里还要特别介绍张箭在 2001 年发表的一篇文章。该文论述了美洲三大粮食作物(玉米、土豆、甘薯)的被"发现"、传播和在世界范围内扩散的过程,肯定了欧洲人在这一过程中的独特作用。这篇文章指出,美洲作物在欧洲的传播一般经历了被收藏、在庭院试种供医药学家和植物学家研究、被误会和歧视、逐步进入餐桌和食槽等几个时期。文章也考释美洲粮食作物传入中国的路线、时间、方式等问题,厘清了一些比较重要的问题。文章最后总结了美洲粮食作物所具有的优点,高度评价了美洲粮食作物的驯化、传播和进一步改良在人类历史上的重大意义。[②] 这篇文章所包含的综合研究方法,对于后人的研究具有启发意义。

(3)关于马铃薯、烟草等农作物的引入问题

相对于玉米和番薯而言,我国史籍关于马铃薯的记载很少,而且非常模糊。这样,研究马铃薯引入问题的文章不多,至今尚不清楚马铃薯引进的确切年代和具体途径。大体上说来,关于这个问题有以下 4 种说法。第一种说法是,马铃薯是在 17 世纪中叶由海路传入台湾和东南沿海的。20 世纪 60 年代初期万国鼎在《五谷史话》中最先提出这一观点,并认为我国最早记载马铃薯的文献是康熙福建《松溪县志》(1700 年)。20 世纪 80 年代,何炳棣又提到了另一条史料,对这个观点进行佐证:1650 年到过台湾的荷兰人斯特儒斯在日记中记载,当时台湾已经有马铃薯的种植,荷兰人曾于 1619—1662 年盘踞台湾,马铃薯可能就是由荷兰人带到台湾,进而传播到东南沿海地区的。[③] 在此后的很长一段时间内,许多人引述了这一观点。20 世纪 90 年代初期,谷茂等人结合马铃薯在欧洲的传播历史,对万国鼎、何炳棣等提出质疑,认为 1650 年地处北欧的荷兰是否有马铃薯的普通栽培种无从证实。[④] 第二种说法是,马铃薯是在万历年间传入中国的。20 世纪 80 年代初,翟乾祥依据蒋一葵《长安客话》(成书于明朝万历之际)中有关土豆的记载,主张万历年间马铃薯可能从海外直接传至京津地区,京津地区可能是亚洲最早见到马铃薯的地区之一。佟屏亚等也根据这一史料提出"马铃薯引入我国的时间是在明万历初以前"。[⑤] 翟乾祥之后又继续探讨这个问题,强调马铃薯应在明末传入我

① 佟屏亚:《玉米传入对中国近代农业生产的影响》,《古今农业》2001 年第 2 期。
② 张箭:《论美洲粮食作物的传播》,《中国农史》2001 年第 3 期。
③ 何炳棣:《美洲作物的引进、传播及对中国粮食生产的影响》,《历史论丛》1985 年第 5 期。
④ 谷茂、马慧英、薛世明:《中国马铃薯栽培史考略》,《西北农业大学学报》1999 年第 1 期。
⑤ 翟乾祥:《华北平原引种番薯和马铃薯的历史》,参见《中国古代农业科技》,农业出版社 1980 年版;佟屏亚、赵国磐:《马铃薯史略》,中国农业科技出版社 1991 年版。

国,决不可能迟至清乾嘉之际。[①] 但有学者提出不同意见。谷茂等人认为,400 多年前从南美洲引出的马铃薯安第斯亚种传到欧洲后,经过 100 多年的进化又形成了普通栽培种。中国的马铃薯属于来自欧洲的普通栽培种,因此它不可能在 16 世纪末或 17 世纪初引入中国。马铃薯传入中国的时间应在 18 世纪后期。[②] 第三种说法是,马铃薯于 18 世纪末到 19 世纪初由西北陆路传入山西等地。尹二苟认为,《马首农言》中的"回回山药"就是马铃薯,马铃薯是由晋商从俄国或哈萨克汗国(今哈萨克斯坦)引进的,其时间是在 18 世纪末到 19 世纪初。[③] 第四种说法是,马铃薯通过多种渠道、多次被引入到中国。这种说法是在本世纪初提出的,例如,翟乾祥认为,马铃薯于明末引入我国,传入的主渠道是南洋和印缅;传入东南沿海地区的马铃薯由于薯种退化的原因,没能传播开来;从印缅通道引入的马铃薯先在滇川黔种植,后又辗转到陇东、陕南、晋北等高寒地带,并完成了驯化。[④]

对于烟草的引入问题,20 世纪 50 年代就已有研究,重点是探讨烟草传入中国的时间和途径问题。由于条件所限,这一阶段的论文数量有限。20 世纪 80 年代之后,除了继续对烟草的传入时间和途径进行探讨外,学术界逐渐出现了一种新的研究态势,即开始将烟草问题置于整个社会环境中予以考察。

除了极个别文章外,[⑤]我国学术界普遍认为烟草原产美洲,1558 年哥伦布带回欧洲后在世界各地传播开来,16 世纪末 17 世纪初传入我国。[⑥] 不过,对于烟草传入我国的具体时间和地点,则有不同的观点。刘翔根据新材料,否定了一些传统的说法。他认为,烟草传入中国的时间,而非明万历年间;携带传入者是葡萄牙人,而非西班牙人;中国最早种植烟草的是广西合浦沿海地区,而非台湾、福建两省。[⑦] 郑超雄根据广西合浦县一座明代龙窑遗址中出土的瓷烟斗,认为烟草应该在正德至嘉靖二十八年间(1506 —1549)率先传入我国广西的。[⑧] 但这一说法遭到质疑,蓝日勇认为瓷烟斗的出土,只能说明吸烟习俗的存在,无法证明广西合浦

---

① 翟乾祥:《马铃薯引种我国年代的初步探索》,《中国农史》2001 年第 2 期。

② 谷茂、马慧英、薛世明:《中国马铃薯栽培史考略》,《西北农业大学学报》1999 年第 1 期;谷茂、信乃铨:《中国引种马铃薯最早时间之辨析》,《中国农史》1999 年第 3 期。

③ 尹二苟:《〈马首农言〉中"回回山药"的名实考订——兼及山西马铃薯引种史的研究》,《中国农史》1995 年第 3 期。

④ 翟乾祥:《马铃薯引种我国代的初步探索》,《中国农史》2001 年第 2 期;翟乾祥:《16—19 世纪马铃薯在中国的传播》,《中国科技史料》2004 年第 1 期。

⑤ 任继:《"茶烟""烟草"解》,《古籍整理研究学刊》1999 年第 1 期。

⑥ 叶依能:《烟草:传入、发展及其他》,《中国烟草科学》1986 年第 3 期。

⑦ 刘翔:《明清两代烟草种植及对外贸易——兼论"明万历年间烟草传入中国说"有误》,《中国农史》1993 年第 2 期。

⑧ 郑超雄:《广西合浦明代窑址内发现瓷烟斗谈及烟学传入我国的时间问题》,《农业考古》1986 年第 2 期。

沿海为我国最早种植烟草之地。① 蒋慕东等人通过研究出土文物的年代,也认为"广西合浦率先传入烟草"的观点难以成立。② 陶卫宁在研究文献资料和相关考古资料的基础上,提出烟草作为一种经济作物传入中国的时间大约是在明朝中后期的正德嘉靖年间,到了万历年间才在闽广沿海一带有一定规模的种植。③ 匡达人则主张,烟草传入中国的时间应当在 1558 年之后。④ 也有人结合以上万历说和嘉靖说,提出烟草传入中国的时间应该在 1558—1575 年之间。⑤

关于烟草传入中国的途径,学术界们也各抒己见,形成了几种不同的观点。第一种观点是"三条"说。吴晗将烟草传入我国的路线总结为三条:(1)由日本传到朝鲜,又传入我国东北;(2)从菲律宾传到福建、广东,又从闽广传到北方;(3)由南洋输入广东。⑥ 这个观点在很长一段时间内得到大多数学者的赞同。⑦ 但是随着研究的深入,有学者在"三条说"的基础上提出了不同的意见,例如蒋慕东等人的文章《烟草在中国的传播及其影响》。⑧ 陶卫宁在具体路线和各条路线传入的时间上做了修改,他总结的三条路线是:最早的路线是正德嘉靖年间由南洋传入广东;第二条路线是由东南海上传入福建漳州和泉州一带;第三条路线是由俄国经蒙古传入我国新疆地区的西北线。⑨ 第二种观点是"两条"说。叶依能认为烟草传入我国分南、北两条路线。南线又可分为:一是由吕宋直接传到我国福建漳、泉二州;二是自吕宋先传入澳门,再经台湾于 17 世纪初才传到内地;三是自南洋或越南传入广东。北线是:由朝鲜引进我国东北,由朝鲜—辽宁—蒙古—渐则西北—至俄罗斯。⑩ 第三种观点是"四条"说。陈松峰认为,烟草传入我国的路线有四条,其中南两条,东北方向一条,西北方向一条。⑪ 汪银生等人也认为烟草传入我国的路线有四条,但具体路线不同:一是由菲律宾首先传入台湾、福建,再向广东、江西等省传播;二是由越南传入我国广东,并东传到江浙一带;三是由葡萄牙人将烟

① 蓝日勇:《广西合浦上窑瓷烟斗的绝对年代及烟草问题别议》,《南方文物》2001 年第 2 期。
② 蒋慕东、王思明:《烟草在中国的传播及其影响》,《中国农史》2006 年第 2 期。
③ 陶卫宁:《论烟草传入我国的时间及其路线》,《中国历史地理论丛》1998 年第 3 期。
④ 匡达人:《对烟草起源我国论的辨析》,《农业考古》2000 年第 3 期。
⑤ 赵明春:《烟草传入中国始自漳州及成因考》,《福建烟草》1996 年第 2 期。
⑥ 吴晗:《谈巴菰》,《光明日报》1959-10-28。
⑦ 伊洛:《淡巴菰传入的确切年代》,《中国烟草科学》1984 年第 4 期;赵百东:《烟草史话》,《世界农业》1990 年第 8 期;钟维尧:《新大陆带给旧大陆最糟糕的礼物——烟草传播史略》,《九江师专学报》1992 年第 1 期;祁若雄、郭玲:《对烟草传入新疆时间等问题的考订与研究》,《新疆大学学报(社会科学版)》1997 年第 2 期。
⑧ 蒋慕东、王思明:《烟草在中国的传播及其影响》,《中国农史》2006 年第 2 期。
⑨ 陶卫宁:《论烟草传入我国的时间及其路线》,《中国历史地理论丛》1998 年第 3 期。
⑩ 叶依能:《烟草.传入、发展及其他》,《中国烟草科学》1986 年第 3 期。
⑪ 陈松峰:《关于烟草传入我国的路线与时间》,《文史杂志》1988 年第 2 期。

草带到日本,再传入朝鲜,然后由朝鲜传入我国东北;四是由俄国传入蒙古,再传到新疆。[①] 另外,在我国东北一线的传播路线上,各位学者的意见也有很大的分歧。吴晗认为我国东北的烟草是由日本经朝鲜传来的。丛佩远的《烟草传入东北的途径与年代》一文则认为东北烟草传入有两条路径:一条经由朝鲜,由其使臣传入;另一条经由中国内地传入后金地区。[②] 王元春等人认为,明朝万历年间的朝鲜战役中,嗜食烟草的广东官兵来到东北,同时也烟草传入。[③]

关于烟草在我国迅速传播的原因,学者们同样众说纷纭。陶卫宁从全国范围的角度讨论了烟草传播的经济因素、社会因素和自然因素,并且指出在烟草的传播过程中,军旅将士的携带在很大程度上具有一种偶然性,而商人的贩运在其中则起着更为广泛和重要的作用。[④] 蒋慕东等人总结了烟草在中国传播的七大动因,认为烟草迅速传播是自然条件、人类需求和农业种植技术三方面共同作用的结果。[⑤] 还有很多学者都分析了不同地区烟草传播的原因。[⑥] 吴启纲从烟草的高利润、资本主义生产关系萌芽、商业交通路线、白银货币化等四个方面对这一历史现象的内在动因进行探讨,从医药健康因素、社会因素以及政策文化因素等方面对这一现象的外在动因进行探讨,认为正是在这些内外因素的共同作用下,使明清之际烟草得以快速传播。[⑦]

烟草传入我国后,产生了一系列深远的影响。学者们对此问题也进行了深入的分析。叶依能以方志资料为基础,探讨了烟草种植与中国农业资本主义萌芽之间的关系,同时对吸食烟草与人体健康关系作了客观的评议。[⑧] 蒋慕东等人讨论了烟草对我国社会经济与文化的积极影响,尤其是烟草对中国农业经济的影响,如增加了农业的功能,推动了农产品的商品化率,丰富了农业种植制度,提高了土地利用程度,带动了农产品加工业的发展。[⑨] 李晓方肯定了烟草对于推动中国区域经济发展的积极作用。[⑩]

---

① 汪银生、张翔:《明清时期福建烟草的传入与发展》,《农业考古》2006年第1期。
② 丛佩远:《烟草传入东北的途径与年代》,《北方文物》2003年第4期。
③ 王元春等:《明清之际烟草在中国的传播和影响》,《阜阳师范学院学报(社会科学版)》2006年第3期。
④ 陶卫宁:《明清时期我国烟草生产迅速发展的原因探析》,《农业考古》1999年第1期。
⑤ 蒋慕东、王思明:《烟草在中国的传播及其影响》,《中国农史》2006年第2期。
⑥ 李晓方:《清代赣南烟草生产的迅猛发展及其原因探析》,《赣南师范学院学报》2005年第5期;汪银生、张翔:《明清时期福建烟草的传入与发展》,《农业考古》2006年第1期。
⑦ 吴启纲:《明清之际烟草在中国快速传播的内在历史动因》,《社会科学论坛》2010年第9期;吴启纲:《明清时期烟草在中国快速传播的外在历史动因》,《学习月刊》2010年第14期。
⑧ 叶依能:《烟草种植与中国农业资本主义萌芽的关系》,《南京农业大学学报》1986年第4期。
⑨ 蒋慕东、王思明:《烟草在中国的传播及其影响》,《中国农史》2006年第2期。
⑩ 李晓方:《烟草生产在清代赣南区域经济中的地位和作用》,《农业考古》2006年第1期。

与此同时,还有学者分析了烟草传入后带来的消极影响。李令福认为,烟草种植和生产不仅严重地污染了社会风气,危害了人民的身心健康,而且也给种植业带来较大的不良影响。首先,种烟占用了大量耕地,而且多是较肥沃的良田。其次,烟草种植又与粮棉生产争劳力、粪肥。① 陶卫宁指出,烟草种植对农业生态环境、粮食作物生产、农村经济和社会的消极影响是非常巨大的。② 不少学者持类似的观点。③

除此之外,在过去的 30 年中,学者们还就花生、辣椒、向日葵、番茄等美洲原产作物在中国的传播问题进行过探讨。④ 不过,总体上看,中国学术界对于美洲原产作物在中国传播问题的研究还是需要继续加强,特别是到目前为止还没有一部全面系统地探讨这个问题的专著。在今后的研究中,要重视几个方面结合:一是要把粮食作物与经济作物的传播结合起来;二是要把史学与农学结合起来;三是要把美洲作物在中国的传播史研究与这些作物在国外的传播史研究结合起来;四是要把农业史与社会史结合起来。

三、关于早期中美海上往来的研究

北美 13 个英属殖民地于 1783 年在巴黎与英国签署和约,摆脱了英国的殖民统治,获得政治上的独立。美利坚合众国成立后,即试图与中国建立联系。中美两国史学界通常把"中国皇后"号来华(1784 年)至中美《望厦条约》(1844 年)的签订这 60 年时间,界定为早期中美关系时期,也有一些美国学者称这段时期为"约前时代"(Pre-treaty days)。关于这一时期的研究国内起步较晚。在新中国成立到改革开放之前,国内学术界由于资料缺乏及意识形态影响等因素,习惯于把中美早期交往的历史笼统地纳入帝国主义侵华史中。改革开放后,关于中美经济、

---

① 李令福:《烟草、罂粟在清代山东的扩种及影响》,《中国历史地理论丛》1997 年第 3 期。

② 陶卫宁:《清代烟草生产的消极影响与启示》,《陕西教育学院院报》2002 年第 3 期。

③ 蒋慕东、王思明:《烟草在中国的传播及其影响》,《中国农史》2006 年第 2 期;王元春、李敏莉、夏炳乐:《明清之际烟草在中国的传播和影响》,《阜阳师范学院学报》(社会科学版)2006 年第 3 期;梁四宝、张新龙:《明清时期曲沃烟草的生产与贸易》,《中国经济史研究》2007 年第 3 期。

④ 佟屏亚:《花生的起源与传播》,《新农业》1985 年第 2 期;游修龄:《说不清的花生问题》,《中国农史》1997 年第 4 期;张箭:《论美洲花生、葵花的传播和对中国饮食、文化的影响》,《农业考古》2004 年第 1 期;王宝卿、王思明:《花生的传入、传播及其影响研究》,《中国农史》2005 年第 1 期;蒋慕东、王思明:《辣椒在中国的传播及其影响》,《中国农史》2005 年第 2 期;刘文明、安志信、井立军、黄国青:《辣椒的种类、起源和传播》,《辣椒杂志》2005 年第 4 期;郑南:《关于辣椒传入中国的一点思考》,《农业考古》2006 年第 4 期;戴雄泽:《漫话辣椒的起源和传播》,《辣椒杂志》2008 年第 3 期;曾芸:《向日葵在中国的传播》,《农业考古》2006 年第 3 期;曾芸、王思明:《向日葵在中国的传播及其动因分析》,《农业考古》2006 年第 4 期;曾芸:《向日葵在中国的传播及其影响》《古今农业》2005 年第 1 期;赵凌侠、李景富:《番茄起源、传播及分类的回顾》,《中国种业》1999 年第 3 期;刘玉霞、王思明:《番茄在中国的引种推广及其动因分析》,《古今农业》2007 年第 2 期。

文化交流的研究逐渐深入，并且取得了很多成果，[①]但主要集中在1840年之后，对于中美早期关系史的研究还是显得不足。在过去30年间，对于早期中美关系史的研究，主要集中在贸易往来、文化交流等方面。

1. 关于早期中美贸易史的研究

美国独立之初，由于人口稀少，内陆交通不便，国内市场狭窄，对外贸易往往是美国商人发财致富的重要途径。早在殖民地时期，北美商人就对广州有所了解。当时英国东印度公司垄断了对华贸易，中国的茶叶由该公司进口后再贩运到世界各地，北美殖民地的茶叶也是从中国进口而来。美国独立后百废待兴，财政金融形势严峻，发展经济是当务之急。在独立后的第二年，美国商船"中国皇后"号抵达广州，揭开了中美关系发展的序幕。国内学术界一般把"中国皇后"号来华视为中美关系史的发端，也是中美贸易往来的肇始。尽管中美贸易起步较晚，但发展迅速，不久之后美国成为中国第二大茶叶买主和最大的白银供应者。在中美贸易发展初期，美商提供的毛皮与洋参在中国很畅销，其货值足以支付所购买的中国商品。19世纪初以后，美商的皮毛来源逐渐枯竭，白银成为支撑美国对华贸易的主要手段。之后美商还参与鸦片贸易，以平衡与中国的贸易逆差。

(1)关于"中国皇后"号及早期中美贸易的研究

在早期中美关系中，"中国皇后"号首航中国有着重要的历史意义。20世纪80年代之前，中外史学家关于这一问题研究得不多，专门论文极少，相关专著中也只是把它作为中美关系史的开端稍作论述。20世纪80年代后，这个问题得到了国内学术界的重视，尤其是1984年，正值"中国皇后"号首航中国200周年纪念，关于这个问题的研究出现了一个小高潮。其中比较重要的文章是齐文颖的《关于"中国皇后"号来华问题》。该文考察了"中国皇后"号来华的原因与过程，指出"中国皇后"号成功首航具有深远的影响：为正在寻求出路的沿海贸易商带来了希望，找到了出路；把掠夺"西北地区"的皮货资源纳入到繁荣东部贸易中去，形成了新的三角贸易关系；美国商人从对华贸易中积累了大量资金，成为美国资本原始积累

---

① 蒋相泽、吴机鹏主编：《简明中美关系史》，中山大学出版社1989年版；乔明顺：《中美关系第一页——1844年望厦条约签订的前前后后》，社会科学文献出版社1991年版；陶文钊：《中美关系史1911—1950》，重庆出版社1993年版；熊志勇：《中国与美国——迈向新世纪的回顾》，河南人民出版社1995年版；胡礼忠、金光耀、顾关林：《从望厦条约到克林顿访华——中美关系(1844—1996)》，福建人民出版社1996年版；李定一：《中美早期外交史》，北京大学出版社1997年版；项立岭：《中美关系全编》，华东师范大学出版社2002年版；陶文钊：《中美关系史》(全3卷)，上海世纪出版集团、上海人民出版社2004年版；梁碧莹：《龙与鹰：中美交往的历史考察》，广东人民出版社2004年版；仇华飞：《早期中美关系研究》，人民出版社2005年版；王东、闫知航：《让历史昭示未来：中美关系史纲》，东方出版中心2006年版，等等。

的一部分。① 梁碧莹也指出，"中国皇后"号此时远航中国"绝非偶然之举"，有其深刻的背景。首先是独立之初的美国，面临着政治和经济上的重重困难，必须寻求新的贸易途径，以解决当时的经济困难。其次是过去中国茶叶和其他传统商品的贸易由英国东印度公司转运，独立之后的美国商人要求直接经营这方面的贸易。第三，美国造船业比较发达，拥有一批具有航海知识的海上人员，这些因素使美国向中国发展贸易成为可能。而首航的成功，轰动了美国社会，促进了中美贸易的发展，也促进了中美两国人民的相互了解和交流，美国商人把对华贸易所获得的资金，从事农业、工业以及其他生产事业上。② 后来，梁碧莹通过介绍《山茂召日记》，对早期中美贸易进行了更多的讨论。③ 此外，还有一些学者对"中国皇后"号来华问题进行过探讨。④

"中国皇后"号的成功首航，揭开了中美贸易的大幕。罗荣渠是国内较早对早期中美贸易进行总体考察的学者。他提出，从 1784 年到 1844 年中美《望厦条约》的签署，是中美初步建立贸易交往的时期，两国关系基本上是平等的和友好的。他反对那种认为美国自从与中国发生联系开始就对中国进行侵略和剥削的观点，认为早期对华贸易中基本上是按正常国际贸易交往进行的，不能把美国对华贸易说成是"海盗式的掠夺"。他指出，在中美早期交往中，美国商人基本上能遵守中国的法令，声誉比英国商人好，中美商人之间的关系也较友好；早期中美贸易对两国经济的发展也起了促进作用。⑤ 罗荣渠的文章打破了学术研究中浓厚的意识形态色彩，纠正了许多片面的观点，标志着大陆学术界对于早期中美关系的研究进入到了一个新时代。

项立岭分析了早期中美两国对贸易的不同态度，认为美国政府鼓励支持本国商人的远东贸易，而中国政府却一如既往地不加重视。18 世纪末，欧洲由于爆发

---

① 齐文颖：《关于"中国皇后"号来华问题》，《世界史研究》1984 年第 1 期。该年还有其他文章介绍这次首航，如康华：《"中国皇后"号商船》，《国际贸易》1984 年第 4 期；霍世亮：《"中国皇后"号首次来华》，《瞭望》1984 年第 36 期。

② 梁碧莹：《美国商船"中国皇后"号首航广州的历史背景及其影响》，《学术研究》1985 年第 2 期。

③ 山茂召是"中国皇后"号的船货管理员，首航成功回国后被委任为美国驻中国广州第一任领事，并多次在广州口岸进行商业活动。1847 年由乔赛亚·昆西整理编辑的《美国驻广州第一任领事山茂召少校日记》（简称《山茂召日记》），在山茂召的故乡波士顿出版。全书包括三部分：第一部分是山茂召的传记及其书信；第二部分是山茂召远航广州的详细日记；第三部分附录了山茂召给美国外交部长杰伊的信件和杰伊的复函。《山茂召日记》记录了中美贸易肇始的全过程，具有极大的史料价值，成为研究早期中美关系弥足珍贵的资料。参见梁碧莹：《再现中美贸易肇始期的〈山茂召日记〉》，《世界历史》2001 年第 5 期；梁碧莹：《龙与鹰：中美交往的历史考察》，第 25—46 页。

④ 李文俊、鲁峰：《中国皇后号：第一艘来中国的美国商船》，《航海》1989 年第 1 期；张小丁：《"中国皇后"号开启中美贸易》，《文史杂志》2001 年第 3 期；郑明：《"中国皇后"号传奇》，《中国远洋航务》2007 年第 11 期。

⑤ 罗荣渠：《关于中美关系史和美国史研究中的一些问题》，《历史研究》1980 年第 3 期。

战争,无暇顾及海外贸易,美国乘机发展在欧洲各国和中国之间的转运贸易,以西班牙硬币作为支付手段,中美之间贸易额日渐增长。此时中美双方贸易的货物有了比较明显的变化,毛皮、檀香木、海参等数量下降,毛纺织品开始输入中国;中国方面,茶、丝、棉布和瓷器的出口量都呈现下降趋势,中国开始由美国的购货市场,向美国的销售市场转变。他认为早期对华贸易对中美双方来说都是有利的,而不是像一些大陆学者所理解的那样是美国对中国的侵略行为。① 王继祖等人也认为中美早期贸易并不是美国对中国的侵略,而是民间互通有无的贸易。尽管美国不断增加对中国的出口货物,但总的来说美国还是长期处于逆差状态。② 汪熙等人全面考察了中美早期贸易的发展原因与过程,认为在鸦片战争前半个世纪的中美贸易过程中,美国政府已逐步由一般性地鼓励对华贸易逐步发展为以政治和军事力量为后盾、要求在中国本土取得与其他列强一样的侵略特权。美国对华利益均沾的侵略政策,事实上在《望厦条约》签订以前就已确定。特别是在 19 世纪 30 年代后,随着美国国力的逐步强盛、美国传教士对中国国情深入了解,以及清政府的腐朽无能进一步暴露,美国政府的对华政策更多趋向于支持美国商人对中国市场的突破,使他们在同英国商人的竞争中不处于劣势。在中国政府处理鸦片贸易时,美国政府采取了紧跟英国侵略者步骤的政策。③

梁碧莹分析了早期中美贸易的特点,认为中美早期贸易商品结构的变化与美国经济发展有着密切的关系。独立之初的美国经济落后,工业还没有发展,输华物资以人参、毛皮、棉花、檀香木等土特产为主。随着美国经济的发展,输华物资逐渐转变为工业品为主,本国产品逐渐上升,外国产品逐渐下降;输华产品除鸦片外,以棉花和棉纺织品为主。美国之所以能取得对华贸易的成功,是因具备有利的主客观条件:美国造船业的发展有利于早期中美贸易的展开;美国商船人员少,成本低,速度快;美国政府采取了保护对华贸易的措施;欧洲战争为美国扩大对华贸易提供了有利条件;中美贸易肇始,中国政府和商人对美国商人印象较好,也有利于扩大美国对华贸易。早期中美贸易基本上是平等友好地进行,但随着美国资本主义的发展,这种关系逐渐向中国索取特权转变。④ 她在后来出版的专著《龙与鹰:中美交往的历史考察》中,对早期中美贸易进行了更加深入的研究。⑤

20 世纪 90 年代后,关于中美早期贸易的研究有了较大发展,相关的论著有所

① 项立岭:《论早期中美贸易》,《首都师范大学学报》(社会科学版)1983 年第 4 期。
② 王继祖、李育良:《中美早期贸易初探》,《历史教学》1984 年第 12 期。
③ 汪熙、邹明德:《鸦片战争前的中美贸易》,载汪熙主编:《中美关系史论丛》,复旦大学出版社 1985 年版。
④ 梁碧莹:《略论早期中美贸易的特点》,《史学月刊》1985 年第 5 期。
⑤ 梁碧莹:《龙与鹰:中美交往的历史考察》,第一、二章。

增加,研究视角日趋多元化。李定一在他的专著《中美早期外交史》中对早期中美贸易的发展状况有比较详尽的阐述。他认为,有三个因素促使美国与中国通商,一是为解决独立后所遭遇的经济问题,二是海上冒险精神,三是源于黎亚德的促成。早期中美贸易促使美国向太平洋拓殖,并在短短的数十年间,成为横跨北美大陆,雄踞两大洋岸的大国。①

仇华飞分析了早期美国对华贸易的特征。他指出,"中国皇后"号首航成功,在美国沿海港口城市产生很大的影响。波士顿、纽约、费城、巴尔的摩等地都不断有商船来华。为促进对华贸易,美国国会于 1789 年和 1791 年两次通过对华贸易特惠法令,鼓励和支持美国商人"为使年轻的共和国获得经济独立"而"远涉重洋",寻求"商业冒险"。作者认为,杰弗逊总统提出的美国"与东方贸易应使列强尽皆平等"的原则,确立了早期美国发展对华关系的外交政策方向,也是 19 世纪末对华门户开放、机会均等政策的雏形。②2005 年仇华飞出版专著《早期中美关系研究》,其中第二章阐述了中美贸易关系的形成和发展。作者对"中国皇后"号来华、茶叶贸易、毛皮贸易、商业冒险精神、促进美国对华贸易发展的原因、美商在华经营环境的改善、广州美国商行的兴起,以及美商走私鸦片等问题进行了深入分析。他认为,早期中美贸易具有以下几个特征:一、美国商人远涉重洋来中国进行货物交易,广州中美贸易虽然是互动的,但中国从未派商船前往美国,清政府的朝贡贸易体制仍然制约着中美贸易的发展;二、随着时间的推移,在广州的美国商人的活动空间越来越大,贸易品种从土特产向工业品转变,贸易结构开始多元化;三、中美之间的商业纠纷日益增多,矛盾逐渐突出。他还强调,虽然美国人声称坚持通商贸易中的基本道德标准,不赞成英国人强行打开中国大门,但由于他们更关心的是与自身利益密切相关的商业利润,所以道德标准实际上就显得非常苍白无力。③

凌兴珍探讨了鸦片战争前夕美国"具结"问题。具结政策是鸦片战争前夕中外贸易的管理政策,是外国人进入中国内地进行合法贸易的保证书,是林则徐禁烟政策的重要组成部分。美国人虽然最初拒绝遵式具结,但是在广东对外贸易重开后,美国人却最先具结,并且按林则徐拟具的不同样式具结。美国人遵式具结的主要原因是:追求贸易利益、与英国争夺中国市场、鸦片贸易有损美国利益,以及林则徐区别对待外国人的策略。美国人遵式具结对当时及以后的中美关系史

---

① 李定一:《中美早期外交史》,第1—5页。
② 仇华飞:《早期美国对华贸易的几个特征》,《学术月刊》1999 年第 11 期。
③ 仇华飞:《早期中美关系研究》,第76—146页。

仍产生了巨大而深远的影响:美国成为当时具结船只最多、受益最大的国家;美国人遵式具结,打破了英国人在广州圈禁期间建立的外商统一战线,孤立了英国人;具结贸易的政策最初确实让美国人相信鸦片贸易将在中国绝迹,美国人也确实在广东不敢夹带、贩卖鸦片;美国人的具结,对于打击鸦片贸易、保护合法贸易,以及阻止纹银出口都起到了一定作用。但是,这并不等于美国人完全拥护林则徐的具结政策,不等于美国人不再染指鸦片走私,也并不能排除美国人在中英之间做居间贸易。① 还有一些学者从不同层面对早期中美贸易进行过讨论,因篇幅有限,不一一列举。②

(2)关于早期中美贸易的货物、港口与航线的研究

随着对中美早期贸易史研究的逐渐深入,学者们也讨论了商品、港口及航线等问题。

瓷器是中国输往美国的主要货物。吴建雍探讨了清代外销瓷与早期中美贸易的关系。他指出,大约在 16 世纪中期,中国瓷器开始传入美洲。进入清代,由于中西贸易的扩展,绚丽的华瓷不断被英国、荷兰、西班牙和法国的商船载往北美大陆。但是,中国瓷器畅销美洲的高峰期,却是在中美直接通商后。从 1784 年美国"中国皇后"号来到广州,直到鸦片战争前夕,瓷器与茶叶、丝绸,共同构成了中国向美国出口的主要商品。瓷器贸易促进了美国商业资本的积累,为政策带来了可观的税收。中美瓷器贸易也促进了中国外销瓷制造业的进一步发展,"洋彩"日臻丰富,对美国市场的应变能力不断提高,有助于中国商业资本的积累。③

中国输往美国的另一种大宗货物就是茶叶。曾丽雅等人考察了茶叶与早期中美贸易的关系。文中写道,早在殖民地时期,随着英国移民的大量涌入,饮茶习惯也带到了北美,并建立了出售中国茶叶的市场。但此时茶叶贸易主要控制在英国东印度公司手中,殖民地商人受到制约,双方矛盾尖锐,最终导致了"波士顿倾茶事件",从而揭开了北美独立战争的序幕。"中国皇后"号首航成功后,中国茶叶被大量输往美国,美国商人还将中国茶叶转运到欧洲国家,以换取银元及工业制品。早期茶叶贸易给美国带来了厚利,对美国经济的发展产生了有利影响。④苏宁

---

① 凌兴珍:《论鸦片战争前夕美国"具结"问题》,《西南民族学院学报》(哲学社会科学版)2000 年 11 期。

② 于景洋:《试论中美早期贸易》,《哈尔滨商业大学学报》(社会科学版)1990 年第 4 期;张要红:《谈早期中美贸易的特点》,《晋中师范高等专科学校学报》1994 年第 1 期;王若涛:《鸦片战争前的美国对华贸易》,《北京商学院学报》1995 年第 6 期;李怡然:《中美最早的商业贸易》,《历史档案》2009 年第 2 期;刘刚:《早期中美商务关系的形成和演变(1784—1844)》,《重庆科技学院学报》(社会科学版)2010 年第 21 期。

③ 吴建雍:《清代外销瓷与早期中美贸易》,《北京社会科学》1987 年第 1 期。

④ 曾丽雅、吴孟雪:《中国茶叶与早期中美贸易》,《农业考古》1991 年第 4 期。

比较全面地考察了中美茶叶贸易的历史,指出:1784 年到 18 世纪末是中美茶叶贸易的肇始期,此时贸易量不稳定,常出现波动。19 世纪前半期是中美茶叶贸易的初步发展时期,中美茶叶贸易不仅在贸易量上大增,而且茶叶品种也发生了变化。中美通商之初,美国采购的华茶主要是武夷红茶。随着贸易的发展,购入的华茶也由原来的一些低档产品转变为较为高档的红茶小种。1800 年以后,绿茶大批输美,到了 1810 年,美国的红、绿茶进口量几乎相等。随后,绿茶所占的比重超过红茶。鸦片战争爆发后,美国通过中美《望厦条约》、《天津条约》等条约,取得了一系列贸易特权,华茶进口量飞速增长,到 19 世纪末,中美茶叶贸易达到顶峰。1895 年至 1905 年间,茶叶在中美贸易中所占的地位日趋下降,最终让位于丝货。中美两国通过茶叶贸易不仅发展了两国的经济关系,而且增进了两国民众的互相了解。① 梁碧莹的专著《龙与鹰:中美交往的历史考察》,也讨论了中国茶文化走向美国的历程及对中美两国的影响。②

早期中美贸易期间,美国商人为扭转贸易逆差从事过非法的鸦片贸易。如何看待这一时期美国对华鸦片贸易,是国内学者比较关注的问题。李守郡认为,鸦片贸易是美国资产阶级的一种侵华活动,并不断破坏着早期中美贸易,毒化了早期中美关系。在几十年的鸦片贸易中,美国鸦片贩子以肮脏的鸦片,破坏中国的法令,使鸦片贸易不断扩大,加剧了中国的政治、经济以及社会危机。③ 他的这种观点,与改革开放之前国内很多学者的观点一脉相承,主要基于"帝国主义侵华"的理论模式。但大多数学者认为,鸦片战争之前美国人的对华鸦片贸易数量有限,危害也没有英国来得大。项立岭认为,美国商人的鸦片贸易量不大,也没有解决多少支付问题;美商所贩运的鸦片价值,在美国全部对华贸易中所占比例也很少。④ 翟国璋具体分析了 1817 年各国的对华鸦片贸易情况,认为从事对华鸦片贸易的主要国家是英国,美国等国数量很少;1817 年美国输入中国的鸦片不会超过 1900 担,估计接近 800 箱,即占总数的 18％左右。⑤ 梁碧莹认为,鸦片贸易是早期中美贸易阴暗的一面,因其高额的利润,鸦片战争前几乎所有的美国商人都参与了鸦片贸易,但中国仍然处于顺差的有利地位。⑥ 何大进对早期英美对华鸦片贸易进行了比较研究,认为无论在所获利益、鸦片贸易所造成的消极影响,还是在对

---

① 苏宁:《早期中美茶叶贸易的启示》,《福建茶叶》2002 年第 4 期。
② 梁碧莹:《龙与鹰:中美交往的历史考察》,第 47—85 页。
③ 李守郡:《浅谈美国早期对华鸦片贸易》,《历史档案》1983 年第 2 期。
④ 项立岭:《论早期中美贸易》,《首都师范大学学报》(社会科学版)1983 年第 4 期。
⑤ 翟国璋:《一八一七年美国对华输入鸦片量质疑》,《社会科学战线》1984 年第 3 期。
⑥ 梁碧莹:《略论早期中美贸易的特点》,《史学月刊》1985 年第 5 期。

待鸦片贸易的态度上,英美两国都是不同的。英国在早期对华鸦片贸易中获利甚丰,且对它来说具有重要的战略意义;而美国则相反,鸦片贸易对美国正常对华贸易所造成的消极影响远大于英国。因此,英国政府对鸦片贸易持积极支持态度,甚至为此不惜诉诸武力,而美国政府则持反对态度。当然,美国政府真正关心的,并不在于是否要禁止鸦片贸易,而是企图在这个非常敏感的问题上,显示出与英国的区别,以博得中国人民的好感,赢得更加有利的侵华地位。[①]

传教士与鸦片贸易的关系也引起了国内学者的关注。何大进深入分析了鸦片贸易给美国经济带来的利弊及对传教活动所造成的影响。他认为,鸦片贸易在一定程度上缓解了美国早期对华贸易的巨额逆差,不少烟贩也从中攫取了惊人的暴利。但由于当时鸦片贸易的主要产地被英国东印度公司所控制,在早期中美贸易中,美国商人输华鸦片无论在各国对华鸦片贸易的总额中,还是在中美贸易的总额中,所占的比例都是极为有限的。鸦片贸易对美国商业造成了消极影响,它影响了早期中美之间的和谐关系,破坏了正常的贸易秩序,影响了美国其他商品的对华输出,对美国来华传教士的宗教文化活动也造成了一定的消极影响。美国传教士对鸦片贸易造成的"悲惨后果"进行了报道,并且"大声疾呼反对鸦片毒害",对美国社会舆论及美国政府都产生了重要的影响。[②] 甘开鹏认为,19 世纪 30年代,日益猖獗的对华鸦片贸易不仅迫使清政府采取严厉的禁烟措施,而且来华美国传教士也对鸦片贸易进行了强烈的谴责。美国传教士的反鸦片言论对美国的国内舆论以及政府决策都产生了不可忽视的影响。[③]

仇华飞深入考察了美国政府对鸦片贸易的立场。他指出,早期美国政府对美商走私鸦片确实采取过放任自由的态度,因为鸦片走私可以从一定程度上缓解由于美国向中国大量输出白银而造成的白银匮乏问题;但当中英因鸦片问题即将爆发战争时,美国政府权衡利弊,改变了默认鸦片贸易的态度,转而采取符合清政府禁烟政策的立场。美国政府反对美商走私鸦片的立场在《望厦条约》中得到了集中体现。不过,美国政府的立场不能体现在美国商人的实际行动中,事实上,美国商人走私鸦片活动在 19 世纪从未停止过。[④] 他在后来出版的专著《早期中美关系研究》中,对这些观点作了更多的叙述。[⑤]

刘涛从金融的视角探析了 19 世纪上半期美国商人汇票与鸦片走私之间的关

---

① 何大进:《早期英美对华鸦片贸易比较研究》,《史学月刊》1998 年第 4 期。
② 何大进:《略论早期美国赴华传教士的鸦片贸易观》,《历史教学》1998 年第 4 期。
③ 甘开鹏:《美国来华传教士与晚清鸦片贸易》,《美国研究》2007 年 3 期。
④ 仇华飞:《早期美国对华贸易的几个特征》,《学术月刊》1999 年第 11 期。
⑤ 仇华飞:《早期中美关系研究》,第 130—143 页。

系。随着 19 世纪上半期对华鸦片走私的兴起，各国商人越来越需要方便、高效的资本汇划手段以转移鸦片走私所获得的利润。美国商人从 1810—1811 年度起向广州市场提供汇票，受到了鸦片走私商的广泛欢迎。通过汇票对鸦片走私贸易的渗透，美国商人参与到了印度鸦片对华走私的利益分配链条中，并且分享到大量的鸦片走私利润，从而扭转了美国对华贸易的逆差。他指出，汇票对美国的贸易产生了重要影响：替代白银，节约了贸易成本；规避了弱势美元的贸易风险，增强了美国商人实力。这也是美国推行金融贸易一体化战略的开始。① 尽管这篇文章不长，但视角比较独特，颇有启发意义。

早期中美贸易集中在广州，因此研究早期中美贸易，必然会涉及广州。尽管美国独立之前与中国并没有直接的接触，但早在殖民地时期，随着大量中国丝绸、瓷器和茶叶从广州被转运到北美，使很多北美人对广州也是有所了解的。美国在独立后的第二年，就迫不及待地派遣"中国皇后"号首航广州，从此广州成为年轻的美利坚合众国与古老的中国进行贸易的主要口岸。20 世纪 80 年代，尽管学者们在研究早期中美贸易时会论及广州，但并没有突出广州的特殊地位。20 世纪 90 年代之后，国内学术界开始对广州在中美早期贸易中的地位和作用予以较多的关注。李金明指出，在早期中美贸易中，美国商船一般沿好望角向东航行，最后到达广州。从波士顿出发的船只，绕道合恩角，横渡太平洋，将太平洋西北岸获得的毛皮运往广州销售。美商从广州运回国内的货物，以茶叶为最大宗。但从广州输出的茶叶并非完全满足本国需求，大部分被转运到其他国家。美商输入广州的货物，主要为毛皮、檀香木、白银，1805 年起开始走私鸦片。美国商人通过对广州的贸易，赚取了大量利润，成为美国早期资本原始积累一个重要组成部分。②

早期中美贸易中的一个重要组成部分是"北皮南运"，即美国商人把美洲西北海岸出产的毛皮通过北太平洋航线（主要途经夏威夷群岛）运至广州销售。长期以来，学术界在讨论清代的毛皮贸易时，往往只关注中俄之间的毛皮贸易，而忽略了中美之间的"北皮南运"。20 世纪末期，学者们开始重视这个问题。例如，周湘指出，"北皮南运"典型的模式是由美国东海岸出发，绕合恩角再向北驶往西北海岸，搜集一定数量的毛皮之后，在夏威夷群岛作短暂停留，接着前往广州，换回中国货物，穿越印度洋绕好望角后横渡大西洋，返回新英格兰的港口（波士顿或纽约）。由于航线迂回及受到季风影响等因素，完成一次美国—西北海岸—中国广

---

① 刘涛：《试论 19 世纪上半期美国商人汇票与鸦片走私》，《财经界》2010 年第 4 期。
② 李金明：《鸦片战争前中美广州贸易述略》，《南洋问题研究》1994 年第 3 期。

州—美国的三角贸易,至少历时三年。通过"北皮南运",突出了广州在环太平洋经济网络中的地位,强化了广州与世界的经济联系。[①] 周湘的这篇文章,在研究"北皮南运"上具有开拓性意义。

梁碧莹对广州在早期中美贸易中的地位进行过比较系统的考察。她认为,早在殖民地时期,北美居民就已经获知广州。1784 年美国商船"中国皇后"号首航广州,标志着中美贸易的开端。刚开始广州人把美国人误认为是英国人,后来才知道是一个新兴国家的公民,称之为"花旗国人"。广州商人和地方当局对美国人以礼相待,给他们提供贸易上的方便,美国人也为此深表感谢。美国人采取了种种措施,努力发展对华贸易,例如改进船舶性能,增加货物品种。为了便于开展对华贸易,最早来到广州的美国人还积极探索新方式来处理对华商务和人际关系。[②] 梁碧莹在其专著《龙与鹰:中美交往的历史考察》中进一步分析了广州在早期中美关系中的地位,认为广州是中美关系的肇始地;无论是中国人还是美国人,最早都是通过广州这个窗口了解对方的;广州又是美国第一批新教传教士涉足的地方,第一所由美国人创办的西式医院也出现在广州。[③]

2. 关于早期美国来华传教士的研究

随着中美经济贸易的兴起,两国之间的文化交流也逐渐开展。在鸦片战争之前,中美之间文化交流的主要媒介是美国来华传教士。他们为了在中国打开传教的新局面,采取了种种措施,如兴学、行医、译书、办报等。同时,这些传教士们还热情地向美国介绍中国文化。美国早期来华传教士的这些文化活动,对于 1840 年后的中国及中美关系产生了重要影响。

长期以来,西方学者是研究美国早期来华传教士问题的主要力量。他们的研究不仅起步较早,而且比较深入,研究视角也很多元。中国自 20 世纪初期开始出现一些关于美国早期来华传教士的著述,但大多出自教会人士之手,很少能算得上是严格的学术著作。1949 年之后,大陆学术界基本上依据"帝国主义文化侵略模式"来看待美国早期来华传教士,对他们在医疗、文化、教育、出版等方面的活动关注得很少。

20 世纪世纪 80 年代后,国内学术界对于外国传教士的研究逐渐摆脱了简单化、模式化的倾向,并且取得了令人瞩目的进展。研究成果的数量大增,研究的广度和深度以及研究范式上都有突破。顾长声于 1981 年出版的《传教士与近代中

---

① 周湘:《"北皮南运"与广州口岸》,参见蔡鸿生主编:《广州与海洋文明》,中山大学出版社 1997 年版。

② 梁碧莹:《广州口岸与美国对华贸易的缘起》,《中山大学学报(社会科学版)》2000 年第 6 期。

③ 梁碧莹:《龙与鹰:中美交往的历史考察》,广东人民出版社 2004 年版。

国》是全面研究外国来华传教士的拓荒性著作,该书记述了自鸦片战争至 1949 年外国主要传教士在中国活动的过程,被学者们所重视。① 20 世纪 90 年代,出现了研究外国传教士的热潮。熊月之撰写的《西学东渐与晚清社会》把早期欧美基督教传教士作为传播西学的主体,深入探讨了他们在文化领域的各种活动,并且对他们作了中肯的评价。② 王立新的《美国传教士与晚清中国现代化》从现代化角度出发,专题考察了美国传教士对近代中国社会变革的影响。③ 2000 年,吴义雄的《在宗教与世俗之间——基督教新教传教士在华南沿海的早期活动研究》出版,为新世纪深化对外国传教士的研究打下了很好的基础。④ 上述这些开拓性的著作,都涉及美国早期来华传教士。

其他一些著述,也讨论了美国早期来华传教士。例如,梁碧莹在《龙与鹰:中美交往的历史考察》一书中专设一章(第四章),对美国传教士与中美关系进行了比较详尽的考察。该书分析了美国传教士来华的背景、传教的目的与手段以及种种文化活动。书中写道,美国传教士来华,与福音奋兴运动、美国对华贸易的兴起、马礼逊在华活动密切相关。由于清政府的禁教政策,第一批美国来华传教士多集中在澳门、广州等地。他们在中国的传教活动虽然收效甚微,但他们的兴学、行医、办报、译书等活动却受到了中国人的普遍欢迎。书中认为,美国传教士在中国除了自身从"教"外,亦与商、军、政发生密切的关系,即亦商、亦军、亦政。亦商指的是传教士来华得到商界的慷慨支持;亦军指的是传教士与对华侵略战争关系密切;亦政指的是传教士直接参与了政治活动。正是因为身份多重,所以对美国传教士的评价也比较复杂。在作者看来,美国传教士"无疑是殖民侵略的一支力量,他们自觉或不自觉地充当了列强侵略中国的工具",但"适应了西学东渐的潮流,把传教和宣传西学结合起来,在客观上起了促进了西学在中国的传播,推动中西文化交流的积极作用"。⑤

何大进对美国传教活动的缘起进行较为详尽的考察。他认为,美国对华传教运动的发生,首先根源于美国传教士的政治热忱与传播"福音"的强烈使命感,并在一定程度上受到了英国国外传教运动的影响。而早期中美贸易的迅速发展,有力地推动了美国对华传教运动的开展,并为美国传教士的早期活动打下了一定的

---

① 顾长声:《传教士与近代中国》,上海人民出版社 1981 年版。
② 熊月之:《西学东渐与晚清社会》,上海人民出版社 1995 年。
③ 王立新:《美国传教士与晚清中国现代化》,天津人民出版社 1997 年版。
④ 吴义雄:《在宗教与世俗之间——基督教新教传教士在华南沿海的早期活动研究》,广东教育出版社 2000 年版。
⑤ 梁碧莹:《龙与鹰:中美交往的历史考察》,第 215—216 页。

基础。① 何大进还对早期美国传教士参与政治活动的原因进行了比较深入的分析。他认为,由于清政府的禁教政策、闭关政策以及中国传统文化的特点,使早期美国来华传教士在中国的活动困难重重,举步维艰。因此他们主张采取强硬政策,鼓动社会舆论,以迫使清政府开放。② 谭树林认为,早期来华基督新教传教士在传教方式上有别于明清时期耶稣会士的一个重要方面,就是在中国境内外创办了一些中外文报纸期刊,作为其传教的手段。最早的中国近代报刊几乎全由外国传教士创办。这些中外文期刊,不仅促进了基督教在华人中的传播,推动了近代中西文化的交流,而且开我国近代报业之先河,为中国近代报刊业的发展提供了先进的印刷技术和编辑排版方式,在中国新闻史、报刊史及出版史上占有重要地位。③ 邓颖芝对 1815—1842 年来华传教士的办报活动进行了比较深入的探析,并且肯定了这些活动对于传播西方先进文化、推动中国近代报业发展的积极作用。④

仇华飞的《早期中美关系研究》是进入 21 世纪后研究该专题的一部比较重要的著作,书中对美国早期来华传教士进行了重点研究。作者认为,"早期美国传教士不管他们是受国内差会组织的差遣,还是自己心甘情愿,不惧路途遥远和各种艰难险阻独自来到中国民间传教,其虔诚地信奉上帝之心不能简单地与文化侵略联系在一起。因此,早期美国传教士来华,无论其倾向性还是功利性,都不应该简单地和 19 世纪 50 年代后传教士在华活动相提并论"。他分析了早期美国传教士来华的原因:首先是因为美国差会组织确实注重对华宗教文化的传播活动,并由宗教事业而推广到"慈善"事业和文化事业;其次是受 18 世纪末兴起的全球性基督教福音传播运动的影响;最后是因为受到商业冒险精神的鼓舞,决心寻找海外目标实现他们的信仰。他对早期来华传教士的作用基本持肯定态度,认为他们"传播许多西方先进的文化和科学技术,激发了中国进步知识分子对中国近代化的思考,引发中国近代史上第一次学习西方的热潮。同时,传教士在传教过程中,由于客观上起着桥梁的作用,为中美人民之间的相互了解发挥了一定的作用"⑤。

20 世纪后期大陆学术界在研究美国早期来华传教士时,一个明显的趋势是,越来越重视对个别人物的研究。其中研究得最多的是裨治文和彼得·伯驾。下面就学术界对这两个传教士的研究状况作一总结,并借此说明近 30 年来大陆学术的进展。

①　何大进:《早期美国对华传教活动探源》,《湘潭大学社会科学学报》1998 年第 5 期。
②　何大进:《美国赴华传教士与〈中美望厦条约〉》,《广州大学学报(社会科学版)》2001 年第 7 期。
③　谭树林:《早期来华基督教传教士与近代中外文期刊》,《世界宗教研究》2002 年第 2 期。
④　邓颖芝:《1815～1842 年来华传教士的办报活动及其影响》,《成都教育学院学报》2003 年第 11 期。
⑤　仇华飞:《早期中美关系研究》,人民出版社 2005 年版,第 39—43 页。

3. 关于裨治文的研究综述

裨治文(E. C. Bridgman,1801—1861 年),中文又名高理文,1830 年受美部会派遣来华传教,此后,居留中国长达 30 余年。裨治文是第一位来华的美国传教士,在早期中美关系史中占有较高的地位。裨治文在中国时,不但活跃于出版、教育和医务等工作,还直接参与到中美外交活动中。

顾长声在 1985 年出版的力作《从马礼逊到司徒雷登》中,介绍了裨治文的生平和在华活动,使中国读者得以比较清楚地了解这位颇具影响的美国传教士。[①]此后,关于裨治文的研究逐渐增多。王立新对裨治文的《美理哥国志略》进行了分析。他认为,裨治文的写作动机旨在传播美国文明教化,以打破中国的闭塞无知。裨治文把美国描绘成一个民主和法制的社会,意在宣传美国的政治和社会制度。这种介绍虽然在当时的中国并不会得到仿效,但由于西方民主精神与儒家民本思想有某种程度上的相似性,所以在晚清专制制度弊端丛生、吏治腐败的情况下很容易引起中国知识分子的共鸣,对中国知识分子有一定的影响力。王立新还指出,裨治文的《美理哥国志略》是魏源《海国图志》中有关美国内容的最重要来源,魏源不仅认可美国的民主制度,而且还把美国看成是中国"有益无损"的"谊"国。[②]

进入 21 世纪后,学者们对裨治文的生平、著作及其所创办的《中国丛报》[③]展开全面的探讨。陈忠认为,《中国丛报》在中国存在达 20 年之久,大部分时间由裨治文担任主编职务。该刊在创办后的 10 年间,一直充当了"侵略中国的喉舌",因为其中心内容是鼓动西方政府及在华外侨对中国使用武力,打开中国大门,使中国成为外货推销的市场。[④] 不过,多数学者对《中国丛报》持肯定态度。仇华飞认为,《中国丛报》是来华传教士向海外宣传中国的重要阵地,对于近代美国汉学的形成有着重要影响。[⑤] 吴义雄认为,《中国丛报》不仅报道时政新闻,而且发表了大量关于中国的学术论文,在西方学术界重构关于中国的知识体系过程中具有显著地位。《中国丛报》上所发表的关于中国历史的文章,批评了中国传统史学观,同时也对当时西方关于中国历史文化的观念提出质疑,并就中国历史上的一些关键

[①] 顾长声:《从马礼逊到司徒雷登》,上海人民出版社 1985 年版。
[②] 王立新:《美国传教士与晚清中国现代化》,第 296—302 页,第 313—316 页。
[③] 《中国丛报》为美国传教士在华创办的第一份英文报纸,由裨治文任主编,1832 年创刊,1851 年底停刊,每月一期,每年一卷,出版发行 20 年。发行地区主要在南洋、广东(广州、澳门)。《中国丛报》记载了鸦片战争前后 20 年间中国社会的政治、经济、语言、文字、风俗等方面的调查研究资料,其中包括了中外关系和外国人在中国的活动等许多极有价值的史料,是研究中国近代史开端时期的重要参考文献,受到国内外史学家的重视。
[④] 陈忠:《侵略中国的喉舌——〈中国丛报〉》,《天风》2002 年第 12 期。
[⑤] 仇华飞:《裨治文与〈中国丛报〉》,《历史档案》2006 年第 3 期。

性问题提出了具有深远影响的观点。该刊还向西方翻译介绍了一些中国历史文化典籍。所有这一切,在近代中西文化交流史上都具有不可忽视的意义。① 戴丽华分析了《中国丛报》在早期中美文化交流中的作用,认为它不仅是美国传教士进行对华输出基督教文化的重要基地,也是西方世界了解中国的桥梁,推动了"东学西渐"。作为主编的裨治文潜心研究中国文化,试图将有关中国的大量信息传向西方,使西方对中国的认识在马可·波罗、利玛窦的基础上大大提高了一步。②

高焕肯定了裨治文在中西文化交流史上的贡献。该文认为,裨治文在广州期间,一直以传教为宗旨,同时也积极传播西方文化知识。由于他本人对中国文化有很深的研究,所以西方世界通过他而更多地了解了中国。③ 李浩对裨治文评价也较高。他认为,尽管西方早期来华传教士在传播基督教的同时更多地在为西方的经济、政治利益服务,但他们带来的西方科学文化知识对沉睡的中国具有一定的启蒙作用,裨治文便是其中最典型的人物之一。④ 何大进认为,裨治文撰写的《美理哥国志略》是近代第一部介绍美国地理、历史和政情的中文专著,对鸦片战争前后中国人了解和学习美国,起了关键性的作用。⑤ 2010 年,张施娟出版了大陆首部关于裨治文的专著。该书对裨治文及其《美理哥国志略》等著作进行了深入分析,认为"裨治文在华三十余年,不但给中国人带来了西方的知识,还向西方人介绍了中国文化,对中西文化交流,特别是中美之间,有着不菲的贡献"。不过,作者也承认,裨治文并非完美无缺,他也做过一些不利于中国人的事,"一是裨治文希望通过武力来打败中国,迫使中国开放,其言论起了一定的舆论导向作用,最终使西方国家采取了战争的手段迫使中国开放。二是直接参与制定中美之间第一个不平等条约——《望厦条约》"⑥。张施娟的这部著作总结了这一阶段学术界关于裨治文的研究成果,也为下一步的研究创造了条件。

4. 关于彼得·伯驾的研究综述

彼得·伯驾(Peter Parker,1804—1888)是美国基督新教来华传教士的典型代表。1834 年在美部会决策委员会的批准下,以医疗传教士的身份来到中国,在华期间开办了广州眼科医院,并筹建了"中华医学传教会"。他在 1840 年至 1855 年受雇于美国政府,参与了一系列外交活动,在早期美国对华外交中扮演了不可替

---

① 吴义雄:《〈中国丛报〉与中国历史研究》,《中山大学学报(社会科学版)》2008 年第 1 期。
② 戴丽华:《〈中国丛报〉与早期中美文化交流初探》,《老区建设》2009 年第 14 期。
③ 高焕:《美国第一位来华的新教传教士—裨治文》,《岭南文史》2003 年第 4 期。
④ 李浩:《美国来华传教士第一人——裨治文》,《江西师范大学学报(哲学社会科学版)》2004 年第 2 期。
⑤ 何大进:《裨治文与〈美理哥国志略〉简论》,《历史教学》2005 年第 8 期。
⑥ 张施娟:《裨治文与早期中美文化交流》,浙江的大学出版社 2010 年版,第 116—117 页。

代的角色。伯驾在华活动 20 余年,其身份集传教士、医生和外交家于一身,亲身经历并参与了早期中美关系的一些重要历史事件。

20 世纪 80 年代起,国内学术界主要围绕伯驾在医疗传教领域及外交领域的活动展开研究。大多数学者对伯驾在医疗传教领域的活动持肯定态度,认为他通过在华开办医疗事业,引进了西方近代的医学理论和技术,客观上对中国近代医学的发展和中美文化的交流作出了贡献。与此同时,学者们也指出,彼得·伯驾传播医学的动机主要是出于传教和为本国利益服务。如顾长声写道:"伯驾不敢公开传教,只是通过免费治疗,以赢得老百姓对外国人的好感,同时尽可能地向病人搜集中国内地的情报。"① 顾卫民认为:"早期基督教新教传教的一个重要特点,就是宣教的同时辅之以西方科学和人文思想的传授。"他对于彼得·伯驾"医疗传教"这一特殊方式给予了较多的关注,认为深层次的原因有二:第一,通过"医疗传教"这种方式逐步推进在华的基督事业;第二,彼得·伯驾以"医疗传教"活动为掩护,从而达到为国家政治利益服务的目的。② 毛剑峰等认为伯驾作为基督教美国海外市道会派到中国的第一位传教医生,对西医在中国的传播起了很大的促进作用。③ 何大进对伯驾的医疗活动进行了较为详尽的考察,认为这些活动有力地促进了中美交流和中国近代社会的发展。④ 李浩以伯驾为个案进行分析,认为西方早期来华传教医生在华行医施药办医院,尽管有许多正面意义,但更多的成分仍是为西方传教及政治、经济利益服务的。⑤ 李传斌认为,医学传教是基督教在华诸多传教方式中的一种。在近代中国特殊的政治背景下,医学传教对近代中国外交产生了一定影响。一些医学传教士充任本国领事和外交官,有的以客卿身份参与外交,有的则积极对外交施加影响,他们在不同程度上对近代中国外交产生了直接或间接影响。⑥ 还有一些学者表达了类似的观点。如谭树林认为伯驾在华期间的医疗活动不仅对基督教在华传教事业产生了一定影响,尤其在中美医学交流史上写下了浓重的一笔,对中国医学由传统向现代的嬗变起了重要的推逐作用。⑦ 梁碧莹认为,伯驾等传教士在广州的"医学传教"活动取得可喜的成果,促进了西

---

① 顾长声:《从马礼逊到司徒雷登》,上海人民出版社 1985 年版,第 70 页。
② 顾卫民:《基督教与近代中国社会》,上海人民出版社 1996 年版。
③ 毛剑峰、吴琼英:《伯驾与广州第一家西医医院》,《岭南文史》1995 年第 1 期。
④ 何大进:《晚清中美关系与社会变革——晚清美国传教士在华活动的历史考察》,江西人民出版社 1998 年版。
⑤ 李浩:《从"福音的婢女"到政治的婢女——美国早期来华传教医生伯驾评介》,《江西社会科学》2003 年第 7 期。
⑥ 李传斌:《医学传教与近代中国外交》,《南都学坛》2005 年第 4 期。
⑦ 谭树林:《美国传教士伯驾在华医疗事业影响述论》,《历史教学》2005 年第 9 期。

医学在华传播,也促进了广州西医业的兴起。[1]

　　伯驾在两次鸦片战争期间先后担任美国使团秘书、中文翻译以及驻华公使。对于伯驾的这些活动,学者们也有不少研究,并且普遍持据批判态度,认为他是利用宗教这一神圣的外衣为美国的侵华活动提供各种情报、资料和帮助。如乔明顺考察了伯驾在《望厦条约》签订过程中的作用,认为"伯驾来华后的活动充分证明他始终以传教医士的身份为美国谋取利益"[2]。汪波认为,伯驾积极参与各种对华活动的动机是为"实现基督教在中国自由传播的理想",尽管他在对华外交上曾极力推行过武力威胁的侵略政策,但他在开拓美国对华外交上所取得的成就,依然是我们今天研究中美关系发展史所不可忽视的。[3] 谭树林通过考察西方国际法在中国的传播过程,分析了伯驾的作用。他指出,西方国际法最早的汉文译者并非林则徐,而是伯驾。而且,伯驾所翻译的国际法在鸦片战争期间中国人与英国的斗争中起了重要作用。作者认为,伯驾等人所翻译的西方国际法,客观上适应了晚清中国外交的需要,提高了清政府应付国际交涉的能力;对晚清中国国际法学的近代化,对近代中国国家主权意识和国际观念的形成,亦起到重要的启蒙作用。"[4]梁建总结说,伯驾在早期中美关系中曾先后或同时扮演过传教士、医生、外交官等角色,这些角色有的是很成功的,有的则是极其失败的。[5]

　　浩瀚的太平洋把中国与美洲相互隔离。16世纪开始的地理大发现,使海上丝绸之路不断延伸,横越了太平洋,把中国与美洲联系起来。今天,环太平洋地区是世界上经济最活跃、战略地位最重要的地区。进一步研究1840年之前中国与美洲之间的海上交往,对于中国、美洲以及整个世界的未来发展都具有重要的意义。因此,新世纪的中国学术界应当更加加强这方面的研究。我们期待着新成果的不断涌现。

(本章作者:周莉萍,宁波大学人文与传媒学院副教授)

---

①　梁碧莹:《"医学传教"与近代广州西医业的兴起》,《中山大学学报(社会科学版)》1999年第5期。

②　乔明顺:《中美关系的第一页——1844年〈望厦条约〉签订的前前后后》,社会科学文献出版社1991年版,第94页。

③　汪波:《彼得·伯驾与美国早期对华外交》,《安徽大学学报(哲学社会科学版)》1999年第3期。

④　谭树林:《晚清在华美国传教士与近代西方国际法的传入——以伯驾为中心的考察》,《南京大学法律评论》2010年第2期

⑤　梁建:《伯驾与早期中美关系》,《经济与社会发展》2008年第10期。

后　记

　　2011年初,我从浙江大学来到宁波大学工作后不久,林立群先生被任命为宁波博物馆馆长。由于宁波是中国古代海上丝绸之路的一个主要始发港,所以林馆长上任后不久,即将海上丝绸之路研究确定为博物馆的重要研究方向,并且精心筹划了"20世纪中国海上丝绸之路研究回顾"研究项目,以便为今后更加深入地研究海上丝绸之路提供一个较为扎实的基础。该项目由两部著作组成,一是《20世纪中国"海上丝绸之路"研究集萃》,精选20世纪中国学者关于海上丝绸之路的研究佳作;二是《中国"海上丝绸之路"研究百年回顾》,对20世纪中国学者关于海上丝绸之路的研究作一学术史的回顾。林馆长最终将整个项目委托我来组织实施。

　　我出生于浙江省的滨海小县象山县,自小与海相伴,以海为乐。1985年硕士研究生毕业后,就留在杭州大学历史系工作,一直从事历史学研究,即使后来杭州大学被并到了主要从事应用类研究的浙江大学之后,依然如此。特别是从1995年开始,我成了黄时鉴教授的博士研究生,主要研究中外关系史,所以更加关注海上丝绸之路。虽然我在过去的10多年中陆续发表过一些关于海上丝绸之路的文章,但接受了林馆长的委托后,还是深感压力沉重。因为一方面,无论是从时间跨度上来说还是从所涉及的论题上来说,这个项目的内容实在庞大。另一方面,时间又实在紧迫。为了确保本项目能够顺利完成,我特地邀请了宁波大学的同事刘恒武、贾庆军、谷雪梅、周莉萍老师共同参加这个项目的研究工作。

　　中国位于欧亚大陆的东端,西边是内陆,东边是大洋。古代中国,一直通过陆、海两条交通线与外部世界进行交往,海上的交通线就是海上丝绸之路。对海上丝绸之路的研究,实际上就是对中国海外交通史或中国海外关系史的研究。在过去的100多年中,中国学术界对海上丝绸之路的研究从无到有、从边缘发展为热点,所涉及的内容非常广泛,从空间上来说,包括中国与东北亚、东南亚、印度洋地区、欧洲、美洲之间的海上往来,从论题上来说,包括港口、造船、航海术、航线、国家之间的外交关系、民间的商品贸易、外贸管理体制、货物流通、人员往来、文化传播、民俗信仰等众多方面。中国学术界对海上丝绸之路的研究,又是与外国学术界的影响密不可分的,是一个高度国际化的学术领域。100 多年来,关于海上丝绸之路的论著可谓汗牛充栋,鱼龙混杂。出自大家之手的力作固然不少,但平庸之作更多。虽然朱杰勤、谢方、陈高华、钱江等学者曾就中国的海上丝绸之路研究进行过精辟的回顾,但他们所撰写的都是文章而不是专著,在许多问题上无法详细展开叙述。这样,面对着一个多世纪曲折的发展历程,面对着如此丰富而庞杂的论著,要系统地梳理出中国海上丝绸之路研究的发展脉络,实非易事。在此背景下,我们几个人经过商量,决定将本书分为上、下两编。上编根据时间先后,全面展示中国海上丝绸之路研究的演进轨迹。下编根据空间的划分,专题介绍关于中国与世界各个地区海上交往的研究情况。1978 年之前,中国学术界关于海上丝绸之路的研究成果总体上并不是太多。1978 年之后,随着中国进入改革开放的新时代,关于海上丝绸之路的论著激增,本书的上编已经很难充分地容纳和完整地反映这些研究成果,因此,本书下编的重点,就是总结 1980 年之后的研究情况。具体作者如下:第五章"中国与东亚其他国家海上丝绸之路研究回顾"为刘恒武,第六章"中国与东南亚及印度洋地区海上丝绸之路研究回顾"为贾庆军,第七章"中国与欧洲海上丝绸之路研究回顾"为谷雪梅,第八章"中国与美洲海上丝绸之路研究回顾"为周莉萍。本书上编,则全部由我完成。上、下两编的结构,可以说是一经一纬,各有侧重,互为补充。本书所提到的许多重要论著,还可以在本书的配套之作《20 世纪中国"海上丝绸之路"研究集萃》中读到。

本书第一次比较全面系统地回顾了一个多世纪以来中国学术界关于海上丝绸之路的研究历程,其中包括台湾、香港和澳门学者的研究成果。但由于我们一时难以完整地查找到这些地区的研究论著,所以,只能述其概要,所阙漏者一定不少,留待以后有机会时再补充。限于水平与能力,本书其他方面一定也有许多不足之处,例如有些重要的论著可能遗漏了,有些学术观点可能未予足够的重视,我们个人的有些评价可能不当,凡此种种,敬请读者批评指正。

在本书的撰写过程中,林立群馆长不断给予鼓励与支持。为了写好本书,王金林、钱江、廖大珂、李锦绣等学者专程来到宁波,提出了许多宝贵的意见。本项目的研究,还得到了宁波博约博物馆文化发展基金会、宁波大学浙东文化与海外华人研究院的资助。在此一并致谢。

龚缨晏

2011 年 10 月

图书在版编目(CIP)数据

中国"海上丝绸之路"研究百年回顾 / 龚缨晏等主编.
—杭州:浙江大学出版社,2011.11
ISBN 978-7-308-09245-6

Ⅰ.①中⋯ Ⅱ.①龚⋯ Ⅲ.①海上运输—丝绸之路—
研究 Ⅳ.①K203

中国版本图书馆 CIP 数据核字(2011)第 217655 号

中国"海上丝绸之路"研究百年回顾

龚缨晏 主编

刘恒武 副主编

责任编辑	陈丽霞(clixia@163.com)	
封面设计	十木米	
出版发行	浙江大学出版社	
	(杭州市天目山路 148 号 邮政编码 310007)	
	(网址:http://www.zjupress.com)	
排 版	浙江时代出版服务有限公司	
印 刷	杭州杭新印务有限公司	
开 本	787mm×1092mm 1/16	
印 张	20.5	
字 数	449 千	
版印次	2011 年 11 月第 1 版 2011 年 11 月第 1 次印刷	
书 号	ISBN 978-7-308-09245-6	
定 价	48.00 元	